中小学生研学旅行课程指引

王嵩涛 编著

首都师范大学出版社
CAPITAL NORMAL UNIVERSITY PRESS

图书在版编目（CIP）数据

中小学生研学旅行课程指引/王嵩涛编著．—北京：首都师范大学出版社，2019.8
ISBN 978-7-5656-5168-7

Ⅰ.①中⋯　Ⅱ.①王⋯　Ⅲ.①中小学生－素质教育－研究　Ⅳ.①G631

中国版本图书馆CIP数据核字（2019）第147494号

ZHONGXIAO XUESHENG YANXUE LÜXING KECHENG ZHIYIN
中小学生研学旅行课程指引
王嵩涛　编著

责任编辑　周晓蓉
首都师范大学出版社出版发行
地　　址　北京西三环北路105号
邮　　编　100048
电　　话　68418523(总编室)　68982468(发行部)　68902139(研学部)
网　　址　http://cnupn.cnu.edu.cn
印　　刷　三河市博文印刷有限公司
经　　销　全国新华书店
版　　次　2019年8月第1版
印　　次　2019年8月第1次印刷
开　　本　710mm×1000mm　1/16
印　　张　26
字　　数　499千
定　　价　59.00元

版权所有　违者必究
如有质量问题　请与出版社联系退换

目 录

绪 论 …………………………………………………………………（1）

上篇 基础知识篇

第一章 研学旅行的性质、目的、意义 …………………………（9）
  第一节 研学旅行的性质与特点 ……………………………（9）
  第二节 研学旅行的目的及意义 ……………………………（11）

第二章 研学旅行的发展过程与载体建设 ……………………（14）
  第一节 研学旅行酝酿成形过程 ……………………………（14）
  第二节 研学旅行载体的建设与选定 ………………………（16）

第三章 研学旅行安全指引 ……………………………………（20）
  第一节 学生研学安全守则 …………………………………（20）
  第二节 教师安全职责 ………………………………………（22）
  第三节 学生活动管理 ………………………………………（23）
  第四节 常见伤病处理办法 …………………………………（24）

第四章 境外研学旅行活动指引 ………………………………（25）
  第一节 境外研学的相关政策指导 …………………………（25）
  第二节 英美日法澳等国中小学研学概览 …………………（28）

中篇 理论研究篇

第五章 研学旅行课程设置理论综述 …………………………（43）
  第一节 泰勒原理 ……………………………………………（43）
  第二节 多尔的后现代课程观 ………………………………（45）
  第三节 研学旅行课程设置原则 ……………………………（49）

第六章 研学旅行课程设置标准 ………………………………（55）
  第一节 小学阶段研学旅行课程设置标准 …………………（55）

第二节　初中阶段研学旅行课程设置标准 …………………………(58)
第三节　高中阶段研学旅行课程设置标准 …………………………(63)
第七章　研学旅行课程实践的评析 …………………………………(69)
第一节　研学旅行课程设置主题参考 ………………………………(69)
第二节　研学旅行课程实施结果评价 ………………………………(74)
第三节　研学旅行课程实施中的教师职责 …………………………(77)

下篇　实践探索篇

首都北京巡礼
　　——北京文化研学旅行课程方案 ………………………………(83)
聚焦北京冬奥
　　——北京冬奥研学旅行课程方案 ………………………………(99)
感受井冈精神
　　——井冈山革命圣地研学旅行课程方案 ………………………(109)
培育爱国情怀
　　——威海中国近代历史研学旅行课程方案 ……………………(114)
触摸华夏年轮
　　——陕西历史文化研学旅行课程方案 …………………………(124)
采撷儒学精华
　　——孔孟故里研学旅行课程方案 ………………………………(142)
秦淮风情览胜
　　——江苏秦淮研学旅行课程方案 ………………………………(154)
亲历人文徽州
　　——徽州文化研学旅行课程方案 ………………………………(172)
陶冶人文情操
　　——绍兴江南文化研学旅行课程方案 …………………………(183)
古典园林赏析
　　——苏州园林研学旅行课程方案 ………………………………(195)
体验草原情怀
　　——内蒙古草原文化及自然生态研学旅行课程方案 …………(206)
斛健庄园学艺
　　——植物种植研学旅行课程方案 ………………………………(223)

现代科技一角
　　——威高集团有限公司医学科普研学旅行课程方案 …………（240）
体验"一带一路"
　　——"一带一路"沿线国家大学与博物馆研学课程方案 ………（251）
走访孔子学院
　　——塔吉克斯坦民族大学孔子学院研学课程方案 ……………（270）

附录一　规范性文件

关于推进中小学生研学旅行的意见 …………………………………（279）
中小学综合实践活动课程指导纲要 …………………………………（284）
中小学学生赴境外研学旅行活动指南（试行） ……………………（295）
中小学德育工作指南 …………………………………………………（298）

附录二　研学手册范例

首都师范大学《语文导报》小记者团
　　助力冬奥　圆梦冰雪——2018北京秋冬研学行 …………………（311）
首都师范大学《语文导报》小记者团
　　"迎冬奥"曲阜研学采访活动手册 ……………………………（348）

后记 ……………………………………………………………………（408）

绪 论

习近平总书记在党的十九大报告中明确指出："中国特色社会主义进入新时代，意味着近代以来久经磨难的中华民族迎来了从站起来、富起来到强起来的伟大飞跃，迎来了实现中华民族伟大复兴的光明前景；意味着科学社会主义在二十一世纪的中国焕发出强大生机活力，在世界上高高举起了中国特色社会主义伟大旗帜；意味着中国特色社会主义道路、理论、制度、文化不断发展，拓展了发展中国家走向现代化的途径，给世界上那些既希望加快发展又希望保持自身独立性的国家和民族提供了全新选择，为解决人类问题贡献了中国智慧和中国方案。"这是我国经济社会发展的一个新的历史方位，其主要标志，是我国社会主要矛盾已经转化为人民日益增长的美好生活需要和不平衡不充分的发展之间的矛盾。那么，始终作为国家发展战略和人才培养战略根基的中国教育，应该如何适应这一时代，进而引领时代发展，是我们必须认真思考与对待的战略问题。

一、研学的时代背景与课程创意

（一）时代背景

中国特色社会主义进入新时代，也意味着中国教育现代化进入了一个加快发展和全面提质的新周期。毫无疑问，全面贯彻党的教育方针，落实立德树人根本任务，培养德、智、体、美、劳全面发展的社会主义建设者和接班人，是我们党和国家长期坚持的教育发展战略，也是新时代教育改革与发展所面临的新形势、新任务。应该说，教育的改革和发展，始终与国家的战略发展方向与目标，尤其是与始于党的十一届三中全会的我国经济、政治、社会的全面改革开放相伴随、相一致。

1985年5月，《中共中央关于教育体制改革的决定》总结了新中国成立以来我国教育发展的基本情况和存在的突出问题。该决定指出，当时的教育"在教育思想、教育内容、教育方法上，从小培养学生独立生活和思考的能力很不够,发扬立志为祖国富强而献身的精神很不够,生动活泼地用马克思主义思想教育学生很不够,不少课程内容陈旧,教学方法死板,实践环节不被重视,专业设置过于狭窄,不同程度地脱离了经济和社会发展的需要,落后于当代科学文化的发展"。由此开启了我国包括教育体制、课程结构、教育教学方法等全方位的教育改革。经过之后十几年的改革发展,决定指出的这"三个很不够"虽然有了明显改观,教育体制、课程结构等也相继做出了一系列调整和改革,但总体上看我国教育的改革和发展与时代发展的要求还有相当大的距离。

1999年6月,中共中央、国务院出台了《关于深化教育改革 全面推进素质教育的决定》,明确提出实施素质教育要以培养学生的创新精神和实践能力为重点,要改变教育内容和教学方法相对滞后、影响青少年的全面发展、不能适应提高国民素质需要的现状。从以恢复高考为标志的"应试"教育发展到全面推行素质教育,源于对数十年教育教学实践的经验总结,是我国教育思想、理念和教育内容、方法的一次质的变革和升华。但究竟怎样开展素质教育,如何切实落实好素质教育理念和相关举措?这当然需要一个较长时期的艰苦探索和实践尝试过程。历史经验表明,任何一种观念、一项举措要真正得以"落地生根"绝非易事,期待其"开花结果"更需要精耕细作、用心呵护,教育方面的改革尤其如此。

其实,关于素质教育的概念20世纪80年代后期就已经提出来了,之后有了中共中央、国务院《关于深化教育改革 全面推进素质教育的决定》,2010年《国家中长期教育改革与发展规划纲要(2010—2020年)》更加明确地把全面实施素质教育作为教育改革发展的战略主题。党的十八大以来,素质教育得到进一步强调和重视。习近平总书记多次提到素质教育,指出素质教育是教育的核心,要大力推进素质教育。2017年《国家教育事业发展"十三五"规划》再次强调和要求"全面实施素质教育"。党的十九大报告又一次提出"发展素质教育",更是令人振奋。

由"全面推进素质教育"到"全面实施素质教育",再到全面"发展素质教育",体现了我们党和国家对教育的重视,对发展素质教育的重视,对培养具有"创新精神和实践能力"或者说具有"必备品格与关键能力"的新时代建设人才的热切期待。这不得不引发各级各类学校、教师和广大教育工作者的思考:在新时代背景和现行教育体制制度下,怎样做才能切实推进、实施、发展素质教育?

令人高兴的是,2016年底教育部等11部门《关于推进中小学生研学旅行的意见》(以下简称《意见》),很好地回答了这个问题。《意见》可以说是对素质教育推行过程中所遇问题的一种反思、一个弥补，是发展和深化素质教育的必然选择和基本走向。研学旅行不仅是培养学生核心素养的重要渠道、有效载体、策略方法，更是深入学习贯彻习近平总书记系列重要讲话精神，秉承"创新、协调、绿色、开放、共享"的发展理念，落实立德树人的根本任务，帮助中小学学生更好地了解国情、热爱祖国、开阔眼界、增长知识，着力提高他们的社会责任感、创新精神和实践能力的时代创举。

开展研学旅行，就是要让中小学生走出课堂、走出校园、走向全国、走向国际，就是要把课堂上书本里学到的静态知识对接到自然社会发展的活链条上，这是一种能够更好地涵养家国情怀，开阔胸襟视野，激发学习自主性、积极性、创造性的有效教学模式。由此可见，研学旅行既是我国教育体制改革的一项重大成果，也是弥补教育内容和教育方法短板的一项重大举措。

随着中共中央、国务院、教育部及有关部门陆续出台的一系列研学旅行规定、要求的推进与实施，我国中小学研学旅行也从教改方案进入局部探索；从局部探索变为大面积、大范围的试点；从试点探索又走向全国全面推开。今天，研学旅行被正式纳入中小学生必修课程，越来越多的学校开始组织中小学生走出校门，走进社会这个更加丰富、更加开放的大课堂，开启了研学旅行的教育新探索。

（二）课程创意

近年来，对于中小学生研学旅行这一时代命题理论与实践的持续关注和研究，使我们清楚地看到：一方面，中小学生研学旅行是党和国家高度重视的一项教育发展战略，是已被纳入全国2亿多中小学生实践课程的一项教学活动；另一方面，从各地所开展的研学旅行活动的实际情况以及我们所接触到的一些研学旅行手册的编制情况和内容看，普遍存在着对研学旅行在理论上的误解和操作上的误区。比如，不能从教育目标上深刻理解和全面把握研学旅行的精神实质、目的意义；对研学旅行的实践经验疏于系统总结和梳理；对国外研学旅行的做法和经验缺乏深入研究和扩大交流，等等。特别是由于我国中小学生研学旅行总体上尚处于起步阶段，致使目前有的学校由于认识不足而不重视研学旅行，把研学旅行当作应景的差事；有的学校由于经验不足而不能有效地组织和开展研学旅行，把研学旅行搞成了游山玩水；有的学校则因为准备不足、方向不明、责任不清而害怕开展研学旅行，觉得多一事不如少一事，先放放再说、看一看再动。所有这些，导致了我国中小学生研学旅行实践活动开展得参差不齐、问题频现、质疑不断，更不用说与国家战略指向，与教育部课程化、规范化的要求，与教育改革发展的现实需求相比所存在的巨大反差了。

基于以上认知和思考，为推进中小学生研学旅行活动课程化要求的落实，为给各地中小学校开设研学旅行课程当好参谋、助手，在认真深入地学习研究国家及教育部有关开展研学旅行活动的各项政策文件和规定要求，总结全国各地中小学校开展研学旅行活动的探索实践，参照借鉴国外研学旅行案例经验的基础上，我们萌生了从课程设置上切实推进中小学生研学旅行的愿望，并着手编写了这本《中小学生研学旅行课程指引》。

二、课程的价值指引与内容架构

（一）价值指引

鉴于目前已经出版的一些研学旅行读物，总体尚停留在个人体会与经验总结层面，内容也较为单一、单薄，因而在设计本书价值导向和编写内容时，我们特别着意关照了整体性、系统性、时代性，并力求在素材选择上做到既具典型性，又具可操作性。

其中上篇共四章，分别为：研学旅行的性质、目的、意义；研学旅行的发展过程与载体建设；研学旅行安全事项指引；境外研学旅行活动须知。重点介绍国家及教育部关于研学旅行的主要政策指向和核心理念要求。第二单元共三章，重点介绍课程设置的相关情况，包括研学旅行课程设置理论研讨、研学旅行课程设置标准、研学旅行课程实践评析。希望能为各地开展研学旅行实实在在地提供一点课程设置方面的参考。课程设置是确保研学旅行质量的关键所在，本书重点围绕这一主题展开，目的是便于各地在开展研学旅行时，既能将国家和教育部有关研学旅行的相关规定精神落到实处，又能有一个可供操作的"路线图"。第三单元内容则由全国各地中小学生开展研学旅行活动的诸多有代表性的尝试案例提炼编排而成，按照培养家国情怀、学习传统文化、亲近拥抱自然、陶冶人文情操等若干主题加以呈现，以便于各地在开展研学旅行时，对各类不同的教育目标、任务进行选择和把握，体现出寓教于乐、游中有学、开阔眼界、启迪智慧的研学旅行活动初衷。全书最后提供了两个附录，附录1收入了有关中小学研学旅行的各类规范性文件，以便各地中小学开展研学旅行活动时有所遵循，切实做到"从心所欲不逾矩"；附录2收入了首都师范大学《语文导报》小记者团的两个研学手册，以便为各地在编写研学手册时提供具体的参照范例。

（二）内容架构

在章节设置上，上篇共安排了四章。分别叙述了什么是研学旅行；研学旅行的根本特征是什么；开展研学旅行有什么重大意义；我国的研学旅行是怎样一步步发展起来的；研学旅行的教育基地和教育营地怎么选定、如何建设；开展研学旅行要重点注意哪些安全事项，教师在其中应该担负哪些主要职责，遇到一些常见的安全问题怎么处理；在开展境外研学旅行时要重点注意哪些问题；国外一些国家是怎么开展研学旅行的；等等。

中篇共安排了三章。重点针对研学旅行的关键环节——课程设置来展开，分别介绍了课程设置方面理论上有些什么基本考量；研学旅行课程设置有哪些基本原则；小学阶段、初中阶段、高中阶段的研学旅行各自不同的课程设置；中小学研学旅行课程设置应重点把握哪些主题；如何进行研学旅行课程实施结果评价；教师在研学旅行课程实施中担负有什么样的职责；等等。

下篇的课程方案，着重突出作为课程与教材的"例子"属性，依据不同的教育和活动目的，按一定的逻辑顺序择取编排 15 个各具代表性的案例来示范。这既可为各地各校开展研学旅行留下选择空间，也为我们今后深化与拓展对研学旅行的研究，进而不断完善课程内涵埋下伏笔。课程方案的重点是解决研学旅行选择到哪里去、研什么学什么、怎么研怎么学的问题。这部分的内容，实际上是国家及教育部相关规定如何在实践加以贯彻落实，课程设置的理论考量如何在实践中加以体现的关键，既是对各地研学旅行经验探索的具体总结，也是为各地有效开展与切实深化研学旅行提供参考和指引。考虑到中小学生研学旅行课程设置毕竟尚处于探索总结阶段，还没有成熟的一定之规，故在撰写这部分课程方案时，没有刻意追求整齐划一，而是保持了实践中的不同风格，以便有更多的选择参考余地。

附录部分共收入了四个规范性文件和两个研学手册，目的是为各地开展研学旅行，特别是在确定课程目标与具体活动方案时了解政策依据、提供基本遵循。

三、课程价值目标期许与前瞻

我国中小学生研学旅行总体上看还处于起步阶段，要真正达到课程化、规范化还有很长一段路程要走，无论是理论还是实践上，都需要一个不断探索、反复实践、逐步深入的过程。所以《中小学生研学旅行课程指引》一书也只能是一个阶段性的研学课程指引，需要有一个不断充实完善、不断深化提升的过程。

其实研学旅行在我国有着深厚的历史渊源、广泛的文化基础，尤其是目前有良好的政策环境和成熟的教育生态，希望这本课程指引的面世，能够切实为广大中小学校开展研学旅行提供一个从理论观念到实践操作层面的参照指引，为发展素质教育寻求一条可行路径。这既是我们编写本书的初衷，也是编者对本书的憧憬与期许。

我们所面临的新时代，是一个世界多极化、经济全球化、社会信息化、文化多元化深入发展的时代。世界各国既相互联系、相互依存，同时又因国情尤其是文化的不同而存在着发展过程中的竞争。这种竞争，从根本上讲主要是人才、文化和教育的竞争，竞争的核心与焦点也愈来愈集中到教育发展和人才培养的理念、过程及方式方法上来。

随着我国教育改革与发展的日益深化，培养和建构学生核心素养已经成为"发展素质教育"的根本选择，全面推进与深入开展中小学生研学旅行，正是顺应这一时代价值指向的创造性举措。教育涉及国家战略、关乎人类发展与未来，正如习总书记所说："培养什么人，是教育的首要问题。"因此，站在全面深化"发展素质教育"、全面推进中小学生研学旅行的角度，展望中小学生研学旅行活动课程化的发展趋势，需要我们做的事情还很多。今后，我们将在全力做好中小学生研学旅行活动指导和课程设计服务的基础上，着手开展"中小学研学旅行活动课程化的理论与实践研究"；依托首都各高等院校，特别是首都师范大学丰富的教育教学和研学研究资源，开展好"研学导师"培养培训，全方位助力广大中小学生研学旅行的开展；依托首都丰富的历史文化、革命文化、自然生态、科技人文资源，创设和构建好从理论到实践、从学校到社会、从国内到国外的师生研学旅行及文化交流拓展平台，为尽快在全国形成教育部所要求的"中小学生广泛参与、活动品质持续提升、组织管理规范有序、基础条件保障有力、安全责任落实到位、文化氛围健康向上的研学旅行发展体系"，做出不懈的努力！

上篇
基础知识篇

第一章 研学旅行的性质、目的、意义

为深入贯彻落实党的教育方针和习近平总书记系列重要讲话精神，秉承创新、协调、绿色、开放、共享的发展理念，落实立德树人的根本任务，帮助中小学生更好地了解国情、开阔眼界、增长知识，着力提高他们的社会责任感、创新精神和实践能力，近年来国务院及有关部委就如何推进中小学研学旅行陆续发文给以方向和政策指引，这既表明国家对中小学生开展研学旅行的高度重视，同时也标志着中小学生研学旅行的制度政策准备和实施环境生态已经成熟，已由理论研究探讨、试点评析总结层面步入了全面推广推开的实践层面。实践表明，如若对中小学生研学旅行的性质不明，则常常导致活动无方；目的不明，则往往偏离主题方向；意义不明，则难免造成动力不足。为此，在组织中小学生开展研学旅行前，必须要对组织开展中小学生研学旅行的性质、目的和意义加以清晰准确的了解与把握。

第一节　研学旅行的性质与特点

研学是研究性学习的简称，国际上称为探究式学习（Hands-on Inquiry Based Learning，HIBL）。研学旅行则是将研究性学习与校外旅行体验相结合的一种教学活动方式，是校内教学和校外教育相结合的一种创新型教学方式。

从活动形成和推广的角度看，研究性学习是联合国教科文组织在世界范围内推动的"研究性学习"改革项目。最初的内容设置包括生命科学、物理和物质科学、地球和环境科学、设计和技术四大自然科学领域。20世纪60年代，英、美、法、加等国家开始在幼儿园和中小学推行。国际科学联合会专门研究在世界范围内推广研究性学习。由于这种研究性学习主要是基于动手探究，故有的国家称其为"动手做"，有的国家称为"动手和面团"；在我国，则普遍被称为"干中学"。

研究性学习主要倡导的是在师生共同参与的学习环境中，让受教育者亲历科学探究的学习过程。这种探究既是教学目的，又是教学方法，在其教学过程中，要把学生实践中的自我发现、初步想法、自我纠偏、概念形成与研究能力、科学态度的培养相结合。教师在整个过程中起引导而非灌输的作用——培养学生动手动脑解决问题的能力。

我国有着知行合一的教学传统，历来强调"读万卷书，行万里路"。结合中国的国情和教学传统，总结各地的教学实践经验，国家教育主管部门对研究性学习进行了相应改造，将国外普遍推行的"做中学"改造成符合中国国情的"走中学"，形成了新型的研学旅行教学模式。这种研学旅行教学模式，重点强调教育部门和学校通过集体旅行、集中食宿等方式，有计划地组织中小学生开展研究性学习和旅行体验相结合的校外教育教学活动。实践证明，这种教学方式对于切实深化素质教育、推动基础教育改革、促进中小学生全面发展等，具有广泛而深远的意义。

由此可见，我国目前所推行的中小学生研学旅行具有三个基本属性：一是由教育部门和学校有计划地组织安排；二是以广大中小学生为主体对象；三是通过集体旅行、集中食宿方式开展。这样的研究性学习和旅行体验相结合的校外教育活动，是学校教育和校外教育衔接的创新形式，是教育教学的重要内容，是综合实践育人的有效途径。

开展好研学旅行，至少有三个方面的时代价值：一是有利于促进中小学生培育和践行社会主义核心价值观，激发他们对党、对国家、对人民的热爱之情；二是有利于推动全面实施素质教育，创新人才培养模式，引导中小学生主动适应社会，促进书本知识和生活经验的深度融合；三是有利于加快提高人民生活质量，满足中小学学生的旅游需求，从小培养他们的文明旅游意识和文明旅游习惯。

不难看出，这种校内外衔接的教育创新形式兼有研究性、体验性、计划性三个基本特征。

第一，研学旅行是一种研究性的学习方式。这种学习方式主要倡导的是，在师生共同参与的学习环境中，让受教育者亲历科学探究的学习过程。探究既是教学目的，又是教学方法，目的是要改变学生单纯地接受教师传授知识的学习方式，为中小学生构建开放的学习环境，多渠道地获取知识，更好地将所学知识综合应用于实践，形成积极的学习态度和良好的学习方法，培养创新精神、强化实践能力。因此研学旅行教育教学活动重在体现引导学生自主、合作、探究等学习研究特点，逐步引导中小学生形成努力求知、善于质疑、乐于探究、勤于动手的学习态度，更好地激发他们探索创新的求知欲。而教师的教育观念和教学行为也必须发生转变，要求教师要成为学生学习的促进者、组织者和指导者。教师在参与指导研究性学习的过程中，也需要不断地吸纳新知识，更新自身的知识结构，提高自身的综合素质，构建新型的师生关系。

第二，研学旅行是一种旅行体验活动。立德树人是教育的根本任务，这一根本任务绝非单一地在课堂内灌输书本知识就能完成。开展研学旅行，让广大中小学生在研学旅行中感受祖国大好河山，感受中华传统美德，感受革命光荣历史，感受改革开放伟大成就，增强对坚定中国特色社会主义道路自信、理论自信、制度自信、文化自信的理解与认同，同时学会动手动脑，学会生存生活，学会做人做事，促进身心健康、体魄强健、意志坚强，促进形成正确的世界观、人生观、价值观，这对促进学生培育和践行社会主义核心价值观，激发学生对党、对国家、对人民的热爱之情，推动全面实施素质教育，创新人才培养模式，引导学生主动适应社会，促进书本知识和生活经验的深度融合，满足学生日益增长的旅游需求，从小培养学生文明旅游的意识和习惯，培养他们成为德智体美劳全面发展的社会主义建设者和接班人显然具有重要意义。

第三，研学旅行是一种有计划、有组织的教育教学实践。研学旅行与我们通常意义上的学生个人、学生与家人、学生之间自发组织的外出旅行有着很大的不同。研学旅行本身是教育部门和学校组织安排的一种集体活动，这种活动主要通过集体食宿、共同生活、群体参观、集中学习、相互交流等不同方式，运用已掌握的知识，来体验、感知、研究、总结自然和社会现象，在学习实践中巩固已知、获得新知，是一种集体验教育、生活教育和社会教育于一体的教育教学方式。

研学旅行的计划性集中体现在：学段目标、课程规划、课程实施、课程管理与保障、支持体系建设与保障、考核与激励机制等，这些都需要事先有组织、有计划地规划、安排和建设好。

由于研学旅行的根本属性是教育活动，所以其三个基本特征无不指向"立德树人"这一教育的根本任务。在开展研学旅行活动中，我们既要牢牢把握研究性、体验性和计划性三大根本特点，更要确定明确的育人目标，如此才能深入扎实和卓有成效地开展好这一具有鲜明时代特色的教育教学活动。

第二节 研学旅行的目的及意义

我们党和国家十分重视人才培养，习近平同志在 2018 年全国教育大会上明确提出："培养什么人，是教育的首要问题。我国是中国共产党领导的社会主义国家，这就决定了我们的教育必须把培养社会主义建设者和接班人作为根本任务，培养一代又一代拥护中国共产党领导和我国社会主义制度、立志为中国特色社会主义奋斗终生的有用人才。这是教育工作的根本任务，也是教育现代化的方向目标。"实践表明，切实搞好研学旅行，是贯彻党的教育方针、落实立德树人根本任务、发展素质教育的重要途径，责任重大、意义重大。

一、深入开展研学旅行，是围绕国家重大工作布局开展教育教学活动的需要

研学旅行是一项国家层面的教育安排，开展好这项活动，不仅可以有效促进素质教育深化发展，为培养新时代所需人才开展多形式、多方面的有益尝试与探索，而且具有拉动内需，促进经济社会发展等诸多方面的意义。国务院办公厅2013年印发的《国民旅游休闲纲要（2013—2020年）》，国务院2014年印发的《关于促进旅游业改革发展的若干意见》，国务院办公厅2015年印发的《关于进一步促进旅游投资和消费的若干意见》，教育部等11部门《关于推进中小学生研学旅行的意见》等，均先后明确提出要"逐步推行中小学生研学旅行"，教育部门要"积极开展研学旅行"，要"加强对研学旅行的管理"，要"支持研学旅行发展"。

二、深入开展研学旅行，是推进中小学基础教育改革发展的需要

研学旅行是遵循教育规律，将研究性学习与旅行实践相结合、校内教学和校外教育相衔接，学习与思考、认知和实践相补充的创新性教学方式。在研学旅行中，培养学生学会动手动脑、学会为人处事、学会独立生活，大力培养学生的社会责任感、实践能力和探索精神，是有效提高教育质量、践行立德树人根本任务的重要途径。

三、深入开展研学旅行，是培养中小学生牢固树立社会主义核心价值观的需要

实践中，自然和文化遗产资源、红色教育资源和综合实践基地等，都是研学旅行的基本目的地。饱览祖国大好河山、了解光荣革命历史、体验中华传统美德、领略改革开放伟大成就，将有助于激发学生的爱国热情，对加强中小学德育教育，培养中小学生的社会责任感，培养他们践行社会主义核心价值观的自觉性具有积极作用。

全面贯彻党的教育方针，落实立德树人根本任务，发展素质教育，推进教育公平，培养德智体美劳全面发展的社会主义建设者和接班人，是新时期我国教育工作的根本任务，也是开展研学旅行的根本目的所在。研学旅行继承和发展了传统游学教育理念和人文精神，是素质教育的内容创新，这项教育教学实践的全部出发点和落脚点都是立德树人。

教育部门和学校在组织研学旅行活动时，必须围绕立德树人的根本目的，切实将研学旅行作为课堂教学的一种重要创新和补充形式，以确保安全为基本前提，以深化教改为着力点，以统筹协调、整合资源为突破口，因地制宜开展好研学旅行。要努力让广大中小学生在研学旅行的亲身体验与感受中，增进对坚定道路自信、理论自信、制度自信和文化自信的理解与认同；在共同的生活场景中增强团结、开阔眼界、增长见识、探讨学习；在观察、体验、交流、论辩中发现个人价值，明白自己身上的责任，培养独立自主的担当意识；在对社会大课堂和改革开放伟大实践的审视中完善自己的人格，形成自己正确的世界观、人生观、价值观，从而成长为德智体美劳全面发展的社会主义建设者和接班人。

第二章 研学旅行的发展过程与载体建设

第一节 研学旅行酝酿成形过程

研学旅行是一项涉及亿万中小学生的重大教学课程改革,作为综合实践活动课程,它有一个从概念到实践、从局部试点到全面推开的酝酿成形过程。

我国有着读万卷书、行万里路的传统游学教育理念和人文精神。在20世纪90年代初我国全面推行素质教育以来,许多地方更是将"研学旅行"作为一项重要的教改方式来探索和施行。

2010年7月29日发布的《国家中长期教育改革和发展规划纲要(2010—2020年)》明确提出,学校要把减负落实到教育教学的各个环节之中,要给学生留下了解社会、深入思考、动手实践、健身娱乐的时间。该纲要还明确提出,要提高教师业务素质,改进教学方法,增强课堂教学效果,减少作业量和考试次数,培养学生学习兴趣和爱好。该纲要就高中教育阶段甚至还明确提出,要积极开展研究性学习、社区服务和社会实践。

2013年2月2日,国务院办公厅印发的《国民旅游休闲纲要》提出,要稳步推进公共博物馆、纪念馆和爱国主义教育示范基地免费开放。要求城市休闲公园应限时免费开放。要稳定城市休闲公园等游览景区、景点门票价格,并逐步实行低票价。落实对未成年人、高校学生、教师、老年人、现役军人、残疾人等群体实行减免门票等优惠政策,鼓励设立公众免费开放日。该纲要还明确要求,要逐步推行中小学生研学旅行。

2014年3月4日,教育部就中小学生研学旅行发出通知,决定在河北省、上海市、江苏省、安徽省、江西省、广东省、重庆市、陕西省、新疆维吾尔自治区教育厅(教委)九个省市(自治区)开展研学旅行试点。通知明确要求试点地区和学校要把研学旅行试点工作纳入学校课程计划,要从运行模式、内容设计、活动流程、条件保障、责任主体、风险分析及应对措施、活动总结及评价等方面认真规划,制订工作计划,精心组织实施,及时总结经验。至此,中小学生研学旅行已从教改方案或局部探索变为多层面、大幅度、广范围的试点并逐步推开。

2014年7月14日,教育部发布《中小学学生赴境外研学旅行活动指南(试行)》,对中小学生寒暑期赴境外研学旅行,从教学主题、内容安排、合作机构选择、合同订立、行程安排、行前培训、安全保障等各个方面提出了具体的指导意见。该指南明确强调,考虑到中小学生的身心特点和承受能力,境外研学时间安排上,一般小学生不宜超过3周,中学生不宜超过6周。每次活动安排不宜超过2个国家,每个国家的参访城市不宜超过4个。境外研学内容和学习时长一般不少于全部行程计划的二分之一。至此,境外研学旅行有了基本的准则和规范。

2014年8月,国务院发布《关于促进旅游业改革发展的若干意见》,明确提出要积极开展研学旅行。要按照全面实施素质教育的要求,将研学旅行、夏令营、冬令营等作为青少年爱国主义和革命传统教育、国情教育的重要载体,纳入中小学生日常德育、美育、体育教育范畴,增进学生对自然和社会的认识,培养其社会责任感和实践能力。要按照教育为本、安全第一的原则,建立小学阶段以乡土乡情研学为主、初中阶段以县情市情研学为主、高中阶段以省情国情研学为主的研学旅行体系。要加强对研学旅行的管理,规范中小学生集体出国旅行。支持各地依托自然和文化遗产资源、大型公共设施、知名院校、工矿企业、科研机构,建设一批研学旅行基地,逐步完善接待体系。鼓励对研学旅行给予价格优惠。该意见的出台,使得中小学研学旅行的性质任务、目的意义、方法步骤和活动载体等,有了统一的规范要求,为研学旅行的全面推开提供了必要的制度保障。

2016年1月,国家旅游局发布《关于公布首批"中国研学旅游目的地"和"全国研学旅游示范基地"的通知》,授予北京卢沟桥中国人民抗日战争纪念馆、天津滨海航母主题公园、河北石家庄市西柏坡纪念馆、山西太原市中国煤炭博物馆、内蒙古赤峰市克什克腾世界地质公园、吉林长春市长影旧址博物馆、上海科技馆、江苏南京大屠杀纪念馆、浙江绍兴市三味书屋——鲁迅故里、安徽宣城市中国宣纸文化园、山东曲阜市三孔景区、河南安阳市红旗渠景区、湖北宜昌市三峡工程旅游区、广西桂林市龙脊梯田景区、重庆红岩景区、四川成都市都江堰旅游景区、云南中国科学院西双版纳热带植物园、陕西历史博物馆、甘肃酒泉市中国酒泉卫星发射中心、宁夏贺兰山市岩画遗址公园20家单位"全国研学旅游示范基地"称号。示范基地名单的公布,为研学旅行全面深入开展营造了良好的社会氛围。

2016年12月19日,教育部、国家发展改革委、公安部、财政部、交通运输部、文化部、食品药品监管总局、国家旅游局、保监会、共青团中央、中国铁路总公司等11部门正式发布《关于推进中小学生研学旅行的意见》。该意见就研学旅行的重要意义、工作目标、基本原则、主要任务、组织保障等作了具体部署。意见的出台，标志着我国中小学研学旅行已从试点探索转入全面推开。

2017年5月1日，国家旅游局《研学旅行服务规范》正式实施，对研学旅行服务的术语和定义、总则、服务提供方基本要求、人员配置、研学旅行产品、研学旅行服务项目、安全管理、服务改进和投诉处理等，均作了相应的界定。规范要求研学旅行的承办方提供的产品必须结合实际教育目标以及不同学段的特点进行设计。该规范提出，小学低年级学生应以乡土乡情研学为主，小学高年级学生应以县情市情研学为主，初中年级应以县情市情省情研学为主，高中生以省情国情研学为主。规范将研学旅行服务项目具体细化为教育、交通、住宿、餐饮、导游讲解以及医疗救助等，促进了研学旅行服务流程的标准化，为研学旅行活动的规范化提供了蓝本。

2017年9月，教育部发布《中小学综合实践活动课程指导纲要》明确要求要将包括研学旅行在内的综合实践活动与学科课程并列设置，列为中小学生必修课程，作为基础教育课程体系的重要组成部分。提出在研学旅行中，学生通过集体旅行、集中食宿方式开展的研究性学习和旅行体验相结合的校外教育活动，自小学一年级至高中三年级全面实施。至此，中小学研学旅行已正式步入中小学生必修课程行列。

应该说，我国古代的"游学"就已经具备研学旅行的性质，但研学旅行作为一个概念和一种新的教育理念与教育方式，似乎是与素质教育的提出、发展与深化相呼应和相伴随的。

第二节　研学旅行载体的建设与选定

研学旅行载体的建设与选定，对研学旅行课程的顺利进行、有效实施具有直接影响，应引起高度重视。

一、研学旅行载体建设的基本状况及政策依据

研学实践教育基地主要指各地现有的、适合中小学生前往开展研究性学习和实践的优质资源单位。研学实践教育营地是指能够发挥中小学生研学实践教育的活动组织、课程和线路研发、集中接待、协调服务等功能，为广大中小学生开展研学实践活动提供集中住宿和交通服务的资源单位。

在国家有关基地主管部门和各省级教育行政部门推荐基础上，经专家评议，营地实地核查及综合评定，国家教育主管部门于2017年12月命名204个单位为"全国中小学生研学实践教育基地"、14个单位为"全国中小学生研学实践教育营地"，2018年10月命名377个单位为"全国中小学生研学实践教育基地"、26个单位为"全国中小学生研学实践教育营地"，目前的研学实践教育基地总数达到581个、研学实践教育营地总数达到40个。

这些基地营地在选择确定上，坚持"谁推荐谁负责"的原则，国家教育主管部门要求有关基地主管部门和各省级教育行政部门必须全面加强预算管理和绩效管理，履行监管责任，指导本地本行业基地、营地做好项目实施工作，加强资金使用与管理，实现项目支出绩效目标；开发一批育人效果突出的研学实践活动课程，打造一批具有影响力的研学实践精品线路；建立一套管理规范、责任清晰、多元筹资、保障安全的研学实践工作机制，构建以营地为枢纽、基地为站点的研学实践教育网络。各省级教育行政部门要指导各地各校充分利用研学实践教育基地、营地，组织开展丰富多彩的研学实践教育活动，帮助广大中小学生感受祖国大好河山，感受中华传统美德，感受革命光荣历史，感受改革开放伟大成就，激发学生对党、对国家、对人民的热爱之情，提高中小学生的社会责任感、创新精神和实践能力。要充分利用研学实践教育基地、营地，组织开展丰富多彩的研学实践教育活动，着力在坚定理想信念、厚植爱国主义情怀、加强品德修养、增长知识见识、培养积极奋斗精神、增强综合素质上下功夫，提高中小学生的社会责任感、创新精神和实践能力，促进学生德智体美劳全面发展。

应当说，各有关部门对中小学生研学旅行载体建设高度重视、认真负责、积极审慎，工作也卓有成效，为各地开展研学实践教育基地和营地建设与选择提供了一定的参照和遵循。但从目前的情况看，这些基地和营地显然还难以满足全国中小学研学实践教育的实际需要，与开发一批育人效果突出的研学实践活动课程，打造一批具有影响力的研学实践精品线路，建立一套管理规范、责任清晰、多元筹资、保障安全的研学实践工作机制，构建以营地为枢纽，基地为站点的研学实践教育网络的工作目标尚有一定的距离。由于实际需求量巨大，同时各学校也需要结合自身的实际选择研学旅行的基地营地。因此，中小学生研学实践教育基地、营地的建设与选择应当受到重视和加强。

二、研学旅行载体的建设与选择

(一)研学实践教育基地的建设与选择

各地在开展研学旅行过程中对研学实践教育基地的建设与选择，应重点考虑以下要素：

1. 单位类型

各地现有的文物保护单位、博物馆、"非遗"场所、优秀传统文化教育基地、爱国主义教育基地、革命历史类纪念设施遗址、美丽乡村、特色小镇、大型知名企业、大型公共设施、重大工程基地、国防教育基地、科技馆、科普教育基地、科技创新基地、高等学校、科研院所、自然景区、生态保护区、示范性农业基地、野生动物保护基地等优质资源单位。

2. 承接能力

具备承接中小学生开展研学实践教育的能力，能够结合单位资源特点，设计开发适合小学、初中、高中不同学段学生，并与学校教育内容相衔接的课程和路线；学习目标明确、主题特色鲜明、富有教育功能；有适合中小学生需要的专业讲解人员及课程和线路介绍；对中小学生前往开展研学实践教育活动有门票减免等优惠措施。

3. 运行状况

资源单位运行良好，交通便利，适宜中小学生前往开展研学实践教育，在本地区、本行业有一定示范意义。地方各级政府支持力度大，日常运行经费能够足额保障，且保障机制健全；单位注重预算管理、绩效管理，内部控制与财务制度健全，会计基础工作规范，具备项目管理条件。

(二)研学实践教育营地的建设与选择

各地对研学实践教育营地的建设与选择方面，应重点考虑以下要素：

1. 运营状况

单位运行良好，保障与承载能力强。正式、正常运行 1 年以上；房建、水、电、通信等基础设施配套齐全，环境整洁、卫生良好，能够安全运行，至少能够同时接待 300 名以上学生集中食宿。所在地交通便利，能够提供交通服务，能够满足研学实践教育交通需求；内部具备基本的医疗保障条件，周边有医院；内部安全措施和保障能力完备，有安全警示标志，有专门的安全应急通道,有24小时无死角的监控系统,有现场安全教育和安全防护措施,有应急预案,未发生过安全事故。

2. 课程设置

研学实践教育课程和线路设计科学,有多个不同主题、不同学段(小学、初中、高中)且与学校教育内容衔接的研学实践课程和线路,能够实现育人目标。

3. 师资队伍

单位有从事研学实践教育工作的专业队伍,能够设计规划课程和线路,能够组织中小学生集体实践,开展研究性学习,促进书本知识和生活实践深度融合,落实立德树人的根本任务,促进中小学生培育和践行社会主义核心价值观。

4. 环境资源

单位周边教育资源丰富,整合效果好。有若干个研学实践教育基地或教育资源,能够满足学生2—5天研学实践教育需求。

5. 管理机构

单位的管理机构健全,领导班子政治素质高、统筹协调能力强,制度完备,专门从事或有专门机构负责中小学生研学实践教育工作,能够保证接待时间。

6. 内部管理

单位日常运转经费来源相对稳定,地方各级政府长效投入机制健全;单位注重预算管理、绩效管理,内部控制管理制度健全,会计基础工作规范,具备项目管理条件。

第三章　研学旅行安全指引

　　研学旅行作为室外教学活动，应以预防为主、确保安全为基本前提。各地的研学实践表明，为确保研学旅行安全，学校必须做出安全预案，每次出行前要上报教育主管部门严格审批；会同卫生等部门教会学生掌握自救自护知识；每班随行教师不少于3人，并配备旅行社研学旅行辅导员1—2人，有条件的学校还可选派家长代表作为志愿者随班出行；承办研学旅行活动的旅行社要提供旅行责任险、团体险、学生意外伤害责任险。同时还要对车辆、餐饮、住宿服务单位严格把关；旅行车辆到达学校接送学生外出前，交警部门应到现场核查车辆手续资质，测查司机健康状况；要建立医疗救援保护机制，学校、旅行社的医生和目的地单位的医务室、附近医院共同担当责任，随时处置学生在研学旅行过程中可能发生的意外；如遇恶劣天气要随时调整出行时间，在研学旅行活动过程中如遇突变气象随时终止活动，启动应急预案。

　　为确保研学旅行顺利开展，行前必须制订好有关安全规则与要求，并要求师生及其他参与人员熟知并严格遵守。

第一节　学生研学安全守则

　　1. 行前准备
　　(1)根据研学目的地天气情况与自身情况准备相应生活用品、药品等。
　　(2)了解相关学习资源，明确研学活动任务和要求，制定活动规划。
　　(3)牢记出发时间、集合地点、出发返程车次、座位号、小组成员、乘坐车辆序号等。
　　(4)牢记带队老师联系电话，如遇突发状况，第一时间联系带队老师。
　　(5)了解相关学习资源，明确研学活动任务和要求，严格按规定时间行动。
　　2. 乘坐火车
　　(1)上车时和开车前，站台上及车厢内人多拥挤，要特别注意保护自己的人身财产安全,不要丢失身份证、钱包等贵重物品。

(2)上车后按分车表座位就座,将行李按要求放置在行李架上。

(3)中途不要私自下车购买物品、透气。

(4)火车上使用开水泡面要特别注意,避免烫伤自己或别人。

(5)不要将自己的行李物品交给陌生人看管,不要吃喝陌生人赠送的饮料或食品。

(6)手机千万不要借人,或给人翻看,防止被骗。

(7)距离到站30分钟时,老师会安排上洗手间,出站后不再安排去洗手间。

(8)距离到站10分钟时,把行李全部从行李架拿下,收拾好自己的东西,做好下车准备。

(9)下车时拿好自己的行李物品,下车后不要乱走,在站台找到各自的班级集合。

3. 乘坐汽车

(1)按分车表有序上下车,不在车上随意走动。

(2)如有晕车情况请联系领队老师,尽可能坐在靠窗的位置。

(3)把安全扶手落下,全程系好安全带。

(4)汽车开动时,不得和司机师傅说话。

(5)汽车开动后,胳膊不得伸出窗外。

(6)在车上听从老师安排,并积极参加研学分享活动。

(7)下车清点并整理好个人物品,确保不遗落在车上。

(8)将垃圾及废弃物品带下车,扔到垃圾桶里。

(9)下车时,主动跟司机师傅说再见,按时到达指定地点集合。

4. 集体住宿

(1)按分房表入住,不得私自调换房间,不得私自离开酒店。

(2)熟记酒店消防通道方向,会使用消防器材,知道消防物品摆放位置、楼层格局,方便应急逃生。

(3)保护墙壁整洁,严禁在墙上乱写乱画,爱护楼内及房间内的设施设备;不在房间里乱接电源、乱拉插座盒;不携带易燃、易爆物品。

(4)入住时先检查房间内毛巾、拖鞋、水壶等用品是否齐全,如有缺失及时告知领队;按时起床,按时有序用餐,不要拥挤、追跑打闹。

(5)使用开水壶时要注意安全,避免烫伤;洗澡时,铺好防滑垫,以免滑倒。

(6)爱护酒店设备,使用酒店的床单、被褥、毛巾时,注意不要给染上颜色。

（7）了解住宿楼层分配情况，记住指导老师、领队分别住在哪个房间；认真遵守作息时间，不熬夜。

（8）出入房间要随手锁好门窗，保管好自己的贵重物品；如果丢失房卡或房卡忘在房间里，及时跟带队老师沟通。

（9）退房时要带好随身物品、研学用品等行李，先把房卡退到前台，行李物品放到指定区域等待老师下一步安排。

5. 食品餐饮

（1）未经带队老师许可，不随便购买路边食品饮料；不买"三无"食品饮料。

（2）遵守秩序，有序进入餐厅，按分桌表有序就座，等同桌学生全部坐定后开始用餐。

（3）吃自助餐要吃多少拿多少，"光盘"就餐，杜绝浪费。

（4）注意饮食卫生和礼节：餐前洗手，参加餐前训并且谨记餐前礼仪，摆放餐具要相互礼让、不争抢不拥挤。

（5）不在酒店大声喧哗、打闹，不随便动酒店摆放的物品。

（6）保持餐厅卫生和整洁，不随地吐痰、泼洒剩饭菜汤等。

（7）注意用餐时间，按时用餐；不大声喧哗，坐姿端正，细嚼慢咽，文明进餐；餐后带好随身物品，到达指定地点集合。

（8）帮别人倒茶倒水后，壶嘴不直对别人；转盘转动时，不截取菜品；等对方夹完菜品后，可以再次转动转盘。

6. 研学基地

（1）参加研学时，随身携带研学手册，了解相关日程安排，认真完成学习任务。

（2）根据基地情况和领队要求，在下车后、上车前注意适时使用卫生间。

（3）研学过程中，领队老师没有宣布解散的情况下，所有学生不得私自离队自由活动。

第二节 教师安全职责

1. 活动期间作为学生的临时监护人，对学生各方面进行监管及保护。

2. 熟悉所分管的学生，熟记学生房间位置，强调安全纪律，做好每晚查寝工作。

3. 及时掌握学生的身体状况及思想动态，发现情绪不稳定者及时处理，鼓励学生锻炼自己的独立意识。

4. 指导学生文明用餐、科学饮食，讲究环境卫生和个人卫生，养成良好的卫生习惯，预防疾病的传染。

5. 时刻保有安全警觉，确保无任何安全事故发生；做好各小组学生的人员分工，便于管理工作的顺利开展。

6. 在培训、活动、就餐、休息前，务必定时清点人数，严格执行各项活动点名制度，坚持按作息时间活动和休息。

7. 指导学生完成研学任务、课题报告，对学生表现给予反馈，辅导好各小组工作。

8. 强化防范意识，尽量避免意外发生；如遇突发事故应首先保护好学生的生命与财产安全，并协助相关人员及时处理。

9. 活动行程遇有变动时，应及时向学生解释变动的原因，并协助学生适应新的安排。

第三节　学生活动管理

1. 用餐管理

(1)以小组为单位固定座位就餐，自觉适量取餐；提倡文明用餐，做到不喧哗哄闹，不争抢、不挑食、不浪费饭菜。

(2)爱惜粮食，不随便倒饭菜；以节约为荣，以浪费为耻。

(3)讲究文明卫生，不随地吐痰，不弄脏就餐设施，尊重餐厅工作人员；就餐结束安静有序离开餐厅。

2. 外出参观管理

(1)严格执行分组游览参观，跟随团体，有序行进。

(2)参观前后老师定时清点人数，统一带队进场、离场，避免发生拥挤踩踏事故。

(3)督促学生保持环境卫生，不乱扔垃圾，不乱丢果皮纸屑，不在公共场所内遗留食物和饮料，不随地吐痰，不大声喧哗。

(4)注意维持公共秩序，不随意走动、打闹，不损坏公物等。

(5)如果遇到紧急情况，不要慌张，要及时与领队老师取得联系，冷静等待领队老师的指导和安排。

(6)鼓励师生间、同学间相互帮助，但不提倡相互赠送物品，尤其不能跟陌生人走，接受陌生人食物、物品馈赠等。

3. 就寝管理

(1)保持卧室及楼道清洁、干净，不在房间及楼道内大声喧哗。

(2)爱护公共设施，节约水电，按时就寝。

(3)房间内不存放贵重物品和现金，保管好自己的物品以防丢失，不要带其他人员进入房间，不得留宿非本房间人员。

(4)严格遵照就寝、起床、集合时间，不拖慢团队进度，不干扰他人休息。

(5)退房时，带队老师统一检查房间，提醒学生拿好个人物品。

第四节　常见伤病处理办法

1. 常见伤病的类型

常见伤病主要指的是：感冒、发热、皮外伤、中暑、腹泻、晕船晕车、各类过敏等。

2. 常见伤病的处置原则

(1)随时观察，及时问询。关注学生健康情况，熟记学生有无过敏情况，针对常见伤病提示学生做好预防。

(2)发现伤病，及时处理。如遇皮外伤及时消毒，中暑后及时服用药物，感冒初期及时治疗和服药等。

(3)及时就医，科学用药。用药需咨询随队医务人员建议，坚决不允许带队老师武断用药。应及时通知总负责人，告知学生家长，说明学生病情及就诊情况。

(4)做好相关记录。掌握学生伤病状态及变化，及时与随队医务人员及医院医生沟通。

第四章 境外研学旅行活动指引

第一节 境外研学的相关政策指导

"世界那么大,我想去看看",这句话因一位老师的辞职信而走红,也正反映了我国中小学生境外研学旅行活动的升温。游走于不同肤色和文化之间,接受世界范围内的优秀教育资源,用自己的眼睛去观察,用自己的心灵去体验,这种自主学习、寓教于乐的教育教学方式,很快便受到了广大中小学师生的青睐。我国中小学生赴境外研学旅行活动由点到面、不断升温,应当说这是其内在原因。当然中小学生赴境外研学旅行活动能够在现阶段迅猛地开展起来,与改革开放 40 年我国经济社会有了翻天覆地的变化,国力极大增强,公民支付能力极大提高,使过去普通中小学生根本难以支撑的国际旅费已不再是一道迈不过的门槛更有直接的关系。

一、政策规则指引

中小学生赴境外参加夏(冬)令营等活动日益频繁,形式也日益多样。对于多数中小学校来说,带领中小学生赴境外研学旅行,带有一定的实践探索性,没有太多的成功经验可供借鉴。为了积极稳妥地把这项活动规范有序地开展好,教育部于 2014 年 7 月 14 日发布了《中小学学生赴境外研学旅行活动指南(试行)》(以下简称《指南》)。

《指南》的发布是一个极其审慎的过程。2012 年教育部、外交部、公安部和国家旅游局联合下发了《关于进一步加强对中小学出国参加夏(冬)令营等有关活动管理的通知》(教外监〔2012〕26 号),为规范中小学生赴境外研学旅行活动提供了具有实践基础的政策框架。在此基础上,负责《指南》起草工作的同志又进行了大范围的调研活动,请驻外使领馆教育处组、省级教育行政部门协助开展调研,走访中小学校、相关政府部门和市场企业,结合政协代表提案和教育部内各司局意见,吸纳了国内外大量调研成果,明确了中小学生赴境外研学旅行活动的定位，强化了对研学旅行活动全过程的规范标准。同时，还要求各级教育行政部门和学校要切实加强管理，落实各项措施，提高境外研学旅行活动的质量，努力营造中小学生赴境外研学旅行活动的良好社会氛围。最后编制和发布了《指南》。也就是说，《指南》是我国以往开展中小学生赴境外研学旅行活动有效经验和做法的总结，又经过了方方面面专家的论证，具有较强的针对性、适用性，为今后开展中小学生境外研学旅行活动提供了一个切实可行的活动规范。

总体上看，《指南》对举办者安排活动的教学主题、内容安排、合作机构选择、合同订立、行程安排、行前培训、安全保障等一系列问题都提出了具体的、具有可操作性的指导意见，特别在操作性方面，规范了带队教师人数、教学内容占比、协议规定事项、行前培训等具体内容，为整个行业活动划定了基本标准和规则；有效强化了安全、文明、实效的政策导向；对主办者从方案制订到组织落实，以及提高安全意识、加强安全保障、落实学生安全教育都进行了有效的指导。

在具体内容上，《指南》有着一系列具体的规定：

第一，对"中小学生赴境外研学旅行活动"概念做了明确的规范和限定。明确研学旅行是指根据中小学生的特点和教育教学需要，在学期中或者假期以集体旅行和集中食宿方式，组织中小学生到境外学习语言和其他短期课程、开展文艺演出和交流比赛、访问友好学校、参加夏（冬）令营等开拓学生视野等有益学生成长的活动。换句话说，今后凡是学期中或者假期以集体旅行和集中住宿方式，组织中小学生到境外学习语言和其他短期课程、开展文艺演出和交流比赛、访问友好学校、参加夏（冬）令营的，都将受《指南》的指导与约束。

第二，对组织境外研学旅行给出了明确的价值导向。境外研学旅行应当以加强国际理解教育，推动跨文化交流，增进学生对不同国家、不同文化的认识和理解为目的，有利于促进中小学的对外交流与合作，丰富中小学的课程内容和社会实践，增进与国外中小学生的交流和友谊。

第三，对组织境外研学旅行提出了具体的指导约束。组织和开展境外研学旅行要遵循安全、文明、实效的原则，符合中小学生的特点与需求，保证学生身心健康；内容上要与中小学教育教学计划相协调，具有明确、有益的教育目的和适当、周密的教学内容，把素质教育和体验学习贯穿始终；教育教学内容和学习时长所占比例一般不少于在境外全部行程计划的1/2；活动时间和地点应事先进行合理规划，充分考虑中小学生身心特点和承受能力，一般小学生不宜超过3周，中学生不宜超过6周。每次活动安排不宜超过2个国家，每个国家的参访城市不宜超过 4 个；研学内容上可选择环保、科技、人文、自然、历史、文学、艺术、体育等主题活动。

第四，对境外研学旅行安全出行给予了特别的强调。明确规定，选择与境外学校、夏(冬)令营营地等机构合作的，要通过相关渠道核查境外机构的合法性、民事行为能力及承接条件，并及时向学生和家长做出说明；委托办理出境手续、安排境外食宿等事项的，应选择国家旅游局许可经营出境旅游业务的旅行社；应就合作事项和标准、各自权利和义务、合作期限、争议解决办法等内容，与拟合作的旅行社、境外机构签订具有法律效力的合同或者协议；乘坐汽车长途旅行的，应在协议中就车辆性能、安全车速、司机规范等予以明确约定，以防止车辆老旧、超速行驶、疲劳驾驶等情形发生；举办者不应与境外机构合作而自行声明免责；境外研学旅行要注意规避战争、疾病、灾害等存在安全隐患的国家和地区。

第五，活动举办者要与学生家长依法办理完善相关的手续。包括：要以书面形式将活动内容、境外食宿安排、所需费用(含保险费用)、文明安全等事项告知学生和家长；提醒学生家长自主选择是否参加境外研学旅行活动，如同意参加境外研学旅行活动应向举办者提供书面的署名同意书和学生健康证明；活动举办者要与学生家长就监护权委托等事宜依法签订协议，并可就学生违反团队规则或因离团发生意外的责任归属和处置办法等依法做出书面约定；举办者要为研学师生购买相关的医疗保险及意外伤害保险。

第六，举办者要做好相关的行前培训和说明工作。要加强学生的安全教育，多种形式指导学生熟悉必备的安全知识，注意保管好个人证件和随身物品，牢记带队教师和我国驻外使领馆以及当地报警电话，掌握当地交通、公共安全、饮食等基本常识，留意交通工具和住所的紧急逃生路径或出口，规避或远离危险区域和场所，知晓应对突发情况的自我保护措施和求助方式等；要加强学生的文明出游教育，指导学生学习文明出游知识，掌握基本文明礼仪和目的地风俗禁忌等常识；要在行前向家长介绍活动行程和注意事项，提醒家长活动期间保持联络方式畅通，帮助学生做好行前准备工作。

二、实施策略指引

《指南》还就建立安全责任机制、制定突发事件应急预案、做好相关信息的备份工作、随团带队教师、研学师生人数比、境外研学报备等做出了相应的规定。

上述内容都是组织中小学生赴境外研学旅行须知晓并遵守的，但还不仅限于此。实践表明，组织中小学生赴境外研学旅行活动开展得顺利不顺利、效果好不好，除了上述这些刚性规定必须认真执行外，还有一些实施层面的常规做法可供参照借鉴。

第一，要有一个完善的研学方案。这里所说的完善，包括研学内容的选定必须要符合参加研学学生的具体情况，甚至是要能够照顾到参加研学的每一个学生的个性化要求，哪怕有一个学生实地研学时，对研学内容不感兴趣或听不进、看不懂，都有可能影响到整个研学团队。此外，由于各方面的原因，实地研学时，研学方案一时无法按原先计划实施，或者参加研学的学生普遍对研学内容不感兴趣，这时就应当有替代方案，以确保实地研学顺利进行和取得良好收效。

第二，要更多地关心、体贴和照顾参加研学的学生。赴境外研学旅行对于绝大多数中小学生来说，可能还是头一次。第一次远离祖国、远离家乡、远离父母，学生可能会出现种种不适，这时他们更需要得到教师的关心、体贴和照顾，只有这样才能确保每一个学生都能够在境外研学旅行期间心情舒畅、积极投入。

第三，境外的每一场研学活动方案都要进行反复的细化、充实与调整。虽然出国前已经有了具体的研学方案，也向学生及家长做了宣传和培训，但由于时差关系、经验不足等，往往有可能导致每次总会有不能按时集合上车、到了研学地发现忘了带笔和本、研学活动结束后人走散了等各种小插曲的发生。因此，研学教师每次活动出发前都要再次强调本场活动注意事项、及时调整细化方案，并要求各研学小组及成员之间相互关照和提醒。

总之，组织中小学生参加赴境外研学旅行活动，符合《国家中长期教育改革和发展规划纲要（2010—2020 年）》要求，是加快教育国际化进程的重要举措。对加强国际理解教育，增进学生对不同国家、不同文化的认识和理解，提高学生的国际理解能力、提高学校的国际交流与合作水平都具有积极意义。但要把这件好事办好，还需要我们多动脑筋多思考，更离不开组织者智慧与创造性的发挥。

第二节　英美日法澳等国中小学研学概览

一、英国

英国历来有着崇尚研学旅行的风气，"the Grand Tour"一词，实际就是专门用于指英国大学生毕业前的大陆旅行。早在 17 世纪，英国王室就有教师带领王子们周游列国的先例;到了18世纪,这种游学普及到英国上流阶层;到19世纪,倘若当时英国的青年学生,尤其是贵族子弟没有海外研学旅行经历的话,往往会被人瞧不起。今天,很多英国家长会选择在暑假带着孩子一起旅行,那些没有家庭出游计划的学生也会参加学校组织的出游,在旅途中学习知识。因欧盟国家间往来不需要签证,所以英国学生赴境外研学旅游要比非欧盟国家学生更便利一些。

而对于学校来说,开展研学旅行意味着学生将要离开校园去异地,从而错过其他课程和减少课堂教学时间;研学旅行要有一定的费用,有些学生甚至可能没有资金参加,可能还需要为他们筹款;研学旅行的组织者必须要为所有学生工作,按比例配备陪同人员,创建学生小组等;要处理许多繁文缛节,包括许可证、医疗信息,与学生及家长签订许可与承诺书,甚至还包括准备相关的预案。此外,由于学生将置身于比教室更大的环境中,新环境可能会导致额外的纪律问题、安全问题等,教师需要严格执行规章制度,并要对不当后果承当相应的责任等。那么,是否值得花费这么多的时间、这么大的精力来组织此次研学旅行?许多老师都会在某个时候问自己这个问题。因为,任何一个学校或者年级的研学旅行都会给老师增添不少麻烦。但同样,毫无疑问经过深入研究和精心组织的研学旅行能让学生通过实地考察获得不一样的教育体验,这是他们在课堂上无法得到的。

具体说来,组织学生开展研学旅行活动的好处表现为:

第一,研学旅行拓展了学生的知识面,为学生提供了通过实践主动获取知识、有效拓宽视野的新体验,而不是被动地聆听课堂上所获得的信息,很多知识是学生在课本上学不到的。

第二,研学旅行有助于强化课堂上已经学习过的知识,提高学生的学习效果。学习环境的变化,提高了学生的学习兴趣,有助于促进学生更加有效地学习;证明知识信息完全可以以一种新的方式来传授,可以更好地被理解和掌握,如可以在一个科学博物馆的展览中,学习诸如飓风和风速之类的知识,并有更真切的体验。除此之外,研学旅行为学生们长时间在教室里学习后的放松提供了一些有趣的场所——如像森林这样的地方会让学生更好地亲近自然,减少他们的压力,激发他们的思维想象力。

第三,研学旅行为学生提供了良好的道德体验。这种体验既不能在书本上找到,也不是能用金钱买到的。除此之外,教师也可以利用这个机会向学生输入道德价值,使他们成为守纪律的优秀学生,能够体会在公共场合如何维护学校的声誉,这种道德价值在他们踏入校园时也很有用。

第四,研学旅行能够有效地向学生提供知识共享的参考点。教师既可以运用两个或多个学科知识来丰富研学活动，同时也可以在日后的教学中加以参考和使用。例如，在一个生物系统（河流、海滩、草地）中，结合数学（测量）来简介生物学知识。

第五，研学旅行有助于改善人际关系。研学旅行加强了师生之间的沟通，给学生相互之间更好地了解提供了机会，增进了同学之间的互帮互学。此外，为学生和教师彼此加深了解提供了新的视角，如有些学生因为性格安静而在课堂上可能被忽视，而实地考察往往能激发起这些学生生龙活虎的一面。而如果家长作为监护人也能够参与研学旅行活动的话，则同样有助于增进学生家长与老师的联系，更好地了解和配合老师的工作。

总之，大多数教师认为，只要选对了研学旅行目的地，精细地规划好每个环节的方方面面，为开展这项活动做出的种种努力还是值得的，因为学生们可能会记住校外旅行的经历，这是一个亮点，他们学到的东西有时比课堂上教的要更多、更生动，有的甚至能使学生记忆终生、受益终生。

英国开展研学旅行活动有一个便利条件，即英国中小学放暑假的时间基本上由学校自行决定，而且中小学生假期的书面作业很少。于是，假期里的英国中小学生可以更为便利地根据自己的需要，选择喜欢的研学旅行课程。

在研学目的地的选择上，位于英国伦敦的大英博物馆是跨文化研究的理想平台，更是英国中小学生开展研学旅行的必去之处。大英博物馆拥有藏品800多万件，是世界上历史最悠久、规模最宏伟的综合性博物馆之一，其藏品之丰富、种类之繁多为世界其他博物馆所罕见，主要藏品于18—19世纪英国对外扩张所得，不仅收藏英国中世纪的古物，还收藏有欧洲和欧洲以外的史前史、人种学和考古学资料，以及亚洲艺术品和其他文物。其中，埃及文物馆是大英博物馆最大的陈列馆，有10万多件古埃及各种文物，是了解和研究古埃及文明的好去处。希腊和罗马文物馆、东方文物馆集中展示着古希腊罗马、古代中国的灿烂文化。该馆收藏的中国文物囊括了中国整个艺术类别，包括远古石器、商周青铜器、魏晋石佛经卷、唐宋书画、明清瓷器等中国历史上各时期文化艺术登峰造极的代表国宝。此外，白金汉宫、温莎城堡、"伊丽莎白塔"、伦敦塔桥、伦敦眼等地，也是英国中小学生开展研学旅行活动，了解本国历史和文化的研学目的地。

英国的中小学研学专家和教师普遍认为，评价研学旅行的最好方法之一是征求反馈意见。教师可以向参与者和其他陪同人员发布调查，了解他们对此次活动的评价意见。学生应该有机会对这次旅行进行反思，并在日记或论文中写下回应。在旅行结束后要求日记回复，这样可以巩固学生表达新见解时所学到的知识。

总体上看，英国研学旅行教育活动寓教于乐、个性化定制、专业团队运作的特点越来越明显。

二、美国

研学旅行在美国中小学是一项普遍开展的教育教学活动。据在美国田纳西州对225名中小学生的随机调查显示，未参加过任何研学旅行的人数为零；参加过1—2次的占12%；参加过3—4次的占23%；参加过5—6次的占40%；参加过7次或更多的占25%。

学校和教师安排学生参加研究性学习活动，出发点是为了满足或培养学生的兴趣爱好，美国霍奇基斯高中曾组织10—12年级的学生去南极开展为期3周的探险之旅，组织学生考察南极半岛和周边岛屿，察看鲸鱼、磷虾群，拍摄帝王企鹅、海豹和冰山，还安排南极科考专家介绍生态学知识和当地历史；加利福尼亚州的学校组织学生去加利福尼亚州国会大厦研学，零距离感受政府机构的运行；组织学生到铁路博物馆研学，引导学生思考与探讨横贯大陆的铁路对加利福尼亚州和美国的影响；组织学生与地质学家一起在美国河上淘金，每个学生甚至都还会收到一个小瓶和一个金袋子来储存或保存他们的收获物。此外，还有一些美国高中生会利用假期参加国内名校游，了解这些学校的专业设置及教学特色，为将来升学择校做准备。

学校和教师组织学生开展研学旅行，要耗费大量的时间精力去考察研学目的地，制定细致周密的研学方案，其中包括相关的安全应急预案和研学备选方案等，这样做值不值？这是美国教育专家和相关教师普遍关注并开展过专题研究的问题之一。经过实践特别是对许多参加过研学旅行的学生随机调查，普遍认为尽管学校和教师要有很多的付出，但对参加的学生来说有很大帮助，有的影响甚至是终生的。学生在研学旅行中不仅增长了知识、开阔了眼界，而且培养了团队意识，尝试了用课堂里学到的知识来观察和分析自然与社会。

去哪里、研学什么，是美国中小学安排研学旅行时重点考虑的问题。制定研学方案时，他们会注意结合学生的兴趣，由学生参与意见甚至做出选择，使得研学旅行从一开始就变得生动有趣、具有吸引力，成为孩子向往的挑战心灵、激发想象力的教育和教学活动。在增长知识、开阔眼界的同时，收获课堂上所没有的刺激、兴奋和愉悦，往往是研学旅行活动能否受到学生普遍欢迎的重要原因。如乘坐气垫船去沼泽溪探险，进行一次令人兴奋的野生动物研学之旅。当气垫船沿着佛罗里达湿地前行，沿途在野生动物自然栖息地中，能看到奇异的鸟类、海龟和著名的佛罗里达鳄鱼。气垫船可以达到每小时70多公里的速度，所以令人兴奋的乘坐很快成为体验佛罗里达大沼泽地的最佳方式。再比如，美国中小学生研学旅行常去的肯尼迪航天中心，以其10层楼高的火箭、双子座计划舱或亚特兰蒂斯航天飞机展览而闻名，也是美国宇航局和太空探索历史的发源地。那里的发射任务控制中心、火星探测模拟器、太空行走训练模拟器、植物实验室、火星运行控制中心等，足以让学生们久久沉浸在 NASA 太空计划的过去、现在和未来之中。

研学旅行本质上是一种研究性学习方式。研究性学习的内容通常应当源于学生的生活，基本特点是开放性和可探究性。研究性学习的内容，可以由学生自己选择确定，也可以由教师提供选题建议；可以来源于课本知识和课堂教学，也可以来自家庭或社会生活实际；可以是对自然现象的研究，也可以是对社会问题的探讨。对于同一个问题或主题，不同的学生可以根据自己的兴趣爱好和能力水平，选择不同的研究角度和范围。教师则通常在研学活动中注意利用各种机会，启发学生提出值得思考和探究的各种问题。在这方面，美国中小学教育通过多年的探索实践，已有一些成熟的经验和成果。如由艾其来先生组织翻译，中国民主法制出版社出版的一套"美国青少年研究性学习译丛"，就是美国中小学开展研究性学习的阶段性成果。该套译丛包括《航天卷》《植物卷》《生物卷》《物理卷》《工程卷》《最佳创意卷》《科技博览会卷》，尽管学习和研究的学科领域各不相同，但都有着创新思维、方法科学、立足兴趣、开展科普、知识渊博、开阔眼界、启迪智慧、培养能力的共同特点，完整地反映了美国中小学研究性学习现状和所达到的水准。

研学旅行归来，可别忘了总结和评价。评价是美国学校和教师引导学生开展研学旅行的一个重要手段。科学而得体的评价，将使得参加研学旅行的学生明白过去做得怎么样，今后应当怎么办。美国《国家应用学习标准》所提出的应用学习五项考查评价标准为：问题解决；交流的手段与技巧；信息手段与技巧；学习与自我管理手段与技巧；与他人合作的手段与技巧。与此相关的九大能力考查评价标准为：信息的收集、分析和整理；思想和信息的交流；资源的安排与组织；团队协作；问题解决；数据的运用和技巧；技术的运用；学与教的应变能力；系统的理解和设计能力。评价将贯穿于研究性学习的整个过程，即贯穿于研究性学习问题的提出、立项、实施、总结、表达和交流等各个环节和阶段。

三、日本

日本的研学旅行称为修学旅行，这一活动可追溯到明治时代。1882年，栃木县第一中学的学生在老师的带领下，参观了在东京上野召开的第二届劝业博览会，被认为是日本学生修学旅行的开始。1887 年 4 月 20 日发行的《大日本教育杂志 54 号》中首次使用"修学旅行"一词。1896 年，长崎县立长崎商业学校到中国上海进行修学旅行，这是日本首次的国外修学旅行。

日本的修学旅行最早是师生一起徒步旅行。如 1895 年，东京高等师范学校普通中等科就曾组织全校学生，通过 1 夜 2 天的步行到达镰仓开展"修学旅行"。20 世纪 70—80 年代，日本盛行学校通过乘坐修学旅行列车开展修学活动，90 年代中期以后，乘坐飞机修学旅行的情况开始增多。

在修学旅行的目的地选择方面，小学通常会选择比较近的观光地。如南关东学校选择，日光、那须、箱根、伊豆、新潟、信州等很多；南东北、北关东、中部地方东部等地去东京、神奈川（横滨、镰仓、江之岛）等的情况比较多；近畿的话去奈良、京都、大阪、伊势志摩、南纪。以集体入浴为目的，选择有温泉的地区的情况也很多。另外，在西日本、南日本，作为和平学习的一环去广岛、长崎、冲绳的也不在少数。

中学生修学旅行，北海道的学校通常选择去札幌和函馆，东北地方的学校向首都圈，首都圈、中部地区的学校通常选择到近畿地区，西日本的学校去东日本的情况也很多。

作为修学旅行的主要参观地，在东京，主要有日光、国会大厦、皇居、羽田国际机场、东京巨蛋、东京迪士尼乐园等主题公园，东京铁塔、东京证券交易所、日本银行总部、横滨港、东京晴空塔等标志性场景居多。

在关西，有京都、奈良的法隆寺、东大寺、兴福寺、药师寺、清水寺、金阁寺、平等院、三十三间堂、京都皇宫、奈良公园等的寺院、佛寺、历史性建筑。近年来，环球影城也有开业，去大阪的学校，以及去阪神大地震受灾地神户，以防灾学习为目的的学校也在增加。

在私立中学，近年来乘飞机去北海道和冲绳的情况也很多。北海道方面，历史性建筑物如札幌市钟楼、北海道厅红砖建筑，北海道大学站内等，以及札幌电视塔、小樽运河、函馆的元町地区、五稜郭町、富良野的薰衣草田地等也是热选。

不管是公立学校还是私立学校，东京和近畿很长时期都是修学旅行的热选。近年来，选择北海道、广岛、长崎、冲绳的学校增多，目的是自然体验和了解太平洋战争。另外，四国和九州等几乎不下雪的地方的学校，也选择来体验滑雪。

20 世纪 90 年代以后，日本修学旅行开始从国内走向国外，增加了面向夏威夷、美国西海岸、英国、韩国以及我国台湾等地的修学旅行。特别是私立学校，常把到国外的修学旅行作为招生的宣传材料。

能否组织中小学生到宗教场所修学旅行？在日本，对此有不同的看法。有人认为神社佛阁是特定的宗教场所，倾向学校要尽量减少选择去这样的地方。持不同观点者认为，如果以学习历史和文化为目的，可以有目的、有引导地选择一些特定的宗教场所。

在日本，普遍主张修学旅行不是游山玩水，而是一种学习活动，选择主要目的地去修学旅行，需要安排进场工作、地域调查、采访活动、总结活动等。

为了更好地了解社会，在中学，日本的修学旅行通常以小团体的方式，组织学生参观官厅、出版社、报社、电视台等，以便学生更好地开阔视野、了解社会。在高中，为了帮助学生了解升学、促进就业，通常把大学和研究设施作为参观目的地。具体做法是，大城市圈外的学校以大城市圈为参观目的地，大城市圈内的学校则组织学生去北部地区，以加深对农业等大城市圈外的产业、社会、文化的理解。

此外，在大规模博览会举办年期间举行修学旅行，很多都会以参观博览会为主要内容，如参观大阪世博会、爱知世博会等，同时结合组织到周边地区的观光地、产业设施等开展修学旅行。东日本大地震后，也有学校为了体验地震灾害，学习防震知识，组织学生去受灾地修学的。

为了减轻监护人的负担，在组织修学旅行时，通常设置旅行期上限。有的设置总行程的上限，小学原则上是1夜2日，中学原则上是5夜6日左右。

四、法国

在法国，研学旅行并未形成系统的教育理念或者教学方式。但在法国的基础教育领域，研究性学习得到了普遍的认可与推广，法国的这种类似于课题系统研究的、独特的研究性学习，实际上也包含有研学旅行的成分，特别是他们的TPE模式。

研究性学习是引导学生从学习和生活中获取课题，自主思考、研究设计、调控制作与总结评价，目的是为了培养学生发现问题、解决问题的能力，涵养学习主动性，以便更好地获得文化知识和科研方法，以多元、开放的思维来面对未来社会挑战。在法国，这种学习方式被称为TPE(Travaux Personnerls Encadrés)模式，即"有指导的学生个人实践课程"。

长期以来，法国的基础教育内容庞杂，学生负担较重。从20世纪90年代开始，随着知识经济的崛起和新技术的快速发展，原有的教学内容、育人方式受到了挑战,法国基础教育进入转型时期。1990 年法国在制度层面开始了教育改革,1994 年教育改革开始转向重视教育质量和实行课程改革。实行了两条最突出的改革措施:一是加强"个别化教学",突出因材施教;二是为培养学生创新精神和动手能力,增设了"研究性学习"课程。至此,研究性学习在法国逐步推开。

法国的研究性学习最初是从 1995—1996 学年初二"多样化途径"教学实验开始的。这项教学活动由各学科教师 2—3 人组成指导小组,参照该年级教学大纲中所规定的各学科教学内容,设计出有关学科知识的课题,然后再根据课程目标,按每周 2 学时安排活动方案,学生可根据兴趣来选择不同的课题方案,既可跨班级也可在本班级内组成课题小组,在指导教师的带领下开展活动。教学活动须面向全体学生,既不搞成优秀学生的专利,也不刻意照顾困难学生;项目可以安排在课外活动时间进行,但不属于课外活动。这项实验不强迫一律实施,由学校领导自主决定是否参加,教师自愿报名。法国教育当局认为,学科教学的分隔影响了学生对基础知识的获得,阻碍了学科与周围环境的联系。主张学生根据兴趣组成小组自主学习,是巩固所学知识的有效教学方式。开展"多样化途径"教学,目的是为了强化学科知识综合,引导学生在实践中更好地运用所学知识。

"多样化途径"教学实验得到了学校和社会各方面的好评。1999 年法国政府进一步规定,从 2000 年 9 月起"多样化途径"教学实验从初二推广到初三,在初三新增加综合实践课(Travaux croise)作为必修课。对初三学生,除了强调多学科综合和学生的自主学习外,还要求学生要有个人成果,成果可以集体完成,评分计入毕业成绩中。

1996 年,法国在大学预备班开设"适度发挥学生创造力"(Travaux d'Initiative Personnelle Encadrés,简称 TIPE)课程。两年后,里昂全国高中改革会议提出,将 TIPE 的成功经验推广到整个高中教育阶段。1999 年 12 月 6 日,法国教育部基础教育司颁布《关于 1999—2000 学年在高中二年级开展"有指导的学生个人实践"实验的通知》,正式拉开高中实施 TPE 课程的序幕。但由于法国高中师资水准参差不齐,部分教师安于现状,对改革抱有一定的抵触情绪;加之法国教育部对在高中推进 TPE 的困难估计不足,有些技术性问题没有妥善处理,以致法国高中的 TPE 课程最初推进很不顺利,甚至引起了全国中学教师游行罢工。

为保证课程改革的顺利实施,法国政府有针对性地采取了相应措施:

一是发挥教育部在 TPE 课程实施中的领导作用。法国教育部通过部颁文件,将 TPE 的性质、课程定义与目标、课程实施步骤及要求、教学管理与评价、教师在课程中的地位作用等各要素都加以具体规定;成立国家级专家指导小组,在学区层面设立专门工作小组,调研推动和总结反馈本地的 TPE 实施情况;由教育部拨款 1.2 亿法郎,用于各中学信息资料中心的信息设备和图书资料建设。二是设计 TPE 方案时,将教师作为关键环节来设置。转变教师的教育观念和教学方式,让教师学会在参与学生课题研究的过程中指导学生。新公布的《TPE 实施方案》首次将课程目标的设置分为学生和教师两部分,对教师职责提出明确要求。法国教育部还划拨专款优先用于高中教师培训,同时还建立网站,专门发布有关 TPE 的信息和相关经验,供高中教师随时查阅与交流;开辟教师论坛,便于教师交流教学方法,研究最佳方案,与专家、教师一起讨论学生正在研究的课题。三是加紧制定 TPE 的评价方案。从高二开始,法国高中学生对课题研究将持续两年,学生高二成绩由教师单独评价,高三时将评价结果统一折算并计入学科会考成绩内。

总之,法国的研究性学习已从初中、高中到大学预备班统一开设,形成了相互衔接的课程系列。

TPE 的实施,主要包括以下环节:

(一)前期准备

TPE 和学校常规课程有很大不同,它不局限在某一学科的课堂教学中,而是涉及学校管理的方方面面,因此各学校都很重视。学校在学生正式接触 TPE 之前,先将教师分为不同教学小组,开展教学方法的研讨与交流;统筹安排资料室、电脑室、多媒体设备的使用等,确保 TPE 课程顺利开设。

(二)课题确定

在课程启动之前,学校须就 TPE 模式向学生做出解释说明,让学生对 TPE 有基本的了解,一般要讲清楚:为什么实施 TPE;TPE 实施有哪些阶段,每个阶段有什么要求;学校的 TPE 组织体制和日程安排;所推荐的研究主题;项目活动的评估方式和标准;对学生研究笔记的要求;等等。明确这些后,学生将在教师的指导下,选定研究主题。选择可以从两方面着手进行:一是教师选好题目,学生通过查找资料,对题目做进一步提炼,最终确定主题;二是由教师先提出跨学科主题建议,学生从中选择自己感兴趣的题目。第一种方式缩小了学生的选择范围,避免了学生无经验的盲目选择;第二种则体现了学习的主动性,但有可能出现无所适从的情况。在 2000—2001 学年时，法国教育部甚至还为学生提供了一些全国性跨学科（至少跨两个学科）主题作为参考，每两年再换掉其中 1/3 的主题，学生可以在这些主题中任意选择。

（三）资料查找

实践研究离不开查找和记录资料，每个学校针对 TPE 课程都安排有资料员，在 TPE 课程开始之前，这些资料员首先要和指导教师进行交流沟通，以确定学生大致需要哪些资料，其中哪些是学校资料库中已有的，哪些需要通过外部途径来补充。这些海量资料内容繁杂、种类多样，除了传统意义的文字、视频、录音、照片等外，还包括诸如访谈、实验记录和实地调研等。此外，在 TPE 课程开始实施时，资料员还要指导并教会学生查找、区分与选择资料，帮助学生学会分析、修改和完善资料。

（四）教师指导

日常学习中，学生所获得的知识很大程度上表现为碎片化，各学科知识联系不强，学生很难有效整合这些知识做，以进一步形成完整的知识体系。TPE 课程的实施则要求学生对所学知识做出分析整合，以提高探究和运用知识的能力，这就离不开教师的帮助与引导。

教师在 TPE 中对学生的引导可以分成两种情况：一种是教师以旁观者的身份，在与学生交流的过程中，对学生的研究情况有相应的了解，但并不插手干预，由学生自己决定研究中的假设、推理、结论和表达。教师只是在随意和学生讨论问题的关键、研究的重点或设计方案需要做出调整时加以引导。另一种方式是，由学生选择与相应的教师进行交流。这要视学生的研究进展来定。另外，教师也会做出安排，让学生相互之间交流、沟通自己的研究进程，并对所提出的问题做好记录。

由于 TPE 根本目的是为了培养学生的自主学习能力和研究精神，因此教师通常只作为学生可借鉴的学习资源而存在，通常只对学生主动提出的问题加以提示，而不直接给出答案，更多的是启发学生自己动手寻找解决方案。

（五）研究笔记

研究笔记是学生进行课题研究的记录。TPE 课程高度重视研究笔记，有的学校甚至直接规定笔记内容必须加入日期、备忘录等。教师也会定期浏览和评价学生的研究笔记，以具体了解学生所采用的研究方法和实验进展，并对笔记形式和内容提出建议。笔记有助于教师对学生进行指导，避免学生偏离研究方向，并为后期研究成果评估提供参考。

（六）成果汇报

TPE课程成果汇报主要有研究报告和口头报告两种形式。报告通常集体撰写，内容上包含丰富的资料、实证数据、调查和采访等。报告形式不限，内容上只要能体现研究成果、展示研究个性即可。形式上可以是文字、图表、影视资料或网页，甚至还可以是漫画和剧作表演；口头报告由专业的TPE教师及与考生无关的两位教师参加，以确保考核的公平公正。口头报告时，学生要介绍自己的研究成果和所承担的工作，要突出个人的努力和特色，然后再进行十分钟的答辩。

（七）总结评价

法国学生从高二年级开始进行TPE研究，主要围绕选题查找和分析资料，高三则专做课题研究。教师对学生的高二成绩做单独评价，而高三的评价结果则通过某种计算方式核算后直接纳入会考成绩。TPE的评估着重考查学生全年的努力情况、自主学习程度、研究水平、提出问题与解决问题的能力、在研究过程中与同学和教师的交流情况、团队合作能力等。

五、澳大利亚

澳大利亚是个移民国家，澳大利亚中小学生的家长普遍都是旅游高手，利用假期带孩子回母国去看望爷爷奶奶和姥姥姥爷是必然的选择，这无形之中在客观上对澳大利亚的学校和老师乃至专业机构组织中小学生研学旅行提出了新的更高的要求。

澳大利亚的学校假期分为四个，最长的是悠闲自在的暑假，而且一般没有假期作业。假期时间多且轻松自在，为澳大利亚开展中小学研学旅行提供了一定的便利。

澳大利亚共有760万平方公里的国土面积，人口却只有2700万，空气非常清新，蓝天白云几乎触手可及。国会大厦、皇家植物园、澳洲国家科学技术中心、塔龙加动物园、土著文化中心、海德公园、黄金海岸、悉尼歌剧院、悉尼大桥、悉尼塔，以及澳大利亚国立大学、墨尔本大学、悉尼大学、堪培拉大学等，都是澳大利亚中小学研学旅行常去的目的地。

澳大利亚的研学旅行始于 20 世纪 80 年代。一项关于对澳大利亚 807 所中小学开展研学旅行的初衷和面临困境的研究表明，澳大利亚的研学旅行重点从学生的教育和校外实践着手，通常首先选择去那些具有系统化、差异化课程的研学基地，但出于交通成本考虑，大多数学校会选择去路途不远、收费适中的研学基地。制约研学活动的最大因素是配套资金的筹集，旅游作为手段和载体，最终还是为了孩子的教育和成长。一项在线调查显示，对有关出游动机，被调查的父母最主要的考虑是趁放暑假之际"让孩子出去增长见识"。

澳大利亚的研学旅行组织者普遍有这样的共识：开展研学旅行，重在以社会资源为第二课堂，让学生与社会多层次、多维度地接触，拓展他们的学习成长空间。他们认为，每一个学生都有着不同情况与特点，都有自己的特殊的目标和愿望。研学旅行就是为了确保学生能够享受一次激动人心、记忆深刻的成长之旅。为学生提供创造性机会，提供良好的教育资源，以及挑战性的学习方式，通过培养学生的生活体验，帮助学生绘制和实现个人抱负，促使学生们学会用适合自己的知识应用来实现生活学习目标。

（一）研学收获

一个充满了激动人心的亮点和鼓舞人心的研学旅行方案，通常能够在以下方面取得明显的收效：

1. 提高语言运用能力。旅游使学生受益于使用和提高英语，通过讨论掌握语言技能以及创新的学习资源。

2. 强化了学术优势。参加研学旅行使学生尝试并学会新的知识探索，掌握新的思考方法。不仅有助于激发学生新的学术潜力，而且能够帮助学生掌握新的生活技能。

3. 提升了组织、领导和协调能力。通过参加研学旅行方案的制订和目标的实现，使学生个人的组织领导和协调能力得到有效的锻炼和提升，为日后个人学习之旅做了有益的铺垫。

4. 强化了学生的全球意识。通过到不同社区、不同国家甚至寄居到不同的家庭，学会了适应和欣赏不同社区、不同民族、不同国家的文化和生活方式。

5. 增强了自信心。研学旅行活动取得成功，学生们能够直接体验自己亲手参与的研学方案，经过大家的共同努力，研学目的得以圆满实现，开阔了眼界，增长了知识，加深了了解，成长的自信心也会得到进一步的强化。

(二)注意事项

研学旅行通常是澳大利亚中小学生整个学年中最愉快的日子，大多数学生都期待着这一天的到来，这时需要提醒参加者注意一些基本的细节以保证研学旅行的安全和顺利。这些安全注意事项主要包括：

1. 不鲁莽行事。公共汽车上如果有不当行为，可能会耽误旅行。

2. 不随意走开。当老师在分组或指定合作伙伴时，即使是要去洗手间也要稍停片刻，否则可能会影响旅行，甚至最终可能失去与同龄伙伴组队，而只能和老师成为搭档。

3. 尊重陪同。陪同人员有很大的责任，要像对待自己的老师或父母一样听从他们的安排。

4. 尊重自然。一些实地考察会接触到动物或植物。为了安全起见，必须注意潜在的危险，未经允许不要轻易地拖拽、拉动、戏弄或触摸。

5. 拒绝粗暴。在参观工厂时，要小心里面的设备和活动部件；参观博物馆时，要小心保护陶器和玻璃房；在河水快速流动的河边行走时，要警惕潜在的危险，记住不要推或拉朋友。

6. 注意时间。应注意午餐或上车时间。不想错过午餐可以理解，更不能因耽误上车而被丢在后面。

7. 定点就餐。不要像买一罐苏打水然后就可以在任何地方喝那样，应去事先选定的餐馆就餐。

8. 冷热穿着。天气暖和的情况下，大楼里可能真的很冷。但如果外面很冷，室内反而可能会有暖气。要根据需要适时加减衣服。

9. 不乱扔垃圾。某些地方这样做甚至会受到处罚，耽误行程。

10. 带上装备。如乘坐长途汽车，可以带个枕头或小面罩，使旅途更加舒适；野外旅行可备上小的录音设备或笔记本，以备后续做作业或整理材料用到。

11. 手机静音。在听演讲时，要事先关闭手机扬声器，以免影响他人。

中篇
理论研究篇

第五章　研学旅行课程设置理论综述

开展研学旅行，既要注意防止"游而不学"，又要切实避免"学而不游"。要切实有效地防止这两个片面性的出现，搞好课程设置极为关键。研学旅行作为中小学生的一门必修课程，国家教育部门对其在课程设置有相应的、具体的要求。中小学校及广大教师是研学旅行课程开发设置、研学旅行教育实践活动开展的主体，因此有必要在熟知国家教育主管部门有关研学旅行课程设置的相关规定和政策要求的同时，对研学旅行课程设置的相关理论、理念、观点、基本遵循等也必须有一个清晰的概念。

课程设置是国际教育界广泛关注和十分重视的课题。因为毕竟教什么、怎么教，学什么、怎么学，事关国家发展战略和人才培养大计，事关教育任务完成和教学目的实现，事关学生个人成长、家庭幸福和社会福祉。20世纪以来，有关课程设置的理论、观点层出不穷，但其中引起国际教育界广泛关注和普遍采用与借鉴的课程理论当属泰勒原理和多尔的后现代课程观。

第一节　泰勒原理[*]

拉尔夫·泰勒（Ralph W. Tyler），美国著名课程理论专家和评价理论专家，科学化课程开发理论的集大成者。由于对教育评价理论和课程理论的卓越贡献，泰勒被誉为"现代课程理论之父""当代教育评价之父"。他在1949年出版的《课程与教学的基本原理》被誉为"现代课程理论的圣经"。其"泰勒原理"普遍被认为是对课程开发原理最完美、最简洁和最清楚的阐述，开启了课程开发理论的新阶段。

泰勒原理主要是围绕四个基本问题讨论展开：一是学校应该达到哪些教育目标？二是需要提供哪些教育经验才能实现这些目标？三是怎样才能有效地组织这些教育经验？四是怎样才能确定这些目标正在得到实现？围绕这四个中心问题，泰勒提出了课程编制的四步骤：即确定教育目标、选择教育经

---

[*] 参阅《课程与教学的基本原理》，拉尔夫·泰勒著，罗康，张阅译，中国轻工业出版社。

验、组织教育经验和评价教育计划，这就是泰勒原理的基本内容。

一、确定教育目标

选择并确定教育目标是课程设置的关键环节。首先，需要对教育目标做出明智的选择。这就要对学生的需要、当代社会生活、学科专家的建议等方面加以考量；其次，要用课程理论对已选择出来的目标做进一步的筛选；最后，要对教育目标进行陈述，每一个教育目标都要包括行为和内容两方面，以便更好地明确教育的职责。泰勒的课程编制原理重点强调课程目标的主导作用，他认为，目标是有意识想要达到的目的，也就是教育教学期望实现的结果。教育目标是选择材料、圈定内容、设定教学程序、安排测验和考试的准则。

二、选择学习经验

教育目标确定之后，随即要确定选择学习经验。泰勒所讲的学习经验，是指学生与环境中外部条件的相互作用。泰勒提出了五条选择学习经验的原则：

(1)为了达到某一目标，学生必须具有使他有机会实践这个目标所隐含的那种行为的经验；

(2)这种经验必须使学生因实践教育目标所隐含的那种行为而能够获得满足感；

(3)学习经验所期望的反应，是在有关学生力所能及的范围之内；

(4)有许多不同的经验可用来达到同样的教育目标；

(5)同样的学习经验往往会产生数种结果。

泰勒认为，在教学过程中，学生不是被动接受知识的容器，而是积极主动的参与者。教师要创设各种问题情境，用启发的教学方式引导学生主动探究问题，着力培养学生的创造思维能力和批判思维能力，并帮助他们把新知识与原有知识做有意义的建构。因此，所选择的学习经验应有助于培养学生的思维技能，有助于获得信息，有助于形成社会态度，有助于培养他们的学习兴趣。

三、组织学习经验

泰勒主张，在组织学习经验时，需要遵守三条准则，即连续性（continuity)、顺序性(sequence)和整合性(integration)。连续性指直线式陈述主要的课程要素;顺序性是强调每一后续经验要以前面的经验为基础,同时又要对有关内容加以广泛深入的展开;整合性是指各种学习经验之间的横向融合,以便学生获得统一的观点,并能够把自身行为与所学内容统一起来。

四、评价结果

泰勒强调,评价是查明学习经验实际上能够带来多少预期结果的过程。评价的目的,就是要全面地检验学习经验实际上是否起作用,并引起指导教师所期望的那种结果。在泰勒看来,评价的过程实际上是一个确定课程与教学实际达到目标的过程。教育评价至少要包括两次评估:一次在教育计划早期进行,另一次在后期进行,以便测量在此期间发生的变化。泰勒认为,评价结果不单单是一个分数或描述性术语,而是反映学生目前状况的剖析图,评价本身是要让教师和学生及有关人士了解教学的实际成效。

泰勒原理试图把课程开发过程变成一种普适性、划一性的模式,存在遏制课程开发创造性的隐忧;对不同学校实践的特殊性有所忽视;教师在课程开发中的主体性、创造性难以得到应有的尊重;学习者实际成了被控制的对象,在课程开发和教育过程中通常被置于被动的客体地位,其主体性将不可避免地受到压抑。在泰勒那里,工具化的知识观与社会效果标准观,使课程实际扮演着社会适应及社会控制手段的角色。然而,尽管泰勒所阐述的课程编制理论有着许多不足,受到众多批评,但在实际运用中却广泛地为人们所采用。

第二节 多尔的后现代课程观[*]

小威廉姆·E. 多尔(William E. Doll),美国路易斯安那州立大学课程与教学系教授、课程理论项目主任。多尔自称是一个后现代主义者,他认为当前我们正处在一个范式转换的时代,即从现代范式转换到后现代范式的时代。据此,他建立了自己的后现代课程观。

一、多尔后现代课程观的理论基础

多尔认为,18 世纪和 19 世纪流行的物质世界决定论告诉人们,事物之间

---

[*] 参阅《后现代课程观》,小威廉姆·E. 多尔著,王红宇译,教育科学出版社。

的关系法则可以被发现,也可以被用于进行预测和控制。他的这种观点对19世纪和20世纪的教育研究产生了很大的影响,使得课程领域也呈现出一种封闭、线性、统一、可预测、可确定的倾向。20世纪初,泰罗的科学管理理论盛行,此时的教育专家开始热衷于对课程模式的设计,其中最为著名的应属被誉为"现代课程理论之父"的泰勒课程模式。多尔认为,泰勒的课程模式是现代主义封闭课程体系的产物和典型。其课程与教学原理主要以目标为中心展开,多尔主要从课程目标与学习经验的脱节入手,对泰勒的现代课程观进行了批判。

二、多尔后现代课程观的理论基石

在对现代主义封闭课程体系及其理论进行批判之后,多尔为后现代描绘了多元而开放的课程设计蓝图。他提出了一种超越现代科学理性的课程观——转变性课程观。这种后现代课程设计思路以寻求取代单向性的权威教育,实现对具有工具理性的"泰勒原理"的真正超越,主要是以4R——丰富性(richness)、循环性(recursion)、关联性(relation)和严密性(rigor)为标准。

1. 丰富性。丰富性指的是课程的深度、意义的层次,具有多种可能性或多种解释。多尔认为,教师传授的教学内容,都与其自身的历史背景有关,因此,每门学科都应以自身的视角来阐释其丰富性。如数学主要以研究各种因式来展示其丰富性;物理学和生物学主要是通过假设的发生和证明来发展其丰富性;历史学、心理学及社会学等主要是通过对话和协商的方式来体现其丰富性。

2. 循环性。循环性指的是每一次考试和作业都不仅是完成一项讨论与探究,每个终点同时也是一个新的起点。多尔认为,课程教学本身应当是开放的而不是封闭的。他十分重视反思的积极作用,强调有必要让他人——同伴、教师考察、批评并对自己的行为做出反应。在多尔看来,循环性旨在培养学习能力,其框架是开放的,因为任何一种内容丰富且复杂的课程,往往都需要通过各种机会才能掌握。

3. 关联性。多尔所说的关联性,包括教育关联和文化关联。教育方面,强调建构课程母体时要考虑的一整套关系,在课程结构上也要强调其中的关系;文化方面,有关文化的关系虽然在课程之外,但会形成一个更大的母体,课程就在其中形成。

4. 严密性。多尔所说的严密性,是指概念的重新界定,它与诠释、不确定性紧密相连。

总之，多尔认为，课程目标不应预先确定，课程内容不应是绝对客观和稳定的知识体系，课程实施不应注重灌输和阐释，所有课程参与者都是课程的开发者和创造者，课程是师生共同探索新知识的发展过程，多尔的课程理论具有建构性特征，比较系统。作为一位具有建设性后现代主义倾向的学者，他的课程理论无疑会为课程研究和发展提供不少的借鉴。

三、多尔的新课程观理念

在对现代主义封闭课程理论进行批判的基础上，多尔提出了自己的课程理论。他主张，谁也不掌握绝对的真理，每个人都有权利要求被理解。在这一课程理想之中，教师固然是主导者，但也只是学习社区中的一个平等成员。在这一社区之中，隐喻比逻辑更能引发对话。多尔并不反对教学过程中要提出教育目标、课程组织、课程内容、教学过程以及教育评价，但主张它们是开放的、灵活的，是一种动态的过程而非成果。

（一）教育目标

多尔认为，现代范式下的教育目标先于教学过程设定，这是非常机械的，它会使得教师和学生都成为目标控制下的被动参与者，会使得教学双方都缺乏应有的创造性。他确信，目标是丰富多变的，将会不断生成，教育目标应当是教师和学生在互动中共同建立的。在教学过程开展之前，目标只能是以一般的甚至是模糊的词汇来描绘。这种生成性的教育目标观，能够给教师和学生以很大的主动权，并使教学双方都可以随着时间情境、条件允许的状态而作变化和调整，这样可以对教学过程不确定性和动态性特征加以准确把握。

（二）课程组织

多尔强调，课程组织是复杂的、非线性的。时间作为学习内容的相关变量，只有从累加的角度看才有意义。而在泰勒课程模式中，课程只是一系列相邻而独立的单元组合，并没有被视为创造性转变的积极成分。多尔的后现代范式认为，偶然性、不确定性随处都存在，课程组织应是非线性的、复杂的，它是由各种交叉点予以界定、充满相关性的网状图。它超越了那种把课程视为一系列相邻单元的观点，强调的是丰富的、开放的多层次经验组合，主张课程组织应当是随我们注意力的转移中心在不断变化的复杂的马赛克。

（三）课程内容

多尔认为，现代课程依赖的是一种封闭的、线性的思维方式。在那里，稳定性被假设，这些观念反映在课程内容上主要是要求学生学习确定的知识体系。而在多尔的课程乌托邦中，没有人拥有真理，每个人都有权利要求被理解，因而在课程内容上要有多种可能性或多重解释，要有适量的不确定性、异常性和模糊性。适量该如何把握呢？多尔认为这是无法确定的，只能在学生、教师和文本之间不断地加以协调。

（四）教学过程

在多尔的后现代课程理论那里，实施的精髓是面向教育情境，面向师生本身。多尔主张，教与学的问题需要从实际的而不是理论的观点来处理，主张要鼓励、要求教师和学生自由地通过相互作用发展他们自己的课程。相对于现代主义教学模式而言，后现代实践模式具有很大的灵活性，通常也更符合教学实际。在多尔看来，既然教学过程是面向情境的，就不应当用传统的灌输与阐释的方式进行教学，而应当采取参与、会话、反思与转变的方式。在后现代的实践模式框架中，课程不是既成的包裹，而是一种过程—对话—转变的过程。在这一过程中，对话是核心，对话引起反思，反思促成转变。

多尔的课程理论中，教师是教学过程中平等者之间的首席，其作用是与学生的情境转化共存，教师要及时转入情境当中；不应外在地要求学生接受教师的权威，而是要求学生延缓对教师权威的不信任。这种教师观彻底否定了传统教育主张的教师的绝对权威地位，更注重建立平等的师生关系，使教学双方在教学情境中都能获得赋权感。正是在批判泰勒线性课程设计模式的基础上，多尔提出了后现代课程设计的"4R"标准。

总体上看，多尔后现代主义课程观实际上是一种转变性课程观，它强调系统的开放性、自组织性和创造性，这种课程观注重课程的过程，强调其不确定性，重视师生之间的互动与对话，这些主张无疑为课程的研究提供了更为广阔的前景。

泰勒与多尔两种课程理论看似对立，实则互补。就主要区别而言，"泰勒原理"是以学生行为的改变作为课程目标，强调的是学生获得和掌握了多少知识，而且这些目标都是可以预设的、具体的、可操作的；多尔的"4R"标准则强调课程目标的生成性，注重学生对过程的体验，认为课程是一个发展、开放的过程,在这个过程中学习主体和文本之间的交互作用又可生成新的目标。就二者联系来说,主要体现在"泰勒原理"课程发展的线性模式代表的是理性的科学和逻辑,属于技术研究层面并指向和指导教育实践;多尔的"4R"标准是课程发展的非线性模式,代表感性层面的感觉和想象,注重理念的研究和转变。很显然,在具体的研学旅行课程设置中,二者都有借鉴价值,只有将二者结合起来考虑,才是更利于达成研学旅行目标的现实选择。

第三节 研学旅行课程设置原则

研学旅行作为中小学生的一门必修课程,国家教育部门对其提出了相应的标准和要求。2017年9月教育部发布的《中小学综合实践活动课程指导纲要》,对包括研学旅行在内的中小学综合实践活动课程提出了一系列相应规范,为我们进行研学旅行的课程设置提供了基本遵循。

一、总体要求

研学旅行课程的设置,要使参与者能从个体生活、社会生活及与大自然的接触中获得丰富的实践经验,逐步形成并提升对自然、社会和自我之内在联系的整体认识,培养价值体认、责任担当、问题解决、创意物化等方面的意识和能力。

二、基本理念

(一)课程目标应以培养学生综合素质为导向

课程设置应强调学生综合运用各学科知识,认识、分析和解决现实问题,提升综合素质,着力发展核心素养,特别是社会责任感、创新精神和实践能力,以适应快速变化的社会生活、职业世界和个人自主发展的需要,迎接信息时代和知识社会的挑战。

(二)课程开发应面向学生的个体生活和社会生活

课程设置应面向学生完整的生活世界,引导学生从日常学习生活、社会生活或与大自然的接触中提出具有教育意义的活动主题,使学生获得关于自我、社会、自然的真实体验,建立学习与生活的有机联系。要避免仅从学科知识体系出发进行活动设计。

(三)课程实施应注重学生主动实践和开放生成

课程设置应鼓励学生从自身成长需要出发,选择活动主题,主动参与并亲身经历实践过程,体验并践行价值信念。在实施过程中,随着活动的不断展开,在教师指导下,学生可根据实际需要,对活动的目标与内容、组织与方法、过程与步骤等做出动态调整,使活动不断深化。

三、关系处理

学校是研学旅行课程设置的主体。在进行研学旅行的课程设置时,应从学生的真实生活和发展需要出发,从生活情境中发现问题,进而转化为活动主题。应通过探究、服务、制作、体验等方式,形成培养学生综合素质的跨学科实践性课程。

中小学校研学旅行课程规划的设置,应在地方教育及相关部门的指导下,对相关课程进行整体设计。课程设计时,应注意将办学理念、办学特色、培养目标、教育内容等融入其中,依据学生发展状况、学校特色及各级各类青少年校外活动场所和研学旅行基地等可利用的社区资源,对相应课程进行统筹考虑,形成总体实施方案;还要基于学生的年段特征、阶段性发展要求,制定具体的"学校学年(或学期)活动计划与实施方案",对学年、学期活动做出相互配套与衔接的规划,形成促进学生持续发展的课程实施方案。

学校在作课程设置规划时要注意处理好以下关系:

(一)研学旅行课程的预设与生成

要统筹安排各年级、各班级学生的综合实践活动课时、主题、指导教师、场地设施等,加强与校外活动场所的沟通协调,不应以单一、僵化、固定的模式去约束所有班级、社团的具体活动过程,从而为学生留下自主选择的空间。要鼓励师生从生活中选择有价值的活动主题,选择适当的活动方式创造性地开展活动。要关注学生活动的生成性目标与生成性主题并引导其发展,为学生创造性的发展开辟广阔空间。

（二）研学旅行课程与学科课程

在设计与实施研学旅行课程中，要引导学生主动运用各门学科知识分析解决实际问题，使学科知识在研学旅行活动中得到延伸、综合、重组与提升。学生在研学旅行活动中所发现的问题要在相关学科教学中分析解决，所获得的知识要在相关学科教学中拓展加深。

（三）研学旅行课程与专题教育

可将有关专题教育，如优秀传统文化教育、革命传统教育、国家安全教育、心理健康教育、环境教育、法治教育、知识产权教育，以及国家宪法日、国家安全教育日、全民国防教育日等，转化为学生感兴趣的研学旅行活动主题，让学生通过亲历感悟、实践体验、行动反思等方式实现专题教育的目标。

四、价值导向

通过组织研学旅行活动，引导学生综合运用各学科知识，认识、分析和解决现实问题，提升综合素质，着力发展核心素养，特别是社会责任感、创新精神和实践能力，以适应快速变化的社会生活、职业世界和个人自主发展的需要，迎接信息时代和知识社会的挑战。

引导学生从日常学习生活、社会生活或与大自然的接触中提出具有教育意义的活动主题，使学生获得关于自我、社会、自然的真实体验，建立学习与生活的有机联系，避免仅从学科知识体系出发进行活动设计。

鼓励学生从自身成长需要出发，选择活动主题，主动参与并亲身经历实践过程，体验并践行价值信念。在实施过程中，随着活动的不断展开，引导学生根据实际需要，对活动的目标与内容、组织与方法、过程与步骤等做出动态调整，使活动不断深化。

突出评价学生的发展价值，充分肯定学生活动方式和问题解决策略的多样性，鼓励学生自我评价与同伴间的合作交流和经验分享。提倡多采用质性评价方式，避免将评价简化为分数或等级。将学生的活动表现与活动成果作为分析考察课程实施与学生发展的重要依据，对学生活动的过程和结果进行综合评价。

五、设置原则

学校在设置研学旅行课程时，通常需注意体现以下原则：

（一）自主性

在主题开发与活动内容选择时，要重视学生自身发展需求，尊重学生的自主选择。教师要善于引导学生围绕活动主题，从特定角度切入，选择具体活动内容，并自定活动目标任务，提升自主规划和管理能力。同时，要善于捕捉和利用课程实施过程中生成的有价值的问题，指导学生深化活动主题，不断完善活动内容。

（二）实践性

综合实践活动课程强调学生亲身经历各项活动，在"动手做""实验""探究""设计""创作""反思"的过程中进行"体验""体悟""体认"，在全身心参与的活动中，发现、分析和解决问题，体验和感受生活，发展实践创新能力。

（三）开放性

研学旅行课程面向学生的整个生活世界，具体内容具有开放性。教师要基于学生已有经验和兴趣专长，打破学科界限，选择综合性活动内容，鼓励学生跨领域、跨学科学习，为学生自主活动留出余地。要引导学生把自己成长的环境作为学习场所，在与家庭、学校、社区的持续互动中，不断拓展活动时空和活动内容，使自己的个性特长、实践能力、服务精神和社会责任感不断获得发展。

（四）整合性

研学旅行课程的内容组织，要结合学生的年龄特点和个性特征，以促进学生的综合素质发展为核心，均衡考虑学生与自然的关系、学生与他人和社会的关系、学生与自我的关系。对活动主题的探究和体验，要体现个人、社会、自然的内在联系，强化科技、艺术、道德等方面的内在整合。

（五）连续性

研学旅行课程的内容设计应基于学生可持续发展的要求，设计长短期相结合的主题活动，使活动内容具有递进性。要促使活动内容由简单走向复杂，活动主题向纵深发展，不断丰富活动内容、拓展活动范围，促进学生综合素质持续发展。要处理好学期之间、学年之间、学段之间活动内容的有机衔接与联系，构建科学合理的活动主题序列。

六、教学方式

（一）考察探究

考察探究是学生基于自身兴趣，在教师的指导下，从自然、社会和学生自身生活中选择和确定研究主题，开展研究性学习，在观察、记录和思考中，主动获取知识，分析并解决问题的过程。它注重运用实地观察、访谈、实验等方法获取材料，形成理性思维、批判质疑和勇于探究的精神。考察探究的关键要素包括：发现并提出问题；提出假设，选择方法，研制工具；获取证据；提出解释或观念；交流、评价探究成果；反思和改进。

（二）社会服务

组织学生在教师的指导下，走出教室，参与社会活动，以自己的劳动满足社会组织或他人的需要，如公益活动、志愿服务、勤工俭学等，它强调学生在满足被服务者需要的过程中，获得自身发展，促进相关知识技能的学习，提升实践能力，成为履职尽责、敢于担当的人。社会服务的关键要素包括：明确服务对象与需要；制订服务活动计划；开展服务行动；反思服务经历，分享活动经验。

（三）设计制作

组织学生在教师的指导下，运用各种工具、工艺（包括信息技术）进行设计，并动手操作，将自己的创意、方案付诸现实，转化为物品或作品的过程，如动漫制作、编程、陶艺创作等，注重提高学生的技术意识、工程思维、动手操作能力等。在活动过程中，鼓励学生手脑并用，灵活掌握、融会贯通各类知识和技巧，提高学生的技术操作水平、知识迁移水平，体验工匠精神等。设计制作的关键要素包括：创意设计；选择活动材料或工具；动手制作；交流展示物品或作品；反思与改进等。

（四）职业体验

组织学生在教师的指导下，从实际工作岗位上或模拟情境中见习、实习、体认职业角色的过程，如军训、学工、学农等，它注重让学生获得对职业生活的真切理解，发现自己的专长，培养职业兴趣，形成正确的劳动观念和人生志向，提升生涯规划能力。职业体验的关键要素包括：选择或设计职业情境；实际岗位演练；总结、反思和交流经历过程；概括提炼经验，行动应用等。

研学旅行教学方式的划分是相对的。在活动设计时可以有所侧重，以某种方式为主，兼顾其他方式；也可以整合方式实施，使不同活动要素彼此渗透、融会贯通。要充分发挥信息技术对于各类活动的支持作用，有效促进问题解决、交流协作、成果展示与分享等。

（五）课时安排

根据国家教育部门的相关规定，中小学生研学旅行的课时列入综合实践课程统一安排，即小学一到二年级，平均每周不少于1课时；小学三到六年级和初中，平均每周不少于2课时；高中执行课程方案相关要求，完成规定学分。学校要在开足规定课时总数的前提下，根据具体活动需要，把课时的集中使用与分散使用有机结合起来。根据各地的经验，研学实践在纳入学校教育教学计划时，可根据教育教学计划灵活安排研学实践时间，一般安排在小学四到六年级、初中一到二年级、高中一到二年级，并且要尽量错开旅游高峰期。要根据学生活动主题的特点和需要，灵活安排、有效使用综合实践活动时间，给学生留下广阔的探究空间，保证学生活动的连续性和长期性。要处理好课内与课外的关系，合理安排时间并拓展学生的活动空间与学习场域。

第六章 研学旅行课程设置标准

第一节 小学阶段研学旅行课程设置标准

一、小学阶段课程设置的基本考量

总体上讲，小学生研学旅行，属于由学校统一组织，面向全体小学生，通过集合出行、集中食宿、集体研学的方式，培养学生生活习惯、实践能力和创新精神的综合性教育活动。完整的小学研学旅行活动课程，包括确定研学旅行课程目标、选择研学旅行课程内容、组织研学旅行课程实施、评价研学旅行实际效果等几个环节。为此，在着手小学生研学旅行课程设置时，一是要注意如何更好地让小学生体验与接触自然和社会；二是要注意培养锻炼小学生勤奋学习、自理自立、互勉互助等品质；三是要针对小学生经验不足、自理能力弱的特点，更周密地设计行程规划、确保行程安全；四是要立足于推进教学改革和弥补课堂教学的局限，充分发挥研学旅行直观、生动、主动、有趣的优势和特点，有效拓宽学生知识面，提升学生综合素质；五是要充分利用地域资源，尽可能地开展就地就近的研学活动，把研学视野主要放到县市，逐步建立起以乡情、市情为主的研学体系。

从教育学角度看，儿童的兴趣和思维等源于生活，从儿童真实生活入手的教育，才可能是生动活泼、有质有量的。生活中的活动可以成为很好的教育元素。在设置小学生研学旅行课程时，要切实从生活出发，把学生带入真实的生活环境，让学生进入可以看到、摸到、听到和体验到的环境中，使小学生能够把自己感受到的和老师讲授的内容结合起来，这样的教学才有生气。此外，对于小学生来说，个人的教育很大程度上受到集体的影响，所以发挥研学旅行课程的自身特点和优势，让学生们在集体中生活、学习和体验，达到既游又学目的的课程就显得尤为重要。实践表明，对研学参与者的研究，通常是课程目标的重要来源之一。就此而言，研学旅行课程的设置，要以小学生身心发展特点和需求为依据，着力于促进小学生的全面发展，充分发挥研学旅行的特质与优势，以多种方式实现既游又学的课程目标。

研学旅行课程目标的确定，通常可以围绕三个来源来考虑，即对研学参与者本身的研究、对校外现实的自然和生活的把握、教育主管部门的相关要求和专家学者的相关建议。

课程设置要注意具有连续性，带有顺序性，富有整合性。内容上要涵盖课程目标、课程内容、课程实施以及课程评价四个方面。

方法运用上，可采取文献研究法、调查研究法、观察思考法、行动研究法和经验总结法。文献研究法，即通过查阅书籍资料和网上资料，了解掌握国家教育主管部门有关研学旅行的相关规定，国内外开展研学旅行的相关经验和成果，为本次研学旅行的课程设置提供理论支撑与做法借鉴；调查研究法，包括问卷调查法、访谈法，即通过对学生的问卷调查，统计学生对研学旅行活动的兴趣、爱好等，并制定相关的活动策略。同时还可以结合问卷调查的开展情况，有针对性地走访一些教师和学生，进行更深入细致的调查，掌握更加具体翔实的信息；观察思考法，即通过观察学生对参加研学旅行活动的反应和期望，来了解学生对研学旅行的态度和兴趣，在课程设置中进行有针对性的回应；行动研究法，即通过实地考察了解，不断修改完善先前的预定方案，以使课程设置更加符合实际、更具可操作性；经验总结法，即对本人及他人以往的研学旅行案例进行分析研究，总结成功经验，汲取失败教训。

二、小学阶段研学旅行课程目标

小学生研学课程内容必须要与小学生的年龄和技能水平相适应。根据2017年9月教育部《中小学综合实践活动课程指导纲要》相关规定，小学阶段研学旅行主要课程目标为：

（一）价值体认

通过参加研学旅行活动，获得具有积极意义的价值体验。理解并遵守公共空间的基本行为规范，初步形成集体思想、组织观念，培养对中国共产党的朴素感情，为自己是中国人感到自豪。

（二）责任担当

围绕日常生活开展服务活动，学会处理生活中的基本事务，初步养成自理能力，培养自立精神，形成热爱生活的乐观态度，逐步培养起积极参与学校和社区生活的意愿。

（三）问题解决

在教师的引导下，学会结合学校、家庭生活中的现象，发现并提出自己感兴趣的问题。能将问题转化为研究小课题，体验课题研究的过程与方法，提出自己的想法，形成对问题的初步解释。

（四）创意物化

通过动手操作实践，初步掌握手工设计与制作的基本技能；学会运用信息技术，设计并制作有一定创意的数字作品。运用常见、简单的信息技术解决实际问题，服务于学习和生活。

三、小学阶段研学课程的基本内容

小学生研学旅行内容设置，要从小学生的生理心理特点及认知能力出发，重点是引导小学生走出课堂，融入自然与社会，经历感受与体验，学会发现问题、动脑思考，体验课题研究过程与方法，提出自己的想法，获得有积极意义的价值体验，学会理解并遵守公共场所基本行为规范。根据国家教育部门的相关规定和各地的实践，小学研学旅行课程内容可重点从以下方面考虑：

（一）自然景观类研学

从游览自然景观、领略祖国山河等角度确定研学内容。如参观地质公园，了解地质构造与地理知识；参观天文馆，了解天文知识；参观环保项目，了解环保的意义与作用；游览动物园，了解动物知识，培养动物保护意识；参观农业科研院所，了解农作物生长常识等。

（二）人文历史类研学

从人类文明和历史文化角度确定研学内容。如参观红色旅游景点，接受革命传统教育，培养对中国共产党的朴素感情；参观历史遗迹，了解社会历史发展，培养家国情怀，为自己是中国人感到自豪；参观非物质文化遗产项目，培养传统文化保护意识等。

（三）地理建筑类研学

从地理及建筑特点等方面确定研学内容。如参观古代建筑，了解地形地势对建筑物的影响、建材与气候的关系，发现并提出自己感兴趣的问题，提出自己的想法，形成对问题的初步解释。

（四）模拟体验类研学

从现场模拟体验确定研学内容。如参观科技场馆，参加馆内各种模拟体验，学会运用信息技术设计并制作有一定创意的数字作品，运用常见、简单的信息技术解决实际问题；参加绘画、音乐、戏剧等艺术体验；参观和参加企业生产经营体验、商业营销职业体验、高校学习生活体验等，学习处理生活中的基本事务，初步养成自理能力、自立精神，服务于学习和生活。

第二节　初中阶段研学旅行课程设置标准

一、初中阶段课程设置的基本考量

初中阶段研学旅行与小学阶段研学旅行课程设置，既有共同性又有特殊性。与小学不同的是，研学主体的年龄段提高了，知识储备增加了，认知能力增强了，动手能力提升了，特别是研学视野也随之有所扩大，由小学阶段的县市视野范围扩展到省内与全国视野范围。这些变化不可避免地要对初中研学旅行课程设置提出新的更高的要求，即除了要切实遵守小学研学旅行课程设置的相关规则外，还必须重点加大研学主体的参与度，切实增强学生分析问题、解决问题方面的动手动脑能力。

实践表明，初中阶段研学旅行课程品质的高低，不在于安排自然与人文景观的多少，而在于参与研学的全体学生，通过参加研学旅行活动，是否能够获得有价值的深度体验。因此，每次研学旅行可围绕不同主题选择不同层次的项目序列，以更好地保持研学旅行学习内容的连续性。研学旅行过程中，项目任务的安排要循序渐进、润物无声、小中见大。如果疏于设置研学项目任务，自然很容易流于"游而不学"；若设置过多过难的项目任务，则会不同程度伤害学生的研学情趣。在这方面，可采取以下几方面的对策。

（一）引入研学情境

北京一所中学组织初二学生赴英国伦敦开展研学旅行，学校为孩子们设计了丰富有趣的学习项目：

一是学习使用地图。学校统一为学生提供地图，引导学生行前在地图上标注本次旅行所要经过的地点；画出行程路线，提前查询了解每一个目的地的自然风光、人文习俗及历史文化等相关内容，再根据查找的资料，标注出研学目的地的风俗人情。此项目设计将研学旅行与地理知识学习有机地结合起来，实现了所学知识在实践中的综合运用。

二是学习旅行常识。在研学旅行过程中，引导学生学习自主办理登机手续，学会使用机场自动值机，学会在飞机上找座位等。体验并观察伦敦地铁线路、票价及运营情况，比较伦敦城市交通与北京城市交通状况、人们出行方式的异同等，通过自己的观察、分析、理解，切实增强学生的社会参与能力。

三是锻炼社交能力。在研学旅行过程中，引导并要求学生在参观交流时要结识不少于三位英国小学生，与其签名、合影留念，记录下主要交流话题；在入住当地居民家中时，引导学生记录所住居民家庭地址，绘制房屋结构，并与居民交流，了解其主要工作，进行签字与合影，做好聊天记录等。

要注意将研学旅行项目的设计渗透到研学旅行的具体过程中，引导学生带着任务去发现、去参与，从中学会与人际交往，细心观察、发现和理解自然、社会与自我，切实增强学生的社会理解与人际交往能力。

（二）增强互动体验

当前，我国各地研学旅行的学习方式，通常还是以走一走、看一看的参观活动方式为主，如参观科技馆、博物馆、名胜古迹等，听取导游或研学导师的介绍及讲解。在这一过程中不难发现，能够引起学生兴趣或学生乐于逗留的地方，往往是那些可以直接用手触摸，可以动手体验的区域。因此，如何切实增强研学旅行课程项目的体验性与互动性，减少那些光"看"不"动"、光"听"不"说"的单项研学方式，对提高研学旅行质量、提高学生能力具有积极意义。

比如，以问题为主线的研学探究。针对研学旅行手册中的研学目的地安排，行前引导学生查阅相关资料，以研学手册里提供的简短介绍图文作为依托，透过网络投放给学生，一方面由学生根据前期了解到的信息提出自己感兴趣的问题，另一方面教师也设计一些问题作为引导，这样的行前准备和探究思考，有利于提升研学旅行体验的品质，同时将校内的学科所学知识，与校外的研学体验有机地整合起来。

对于中学生来说，更有效的学习产生在思考的过程中，而不是被动接收信息的过程中。体验项目的设计有助于突破光"看"不"动"、光"听"不"说"的传统教学模式，不再是如同课堂授课那样直接把知识灌输给学生，而是在研学中突出了培养思考习惯、研究能力、实践能力。

（三）兼顾五种属性

在组织参观各地科技馆、博物馆、自然景点、文化景观时，应根据中学生的年龄段、认知特点和知识储备情况，设计出有趣、有料、有针对性的分段体验项目，以确保研学旅行课程的实施质量。

实践经验表明，经过优化的中学生研学旅行课程设置，通常具有以下一些特征：

1. 目的性。有明确的研学目的指向，课程设计思路清晰、目的明确，体验活动与目的指向相匹配，课程设置方案能够为研学主题达到既定目标埋设反馈和纠错机制。

2. 实践性。研学旅行课程是实践性较强的课程，课程设置要切实让学生动起来，学会动手、动眼、动耳、动口、动脑，调动所有感官，参与到课程实践中。学会解决具有一定复杂性、涉及多学科知识整合的问题。

3. 关联性。基于学生年龄段所具有的认知经验，有效地关联学生在课堂上所学到的学科知识，让已有书本知识与客观自然与社会现实实现无缝对接，以巩固已知，获取新知。

4. 趣味性。结合学生的身心发展特点、理解接受能力和实际需要进行课程设置，既突出知识性与科学性，又不乏趣味性，有效激发并维持学生的研学热情，为培养富有实践能力、勇于创新、独具个性的人才提供良好的发展空间。

5. 成果性。研学项目任务要有明确的要求，既要使学生在研学过程中切实能够融入自然、深入社会、发现问题、解决问题、开阔眼界、增长知识，又要能够生成实实在在的、可供分享的研学成果，从而使这些看得见、摸得着的成果成为进一步激励学生、家长、学校和教师参与组织研学旅行的内动力。

二、初中阶段研学旅行课程目标

根据 2017 年 9 月教育部《中小学综合实践活动课程指导纲要》相关规定，初中阶段研学旅行课程设置中，要重点体现以下课程目标：

（一）价值体认

通过参加研学旅行活动，亲历社会实践，加深具有积极意义的价值体验。能主动分享体验和感受，与老师、同伴交流思想认识，形成国家认同，热爱中国共产党。通过职业体验活动，发展兴趣专长，形成积极的劳动观念和态度，具有初步的生涯规划意识和能力。

（二）责任担当

通过组织相关的研学旅行活动，引导学生观察周边的生活环境，围绕家庭、学校、社区需要开展服务活动，增强服务意识和行动能力，初步形成对自我、学校、社区负责任的态度和社会公德意识，初步具备法治观念。

（三）问题解决

通过组织相关的研学旅行活动，引导学生关注自然、社会、生活中的现象，深入思考并提出有价值的问题，将问题转化为有价值的研究课题，学会运用科学方法开展研究。主动运用所学知识理解与解决问题，并做出基于证据的解释，形成基本符合规范的研究报告或其他形式的研究成果。

（四）创意物化

通过组织相关的研学旅行活动，引导学生运用一定的操作技能解决生活中的问题,将一定的想法或创意付诸实践,通过设计、制作或装配等,制作和不断改进较为复杂的制品或用品,发展实践创新意识和审美意识,提高创意实现能力。通过信息技术的学习实践,提高利用信息技术分析解决问题的能力以及数字化产品设计与制作能力。

三、初中阶段研学课程的基本内容

随着研学主体的成长变化,初中研学课程与小学研学课程相比,应当更进一步突出研学主体的意志自觉、责任担当、观察能力、实践能力和交流能力。根据国家教育部门的相关规定和各地实践,初中研学旅行课程内容可重点从以下方面考虑:

(一)深入了解社会

通过研学旅行活动,了解当前社会现实问题,如环境、交通、饮食、卫生、网络、就医、入学,以及动植物保护、人口老龄化、就业压力等。通过职业体验活动发展兴趣专长,形成积极的劳动观念和态度,初步培养生涯规划意识和能力。

(二)开展素质教育

通过组织学生参加红色之旅活动,参观纪念馆、档案馆、科技馆和博物馆活动,亲历社会实践和场馆体验,学会主动分享体验和感受,培养责任担当意识,形成国家认同观念,强化爱党爱国意识。通过组织市内外、省内外、国内外友好学校互访,访问知名学者、成功人士,以及开展相关的游学职业体验活动,发展兴趣专长,形成积极的劳动观念和态度,培养初步的生涯规划意识和能力。

(三)开展学科探索

通过研学旅行活动,开展涉及数学、物理、化学、生物、地理、语文、英语、政治、历史、通用技术、信息技术、音乐、体育、美术以及交叉学科知识的探索,深入思考并提出有价值的问题,将问题转化为有价值的研究课题,学会运用科学方法开展研究,能够运用所掌握的知识理解与解决问题,形成规范的研究报告或相应研究成果。

（四）研学科技应用

通过参加研学旅行活动，学习和研究科学技术在生活、生产实践和科学实践领域的应用。如环境保护、生态建设、节能、新能源的开发和利用、纳米技术、灾害预报等。学会运用一定的操作技能解决生活中的问题，将一定的想法或创意付诸实践，通过设计、制作或装配等，制作和不断改进较为复杂的制品或用品，提高利用信息技术分析和解决问题的能力，逐步培养数字化产品的设计与制作能力。

（五）组织校外活动

通过组织研学旅行活动，引导学生走出校园，参与校外实践活动，组织学生开展社团活动、爱心活动、安全演练活动、校外义务劳动等，增强学生的服务意识，养成独立的生活习惯，增强服务学校和社会的行动能力，初步形成对自我、学校、社区负责任的态度和社会公德意识，强化法治观念。

（六）开展国防教育

通过组织参观军营，参与军事训练，学习军事知识，接受军队纪律教育，加强国防教育、强化国防意识等。

第三节 高中阶段研学旅行课程设置标准

一、高中阶段课程设置的基本考量

"横看成岭侧成峰，远近高低各不同。"高中研学课程设置与小学和初中研学课程设置相比，由于研学主体年龄段提高，观察问题、分析问题、解决问题的能力提升，知识储备的丰富程度加大，特别是研学视野也进一步拓宽，由小学阶段的县市视野范围、初中阶段的省内与全国视野范围，扩展到高中阶段的国内国外视野范围，对研学旅行的课程设置要求进一步提高。集中表现为研学旅行的研究性分量加重、研学过程中自主化程度加大、研学目标设置和研学成果内涵要求加深。各地的研学实践表明，要组织开展好高中生研学旅行，除了必须遵循教育部及相关部门的有关强制性规定、要求外，尤其要注意以下四个结合。

(一)"研学"与"旅行"有机结合

"研学"和"旅行"是研学旅行的两大基本要素，两者不可或缺，更不可失衡。如果忽视"研学"，研学旅行最终就会成为游而不学，如果舍弃"旅行"，研学旅行最终将会与常规课堂教育无异。实践表明，仅仅从时间上平等分配，并不能处理好"研学"与"旅行"的关系，必须要在研学旅行课程设置时，切实实现两者的有机结合，做到游中有学。如在安排自然教育研学旅行时，既要有自然景观的观赏内容，又要列出研究性问题导向，鼓励学生在自然旅行中多观察、多记录，多制作影像资料，要善于发现问题，捕捉研究思路。要注意引导学生善于在研学旅行过程中积累体验，学会运用书本知识观察、理解和解释自然现象，使旅行实践成为学科知识之间互通与整合的桥梁。总之，要注重"研学"与"旅行"的有机结合，切实将"寓学于游"作为一个重要理念，融入研学旅行的课程设置中。

(二)研学活动弹性设置与经验知识动态获取有机结合

研学旅行课程既不同于常规学校课程，也有别于综合实践活动课程。研学旅行具有丰富的过程性，研学方法具有生动的直观性，研学成果具有独特的不确定性，为此，关注研学旅行中的多样性和变化性，注重研学旅行内容的弹性设置，为实地研学中学生能够动态地自我获取经验知识留下相应空间，是高中研学旅行课程设置所要考虑的重要因素。无论何种类型的研学旅行，都要在研学内容设置方面加入自主、开放和动态元素，研学活动的设置不宜严苛刻板，要具有一定的弹性。由于亲近自然、参与体验、了解社会和拓宽视野属于研学旅行的重要内容，因此，由学生自主安排多样化体验，自主获得游学经验，在客观上需要对研学旅行课程做相应的弹性设置，为学生更好地实现动态获取知识经验留下必要的空间。

(三)研学旅行情景记忆与课堂知识运用有机结合

无论是何种内容的研学旅行，对学生来说，都离不开实地考察。像观赏自然景观、考察历史文化古迹、品鉴语言文化、体验职业生活等各种类型的研学旅行，都是在真实、复杂、多元的情境中开展的。学生在不同的情境中及时体验、产生相应的情景记忆，将更有助于实现课程设置目的。这种实地产生的情景记忆要比课堂上由授课教师所创设的情境真实得多、形象得多、生动直观得多，学生的记忆往往也更为深刻与牢固，而且也更有助于学以致用。在这个意义上，如果研学旅行课程设置能够注意将研学旅行情景记忆与课堂知识运用有机结合，则必将有助于学生巩固课堂所学知识，极大提升研学旅行功效。

（四）研学旅行课程基本目标与学生个性化需求有机结合

实践表明，研学旅行过程中，不同的学生会有不同的兴趣点及个性化需求，对于观察事物、分析问题的能力较初中生有了极大提升的高中学生来说更是如此。为此，研学旅行的课程设置，要在广泛深入的调查研究基础上，摸索出不同学生个体的研学旅行兴趣目的和个性化需求，从而将学生需求分解成研学旅行的不同主题，切实将研学旅行课程基本目标与学生个性化需求有机结合，确保既要实现研学旅行课程目标，又能广泛兼顾学生的个性化需求，做到研学旅行课程设置广受欢迎、各得其所。

二、高中阶段研学旅行课程目标

高中阶段教育是学生个性形成、自主发展的关键时期，高中阶段研学旅行课程目标设定必须要结合高中学生特点进行。根据教育部《中小学综合实践活动课程指导纲要》相关规定，高中阶段研学旅行课程设置中，要重点体现以下课程目标：

（一）价值体认

通过组织相关的研学旅行活动，引导学生深化社会规则体验，培养国家认同和文化自信意识，初步体悟个人成长与职业世界、社会进步、国家发展和人类命运共同体的关系，增强根据自身兴趣专长进行生涯规划和职业选择的能力，强化对中国共产党的认识和情感，具有中国特色社会主义共同理想和国际视野。

（二）责任担当

通过组织相关的研学旅行活动，引导学生学会关心他人、社区和社会发展，能持续地参与社区服务与社会实践活动，关注社区及社会存在的主要问题，热心参与志愿者活动和公益活动，增强社会责任意识和法治观念，培养主动服务他人、服务社会的情怀，理解并践行社会公德，提高社会服务能力。

（三）问题解决

通过组织相关的研学旅行活动，引导学生学会就个人感兴趣的领域开展广泛的实践探索，提出具有一定新意和深度的问题，综合运用知识分析问题，用科学方法开展研究，增强解决实际问题的能力。能及时对研究过程及研究结果进行审视、反思并优化调整，建构基于证据的、具有说服力的解释，形成比较规范的研究报告或其他形式的研究成果。

（四）创意物化

通过组织相关的研学旅行活动，引导学生积极参与动手操作实践，熟练掌握多种操作技能，综合运用技能解决生活中的复杂问题。增强创意设计、动手操作、技术应用和物化能力。形成在实践操作中学习的意识，提高解决问题的综合能力。

三、高中阶段研学课程的基本内容

结合学生的年龄特点和个性特征，以促进学生的综合素质发展为核心，均衡考虑学生与自然的关系、学生与他人和社会的关系、学生与自我的关系是高中阶段研学课程内容设置的着力点。高中阶段课程内容设置上，应更多地体现专业化、规范化、体系化、效能化。国内外研学旅行的经验表明，高中阶段研学课程的基本内容，可以从以下方面加以考虑：

（一）自然教育研学旅行

总体上说，每个学生无外乎都是由自然的教育、事物的教育、人为的教育培养起来的。其中，自然的教育能够用各种各样的考验促进学生涵养性情、训练体格、陶冶情操，正是在这个意义上说，自然环境是研学旅行课程中的一项重要资源，自然本身就是最好的研学导师。通过开展以自然景观为内容的研学旅行，让学生在自然中体验和学习关于自然的知识，建立与自然的联结，树立生态的世界观，将有助于培养和发展学生的技能、知识和素质。由学校或研学专门机构组织的自然历史古迹研学、自然景观观赏和动植物观察，以及野外探险教育等活动，通常实行开放式教育，突出环境育人效用，注重引导学生开展广泛的实践探索，提出具有一定新意和深度的问题，综合运用知识分析问题，用科学方法开展研究，增强解决实际问题的能力。

(二) 生活体验研学旅行

从生活中学习，从经验中学习，从做中学，使学校里获得的知识在生活体验中更加立体生动，是研学旅行的重要特质。开展生活体验研学旅行，有助于满足学生学会动手动脑、学会生存生活的需要，使学生能直接接触社会生活环境，诸如农场研学、职业体验、生存挑战、社区服务等内容的研学旅行大体属于这一类。这类研学区别于校内生活情境学习和校内实践活动，可以使学生在真实情境中学习，在社会生活中实践，从中接受原汁原味的生活教育和实践教育，为学生创造整体的、特别的生活教育体验，以增强学生的社会责任意识和法治观念，理解并践行社会公德，提高社会服务能力，培养主动服务他人、服务社会的道德情怀。

(三) 文化考察研学旅行

文化是凝结在物质之中又游离于物质之外的，能够被传承的国家或民族的历史、地理、风土人情、传统习俗、生活方式、文学艺术、行为规范、思维方式和价值观念，是对客观世界感性认知与经验积累的升华，是一种能够传承的意识形态。研学旅行为学生离开居住地到往不同的地方去接触、了解相对陌生的文化提供了有利条件。随着经济一体化、全球化进程的加速，培养学生这种跨文化理解和交往能力的跨文化意识，显得越发必要。文化考察研学旅行有助于学生接触到通常不会关注的文化现象，通过实地研学，促进对各类文化的认识，进一步提升文化理解能力、包容能力和交际能力。这类研学注重从历史地理、风土人情、语言表达、饮食特点、传统习俗和职业特色，以及文学艺术、价值观念等方面设置研学旅行内容，注重拓宽学生视野。

通过文化考察研学旅行，引导学生深化社会规则体验，培养文化自信意识，更好体悟个人成长与职业世界、社会进步、国家发展和人类命运共同体的关系，增强生涯规划和职业选择能力。

（四）国情特色研学旅行

中华人民共和国是工人阶级领导的，以工农联盟为基础的人民民主专政的社会主义国家，人民代表大会制度是国家的根本政治制度。中国共产党领导人民进行新民主主义革命，实现民族独立和人民解放，建立新中国和进行社会主义建设，坚持改革开放，建设中国特色社会主义，努力实现中华民族伟大复兴。当前，我国正处于中国特色社会主义新时代。这就是我国最大的国情特色，也是高中阶段研学旅行课程设置不可或缺的重要内容。围绕国情特色开展红色文化研学旅行，参观革命遗址，了解国家机构运作，进行传统教育、国情教育，使学生了解国情，爱我中华，强化对中国共产党的认识和情感，培养具有中国特色社会主义共同理想和国际视野。

第七章 研学旅行课程实践的评析

第一节 研学旅行课程设置主题参考

研学旅行是开展校外教育、落实核心素养培养的重要途径。研学旅行活动多在户外进行，在"没有墙的教室"中进行教学，涉及的教学资源与教学过程要比学校教室课堂复杂得多，客观上对教学设计的要求更高，需根据国家教育主管部门的相关规定，参照学校学科课程的教学管理与实施，对研学旅行课程主题进行规范化、科学化、系统化的设置。根据我国各地中小学开展研学旅行的广泛实践，并经过反复论证研讨，这里筛选出了一些适合不同学段中小学生开展研学旅行活动使用的课程主题，供大家参照选用。

一、1—2年级(12课时)

1. 考察探究活动
(1)神奇的影子
(2)寻找生活中的标志
(3)学习习惯调查
(4)我与蔬菜交朋友
2. 社会服务活动
(1)生活自理我能行
(2)争当集体劳动小能手
3. 设计制作活动(劳动技术)
(1)我有一双小巧手(手工纸艺、陶艺)
(2)我有一双小巧手(制作不倒翁、降落伞、陀螺等)
4. 职业体验及其他活动
(1)队前准备
(2)入队仪式

(3)少代会

二、3—6年级(58课时)

1. 考察探究活动

(1)节约调查与行动

(2)跟着节气去探究

(3)我也能发明

(4)关爱身边的动植物

(5)生活垃圾的研究

(6)我们的传统节日

(7)我是"非遗"小传人

(8)生活中的小窍门

(9)零食(或饮料)与健康

(10)我看家乡新变化

(11)我是校园小主人

(12)合理安排课余生活

(13)家乡特产的调查与推介

(14)学校和社会中遵守规则情况调查

(15)带着问题去春游(秋游)

2. 社会服务活动

(1)家务劳动我能行

(2)我是校园志愿者

(3)学习身边的小雷锋

(4)红领巾爱心义卖行动

(5)社区公益服务我参与

(6)我做环保宣传员

(7)我是尊老敬老好少年

3. 设计制作活动(信息技术)

(1)我是信息社会的"原住民"

(2)"打字小能手"挑战赛

(3)我是电脑小画家

(4)网络信息辨真伪

(5)电脑文件的有效管理

(6)演示文稿展成果

(7)信息交流与安全

(8)我的电子报刊

(9)镜头下的美丽世界

(10)数字声音与生活

(11)三维趣味设计

(12)趣味编程入门

(13)程序世界中的多彩花园

(14)简易互动媒体作品设计

(15)手工制作与数字加工

4. 设计制作活动(劳动技术)

(1)学做简单的家常餐

(2)巧手工艺坊

(3)魅力陶艺世界

(4)创意木艺坊

(5)安全使用与维护家用电器

(6)奇妙的绳结

(7)生活中的工具

(8)设计制作建筑模型

(9)创意设计与制作(玩具、小车、书包、垃圾箱等)

5. 职业体验及其他活动

(1)今天我当家

(2)校园文化活动我参与

(3)走进博物馆、纪念馆、名人故居、农业基地

(4)我是小小养殖员

(5)创建我们自己的"银行"(如阅读、道德、环保)

(6)找个岗位去体验

(7)走进爱国主义教育基地、国防教育场所

(8)过我们10岁的生日

(9)红领巾相约中国梦

(10)来之不易的粮食

(11)走进立法、司法机关

(12)我喜爱的植物栽培技术

三、7—9年级(55课时)

1. 考察探究活动
(1)身边环境污染问题研究
(2)秸秆和落叶的有效处理
(3)家乡生物资源调查及多样性保护
(4)社区(村镇)安全问题及防范
(5)家乡传统文化研究
(6)当地老年人生活状况调查
(7)种植、养殖什么收益高
(8)中学生体质健康状况调查
(9)中学生使用电子设备的现状调查
(10)寻访家乡能人(名人)
(11)带着课题去旅行
2. 社会服务活动
(1)走进敬老院、福利院
(2)我为社区做贡献
(3)做个养绿护绿小能手
(4)农事季节我帮忙
(5)参与禁毒宣传活动
(6)交通秩序我维护
3. 设计制作活动(信息技术)
(1)组装我的计算机
(2)组建家庭局域网
(3)数据的分析与处理
(4)我是平面设计师
(5)二维三维的任意变换
(6)制作我的动画片
(7)走进程序世界
(8)用计算机做科学实验
(9)体验物联网
(10)开源机器人初体验
4. 设计制作活动(劳动技术)

(1)探究营养与烹饪
(2)多彩布艺世界
(3)我是服装设计师——纸模服装设计与制作
(4)创作神奇的金属材料作品
(5)设计制作个性化电子作品
(6)智能大脑——走进单片机的世界
(7)模型类项目的设计与制作
(8)摄影技术与电子相册制作
(9)3D设计与打印技术的初步应用
(10)现代简单金木电工具和设备的认识与使用
(11)基于激光切割与雕刻的创意设计
(12)立体纸艺的设计与制作
(13)"创客"空间
(14)生活中的仿生设计
(15)生活中工具的变化与创新

5. 职业体验及其他活动
(1)举行大队建队仪式
(2)策划校园文化活动
(3)举办我们的"3·15"晚会
(4)民族节日联欢会
(5)中西方餐饮文化对比
(6)少年团校
(7)举行建团仪式(14岁生日)
(8)职业调查与体验
(9)毕业年级感恩活动
(10)制定我们的班规班约
(11)军事技能演练
(12)"信息社会责任"大辩论
(13)走近现代农业技术

四、10—12年级(27课时)

1. 考察探究活动
(1)清洁能源发展现状调查及推广

(2)家乡生态环境考察及生态旅游设计

(3)食品安全状况调查

(4)家乡交通问题研究

(5)关注知识产权保护

(6)农业机械的发展变化与改进

(7)家乡土地污染状况及防治

(8)高中生考试焦虑问题研究

(9)社区管理问题调查及改进

(10)中学生网络交友的利与弊

(11)研学旅行方案设计与实施

(12)考察当地公共设施

2. 社会服务活动

(1)赛会服务我参与

(2)扶助身边的弱势群体

(3)做个环保志愿者

(4)做农业科技宣传员

(5)参与公共文化服务

(6)做普法志愿者

3. 职业体验及其他活动

(1)制定自然灾害应急预案及演练

(2)关注中国领土争端

(3)高中生生涯规划

(4)走进社会实践基地

(5)走进军营

(6)创办学生公司

(7)18岁成人仪式

(8)我的毕业典礼我设计

第二节 研学旅行课程实施结果评价

从研学旅行课程理论的维度,可以把研学旅行课程分为确定目标、选择资源、课程实施、课程评价四个环节;从研学旅行课程实践的视角,可以把研学旅行课程分为课前、课中、课后三个阶段,即研学旅行的准备阶段,研学旅行的实施阶段和研学旅行的总结阶段。因此,无论是理论维度还是实践视角，课程评价都是完整的研学旅行课程所不可或缺的重要环节。为便于理清思路，以下对研学旅行课程"三阶段"做一全面梳理。

一、研学旅行课程的阶段划分

（一）课前阶段

这一阶段主要是要做好课程方案上报、选择机构、确定路线、实地考察、方案确定、学生教育等诸多准备工作。其中，最核心的是做好三件事情，即课程目标的确定、组织架构的建立、研学手册的编制。

（二）课中阶段

这一阶段主要包括乘车管理、食宿管理、活动管理三大主要内容。其中，乘车管理包括乘车秩序、座位安排、文明要求等，这个环节要设定相应的学生自我管理和小组合作管理机制；食宿管理包括提前设计好餐桌人员分配、餐桌号、餐桌长，以及住宿人员房间分配、住宿管理制度规定、查岗查房等，这个环节要力求管理有序化、科学化、效能化和学生自治化；活动管理主要涉及研学课程的实施，通常以学校、年级、班级为单位统一管理，这种管理可以保障预设性、有序性，但是缺乏灵活性、生成性和个性化。学校可以运用多尔的后现代课程理论，为学生设计更多的模块化、个性化、微型化的选择性、探究性、合作性课程。

（三）课后阶段

这一阶段专指研学旅行的评价总结。上述课前阶段和课中阶段所涉及的各项内容均被纳入课后阶段评价范围。除此之外，还包括研学作业完成、研学成果展示、研学成绩认定等。其中，研学作业的完成，是考察按照研学旅行的课程内容设置，学生课前阶段所布置的研学作业完成情况，课中阶段体验、探究情况，研学旅行活动结束后按要求整理完成作业情况；研学成果的展示，通常以小组为单位，以体现小组合作学习的效果。通过成果展示检验研学目标的实现情况，通过类似于学科课程的成绩和学分认定，实施研学旅行课程规范管理，推动学生有效参与研学旅行。

二、研学旅行课程评价要求

课程评价是研学旅行课程的重要内容，也是确保研学旅行活动顺利进行、有序开展和取得实效的重要手段。根据教育部《中小学综合实践活动课程指导纲要》相关规定，研学旅行作为一项综合实践活动课程，是衡量和评价学生综合素质的重要方面。各学校和教师要以促进学生综合素质持续发展为目的设计与实施课程评价。要坚持评价的方向性、指导性、客观性、公正性等原则。

一是要突出发展导向。要坚持学生成长导向，通过对学生成长过程的观察、记录、分析，促进学校及教师把握学生的成长规律，了解学生的个性与特长，不断激发学生的潜能，为更好地促进学生成长提供依据。评价的首要功能是让学生及时获得关于学习过程的反馈，改进后续活动。要避免评价过程中只重结果、不重过程的现象。要对学生作品进行深入分析和研究，挖掘其背后蕴藏的思想、创意和体验，杜绝对学生的作品随意打分、简单排名等功利主义做法。

二是要做好写实记录。教师要指导学生客观记录参与活动的具体情况，包括活动主题、持续时间、所承担的角色、任务分工及完成情况等，及时填写活动记录单，并收集相关事实材料，如活动现场照片、作品、研究报告、实践单位证明等。活动记录、事实材料要真实、有据可查，为综合实践活动评价提供必要基础。

三是要建立档案袋。在活动过程中，教师要指导学生分类整理、遴选具有代表性的重要活动记录、典型事实材料以及其他有关资料，编排、汇总、归档，形成每一个学生的活动档案袋，并纳入学生综合素质档案。档案袋是学生自我评价、同伴互评、教师评价学生的重要依据，也是招生录取中综合评价的重要参考。

四是开展科学评价。原则上每学期末，教师要依据课程目标和档案袋，结合平时对学生活动情况的观察，对学生综合素质发展水平进行科学分析，写出有关评语，引导学生扬长避短，明确努力方向。高中学校要结合实际情况，研究制定学生活动评价标准和学分认定办法，对学生所参与的活动课程学分进行认定。

三、研学旅行课程评价操作

对学生研学旅行课程实施结果的评定，涉及评定方式、记分方式、成绩来源等。评定内容和评定方式方法上，可以多种多样、丰富多彩、灵活运用，可依据每次研学旅行活动课程的组织形式，选择合适的评价内容和评价方式与方法。评价内容上，主要针对学生的发展性评价：一看学生在研学过程中的表现，如情感态度、价值观、积极性、参与状况等，可分等级记录在案，作为学生综合素质评定的基本依据。二看学生研学旅行成果，研学旅行成果可通过实践操作、作品鉴定、专家评选、演出展示等方式呈现，研学旅行成果评定记入学生成长档案。评价方式上，包括过程性评价与终结性评价、定性评价与定量评价，还包括学生自评、同学互评、教师评价、家长评价、专家评价等。评价方法包括：观察评价法，即在研学旅行课程实施的具体活动中观察学生的表现，对学生的行为表现做出评价；竞赛评比法，即研学旅行结束后，组织学生进行研学成果汇报演讲、成果展示、演出汇报等；调查法，包括问卷调查和访谈，教师可以通过对其他学生的访谈，了解某位学生的行为表现，进而对其在研学旅行中的表现进行评价。总之，无论何种形式的总结评价，都要确保客观真实、有凭有据、科学合理、系统全面、体现价值引导。

第三节 研学旅行课程实施中的教师职责

研学旅行课程的实施，要处理好学生自主实践与教师有效指导的关系。教师既不能越俎代庖，也不能推卸指导责任，应成为学生活动的组织者、参与者和促进者。教师的指导应贯穿于研学旅行课程实施的全过程。

一、课程准备阶段

教师要充分结合学生经验，为学生提供思考问题和课程实施主题选择的机会，引导和鼓励学生构思选题、提出感兴趣的问题，及时捕捉课程实施中学生动态生成的问题，组织学生就问题展开讨论，确立课程实施目标内容。

要注意引导学生积极参与课程实施方案的制定，通过合理的时间安排、责任分工、实施方法和路径选择，对课程实施可利用的资源及活动的可行性进行评估等，增强课程实施的计划性、主动性和趣味性，提高学生对研学课程的规划能力。同时，要引导学生对课程实施方案进行组内及组间讨论，吸纳合理化建议，不断优化完善方案。

二、课程实施阶段

教师应注意创设真实的情境，为学生提供亲身经历与现场体验的机会，以及多样化的活动方式。要在现场考察、设计制作、实验探究、社会服务等活动中发现和解决问题，体验和感受学习与生活之间的联系。

要注意加强对学生参与课程方式方法的指导，帮助学生找到适合自己的学习方法和实践方式。教师指导重在激励、启迪、点拨、引导，不能对学生的活动过程包办代替。还要注意指导学生做好课程实施过程的记录和相关资料的整理。

三、课程实施总结阶段

教师要注意指导学生选择合适的结果呈现方式，鼓励多种形式的结果呈现与交流，如论文、视频、课件、绘画、摄影等。要及时引导学生对课程实施过程与结果进行系统梳理和总结，促进学生自我反思与表达、同伴交流与对话。

要注意指导学生学会通过撰写总结报告、反思日志、心得笔记等方式，反思成败得失，提升个体经验，促进知识建构，并学会根据同伴及教师提出的反馈意见和建议查漏补缺，明确进一步的探究方向，深化主题探究和体验。

四、课程实施评价阶段

要以促进学生综合素质持续发展为目的，设计与实施研学旅行课程实施评价。要坚持评价的方向性、指导性、客观性、公正性等原则。

评价应保证客观真实。教师要指导学生客观记录参与活动的具体情况，及时填写活动记录单，并收集相关事实材料。课程实施记录及事实材料要真实可靠。

评价应突出发展导向。要避免评价过程中只重结果、不重过程的现象。要注重挖掘学生作品背后蕴藏的学生的思想、创意和体验，杜绝随意打分、简单排名等做法。

五、活动建档阶段

活动结束后，教师要指导学生分类整理、遴选具有代表性的重要课程实施记录、典型事实材料以及其他有关资料,编排、汇总、归档,形成每个学生的档案袋,并纳入学生综合素质档案。要坚持科学评价长期化、制度化。

组织学生开展好研学旅行责任重、意义大,各地和学校要对开展研学旅行所需要的师资队伍、场地设施、网络资源、经费投入等进行合理规划和统筹安排,为所有中小学开齐开足研学旅行课程提供必要条件。要建立健全指导教师考核激励、课程实施过程督查、师生安全保障等机制,确保综合实践活动课程顺利实施。

要组织教师认真学习国家教育主管部门有关研学旅行的相关规定,明确研学旅行课程统筹管理和指导的机构及专业人员,深入研究研学旅行的具体活动内容和方式等,强化对综合实践活动课程的精心组织、整体设计和综合实施,避免用上课方式"教"学生活动,不断提升课程实施水平。学校要重视和推动建立校际之间及学校与社会相关部门间的协作机制和资源共享平台,教师培训部门和教研机构要对研学旅行课程专兼职教师开展全员培训,有针对性地组织相关研讨活动,为教师专业发展提供体制、机制及政策和专业支持。

下篇
实践探索篇

首都北京巡礼

——北京文化研学旅行课程方案

首都，又称国都、行政首府，是国家的政治中心和中央政府所在地的政治称谓，国家主权的象征城市。北京是我们伟大祖国的首都，是全国的政治、经济、文化中心。这里，历史文化底蕴丰厚，教育事业发达领先，民俗文化淳朴讲究。本次研学将带领同学们来到向往已久的伟大祖国首都北京，研学北京文化，品尝北京小吃，探访人文景观，编织心中梦想。

一、研学活动目的

通过对北京的文化研学旅行，了解北京的历史文化，感受祖国的脉搏跳动，开阔自己的认知视野，编织心中的成长梦想。

二、研学活动重点

(一) 政治文化研学

本次研学将观看天安门升旗仪式、采访国旗护卫队、参观国家博物馆"辉煌四十年"展览、瞻仰新华门，接受革命传统教育，陶冶爱国主义情操，感知祖国建设步伐，编织祖国建设梦想。

(二) 历史文化研学

本次研学将带领同学们参观故宫博物院、攀登八达岭长城，了解祖国历史文化，感受祖国脉搏跳动，增进自我家国情怀。

(三)民间文化研学

本次研学将带领同学们考察北京后海、南锣鼓巷、什刹海、全聚德饮食文化，深度了解北京四合院，零距离对话北京民间文化，品尝老北京著名小吃。

(四)教育文化研学

本次研学将带领同学们参观中国科学技术馆，走访清华大学、北京大学，探秘科技迷宫，走进最高学府，感受科学精神，积累学习方法。

(五)体育文化研学

2022年北京冬季奥运会申办成功后，北京将成为全世界唯一获得过夏季奥运会和冬季奥运会举办权的城市。本次研学，将带领同学们参观冬季奥运会开幕式和闭幕式场馆——鸟巢、冰壶比赛场馆——水立方、"冬奥会皇冠上的明珠"——延庆高山滑雪项目、崇礼越野和跳台滑雪项目等，了解冰雪运动，点燃冬奥激情，学会项目观赏，开阔知识眼界。

三、研学目的地简介

(一)概况

北京历史悠久，文化灿烂，是首批国家历史文化名城，中国四大古都之一，世界上拥有世界文化遗产数量最多的城市，悠久的建城史孕育了故宫、天坛、八达岭长城、颐和园等众多名胜古迹。早在70万年前，北京周口店地区就出现了原始人群部落"北京人"。公元前1045年，北京成为蓟、燕等诸侯国的都城。938年以来，北京先后成为辽陪都、金中都、元大都、明清国都、"中华民国"北洋政府首都，1949年10月1日成为中华人民共和国首都。

(二)教育文化

北京市共有52所高等学校和117个科研机构培养研究生，在学研究生达到 20.9 万人。北京拥有世界第三、亚洲第一大图书馆——中国国家图书馆，其前身为北京图书馆，始建于 1909 年，当时的京师图书馆。北京大学图书馆、中国科学院国家科学图书馆也是亚洲较大的图书馆之一。

2015 年 7 月 31 日，国际奥委会主席巴赫宣布北京携手张家口获得 2022 年冬季奥林匹克运动会举办权。北京由此成为全球首个既举办过夏季奥运会又即将举办冬季奥运会的城市。

（三）特色饮食

北京是世界第八大"美食之城"，居内地之首。北京的风味小吃历史悠久、品种繁多、用料讲究、制作精细，有口皆碑。清代《都门竹枝词》云："三大钱儿卖好花，切糕鬼腿闹喳喳，清晨一碗甜浆粥，才吃茶汤又面茶；凉果炸糕甜耳朵，吊炉烧饼艾窝窝，叉子火烧刚卖得，又听硬面叫饽饽；烧卖馄饨列满盘，新添挂粉好汤圆。"这些小吃都在庙会或沿街集市上叫卖，人们无意中就会碰到，老北京形象地称之为"碰头食"。京味小吃的代表有豆汁儿、豆面酥糖、酸梅汤、茶汤、小窝头、茯苓夹饼、果脯蜜饯、冰糖葫芦、艾窝窝、豌豆黄、驴打滚、灌肠、爆肚、炒肝等。

（四）风景旅游

北京对外开放的旅游景点达 200 多处，有世界上最大的皇宫紫禁城，祭天神庙天坛，皇家园林北海公园、颐和园和圆明园，还有八达岭长城、慕田峪长城以及世界上最大的四合院恭王府等名胜古迹。北京市共有文物古迹 7309 项，99 处全国重点文物保护单位（含长城和京杭大运河的北京段）、326 处市级文物保护单位、5 处国家地质公园、15 处国家森林公园。

四、研学适用对象

此研学活动适应小学高年级至高中学生。
在具体活动安排上可根据学龄层次调整研学活动内容和学习任务。

五、研学日程安排

研学第一天：天安门、新华门、国家博物馆

1. 观看天安门升旗仪式

1949年10月1日，毛泽东主席亲自按下电钮升起第一面五星红旗。1949年10月1日至1950年底，天安门广场升旗仪式由北京公安纠察总队负责。由于电力技术保障是升旗关键，而旗杆下的电机归北京市供电局负责，于是升旗任务交给了供电局。那时候并不是每天都升旗，只是在元旦、春节、五一、十一等重大节日时，才会在早晨把国旗升起，晚上降下国旗。

国旗护卫队由36名武警官兵组成，负责每天升降国旗。逢"1"（即每月1日、11日、21日）和重大节日，武警军乐团在现场演奏国歌。为了更好地维护天安门广场秩序，从2004年6月1日起，天安门国旗护卫队每月逢"1"的3次大升旗的勤务改成每月1日进行大升旗，36名国旗护卫队员和60名武警军乐团队员和以往大升旗一样，现场演奏三遍国歌。按照要求，五星红旗冉冉升起时，在四周观看的各族同胞，凡是军人要行军礼，少先队员要行队礼，其他人也应立正行注目礼，表示对国旗的崇敬。

［基本数据］

138步——36名国旗护卫队战士动作整齐如一，从金水桥走到国旗杆下的步数。

96步——升降旗方队正步穿过长安街的步数。

2分07秒——国旗升起的时间，和太阳滑出地平线的时间不差分秒。

一年365天——天安门广场上每天一定有一面五星红旗和太阳一同升起。

［训练要求］

国旗护卫队新兵尺量臂展、身高1.8—1.9米，齐步看协调，还看脸型、脖子长度、肩膀高度、大小腿的长度、腿型。

从一名普通军人成长为一名合格升旗手、护旗兵，需要从生理到心理上经受紧张艰苦的磨炼。天安门国旗护卫队的战士是每年从总队上万名新兵中，经过3个月军事训练后严格挑选出来的。来到中队后，还需要强化训练4个月，考核过关后才能成为一名真正的国旗护卫队队员。

天安门国旗护卫队是天安门广场上每天从事升降国旗工作和升旗台警卫工作的武装警察，隶属于中国人民武装警察部队北京市总队。

1982年12月28日，武警天安门国旗班正式担负天安门广场升降国旗和国旗哨位守卫任务。

2018年1月1日起，由人民解放军担负国旗护卫和礼炮鸣放任务。

2. 瞻仰新华门

新华门坐落在北京市西长安街西段，是中共中央和国务院所在地中南海的正门，也是最高行政权力的象征。

新华门是由当年的宝月楼改建而成，门口是一座古典风格琉璃瓦顶雕梁画栋的二层明楼。楼的上层，四周隔扇，朱栏护廊，给人以开朗典雅的感觉。石青地金字楷书"新华门"三字横匾，悬挂在楼前檐下。金红交辉的大型国徽高悬在二楼檐际。

进门迎面是一堵青砖到顶的大影壁，门前一对巨型石狮分列左右。矗立在门外场地正中的，是高悬五星红旗的大旗杆，门外两旁八字墙上镶着两条红底金边白字的大标语："伟大的中国共产党万岁""战无不胜的毛泽东思想万岁"。门前是整洁宽敞横贯东西城的交通干线长安街。

3. 参观国家博物馆

中国国家博物馆（National Museum of China），位于北京市东城区中心天安门广场东侧，东长安街南侧，与人民大会堂相对称布局，是在原中国历史博物馆和原中国革命博物馆的基础上组建而成。

国家博物馆是一座以历史与艺术为主、系统展示中华民族悠久文化历史的综合性博物馆，集文物征集、考古、收藏、研究、展示于一身，系统收藏反映中国古代、近现代、当代历史的珍贵文物，展出的中国顶级文物，经常能在历史教科书中见到。

中国国家博物馆基本陈列以中国通史为主，通过举办有关历史、考古、文物等方面的多种专题陈列，以及临时展览、常设国际交流展览和捐赠品展览等不同形式的展览，向公众系统展示了中国悠久的历史文化、优秀的民族传统和当代主流文化精神，并全面地展示与宣传中华民族的伟大历史进程与辉煌文化，介绍世界文明与优秀文化。通过高水平的历史学、考古学、文物学、博物馆学研究，不断丰富和深化公众对历史文化的理解和认识，推动博物馆事业发展。国家博物馆已经成为首都中心区供公众进行高品位的文化享受的重要场所。

【主题一】

接受革命传统教育，感知时代脉搏跳动

地点：天安门广场、国家博物馆

[任务一]"两会"是指_____和_____。党的全国代表大会一般每_____年召开一次，党的中央委员会一般每_____年召开一次全体会议。

[任务二]参观国家博物馆改革开放四十年大型展览，总结至少5件给你印象最深的、你认为重要的事件。

研学第二天：参观故宫博物院

故宫位于北京市中心，也称"紫禁城"。这里曾居住过24个皇帝，是明清两代(1368～1911年)的皇宫，现辟为"故宫博物院"。故宫的整个建筑金碧辉煌，庄严绚丽，被誉为世界五大宫殿之一(北京故宫、法国凡尔赛宫、英国白金汉宫、美国白宫、俄罗斯克里姆林宫)，并被联合国教科文组织列为"世界文化遗产"。

故宫的宫殿建筑是中国现存最大、最完整的古建筑群，总面积达72万多平方米，传说有殿宇宫室9999间半，被称为"殿宇之海"，气魄宏伟，极为壮观。无论是平面布局，立体效果，还是形式上的雄伟堂皇，都堪称无与伦比的杰作。

[建造背景]

故宫始建于1406年(永乐四年)，1420年(永乐十八年)基本竣工，历时14年，是明成祖朱棣在元大都宫殿的基础上兴建。占地72万平方米(长960米，宽750米)，建筑面积15万平方米，设计者蒯祥(1397—1481年，字廷瑞，苏州人)，用30万民工，共建了14年，主要建筑是太和殿、中和殿和保和殿，保和殿也是科举考试举行殿试的地方，殿试的一至三名分别称状元、榜眼、探花。

[故宫四门]

故宫有四个大门，正门名为午门。其平面为凹形，宏伟壮丽。午门后有五座精巧的汉白玉拱桥通往太和门。东门名东华门，西门名西华门，北门名神武门。故宫的四个城角都有精巧玲珑的角楼，角楼高27.5米，"十"字屋脊，三重檐迭出，四面亮山，多角交错，是结构奇丽的建筑。

[文物收藏]

故宫博物院藏有大量珍贵文物，据统计总共达1052653件之多，统称有文物100万件，占全国文物总数的1/6。截至2005年12月31日，中国文物系统文物收藏单位馆藏一级文物的总数已达109197件，现已全部在国家文物局建档备案。在全国保存一级文物的1330个收藏单位中，故宫博物院以8273件(套)高居榜首，并收有很多绝无仅有的国宝。故宫的一些宫殿中设立了综合性的历史艺术馆、绘画馆、陶瓷馆、青铜器馆、明清工艺美术馆、铭刻馆、玩具馆、文房四宝馆、玩物馆、珍宝馆、钟表馆和清代宫廷典章文物展览等，收藏有大量古代艺术珍品，是中国收藏文物最丰富的博物馆。

[故宫设计者]

故宫这样宏伟的建筑，如此浩大的工程，由谁负责设计的？又是谁主持施工的？这的确是个历史谜团。因为故宫的建筑上没有如现代建筑那样明确地刻上此建筑物建于何年，由何人设计等字样。目前大多数人都认为故宫是明代一位杰出的匠师，姓蒯名祥，人称蒯鲁班的人设计的。故宫博物院古建部高级工程师于倬云先生提出了不同意见：曾经参加建造南京宫殿的蒯祥是故宫的设计者这个说法不确切，其实，蒯祥只是故宫的施工主持人，故宫真正的设计人应该是名不见经传的蔡信。永乐十五年紫禁城宫殿开始进入大规模施工高潮时，蒯祥才随朱棣从南京来到北京，主持宫殿的施工，而在此之前，蔡信已主持故宫和北京城的规划、设计和建造了。

研学第三天：游览八达岭长城

秦始皇（前259年—前210年），嬴姓，赵氏，名政。秦庄襄王之子。出生于赵国都城邯郸，13岁继承王位，39岁称皇帝，在位37年。中国历史上著名的政治家、战略家、改革家，首位完成华夏大一统的铁腕政治人物。建立首个多民族的中央集权国家，采用三皇之"皇"、五帝之"帝"构成"皇帝"的称号，是古今中外第一个称皇帝的封建王朝君主。

秦始皇在中央创建皇帝制度，实行三公九卿，管理国家大事。地方上废除分封制，代以郡县制，同时书同文，车同轨，统一度量衡。对外北击匈奴，南征百越，修筑万里长城，修筑灵渠，沟通水系。还把中国推向大一统时代，为建立专制主义中央集权制度开创新局面。对中国和世界历史产生深远影响，奠定中国两千余年政治制度基本格局，他被明代思想家李贽誉为"千古一帝"。

[修筑长城]

秦灭六国之后，即开始北筑长城。当时中原刚统一，各地原来的贵族势力还很强，若不保持中央各地之间的交通和联系，国家随时会处于再次分裂的局面，所以必须尽快改善中央到各地及其他各郡、县之间的交通和联系，因此须尽快建设道路。

由于多年的战争，原各国的农业设施受到相当大的破坏，或因战争而年久失修，在统一后必须尽快恢复农业生产，因此花相当大的人力来疏通河道，修复水渠，对水路交通和农业灌溉都有利，是很有必要的。

修建长城，是为了保护北部边境人民的生命财产的安全，其目的也是为了减少人民的负担；由于匈奴是游牧民族，其骑兵活动范围很大，没有长城的话，要很多军队来防守，这会给人民增加很大的负担。万里长城不是秦始皇开创的，他只是把原来秦国、赵国和燕国北边原有的长城连接起来。

[地理位置]

八达岭长城位于军都山关沟古道北口,号称天下九塞之一,是居庸关长城的前哨,更是都城北京的重要屏障,历来是兵家必争之地。八达岭长城是明长城中最精华的部分,集巍峨险峻、秀丽苍翠于一体,以苍茫的风光和"不到长城非好汉"的口号而冠绝天下。

[长城结构]

八达岭长城典型地表现了万里长城雄伟险峻的风貌。作为北京的屏障,这里山峦重叠,地势险要。气势极其磅礴的城墙南北盘旋延伸于群山峻岭之中,视野所及,不见尽头。依山势向两侧展开的长城雄峙危崖,陡壁悬崖上古人所书"天险"二字,确切的概括了八达岭位置的军事重要性。嘉靖、万历年间曾修葺。关城有东西二门东门额题"居庸外镇",刻于嘉靖十八年(1539年);西门额题"北门锁钥",刻于万历十年(1582年)。两门均为砖石结构,券洞上为平台,台之南北各有通道,连接关城城墙,台上四周砌垛口。前后共建墩台1316座。

【主题二】

世界文化遗产、都城北京的重要屏障

地点:八达岭长城

[任务三]写出你印象最深刻的长城部位的名称和它们的作用。

研学第四天:什刹海、南锣鼓巷等

1. 参访什刹海

什刹海,是北京市历史文化旅游风景区、北京市历史文化保护区。位于市中心城区西城区,水域面积33.6万平方米,与中南海水域一脉相连,是北京城内面积最大、风貌保存最完整的一片历史街区。

什刹海包括前海、后海和西海(又称积水潭)三个水域及临近地区,与"前三海"相呼应,俗称"后三海"。什刹海也写作"十刹海",四周原有十座佛寺,故有此称。清代起就成为游乐消夏之所,为燕京胜景之一,主要代表有恭王府及花园、宋庆龄故居及醇王府、郭沫若纪念馆、钟鼓楼、德胜门箭楼、广化寺、汇通祠、会贤堂。

[典故轶事]

历代在什刹海畔居住过的文化名人有元代大书法家赵孟頫、明代文渊阁大学士李东阳、米万钟及诗人三兄弟袁崇道、袁中道、袁宏道,清代大词人纳兰性德等。纳兰性德居住的大学士明珠府(后为醇亲王府、宋庆龄故居)有一"渌水亭",纳兰性德经常和文友朱彝尊、陈维崧、曹寅、严绳孙、姜宸英等在亭内饮酒赋诗填词。

纳兰性德有名篇《金人捧露盘·净业寺观莲有怀荪友》："藕风轻，莲露冷，断虹收。正红窗，初上帘钩。田田翠盖，趁斜阳鱼浪香浮。此时画阁，垂杨岸，睡起梳头。旧游踪，招提路，重到处，满离忧。想芙蓉湖上悠悠。红衣狼藉，卧看桃叶送兰舟。午风吹断江南梦，梦里菱讴。"词中不仅写出了什刹海的秀美，也表达了对被撤官而南归的好友严绳荪的怀念。

[景点分布]

(1)恭王府

恭王府位于什刹海西北角，是一处典型的王府花园，既有中轴线，也有对称手法。始建于18世纪末，是北京保存最完整的清代王府，堪称"什刹海的明珠"。曾属乾隆后期大学士和珅的宅邸，后改赐为恭亲王奕䜣的王府。府后有一独具特色的花园，名萃锦园，占地约3万平方米。花园东、南、西三面被马蹄形的土山环抱，园中景物别致精巧，是国家级重点文物保护单位。前部的府宅原为中国艺术研究院红楼梦研究所的工作场所，单位迁出后经重修现已对游客开放；恭王府的一部分现作为郭沫若故居也对游人开放。

(2)庆王府

庆王府是北京现存王府中的一座。第一代庆王永璘为清乾隆皇帝第十七子，嘉庆皇帝的同母胞弟。老庆王府在前海西街路北，即和珅府的一部分。道光三十年庆王永璘的后人奕劻袭辅国将军。咸丰元年皇帝命奕劻由老王府迁至定阜大街原大学士琦善的宅第，按王府规制进行了大规模的改建，始称王府。这时的奕劻又在府内大兴土木，修建了万字楼和戏楼等处，府内建筑宏伟，面积广阔，分为五个大院，大小楼房近千间，朱红大门，高大的宫殿，只是屋顶为泥瓦而不是琉璃瓦，成为当时京城最华丽的王府之一。民国后为部队机关所征用。

(3)烟袋斜街

烟袋斜街在地安门以北，鼓楼前边，有一条北京城最老的斜街，名叫烟袋斜街。这条街东北西南走向，大概有300米长。当年，住在北城一带的旗人大都有抽旱烟或水烟的嗜好，于是城里的烟叶行业就发展起来了。

(4)郭沫若故居

郭沫若故居位于什刹海西岸前海西街18号，原是恭王府的马号，郭沫若于1963年至1978年逝世前在这里居住了15年。这里是一处环境非常好的四合院，在名人故居中除了宋庆龄故居外，是比较好的一处四合院。

著名的《帝京景物略》中以"西湖春，秦淮夏，洞庭秋"来赞美什刹海的神韵。什刹海景区风光秀丽，被誉为"北方的水乡"。随着游客的增多，这里逐渐出现了一些古文化商店、小吃街和酒吧等，因此，也成了京城文化街之一。

2. 漫步南锣鼓巷

南锣鼓巷是一条胡同，位于北京中轴线东侧的交道口地区，北起鼓楼东大街，南至平安大街，宽8米，全长787米，与元大都同期建成。至今已有740多年的历史，位列规划中的25片旧城保护区之中。因其地势中间高、南北低，如一驼背人，故名罗锅巷。乾隆十五年（1750年）绘制的《京城全图》改称南锣鼓巷。

它是北京最古老的街区之一，是我国唯一完整保存着元代胡同院落肌理、规模最大、品级最高、资源最丰富的棋盘式传统民居区，也是最富有老北京风情的街巷。周边胡同里各种形制的府邸、宅院多姿多彩，厚重深邃。南锣鼓巷及周边区域曾是元大都的市中心，明清时期则更是一处大富大贵之地，这里的街街巷巷挤满了达官显贵，王府豪庭数不胜数，直到清王朝覆灭后，南锣鼓巷的繁华也跟着慢慢落幕。

在元大都"左祖右社，前朝后市"的城市格局中，南锣鼓巷是"后市"的组成部分。元代，以南锣鼓巷为轴线，东侧地区属昭回坊，西侧地区属靖恭坊。明代属昭回靖恭坊。清代乾隆年间属镶黄旗，光绪末年至宣统年间属内左三区。民国时期属内五区。

南锣鼓巷南北走向，东西各有8条胡同整齐排列，呈"鱼骨状"，延续自古以来的"棋盘式"格局，整个街区犹如一条大蜈蚣，所以又称蜈蚣街。据说以前在南锣鼓巷的最北处有两眼古井，恰好就成了这条蜈蚣的两只眼睛。这种整体肌理的胡同、四合院形态，正是元大都棋盘式城市建筑格局的具象体现。

3. 著名人文景观

（1）僧格林沁王府

僧王府是清代僧格林沁的王府。原僧王府规模很大，前门在炒豆胡同，后门在板厂胡同，纵跨两个胡同。王府分中、东、西三路，各有四进。其中东路除正院外，还有东院四进，组成一个很大的建筑群。民国后，府第被亲王的后代逐渐拍卖，被分成了许多院落。炒豆胡同71号至77号（单号）和板厂胡同30号至34号（双号），都是原王府的范围。

（2）齐白石故居

雨儿胡同13号院曾住过中国一位画坛巨匠——国画大师齐白石。院门旁挂着"北京市美术家协会"的牌子。院子很宽敞，保护完好，院中央还摆着大鱼缸。这里没有重新粉刷，透出老宅门的原汁原味。

这里原是清内务府一个总管大臣的私宅，因为建筑时私用了皇宫的料，建制又超越了等级，因而其主人被参劾，宅子也被分成几部分出售，13号院只是一部分。新中国成立后，文化部买下来，由齐白石老先生居住。没多久，齐白石就搬到西城跨车胡同，所以，现在齐白石的故居多指跨车胡同。

（3）茅盾故居

后圆恩寺胡同13号即茅盾故居。和这一地区的许多深宅大院相比，茅盾故居太普通，并不起眼，仅是一座不大的两进四合院。2017年7月恰是茅盾诞生110周年，故居经过整修重新开放。故居前面的院子矗立着茅盾先生的半身塑像。周围的房间是茅盾生平展览区。后院的卧室、起居室、书房等，还按照先生生前的样子布置。新中国成立后，茅盾一直住在东四头条203号文化部宿舍，与周扬、阳翰笙等为邻，1974年搬到后圆恩寺，直到1981年病逝，在这个小院中度过了他最后7年的岁月。

（4）菊儿胡同

菊儿胡同是南锣鼓巷最北头东边的一条胡同。1990年，建筑大师吴良镛主持设计的菊儿胡同危房改造工程，有机更新了这条古巷中的小胡同，使其既保留了老北京四合院的神韵，又适合现代人居住。1992年被亚洲建筑协会授予"亚洲建筑金奖"，1993年又被授予"世界人居奖"。

4. 品味全聚德

全聚德，中华老字号，创建于清朝同治三年（1864年），历经几代创业拼搏获得了长足发展。1999年1月，"全聚德"被国家工商总局认定为"驰名商标"，是中国第一例服务类中国驰名商标。全聚德烤鸭肉质鲜美，老少皆宜。

全聚德菜品经过不断创新发展，形成了以独具特色的全聚德烤鸭为龙头，集"全鸭席"和400多道特色菜品于一体的全聚德菜系，备受各国元首、政府官员、社会各界人士及国内外游客喜爱，被誉为"中华第一吃"。周恩来总理曾多次把全聚德"全鸭席"选为国宴。

研学第五天：中国科学技术馆、北京大学、清华大学

1. 探秘中国科学技术馆

中国科学技术馆是我国唯一的国家级综合性科技馆，是实施科教兴国战略和人才强国战略、提高全民科学素质的大型科普基础设施。一期工程于1988年9月22日建成开放，二期工程于2000年4月29日建成开放，新馆于2009年9月16日建成开放。

中国科学技术馆的主要教育形式为展览教育，通过科学性、知识性、趣味性相结合的展览内容和参与互动的形式，反映科学原理及技术应用，鼓励公众动手探索实践，不仅普及科学知识，而且注重培养观众的科学思想、科

学方法和科学精神。

在开展展览教育的同时，中国科学技术馆还组织各种科普实践和培训实验活动，让观众通过亲身参与，加深对科学的理解和感悟，在潜移默化中提高自身科学素质。

始建于2006年5月9日的中国科学技术馆新馆位于朝阳区北辰东路5号，东临亚运居住区，西濒奥运水系，南依奥运主体育场，北望森林公园，占地4.8万平方米，建筑规模10.2万平方米，是奥林匹克公园中心区体现"绿色奥运、科技奥运、人文奥运"三大理念的重要组成部分。

新馆设有"科学乐园""华夏之光""探索与发现""科技与生活""挑战与未来"五大主题展厅、公共空间展示区以及球幕影院、巨幕影院、动感影院、4D影院等4个特效影院，其中球幕影院兼具穹幕电影放映和天象演示两种功能。此外，新馆设有多间实验室、教室、科普报告厅及多功能厅。

新馆建筑为一体量较大的单体正方形，利用若干个积木般的块体相互咬合，使整个建筑呈现出一个巨大的"鲁班锁"，又像一个"魔方"，蕴含着"解锁""探秘"的寓意。

教育活动是科技馆开展的让公众参与其中，对科学情境、科学现象、科学概念等有更深了解的一系列活动。教育活动的设计与开展主要依托于常设展览资源，同时，还要充分利用科技馆的其他资源，包括特效影视、信息网络、中国数字科技馆及社会相关科普资源等。科技馆教育活动主要包括：

展览教育活动：包括讲解、答疑、导览和主题活动等具体形式。

扩展教育活动：包括科普电影、科学表演、DIY园地、与专家面对面、科学俱乐部、中国数字科技馆等具体形式。

培训教育活动：包括定期面向全国科技馆工作人员开展专项培训和面向中小学科学课教师、社会科普工作者、志愿者以及导游等特定人群的培训活动。

2. 参观最高学府

(1)北京大学

北京大学，简称北大，诞生于1898年，初名京师大学堂，是中国近代第一所国立大学，也是最早以"大学"身份及名称而建立的学校，其成立标志着中国近代高等教育的开端。北大是中国近代以来唯一以国家最高学府身份创立的学校，最初也是国家最高教育行政机关，行使教育部职能，统管全国教育。

1911年辛亥革命爆发，翌年改名为北京大学。1916年，著名教育家蔡元培出任校长，"循思想自由原则、取兼容并包之义"，推行改革，把北大办成全国的学术和思想中心,使北京大学成为新文化运动的中心、五四运动的策源地。1937年抗日战争爆发,北京大学与清华大学、南开大学合并组建国立西南联合大学。1946年,回到北平复校。1952年院系调整时,校园从北京内城迁至西北郊燕园。

北京大学由教育部直属,系国家"211 工程""985 工程""2011 计划"建设的全国重点大学,是 C9 联盟以及东亚研究型大学协会、国际研究型大学联盟、环太平洋大学联盟、21 世纪学术联盟、东亚四大学论坛的重要成员。QS2018/2019 亚洲大学排行榜北京大学排第五名。

北京大学校园占地总面积约 7000 亩,分为燕园校区、医学部校区、昌平校区、大兴校区、无锡校区和深圳研究生院校区 6 个部分,其中燕园校区是北京大学本部,占地面积 1.95 平方公里(合 2925 亩)。昌平校区占地面积 550 多亩。大兴校区为北京大学软件与微电子学院所在地,占地面积约 550 亩。北京大学无锡校区同样为北京大学软件与微电子学院所在地,2008 年投入使用,位于无锡市滨湖区大学城,占地面积 500 多亩。北京大学医学部位于学府林立的首都北京海淀区学院路,占地面积约 990 亩。北京大学深圳研究生院(南国燕园)占地面积 82.87 万平方米,是以全日制研究生教育为主的高等教育机构。

[北大精神]

北大精神是北大校园文化的本质和核心,百年来,北大精神一代代传承,在不同的历史阶段,北大人承担着不同的历史使命,但始终本着"爱国、进步、民主、科学"的传统,与祖国同呼吸、共命运。

从五四运动开始,北大人就一直有关心国家大事、关注社会生活的传统。北大的历史是不断革新的历史,北大是在新与旧的斗争中、在不断求得自我革新中发展起来的,这使北大产生了许多重要人物和思想,成为百年名校。深厚的人文底蕴和学术积淀是北大校园文化的基础。

[校徽]

北京大学校徽由鲁迅先生于 1917 年 8 月设计完成。"北大"两个篆字上下排列,其中"北"字构成背对背的两个侧立的人像,而"大"字构成了一个正面站立的人像。校徽突出的理念在于,要"以人为本";校徽的象征意义在于,北大当肩负开启民智的重大使命。2007 年 6 月 6 日,北京大学正式颁布实施《北京大学视觉形象识别系统管理办法》,作为"根本大法"系统管理和维护北京大学的视觉形象。

2007 年 6 月 13 日,北京大学正式发布《视觉形象识别系统管理手册》,并推出修改后的北大校徽标识,在鲁迅先生设计校徽图案的基础上,进一步丰富和发展，标志形似瓦当，兼有篆刻风韵，具有鲜明的中华传统文化特色。北大确定了特定色值的红色为标准色，并将其命名为"北大红"。北京大学校徽突出一个办学理念，即大学要"以人为本"。大学，因大师而大，更因大学生而大。也有人说，上面的是学生，下面的是老师，教师就是要甘为人梯；学生站在巨人的肩膀上，就是要青出于蓝胜于蓝。原北大校长许智宏说，真正的"大"学，学术之大，责任之大，精神之大，尽在其中。

(2) 清华大学

清华大学，简称清华，由中华人民共和国教育部直属，中央直管副部级建制，位列"211工程""985工程""世界一流大学和一流学科"，入选"基础学科拔尖学生培养试验计划""高等学校创新能力提升计划""高等学校学科创新引智计划"，为C9联盟、中国大学校长联谊会、东亚研究型大学协会、亚洲大学联盟、环太平洋大学联盟、清华—剑桥—MIT低碳大学联盟成员，被誉为"红色工程师的摇篮"。

清华大学的前身清华学堂始建于1911年，因水木清华而得名，是清政府设立的留美预备学校，其建校的资金源于1908年美国退还的部分庚子赔款。1912年更名为清华学校。1928年更名为国立清华大学。1937年抗日战争全面爆发后南迁长沙，与北京大学、南开大学组建国立长沙临时大学，1938年迁至昆明改名为国立西南联合大学。1946年迁回清华园。1949年中华人民共和国成立，清华大学进入新的发展阶段。1952年全国高等学校院系调整后成为多学科工业大学。1978年以来逐步恢复和发展为综合性研究型大学。

清华大学共设20个学院、58个系，已成为一所具有理学、工学、文学、艺术学、历史学、哲学、经济学、管理学、法学、教育学和医学等11个学科门类的综合性、研究型大学。QS2018/2019亚洲大学排行榜，清华大学与南洋理工大学并列第三。

[馆藏资源]

截至2016年底，清华大学图书馆(含专业图书馆及院系资料室)的实体馆藏总量约502.7万册(件)，形成了基本覆盖全学科、包含丰富文献类型和载体形式的综合性馆藏体系。除中外文印刷型图书外，读者可使用的文献资源还包括：古籍线装书22万多册；期刊合订本约58.7万册；校馆统筹年订购印刷型中外文报刊2909种；本校博、硕士论文15.5万余篇；缩微资料2.8万种；各类数据库586个；电子期刊8.9万种；电子图书856.2万册，电子版学位论文392.5万篇。

[师资力量]

清华大学培育和凝聚了一批又一批高水平的专家学者，截至2013年12

月底，学校有教师 3291 人，其中 45 岁以下青年教师 1862 人。教师中具有正高级职务的 1325 人，具有副高级职务的 1429 人。

现有教师中有诺贝尔奖获得者 1 名，图灵奖获得者 1 名，中国科学院院士 43 名，中国工程院院士 34 名，15 名教授荣获国家级"高等学校教学名师奖"，124 人入选教育部"长江学者奖励计划"特聘教授，55 人入选讲座教授，172 人获得"国家杰出青年科学基金"，"海外高层次人才引进计划"（简称"千人计划"）入选者 87 人，国家级教学团队 14 个。

［任务四］四大导师

请对应四大导师的作品及其称号/成就进行连线，并自主学习他们的生平事迹。

《柳如是别传》　　王国维　　开创用甲骨文研究殷商史
《人间词话》　　　梁启超　　中国现代语言之父
《中国话的文法》　赵元任　　公子的公子，教授之教授
《少年中国说》　　陈寅恪　　戊戌变法的核心人物

［任务五］延伸阅读

清华大学牵手石化和汽车行业研发"零"排放高效内燃机

清华新闻网 11 月 21 日电　11 月 9 日，由清华大学、一汽解放汽车有限公司无锡柴油机厂、沙特阿美科技公司和山东京博石油化工有限公司四方联合攻关的合作项目"新一代燃料'零'排放高效内燃机研发"在 2018 世界内燃机大会一汽解放发动机事业部展台上正式签约。中国汽车工程学会理事长、清华大学教授李骏院士，中国内燃机工业协会秘书长邢敏、英国皇家工程院院士高腾·卡嘉迪教授作为特邀嘉宾，共同见证签约仪式。

当前，汽车和内燃机行业正处于机遇与挑战并存的关键期。一方面，中国经济高速增长和中国居民人均可支配收入的大幅提高，刺激了对快捷绿色出行和物流的迫切需求；另一方面，机动车带来的大气污染问题日益突出，成为空气污染的重要来源。其中，作为重卡主动力的柴油发动机，更是面临节能减排的巨大压力。目前，在内燃机界已经基本形成共识，下一代内燃机突破 50% 有效热效率的高效燃烧模式将是稀燃压燃，但这种燃烧模式所需的理想燃料需要重新设计，应该体现从燃油开采到车轮使用的全生命周期低碳排放理念，需要石油行业、内燃机行业与整车企业共同开发新一代高效清洁燃料。在该项目中，清华大学将协调发动机产业链上下游，在其他三方支持下，通过燃料开发、先进燃烧模式、发动机结构和排气后处理系统的协同优化，开发满足未来世界最为严格的满足美国加州 2023 年排放法规的内燃机。

在此法规下，NO_x 仅为百万分之几，颗粒物 PM 经过滤器后接近零排放，NO_x 和 PM 对环境的影响可以忽略不计，这也是此次四方合作项目的主要目标——"零"排放内燃机。此外，项目将采用 CO_2 捕集和生物质燃料技术，实现发动机近零碳排放。

李骏院士现场评价项目签约是以新的行动方式所发出的信号——内燃机行业勇于挑战自我、创新国际化合作的信号。李骏认为，内燃机行业百年来一直在创新，这个学术界和零部件供应链共同探索内燃机新技术的项目体现了行业的新思想、新战略、新举措。

项目计划将于2021年完成并进行实车示范运行。

阅读这篇报道，思考以下问题：

1. 清华大学的这一研发项目将会给未来社会带来什么改变？
2. 清华大学在社会的进步与发展中发挥了怎样的重要作用？
3. 如果你是清华大学的一员，你将如何为社会的进步与发展发挥自己的作用？

附：北京部分非物质文化遗产

种类	文化
音乐	智化寺京音乐、天坛神乐署中和韶乐、门头沟京西幡乐、通州运河船工号子、顺义曾庄大鼓
舞蹈	门头沟京西太平鼓、延庆旱船、昌平后牛坊村花钹大鼓、密云蝴蝶会、米粮屯高跷、海淀扑蝴蝶、白纸坊太狮老会、大栅栏五斗斋高跷秧歌、沙峪村竹马、汤河川大班小班米粮屯高跷、蝴蝶舞、童子大鼓老会
戏剧	昆曲、京剧、河北梆子、大兴诗赋闲、柏峪燕歌戏
曲艺	相声、岔曲、单弦、京韵大鼓、密云蔡家洼村五音大鼓、平谷调、京西太平鼓、和韶乐、曾庄大鼓、京西幡乐沙峪竹马、柏峪秧歌戏、赋弦
杂技与竞技	天桥中幡、抖空竹、帽山满族二魁摔跤、围棋、中国象棋
美术	北京牙雕工艺、曹氏风筝工艺、北京玉器工艺
手工技艺	景泰蓝制作技艺、聚元号弓箭制作技艺、荣宝斋木版水印技艺、北京雕漆工艺、全聚德挂炉烤鸭技艺、北京便宜坊焖炉烤鸭技艺、宝刀衡制作工艺、绒布唐工艺、曹氏风筝工艺
传统医药	同仁堂中医药文化
民俗	北京春节厂甸庙会、门头沟妙峰山庙会、东岳庙行业祖师信仰习俗、房山大石窝石作文化村落、石景山古城村秉心圣会、通州区漷县镇张庄村龙灯会、门头沟龙泉务童子大鼓老会

聚焦北京冬奥

——北京冬奥研学旅行课程方案

  一直以来，冰雪运动被称为"高岭之花"，参与这项运动的历来都是少数人群。北京携手张家口取得 2022 年冬奥会举办权，极大地激发了人们参与冰雪运动的热情和激情，这对推动我国冬季运动发展和冰雪运动的大众化，对提高全民身体素质和弘扬奥林匹克精神具有无可替代的价值与作用。北京成为奥运史上第一个既举办过夏季奥林匹克运动会又即将举办冬季奥林匹克运动会的城市，也使得国际奥林匹克委员会将冰雪运动普及全球人口最多的国家的美好前景得以实现。北京冬奥会的成功申办，是中华民族圆梦冬奥的一件盛事，意义重大而深远。通过承办冬奥会，必将进一步振奋民族精神，宣传中华灿烂文明和优秀文化，展示大国实力、魅力和精神风貌，增强民族自信心、自豪感和凝聚力。本次研学旅行，将带领同学们聚焦北京冬奥，走进冬奥场馆，了解赛事盛况，增长冰雪运动知识。相信通过本次研学之旅，同学们一定会眼界大开、收获满满！

一、研学活动目的

  通过北京冬奥会研学活动，开阔学生眼界，增长冰雪运动知识，增强民族自豪感，培育爱国情怀。

二、研学活动设计

活动主题：体育研学
活动宗旨：研学旅行 开阔眼界 增长知识 热爱祖国
活动时间：执行研学手册时间表
活动地点：北京海淀区、延庆区，张家口崇礼

三、研学活动内容

（一）参观北京冬奥会和冬残奥会展示中心

北京2022年冬奥会和冬残奥会组织委员会为独立事业法人，负责组织、协调冬奥会和冬残奥会全部筹备和举办工作，组委会的执行机构为冬奥会和冬残奥会执行委员会。

北京2022年冬奥会和冬残奥会组织委员会下设13个部门和2个运行中心，分别是：秘书行政部、总体策划部、对外联络部、体育部、新闻宣传部、规划建设和可持续发展部、市场开发部、人力资源部、监察审计部、财务部、技术部、法律事务部、运动会服务部、延庆运动中心、张家口运动中心。

组织学生参观北京冬奥会和冬残奥会展示中心，聆听组委会有关负责人介绍北京冬奥会和冬残奥会组织机构设置和相关工作开展情况，使中小学生了解冬奥会和冬残奥会组织架构和运行机制，向中小学生普及冰雪运动知识。

（二）参观国家体育场

国家体育场（鸟巢）位于北京奥林匹克公园中心区南部，为2008年北京奥运会主体育场。工程总占地面积21公顷，场内观众座席约91000个。2008年奥运会后成为北京市民参与体育活动及享受体育娱乐的大型专业场所，并成为地标性的体育建筑和奥运遗产。

1. 场馆结构

国家体育场坐落于奥林匹克公园建筑群的中心位置，地势略微隆起。它如同一个巨大的容器，高低起伏的波动的基座缓和了容器的体量，而且给了它戏剧化的弧形外观，汇聚成网格状——就如同一个由树枝编织成的鸟巢。在满足奥运会体育场所有功能和技术要求的同时，设计上并没有被那些类同的过于强调建筑技术化的大跨度结构和数码屏幕所主宰。体育场的空间效果新颖激进，但又简洁古朴，创造了独一无二而又史无前例的地标性建筑。

2. 基本材料

"鸟巢"外形结构主要由巨大的门式钢架组成，共有24根桁架柱。顶面呈鞍形，长轴为332.3米，短轴为296.4米，最高点高度为68.5米，最低点高度为42.8米。

3. 设计理念

体育场由雅克·赫尔佐格、德梅隆、艾未未以及李兴刚等设计,由北京城建集团负责施工。体育场的形态如同孕育生命的"巢"和摇篮,寄托着人类对未来的希望。设计者们对这个场馆没有做任何多余的处理,把结构暴露在外,因而自然形成了建筑的外观。

4. 耗费资金

国家体育场 2003 年 12 月 24 日开工建设,2008 年 3 月完工,总造价 22.67 亿元。作为国家标志性建筑,2008 年奥运会主体育场,国家体育场结构特点十分显著。体育场为特级体育建筑,大型体育场馆。主体结构设计使用年限 100 年,耐火等级为 1 级,抗震设防烈度 8 度,地下工程防水等级 1 级。

2014 年 4 月,中国当代十大建筑评审委员会从中国 1000 多座地标建筑中,综合年代、规模、艺术性和影响力四项指标,初评出 20 个建筑,最终由此产生十大当代建筑。北京鸟巢——国家体育场为初评入围建筑之一。作为北京 2022 年冬奥会冰上项目场馆,国家体育场改造工程将于 2020 年初开工。届时,国家体育场(鸟巢)将华丽转身成为北京冬奥会开闭幕式所在地。

组织学生参观鸟巢,零距离接触和了解北京冬奥会开闭幕式场馆构造及相关知识。

(三)参观国家游泳中心

国家游泳中心又称"水立方",位于北京奥林匹克公园内,是北京为 2008 年夏季奥运会修建的主游泳馆,它的设计方案是经全球设计竞赛产生的"水的立方"方案。中心规划建设用地 62950 平方米,其中地下部分的建筑面积不少于 15000 平方米,2008 年奥运会期间,国家游泳中心承担游泳、跳水、花样游泳、水球等比赛,可容纳观众座席 17000 个,其中永久观众座席为 6000 个,奥运会期间增设临时性座位 11000 个(赛后拆除)。赛后成为具有国际先进水平的,集游泳、运动、健身、休闲于一体的活动中心。

1. 场馆设计

国家游泳中心的设计方案,是经全球设计竞赛产生的"水的立方"方案,它是根据细胞排列形式和肥皂泡天然结构设计而成的,建筑结构创意新颖奇特,2003 年年底开工,2007 年底完工并投入试运行,接受国际游泳联合会和国际奥林匹克运动委员会的检查和验收。

2. 设计材料

水立方的墙面和屋顶都分内外三层，设计人员利用三维坐标设计了 3 万多个钢质构件，由中国与澳大利亚的设计人员共同完成，这 3 万多个钢质构件在位置上没有一个是相同的，相关技术都是我国自主创新的科技成果，填补了世界建筑史的空白。

3. 角色转换

国家游泳中心水立方是 2008 年北京奥运会游泳、跳水、花样游泳项目的比赛场地。2022 年北京冬奥会期间，"冰立方"将转换作为冰壶项目的比赛场馆，可容纳观众约 4600 人。根据改造方案，水立方将成为国际首个泳池上架设冰壶赛道的场馆。根据冰壶比赛需要，原游泳池区域将转换成冰壶场地，形成 4 条标准冰壶赛道。冰水转换是水立方改造过程中最关键的环节，由于冰壶比赛对于场地稳定性、冰面的品质、平整度等要求很高。以往，历届冬奥会冰壶比赛场地都是在混凝土结构上进行制冰。而水立方顺利完成结构试验，通过在游泳池里架空结构实现冰水转换。这种转换模式将不仅实现了"水立方"与"冰立方"互换，还实现了转换材料重复利用，大幅降低后期拆除改造成本。

组织学生参观水立方，解密"水立方"与"冰立方"互换奥妙，了解冬奥会项目的比赛场地构造及相关知识，了解冰壶比赛规则，学会欣赏冰壶比赛。

（四）延庆赛场

延庆小海坨地区位于北京和崇礼的交通节点，小海坨山顶海拔 2199 米，山的南麓将建设国家高山滑雪中心、国家雪车雪橇中心两个竞赛场馆和延庆冬奥村、山地新闻中心两个非竞赛场馆。

高山滑雪项目被称作"冬奥会皇冠上的明珠"，国家高山滑雪中心就依托海坨山拥有约 900 米落差、3000 多米坡面长度的天然地形优势，规划建设 7 条赛道。竞速、竞技赛道及训练道、高山集散广场、媒体转播区……场馆的功能区散落在山谷中，沿山体地形穿插叠落于山谷之中，山顶的出发平台则犹如一只凌空欲飞的大风筝，轻盈飘逸。雪车雪橇项目是冬奥会中速度最快的项目，极具观赏性。国家雪车雪橇中心的赛道也将是国内第一条、也是目前唯一一条雪车雪橇赛道，赛道长度 1935 米，设置 16 个弯道，最高设计时速 134.4 公里，设置 5 个赛道出发区，总观众席位 7500 个。

国家雪车雪橇中心结合自然地形和遮阳设计，研发出一套独特的地形气候保护系统。和其他国际赛场不同，国家雪车雪橇中心增加了一个赛道遮阳屋顶，可有效保护赛道冰面免受各种气候因素影响，避免阳光对运动员的视线影响，确保赛事高质量进行，并最大限度降低能源消耗。

延庆冬奥村采用中国传统的山地村落布局，让建筑掩映在山林之中。

整个延庆赛区的北京2022冬奥遗产包括六大组团：北区高山运动探险组团、南区雪车雪橇中心组团、奥运村组团、综合服务组团、营地拓展组团、西大庄科村及大众雪场组团，共同形成一个大型冬奥主题园区。根据设计，在滑雪季，一是依托高水平竞赛场馆，打造国际顶级雪上赛场和训练基地；二是部分改造成为大众冰雪设施，开展全民冰雪运动，开办大众雪场、滑雪学校、大众雪车雪橇滑行体验中心等。在非滑雪季，依托冬奥设施优质资产，开展以山地徒步活动为核心的户外运动集群及相关配套服务，打造京津冀休闲旅游目的地。

组织学生探秘雪车雪橇运动中枢，了解雪车雪橇比赛规则，学会欣赏雪车雪橇比赛。

（五）崇礼赛场

河北省张家口市崇礼区，由"崇尚礼义"得名，是本届冬奥会雪上项目主赛场之一。

崇礼区总面积2334平方公里，总人口12万。崇礼天然雪滑雪期可达120天，被誉为华北地区最理想的滑雪地域。崇礼的滑雪旅游产业正在向规模化和产业化方向发展，"中国雪都"崇礼有望被打造成为东方"达沃斯"。北京携手张家口成功获得2022年冬奥会主办权，崇礼成为雪上项目主赛场，规划承担冬奥会雪上2大项6分项50小项的比赛项目。目前，全区已建成雪道102条112.6公里，索道魔毯拖牵38条26公里，8条雪道通过国际雪联认证。云顶、万龙、多乐美地、长城岭、太舞以及规划新建冬奥会北欧中心越野滑雪场、北欧中心跳台滑雪场、冬季两项中心，以太子城冰雪小镇为中心，在10公里半径范围内形成国内最大的雪场集群。

组织学生观摩越野滑雪和跳台滑雪，学会亲近和欣赏冰雪运动。

四、北京冬奥会简介

（一）申办经过

2022年北京冬季奥运会（XXIV Olympic Winter Games，简称：北京冬奥

会或第24届冬季奥林匹克运动会)将于2022年2月4日至2022年2月20日在我国的北京市和河北省张家口市联合举行。这是中国历史上第一次举办冬季奥运会，北京、张家口同为主办城市，也是继北京奥运会、南京青奥会后，中国第三次举办奥运赛事。本次冬奥会的举办，使北京成为奥运史上第一个既举办过夏季奥林匹克运动会又将举办冬季奥林匹克运动会的城市。

2013年11月3日，中国奥委会正式致函国际奥委会，提名北京市为2022年冬奥会申办城市。

2014年1月，经国务院批准，成立2022年冬季奥林匹克运动会申办委员会。

2014年3月14日，国际奥委会宣布：中国北京—张家口，波兰的克拉科夫、挪威的奥斯陆、乌克兰的利沃夫、哈萨克斯坦的阿拉木图。六个城市正式申办2022年的冬奥会。

2014年5月26日、2014年6月30日波兰的克拉科夫、乌克兰的利沃夫分别宣布退出申办。

2014年7月7日，国际奥委会在瑞士洛桑宣布完成对2022年冬奥会申办城市的初选，并根据规则选出三个候选城市：中国北京、挪威奥斯陆和哈萨克斯坦的阿拉木图。

2014年10月2日，挪威奥斯陆宣布放弃申办2022年冬奥会。

2015年1月，北京冬奥申委和阿拉木图冬奥申委先后向国际奥委会提交2022年冬奥会申办报告。

2015年6月初，国际奥委会评估委员会，经实地考察后，公布了对候选城市的评估报告。

2015年6月9日，北京和阿拉木图在奥林匹克博物馆向国际奥委会委员做技术陈述。

2015年7月31日17时57分，国际奥委会第128次全会在吉隆坡举行，投票推选出2022年冬奥会举办城市。经过85位国际奥委会委员投票，北京以44∶40击败对手阿拉木图，赢得2022年第24届冬季奥林匹克运动会的举办权。

2015年7月31日晚，中国国家主席习近平致信申办冬奥会代表团，祝贺申奥成功，并勉励在全国各族人民大力支持下，把2022年冬奥会办成一届精彩、非凡的奥运盛会。

(二)项目安排

本次奥运会设7个大项，109个小项。北京将承办所有冰上项目，延庆和张家口将承办所有雪上项目。

北京主办项目包括：短道速滑、速度滑冰、花样滑冰、俯式冰橇、冰球、冰壶。

张家口主办、延庆协办的项目包括：自由式滑雪、冬季两项、越野滑雪、跳台滑雪、北欧两项（越野滑雪、跳台滑雪）、无舵雪橇、有舵雪橇、单板滑雪、高山滑雪。

本次冬奥会新增7个比赛小项，届时总共将产生109枚金牌。同时女性运动员的参赛比例进一步提高，参赛运动员男女比例更趋于平衡。新增的7个小项为女子单人雪车、短道速滑混合团体接力、跳台滑雪混合团体、自由式滑雪大跳台（男子、女子）、自由式滑雪空中技巧混合团体和单板滑雪障碍追逐混合团体。

（三）场馆安排

本届冬奥会计划使用25个场馆，包括12个竞赛场馆、3个训练场馆、3个奥运村、3个颁奖广场、3个媒体中心、1个开闭幕场馆。根据规划，北京赛区将承担冬奥会所有冰上项目的比赛，共使用12个竞赛和非竞赛场馆，11个为2008年奥运遗产，其中9个是直接使用。5个比赛场馆，其中4个分别是水立方、国家体育馆、五棵松体育馆和首都体育馆，分别举办冰壶、冰球、短道速滑和花样滑冰的比赛。新建的比赛场馆即为国家速滑馆，也称为大道速滑馆，利用2008年奥运会曲棍球和射箭的临时场地进行建设。在规划的沙盘中，这座新馆紧临奥林匹克公园内的"仰山"。比赛之后，这里将成为我国运动员冬奥会冰上项目永久性训练场地，并成为北京四季不间断运营的冰上中心。

除比赛场馆外，开幕式和闭幕式都将在鸟巢内举行。奥林匹克公园水立方和鸟巢之间将临时搭建可容纳1万人的北京颁奖广场。

为了举办本届冬奥会，中国政府将打造沿北京—张家口—延庆线，分三个区域布局竞赛场馆和非竞赛场馆，建设三个相对集聚的场馆群。北京市区北部的奥林匹克中心区，将主要承办冬奥会五个冰上项目；北京市西北部的延庆区，将用作雪车、雪橇大项和滑雪大项中的高山滑雪比赛场地；河北省张家口市，将承办除雪车、雪橇大项和高山滑雪以外的所有雪上比赛。

张家口市崇礼区将举办跳台滑雪、单板滑雪、自由式滑雪、北欧两项、冬季两项和越野滑雪项目的比赛，将新建改建五个比赛场地，分别是北欧中心越野滑雪场、北欧中心跳台滑雪场、冬季两项中心、云顶滑雪公园场地A

和 B。

位于北京西北部距离市区约 90 公里的延庆区小海坨山区，将举行雪橇、雪车和滑雪大项中的高山滑雪项目。

北京赛区有 5 个竞赛场馆，张家口赛区有 5 个竞赛场馆，延庆赛区拥有国家高山滑雪中心、国家雪车雪橇中心两个竞赛场馆，此外还包括北京奥运村、北京赛区颁奖广场、延庆奥运村、山地新闻中心。竞赛场馆 12 个、非竞赛场馆 13 个，25 个场馆中 10 个为现有，6 个为计划建设，4 个为冬奥会建设，还有 5 个为临时建设，所有新建场馆都将满足国际绿色建筑评价认证 LEED 标准。

(四) 场地交通

本届冬奥会将提供由航空、高速铁路、高速公路、地方道路等多种交通基础设施组成的立体互补的交通服务。三个奥运村的设置使奥运村至竞赛场地、训练场馆的交通时间最小化，其中北京赛区在 15 分钟之内，延庆赛区在 10 分钟之内，张家口赛区在 5 分钟之内。

为保障北京 2022 年冬季奥运会北京市区、北京市延庆区、张家口市崇礼区三地赛场间的交通服务，北京将建设连接北京—延庆—张家口三地的高速铁路和高速公路。铁路方面，即将开工建设北京至张家口城际铁路（京张城际铁路），全线长约 174 千米，主线共设近 10 个车站，设计时速为 200~350 公里，乘火车从北京北站到延庆场馆约 20 分钟，到张家口场馆为 52.5 分钟。为方便观众前往崇礼观赛，京张城际铁路的崇礼支线也一并建设，而崇礼高铁站规划建设在崇礼奥运村南侧 1 公里处，步行几分钟即可抵达奥运村及其周边比赛场地。

高速公路方面，北京市至张家口赛区有京藏高速公路（G6）、京新高速公路（G7）和 110 国道（G110）连接。此外，连接北京城区和延庆间的省道兴延路已于 2016 年开工，2019 年建成通车，该道路将与即将修建的延崇路连接，形成冬奥会又一条交通要道。此外，张家口至崇礼间有首都环线高速公路（G95）通达。

为确保冬奥会交通畅通，本届冬奥会将逐步完善北京市内交通。2015 年年底，9 条地铁新线开工，此次新开工线路有新机场线、3 号线一期、12 号线、17 号线、19 号线一期、7 号线东延、房山线北延、机场线西延、8 号线三期南延等。到 2020 年，北京将形成 30 条运营线路、总长 1177 公里的轨道交通网络。

冬奥会配套工程，位于北京南部的北京新机场将于2019年下半年投入使用，通过地铁新机场线，40分钟即可到达北京市区。

北京还将沿用2008年奥运会的交通经验，包括：在与奥运需求相关的主要道路上设置奥运专用道、设置奥运专用公交线路和公交场站、为各类冬奥会客户群提供专门的运输保障服务。此外，已有及新建交通运输项目将体现绿色、环保的可持续发展战略和模式。最新的交通解决方案，将按照相关环保标准，缩短奥运场馆到驻地的交通时间，并与城市总体发展规划和城市愿景高度契合。

(五) 筹办进展

2017年12月15日，北京2022年冬奥会会徽"冬梦"和冬季残奥会会徽"飞跃"正式亮相。北京申办冬奥会的标识以中国书法"冬"字字为主体，将抽象的滑道、冰雪运动形态与书法巧妙结合，人书一体，天人合一，"冬"字下方两点顺势融为"2022"，生动自然。标识的下方则是国际奥委会的五环标识。北京申办冬奥会的标识既展现了冬季运动的活力与激情，更传递出中国文化的独特魅力。标识运用奥运五环色彩彰显动感、时尚和现代，将中国文化、体育和奥林匹克精神相融合。

2018年2月25日晚，韩国平昌冬奥会在平昌奥林匹克体育场闭幕。北京市市长陈吉宁接过奥运会会旗，标志着冬奥会进入"北京周期"。

2018年8月8日，2022年北京冬奥会和冬季残奥会吉祥物全球征集启动仪式在北京隆重举行。此次全球征集时间为2018年8月8日至10月31日。随后将经过专家评审、修改深化、社会评议、法律查重和审批等程序，最终确定设计方案，并计划于2019年下半年适时发布。此次吉祥物全球征集将在全国中小学生中开展"我心中的冬奥吉祥物"主题活动，吸引青少年关注、参与北京冬奥会筹办工作。北京冬奥会吉祥物和冬季残奥会吉祥物同步征集和评审，体现了"两个奥运同步规划、同步实施、同样精彩"的承诺。

2019年1月20日，北京体育大学在京发布迎冬奥宣传片《激情冰雪》，该校将推进做好万名师生参与北京2022年冬奥会服务保障工作。

2019年1月24日，北京2022年冬奥会首批官方接待举行，10家饭店作为3个赛区的101家接待饭店的代表与北京冬奥组委签约。

场馆建设是筹办本届奥运会的一项重头戏。截至2018年7月，13个新建场馆中，北京赛区的国家速滑馆"冰丝带"、延庆赛区的国家高山滑雪中心和国家雪车雪橇中心、张家口赛区的主要竞赛场馆设施均已开工建设。其中，国家高山滑雪中心将于 2019 年 9 月达到测试赛要求；国家速滑馆、首钢滑雪大跳台中心、国家雪车雪橇中心将于 2020 年陆续达到测试赛要求；北京冬奥村、延庆冬奥村、张家口冬奥村将于 2021 年 8 月达到赛事要求。竞赛场馆将于 2019 年至 2020 年陆续达到举办测试赛的要求，除颁奖广场 2022 年 1 月达到赛事要求以外，其他场馆将在 2021 年 8 月交付使用。

五、研学适用对象

此研学活动适应初中和高中学生。具体活动安排可根据学龄层次调整研学活动内容和学习任务。

六、行程安排

1. 研学第一天
参观北京冬奥会和冬季残奥会展示中心。
研学任务：谈谈你所了解的 2022 年北京冬奥会。

2. 研学第二天
参观国家体育场（鸟巢）、国家游泳中心（水立方）
研学任务：
(1) 说说看，鸟巢将承担什么重要赛事？
(2) 说说看，国家游泳中心是如何完成"水立方"与"冰立方"转换的？转换成冰立方后将承担什么赛事？

3. 研学第三天
参观延庆小海陀国家高山滑雪中心、国家雪车雪橇中心
研学任务：
(1) 延庆在北京冬奥会中将承担哪些重要赛事？
(2) 哪一项冰雪运动被称为"冬奥会皇冠上的明珠"？

4. 研学第四天
参观崇礼冬奥会北欧中心越野滑雪场、北欧中心跳台滑雪场、冬季两项中心
研学任务：谈谈你所知道的越野滑雪和跳台滑雪。

感受井冈精神

——井冈山革命圣地研学旅行课程方案

一、研学活动目的

通过研学活动，使广大中小学生在研学旅行中感受祖国大好河山，感受中华传统美德，感受革命光荣历史，感受改革开放伟大成就，激发对党、对国家、对人民的热爱之情，增强对坚定"四个自信"的理解与认同。让学生在研学旅行中学会动手动脑，学会生存生活，学会做人做事，促进身心健康，培养社会责任、提高实践能力。

二、研学目的地简介

井冈山，地处湘东—赣西边界，罗霄山脉中段，距井冈山市新城区35公里，距吉安市吉州区约130公里处，被誉为"中国革命的摇篮"。

井冈山风景名胜区范围213.5平方公里，海拔最高处1779.4米，革命人文景观30多处，被列为国家重点文物保护单位有10处，主要有：黄洋界、茨坪革命旧址群、井冈山革命烈士陵园、大井毛泽东同志旧居、井冈山革命博物馆、茅坪八角楼、会师纪念馆等。

井冈山，革命历史辉煌，自然风光绚烂，红绿辉映，融为一体。井冈山，以其辉煌灿烂的革命历史，铸就了蜚声中外的"红色摇篮"。20世纪20年代末，毛泽东等老一辈无产阶级革命家率领中国工农红军来到这里开展了艰苦卓绝的井冈山斗争，创建了中国第一个农村革命根据地，点燃了中国革命的星星之火，开辟了"农村包围城市，武装夺取政权"具有中国特色的革命道路，中国革命从这里走向胜利；孕育了伟大的井冈山精神，激励无数英雄儿女前赴后继。从此，鲜为人知的井冈山被载入中国革命历史的光辉史册，被誉为"中国革命的摇篮"和"中华人民共和国的奠基石"。

2016年2月，习近平总书记曾到井冈山革命圣地考察，反复强调，井冈山是中国革命的摇篮。井冈山时期留给我们最为宝贵的财富,就是跨越时空的井冈山精神。今天,我们要结合新的时代条件,坚持坚定执着追理想、实事求是闯新路、艰苦奋斗攻难关、依靠群众求胜利,让井冈山精神放射出新的时代光芒。

三、研学重点

紧扣《中国学生核心素质发展纲要》,使学生通过亲身体验当年红军打江山的艰苦历程与真实情景,更好地感受和理解"井冈精神",从而激发其艰苦奋斗、勇于牺牲、乐于奉献、实干创新的精神与情怀;通过亲临革命圣地,具体而深入地了解井冈山最具代表性的革命传统文化,领略先辈们勇于革命的韬略与胸怀,增强对革命老区和祖国大好山川的热爱之情;通过专业行程安排和标准的体验式教育课程体系,全面提升学生核心素养,增强他们的爱国、感恩、担当和责任意识,懂得爱党、爱国和自我激励。

四、研学目标

1. 通过对革命圣地的浏览参观,使广大师生受到一次强烈的震撼与洗礼。
2. 使学生在共同生活中增进友谊、提高素质、开阔视野。
3. 增强学生爱国热情,升华学生革命理想,坚定做红色接班人的信念。

五、研学要点

1. 感悟革命历程,珍惜当代生活。
2. 重温党的创业史,不忘初心跟党走。
3. 循着伟人足迹,磨炼革命意志,涵养优秀品质。
4. 注重全程育人、全员感化,做到"教育内容活动化,活动过程教育化"。
5. 注重活动创新、成果分享与现代化呈现。

六、研学行程安排

(一)研学第一站:走进红色圣地

[研学活动一]开营仪式

[研学活动二]红色文化专题培训

在爱国主义教育和革命传统教育的基地井冈山为学生讲述老一辈无产阶级革命家创建中国第一个农村革命根据地的艰辛历程。讲述老一辈无产阶级如何点燃了中国革命的星星之火,开辟了"农村包围城市,武装夺取政权"具有中国特色的革命道路。

[研学活动三]走进井冈山

参观井冈山革命博物馆。该馆馆藏文物近3000件,其中革命原件860件,复制品2000多件。展厅共分为"序厅""黄洋界保卫战""红军洞""挑粮上山""八角楼的灯光"等19个场景。在这里可以追忆革命历史,缅怀革命先烈,弘扬井冈山红色精神。

[研学活动四]观看大型实景演出《井冈山》

演出共计70分钟,包含1个序幕和5个章节。600多名井冈儿女倾情演出,以磅礴的气势、逼真的场景、庞大的阵容,向我们展示了90年前的那些岁月。

整场演出注重历史场景和人物细节的体现,以个性化的叙事结构给人以亲近感和头尾呼应的完整感,极富教育意义。

研学亮点:

(1)实景体验红军革命历程。

(2)感受先烈家国情怀,弘扬革命圣地红色精神。

(3)学习毛泽东、朱德等老一辈革命家的崇高品质,坚定做红色接班人的理想信念。

(二)研学第二站:体验黄洋界的险峻奇秀、感受革命领袖的家国情怀

[研学活动一]黄洋界览胜

黄洋界海拔1343米,峰峦叠嶂,地势险峻,气象万千,时常弥漫着茫茫的云雾,好像汪洋大海,一望无垠,故又名"汪洋界"。重走朱毛挑粮小道,追忆红军奋斗足迹。

[研学活动二]参观黄洋界纪念碑

为了纪念黄洋界保卫战的胜利,1960年10月,井冈山人民在黄洋界建造了一座纪念碑,当时的纪念碑采用的是木质结构。1965年冬,井冈山管理局在木质碑的原址上重新修建了一座钢筋水泥结构的纪念碑,碑的正面是毛泽东手书《西江月·井冈山》,背面是朱德题字"黄洋界保卫战胜利纪念碑"。

[研学活动三]参观毛泽东、朱德、陈毅居住旧址

原是一栋名叫"新屋下"的民房，共有 44 间，5 个天井，面积近千平方米。当时红军的医务所也在这里。屋前有块天然大石，当年毛泽东同志常在此阅读书报，人称"读书石"。屋后有一棵海罗杉和一棵枣树，人称"常青树"。如今，屋里还陈列着毛泽东用过的皮箩（文件箱）、洗脸盆、粗布毛巾、油灯、卧具等。旧居旁约 10 米处一栋民房，是朱德、陈毅居住旧址，1929 年 1 月底，房屋被敌人烧毁，1984 年按原貌重新修复。

［研学活动四］红色文化专题培训二，聆听红军后代讲述英雄故事

研学亮点：

(1)学习红军战士的艰苦奋斗、勇于牺牲的革命精神。

(2)照应语文相关知识，在学习实践与研学活动中理解、感悟、发扬先辈勤于思考、勇于探索的精神。

(三)研学第三站：瞻仰"八角楼的灯光"、聆听"红军会师足音"

［研学活动一］井冈山八角楼

八角楼上有一个天窗，倚中医八卦之理，修成了与众不同的八边形，当地群众称之为"八角楼"。1927 年 10 月至 1929 年 2 月，毛泽东曾居住这里，在八角楼的清油灯下，写下了《中国的红色政权为什么能够存在》《井冈山的斗争》《宁冈调查》《永新调查》等光辉著作，总结了井冈山革命根据地斗争经验，提出了"工农武装割据""从农村包围城市"的光辉思想。现楼内陈列着毛泽东当年用过的办公台、办公椅、大砚台、竹筒、铁盏青油灯等物品。

［研学活动二］茅坪红军烈士墓

茅坪红军烈士墓位于与八角楼隔河相望的山之南麓，建于 1965 年，墓内安葬着当年在新城、七溪岭历次战斗中牺牲的李才明等近 100 名红军指战员遗骨。墓的四周苍松翠柏，古树参天，墓前秀水长流，溪畔山花烂漫。

［研学活动三］龙江书院

井冈山会师广场又称红四军建军广场。1928 年 4 月底，朱德、陈毅等率领的南昌起义保留下来的部分部队和湘南暴动农军来到砻市，与毛泽东同志领导的秋收起义部队胜利会师，这就是著名的"井冈山会师"。书院是中国人民解放军军政院校的摇篮。工农革命军第四军（后称红四军）党的第一次代表大会是在龙江书院的中厅"明道堂"召开的。

［研学活动四］象山庵

1927 年 11 月上旬，为了尽快恢复在大革命失败时遭到敌人严重破坏的边界各县党组织，以利于井冈山革命根据地的创立，毛泽东同志在这里主持召

开宁冈、永新、莲花三县原党组织负责人联席会议。曾是红军的重要活动场所。如红四军后方留守所、红四军机炮连、湘赣边界特委机关印刷厂均设在此。象山庵还是工农革命军后方留守处的所在地。

［研学活动五］红色文化专题培训三，跟着老一辈学习红色歌曲

研学亮点：

(1)领略伟人的胆量与气魄。

(2)还原红军时期的军事生活，学习如何成为一名红军小战士。

（四）研学第四站：不忘"井冈初心"、唱响"红色歌谣"

［研学活动一］红色文化专题讲座，与红军后代交流互动，聆听老一辈无产阶级革命家的博大胸怀和感人事迹。

［研学活动二］体验革命老区人民生活，走进红色革命后人生活场所，与老一辈无产阶级革命家互帮互助。亲身体验井冈山时期的劳动生活，听村里老人讲过去红军在村子里发生的故事。

［研学活动三］与革命后代共同举办"红色晚会"，咏唱"红色歌谣"。

［研学活动四］在井冈山毛泽东红军学校举行研学总结，惜别井冈山。

研学亮点：

(1)体验革命老区生活，回顾战争年代红军的生活场景。

(2)聆听无产阶级革命家的感人故事，学习弘扬井冈精神。

（五）研学任务

1. 制作井冈山研学幻灯片。每个同学精选10幅左右研学旅行中的照片，制作成图文并茂的幻灯片，介绍革命老区基本情况，讲述各自研学心得。

2. 总结井冈精神，写一篇井冈山革命圣地研学游记。

3. 返校后召开一次班级研讨会，研讨交流如何在今后的生活中弘扬井冈精神，巩固扩大研学成果。

培育爱国情怀

——威海中国近代历史研学旅行课程方案

威海市位于北纬 37，山东半岛最东端，北、东、南三面濒临黄海，北与辽东半岛相对，东与朝鲜半岛隔海相望。

威海历史悠久，新石器时代中期，境内就有人类聚居。明朝时期，为防倭寇侵扰于 1398 年设威海卫，意为"威震海疆"，威海之名即由此而来。威海有秦始皇东巡的"天尽头"——成山头，中国道教全真派发祥地——圣经山，亚洲最大的天鹅栖息地——天鹅湖，天下第一滩——银滩等众多得天独厚的名胜，然而最让它闻名于世的是一座岛——刘公岛。刘公岛是近代中国社会发展进程中的重要转折点，见证了中国第一支近代海军——北洋海军的诞生，见证了中日甲午战争的悲壮，见证了中国被英国强租 42 年的耻辱，更见证了中华民族的觉醒和抗争。2018 年 6 月 12 日，习近平总书记视察威海时登上刘公岛，提出"警钟长鸣，铭记历史教训，十三亿多中国人要发愤图强"的重要指示精神。

刘公岛位于威海湾中央，距市区码头 2.1 海里，面积 3.15 平方公里，最高处旗顶山海拔 153.5 米，自然风光优美，素有"海上仙山"和"世外桃源"的美誉。岛上地势北高南低，北部直立陡峭，南部平缓绵延。岛内植被茂密，森林覆盖率达 87%，有植物 100 多种、动物 50 多种，其中银杏、水杉、鹅掌楸为国家重点保护野生植物，岛内栖息的 200 多只野生梅花鹿为国家一级保护动物。国宝大熊猫、国家一级保护动物麋鹿、台湾梅花鹿、长鬃山羊相继在这里安家落户。受海洋调节作用，岛内冬暖夏凉，海洋性气候特点明显，全年平均气温 12℃左右，是避暑、度假、疗养的理想之地。刘公岛人文景观丰富独特，既有上溯千年的战国遗址、汉代刘公刘母的美丽传说，又有清朝北洋海军提督署、水师学堂、古炮台等甲午战争遗址，还有众多英租界时期遗留下来的欧式建筑。

据史书记载，早在战国时期就有人在这里生息繁衍。汉朝时为岛外石落村、刘氏别业；元朝时为长江至天津海运航线的中转站，称为刘岛、刘家岛；明朝洪武三十一年（1398 年）设威海卫，屯兵驻守，刘公岛成为海防重地；明朝隆庆六年(1572年)，在官方文献中正式出现刘公岛这一名称，并沿用至今；1888 年北洋海军在刘公岛正式成军，1895 年中日甲午战争爆发，北洋海军在刘公岛海战中全军覆没，之后刘公岛被日军强占 3 年；从 1898 年起，又被英国租占 42 年，成为英国皇家海军中国舰队度假疗养基地；抗战时期，成为汪伪海军华北要港司令部所在地，直到 1945 年解放。1952 年起，成为北海舰队训练基地之一。1985 年，刘公岛由军事禁区转为对外开放区。

一、研学活动目的

赴刘公岛开展研学旅行、课程体验，了解甲午战争全过程及对中华民族、对世界的深远影响，将通过仁人志士救亡图存的探索史、中国共产党带领人民群众走向复兴的奋斗史，在接受教育中警钟长鸣、勿忘国耻，感悟没有共产党就没有新中国，激发广大青少年学生强烈的爱国情怀和使命担当，树立远大梦想。

二、研学活动设计

活动主题：爱国主义教育
活动宗旨：通过实地研学旅行，走进历史、启迪现实，厚植青少年学生的爱国主义情怀；通过体验、实践，培养国家意识，树立远大梦想。
活动时间：执行研学时间表
活动地点：刘公岛

三、研学活动内容

刘公岛研学旅行，通过对东泓炮台遗址、甲午战争陈列馆、历史选择展馆、水师学堂、海峡两岸交流基地、定远舰等研学点的参观学习，完整体验、感悟，了解中华民族"梦碎、梦醒、筑梦、圆梦"的复兴故事，培养爱国主义情感，增强民族自豪感，实现努力学习报效祖国的愿望。

课程一：参观北洋海军公所

[研学目标]
1. 参观北洋水师指挥中枢——海军公所，客观认识洋务运动的积极作用。

2. 触摸北洋海军战舰——济远舰主炮等打捞出水文物，用心感受战争的惨烈与悲壮，感悟仁人志士为国献身的奉献精神。

［研学资源］

海军公所，又称水师衙门，建成于清光绪十七年（1891年），位于刘公岛西部南坡傍海高地，坐北朝南，背山面海，占地面积17000平方米，是中国近代第一支正规化海军指挥机构。作为"刘公岛甲午战争纪念地"的代表性文物遗址，是国内保存最完整的军事衙门之一。因是海军提督丁汝昌的驻节之地，故民间又称此为"丁公府"。自2010年4月至2014年7月，对其完成原状复建。本着遵照历史、严格考证的原则，先后对提督署16个厅室按照原有功能进行原貌复建，总计陈列仿制古典家具300件、历史塑像18尊、各类文物200余件，以及瓷器、字画、楹联、枪械等辅助展品1500余件，真实再现了北洋海军鼎盛时期的历史风貌，成为全国独一无二的甲午历史标本。

［研学思考］

1. 北洋海军战败，是技不如人、器不如人，还是制不如人？谈谈你的认识。

2. 请描述你对洋务运动历史作用的认识。

［研学活动］

提前布置作业，选择一件文物提前备课，为全体研学学员现场讲解。

课程二：参观甲午战争陈列馆

［研学目标］

通过全面展示中日甲午战争历史，甲午战败后帝国主义迅速掀起瓜分中国的狂潮，天朝上国千年梦碎，中华民族被打入生死底线等，激发青少年的警醒意识，牢固树立爱国意识。

［研学资源］

展馆建筑面积8700平方米，展陈面积4500平方米，展出历史照片281幅、珍贵文物216件套，辅助展品182件套，以及大量油画、雕塑等艺术展品，分为"战前的中国和日本""日本打开战争魔盒""民族屈辱与抗争""殇思厅"四个部分，是全国唯一一座全面展示中日甲午战争历史的综合性展馆。

1. 战前的中国和日本

1840年后，沉睡着的中华民族在列强坚船利炮的轰鸣震动中慢慢苏醒过来。清政府再也不能以"天朝上国"自傲，他们深感海防的重要，痛下决心对旧式水师进行革新。为了自强，洋务派开办学堂，选送留学生出国学习，希望通过建立近代军事工业挽救封建统治。

1888年北洋海军在刘公岛正式成立,拥有从英国、德国买来的25艘战舰,总吨位约4万吨。这时的北洋海军号称远东第一。北洋海军还有一批洋顾问,北洋舰艇上的作业流程全部西式化,甚至连口令都用英语。

当年北洋海军有大沽口、旅顺口、威海卫三大基地,构成三角防御体系。李鸿章眼中的威海卫,是北洋海军的"根本重地"。

正当中国这只睡狮抻抻懒腰、活动一下筋骨,想要慢慢站起来的时候,却冷不防挨了当头一棒,轰然倒地。这"当头一棒"就是甲午战争,而"挥棒子"的就是近邻的日本。

中日两国几乎是同时"开眼看世界"的,然而二者看世界的视角却不一样。就像德国俾斯麦所说的:1870年前后,德国街头有两群东方人,一群是日本人,对西方的典章制度非常着迷;一群是中国人,只对舰炮价格感兴趣。俾斯麦由此断言,30年内,日本必将成为强国,而那个东方大国将受他欺凌。

[研学思考一]
(1)当时的清政府与日本的差距表现在哪些方面?
(2)通过查找这些差距,对你有何启发?

2. 日本打开战争魔盒

迅速崛起的日本,伺机对中国、朝鲜动武。1894年春,朝鲜发生东学党起义,日本借机挑起了战争。1894年8月1日,中日双方同时宣战,中日战争爆发。因1894年干支纪年为甲午年,史称"甲午战争"。

甲午战争持续8个多月,战场在海陆之间不断转换,战火从国外烧到了国内。

陆军首次大规模交战是平壤之战。清军主帅叶志超贪生怕死、临阵脱逃,平壤失守,日本控制了整个朝鲜半岛,有了进攻中国的跳板。清军总兵左宝贵亲自登上玄武门作战,血染战袍,壮烈牺牲。

平壤失守两天后,黄海海战爆发。

1894年9月17日,在黄海大东沟海域,执行护航任务的北洋舰队遭到日本联合舰队的袭击,爆发了自有蒸汽战舰以来规模最大的一场海战。海战历时5个多小时,战况惨烈。北洋海军被击沉4艘军舰、伤亡750人,而日本没有军舰沉没,伤亡只有300余人。

海战中,致远舰遭到日舰围攻,管带邓世昌下令致远舰开足马力撞沉日军主力吉野号。他鼓励全舰官兵:"吾辈从军卫国,早置生死于度外,今日之事,有死而已!"致远舰不幸被日舰的鱼雷击中沉没,全舰官兵202人,仅有27人获救。邓世昌、王国成等爱国官兵表现出崇高的民族气节,他们血洒海疆，却无法改变战争的结局，他们越英勇，越引发人们对甲午战争最终结果的深入思考：邓世昌等爱国官兵胸怀强国梦想，这些年轻人意气风发、报国心切，但面对外敌入侵给军人带来的巨大耻辱，他们却束手无策、壮志难酬。

黄海大战后，北洋舰队退守威海湾，从此清政府丧失黄海制海权。

很快，日军就将战火烧过了鸭绿江，直逼旅顺。日军所到之处烧杀抢掠、无恶不作。

1894年11月7日，日军占领大连湾。这一天，正好是慈禧六十大寿。大连湾炮声隆隆，紫禁城歌舞升平。半个月后，号称远东第一要塞的旅顺海军基地，一天内便被日军攻破。日军占领旅顺后，"无论军民，格杀勿论"，三天四夜，全城两万同胞被害，只有36人幸免。

没有强大的国防，遭殃的是老百姓。

日军占领旅顺后，转而进攻威海卫，意在全歼北洋海军。

按照李鸿章"避战保船"的命令，北洋海军蜷缩在海面上布满铁链、鱼雷的威海湾内。日军不敢贸然从海上进攻，采取陆上包抄的方式进攻威海卫。1895年1月20日，日军在山东半岛东端的荣成龙须岛登陆，兵分两路迂回进攻威海卫陆上炮台。一路进攻南帮炮台，一路攻克威海卫，占领北帮炮台。日军利用刚占领的炮台，轰击威海湾中的北洋海军，北洋海军成为日军海陆合围中的一支孤军，亟待外围陆军的救援。

然而，清军海陆军互不统属，驻守烟台的陆军在救援途中听说威海卫陷落，便擅自放弃援助。援兵无望、局面失控，北洋海军提督丁汝昌自杀殉国。同时自杀的还有"定远"号管带刘步蟾、北洋护军统领张文宣等爱国将领。1895年2月17日，日军占领刘公岛，北洋海军悲情落幕。

北洋海军在自己的国土上与远涉重洋的侵略者作战，却落得孤立无援的境地，这是一件令人费解又难以接受的事情。

作为威海卫之战的关键海战——刘公岛保卫战失利后，京畿地区门户大开，位于旅顺的日军也展开进攻，连破凤凰、营口、海城、牛庄等地，清军全线溃败。以慈禧为首的清政府向日本乞和投降，派遣李鸿章为全权大臣，前往日本和谈。1895年4月17日，《马关条约》签订，甲午中日战争结束。

[研学思考二]

(1)谈谈你眼中的甲午海战？

(2)到底是什么原因让一群血性男人对战争的结局无力回天、无可奈何？两支舰队表面上势均力敌，为什么战果反差如此之大？

3. 民族屈辱与抗争

当时的清政府的腐败无能，清军屡战屡败。为形势所迫，清政府转请美国出面调停。日本虽然在军事上取得了胜利，但也出现财政空虚和军需缺乏的困难，表示愿意接受美国的调停，趁势结束战争。1895年4月17日，李鸿章被迫与伊藤博文签订丧权辱国的《马关条约》。钓鱼岛就是在这个时候作为附属岛屿割让给了日本。

甲午战争的巨额赔款，清政府无力赔偿，只能以海关、税收、财政的管理权作抵押，向英、法、德、俄借高利贷，清政府每年需将海关关税2000万两全部用于支付贷款本息，直到抗战爆发前中国政府还在还付借款的本息。海关实际上已变成列强的收款机器。这场战争还刺激列强纷纷步日本之后尘，通过向华提供借款攫夺铁路、矿务利权，加紧对中国进行经济剥削和政治渗透；通过开办银行，投资办厂，不遗余力地打压和扼杀中国的民族工业，中国经济陷于崩溃。

甲午战败后，中国痛失主权，以日本为首的列强在华扩张租界，掀起了愈演愈烈的"瓜分"狂潮。1898年，德国强租胶州湾和青岛，俄国强租大连和旅顺，英国强租威海卫和刘公岛，特别是威海卫、旅顺口两大军事基地被强租，使京津门户大开，清政府的海防荡然无存。旅港革命党人谢缵泰作于1898年6月的《时局全图》，形象地标明了19世纪末中国被列强瓜分的态势：长城以北属俄国，长江流域十省属英国，山东属德国，云南、两广属法国，福建属日本。彼时，对于很多国家来说，中国，似乎只是一个地理名词，并不具有近现代国家意义，任何国家都可以上来啃一口。当时还有一首题词"沉沉酣睡我中华，哪知爱国即爱家！国民知醒宜今醒，莫待土分裂似瓜"，形象地表明了那个世纪交替之际中国大地被列强瓜分的历史事实，意在呼吁中华民族觉醒，挽救民族危亡的社会现实。

著名爱国诗人闻一多先生在美国纽约留学期间创作了组诗《七子之歌》，将被列强租占的澳门、香港、台湾、威海卫、旅大、广州、九龙比作祖国母亲被夺走的七个孩子，哭诉他们受尽异族欺凌、渴望回到母亲怀抱的强烈情感。

苍天已漏，大厦将倾！甲午战争后，中国人民深受帝国主义和封建主义的双重压迫，民不聊生，人们流离失所，甚至卖儿卖女，中国青壮年劳动力被列强当作奴隶或牛马，任意抓掠使唤。一个曾经独步东亚数千年的中华文明古国，成了列强刀俎上的鱼肉，任由宰割。正如康有为所说：……此四千年中二十朝未有之奇变！

[研学思考三]

(1) 谈谈你眼中的《马关条约》。

(2) 通过介绍，请你谈谈为什么甲午战争清军会失败。

4. 甲午殇思

甲午战争已随着时代的风云远去，但它却像一口沉默的大钟，给后人留下无尽的沉思……

今天，面对依然复杂多变的世界形势，我们一定要倍加珍惜得来不易的最符合中国国情的中国特色社会主义，汲取历史教训，切勿重蹈覆辙。

今天，中华复兴的巨轮面对着更为剧烈的全球大变动、大转折，我们一定要牢记："只有与历史同步伐、与时代共命运的人，才能赢得光明的未来。"

今天，我们比历史上任何时期都更接近、更有信心和能力实现中华民族伟大复兴的目标，我们因此就真的高枕无忧了吗？

[研学思考四]

(1)为什么梁启超先生说"唤起吾国四千年之大梦，实自甲午一役始也"？
(2)甲午战争给你的教育意义是什么？
(3)今天我们应该为民族复兴做些什么？

[研学活动]

1. 在甲午战争陈列馆平台重温入队仪式。
2. 跟唱《七子之歌·威海卫》。

课程三：参观东泓炮台

[研学目标]

通过介绍北洋海军时期炮台海防情况，向青少年普及海疆知识、提升海权意识，开展海权海防教育，培养爱国主义情感。

[研学资源]

炮台位于刘公岛最东端，由德国人汉纳根设计，是北洋海军时期岛上6座海防炮台中规模最大的炮台，与日岛炮台、南岸炮台遥相呼应，共同封锁威海湾南口。现存有兵舍11间，地下坑道约430米。威海卫保卫战中，东泓炮台上的大炮曾猛烈轰击海上日舰及南岸日军，重创日舰多艘。

[研学思考]

当年威海卫海军基地的布防体系不可谓不严密，炮台建造不可谓不坚固，火炮军械不可谓不先进，但为什么在日军的进攻下竟成了不堪一击的"马其诺防线"？

[研学活动]

1. 感受北洋海军时期海防炮台布局及实战 VR 演示。
2. 实地体验北洋海军时期的炮台坑道、兵舍。

课程四：参观历史选择展馆

［研学目标］

通过讲述不同阶层对民族救亡道路的艰难探索，把中国共产党放在中华民族复兴的大背景下，放在甲午战争后多种政治力量的比较中，引导青少年认识感知中国共产党为什么能后来居上、赢得人民和历史的选择。

［研学资源］

展馆原是北洋海军的屯煤所，2017年6月对外开放。场馆建筑面积3300平方米，展陈面积2100多平方米，展出历史照片469幅、辅助展品81件套，以及大量油画、雕塑等艺术展品，分为"民族救亡道路的艰难探索""历史在国共两党身上聚焦""历尽苦难的中国共产党""万众归心迈向新中国""不负选择的历史答卷"五部分，再现了甲午战争以来120多年的中华民族复兴历程，回答了在民族危难之时历史和人民为什么选择中国共产党作为民族复兴伟业的领航者，中国共产党为什么能带领中华民族实现从站起来、富起来到强起来的历史性飞跃。

［研学思考］

1. 通过参观历史选择展馆，你对中国共产党有哪些了解呢？
2. 时代考卷不断更新，历史选择没有休止符，新一代的学生应该如何为中华民族伟大复兴贡献自己的力量？

［研学活动］

1. 观看研学片《谁主沉浮》《不忘初心》。
2. 合唱《没有共产党就没有新中国》《我们是共产主义接班人》。

课程五：参观水师学堂

［研学目标］

1. 了解北洋海军"军校"历史，培养师夷长技以制夷、师夷长"智"以制夷的学习意识。

2. 开展军训团建，通过军姿、队列等基础动作训练以及军事化管理，提高青少年自理能力，养成良好生活习惯，树立远大梦想。

［研学资源］

威海水师学堂位于丁汝昌寓所西150米处。北洋海军提督丁汝昌奉北洋大臣李鸿章之命，1889年开工建设，次年建成，当年即招收36名驾驶学生授课。共花费购地银、工料银合计近万两，建筑房屋63间，占地18000平方米。1894年甲午战争爆发时，学堂第一届学生毕业，派登各舰参战。次年2月刘公岛失陷，学堂许多建筑毁于战火，学堂停办。该学堂是清末继福州船政学堂、天津水师学堂、广东水陆师学堂之后的第4所海军学堂，因校址在刘公岛上，故又称"刘公岛水师学堂"，是我国目前唯一一处有迹可循的近代水师学堂。

［研学思考］

1. 你了解的北洋海军"军校"有哪些？
2. 你能列举出哪些中国人民解放军军校名称？
3. 描述一下对军事化严格管理的自我感受，谈谈自己的梦想。

［研学活动］

1. 开展基础军训，站军姿、练队列，感受"简单＋简单＝不简单、重复＋重复＝专业"的精髓。
2. 开展军事拓展，提高团队合作意识，提升自我管理能力。
3. 开展"兵王"评选活动，培养青少年精英意识。

课程六：参观"定远"号纪念舰

［研学目标］

1. 通过科普舰船知识，培养青少年海权意识。
2. 采用"请你说、请你问、请你看、请你答、请你讲、请你玩、请你当舰长"等多种方式，让青少年"在行走中感悟历史、在体验中感受精神、在快乐中完成教育"，圆梦中华。

［研学资源］

"定远"号纪念舰是一处以"寻梦定远，圆梦中华"为主题的人文景观，主体依据素有"亚洲第一巨舰"之称的北洋海军"定远"号1：1复制，真实再现历史场景。作为展示甲午历史、弘扬海权文化、普及舰船知识的综合景区，定远舰是目前唯一的19世纪铁甲舰复制舰。

［研学思考］

1. 在历史的长河中，有无数的爱国志士为了民族大业无私奉献，乃至付出了宝贵的生命。通过研学定远，你的感悟是什么？
2. 分析描述一下北洋海军失败的原因，比如黄海大战中日双方战舰队列对战争结果的影响。

［研学活动］
1. 学打海军结，培养青少年动手能力。
2. 小小讲解员，培养兴趣爱好，提高语言表达能力，提升礼仪形象。
3. 少年指挥家，通过推演黄海大海战，培养青少年战略思维。

四、研学内容及要求

在研学导师的引导下，语文、数学、道德与法治、美术、书法、历史等相关学科参与整合研学。通过故事讲解、研后体悟、数据交流、绘画展示、汇报表演等形式，使学生能够更好体验爱国之情以及作为新时代学生的责任担当。

五、研学适用对象

此研学活动适应小学高年级至高中学生。
在具体活动安排上可根据学龄层次调整研学活动内容和学习任务。

六、研学行程安排

第一天上午：乘船进岛—刘公岛宾馆（安排住宿）—北洋海军公所—甲午战争陈列馆—刘公岛宾馆午餐

第一天下午：刘公岛宾馆—东泓炮台—历史选择展馆—海峡两岸交流基地（仅参观）—刘公岛宾馆晚餐及住宿

第二天上午：刘公岛宾馆—潜水艇（仅参观）—水师学堂（研学及拓展训练）—刘公岛宾馆午餐

第二天下午：乘船出岛到"定远"号纪念舰进行研学

触摸华夏年轮

——陕西历史文化研学旅行课程方案

习近平总书记在哈萨克斯坦纳扎尔巴耶夫大学演讲时说:"我的家乡,中国陕西省,就位于古丝绸之路的起点。站在这里,回顾历史,我仿佛听到了山间回荡的声声驼铃,看到了大漠飘飞的袅袅孤烟。这一切,让我感到十分的亲切。"

这是一片辽阔而苍茫的土地。从沟壑纵横的陕北高原,到八百里秦川的关中平原,再到山清水秀的秦巴山区,南北纵深达 800 多千米,而东西最窄处只有 170 千米。这样一个南北高、中间低的狭长的地理形态,形成三个不同的自然区域和地域文化,即陕北高原的耕牧文化、关中平原的麦黍文化、陕南山地的稻桑文化。假如你是一个自驾车的旅游者,早春时节的某一天,沿着包茂高速,从北向南把陕西走一遍,那么,当你从榆林出发的时候,你还脱不掉身上的棉衣,不得不冒着寒风前行。放眼望去,凡有植被的地方,都被枯萎的灌木和杂草染上一层灰黑色,一块块裸露的黄土地点缀其间,像一幅浑厚的水墨画。皱褶一样的沟沟坎坎,把无尽的沧桑雕刻在大地上。偶尔会传来几声苍凉的信天游,让你感觉到沉睡了一个冬季的黄土高原有春的气息在萌动。只有在经过黄陵的时候,那桥山上的古柏才展现出一派苍翠。此刻,崇山峻岭替换了黄土高原,高速公路在山间斗折蛇行。车过铜川,地势变得平缓起来,一道道黄土高坡慢慢地延展成平展展的黄土地,视野开阔得如同到了另一个世界。返青的麦苗给大地铺上一层绿毯。绿芽初绽的柳枝摆动着轻柔的风姿。白色的玉兰花,已经跃上枝头,肆意开放了。这就是初春的关中平原。绕过西安,抬头眺望,秦岭山顶的积雪依然皑皑。高速公路像蛇一样钻进秦岭腹地。穿过亚洲最长的终南山隧道,接下来便是一座座桥梁与隧道首尾相连,忽明忽暗,犹如魔幻一般。到达秦岭南麓,你会突然感到气温升高了许多,空气清新了许多,满目青翠,春意盎然。再往南,来到汉江之滨,四周的山坡上,连片的黄灿灿的菜籽花开得正欢,粉红的桃花也赶来争艳,一派江南景象,令人目不暇接。真是秦岭南北两重天啊!

这是一片富饶与贫瘠共存的土地。由河流冲积和黄土堆积形成的关中平原，地势平坦，气候温和，河流纵横，土质肥沃，盛产麦黍，物阜民丰。司马迁在《史记》里称之为"沃野千里"的"天府之国"。陕南的秦巴山地，北有秦岭，南为巴山，中间是汉江谷地，构成"两山夹一川"的独特地势。气候温暖湿润，水利资源丰富，素有"小江南"之称。横亘于关中与陕南之间的秦岭山脉，是我国南北自然地理的分界线，也是和黄河流域长江流域的分水岭，动植物资源及矿产蕴藏极其丰富，号称国家中央公园。陕北高原自然生态失衡，水土流失严重，气候干燥，雨量稀少，沟壑纵横，土饶地瘠，生产条件极差，人们世代过着半农半牧的生活。但是，在贫瘠的土地之下，却蕴藏着无尽的宝藏。亿万年形成的煤炭、石油、天然气，使得陕北成为国家重要的能源基地。

　　这是一片古老而神圣的土地。早在115万年以前，就有远古人类在这里生活。蓝田猿人、大荔人、河套人和沙苑人，都是我们的远古先祖。以半坡、姜寨、北首岭、客省庄、米家崖为代表的仰韶文化遗存和龙山文化文化遗存，是中华先民所创造的原始农牧文明。中华民族的人文初祖炎、黄二帝，崛起于渭水流域和陕北高原。位于桥山的黄帝陵是中华儿女心目中的圣地，是中华民族的精神家园和根之所在。这里还是中国古代政治、经济、文化的中心舞台。周、秦、汉、唐，谱写出中华历史最为辉煌的篇章，与罗马、雅典、开罗齐名的帝都长安气势恢宏，声名远播。雄才大略的圣君贤相，开疆拓土的猛将勇士，忧国忧民的仁人志士，才华横溢的文人学者，出类拔萃的能工巧匠，这些中华民族的脊梁，凝聚着中华民族的伟大精神，创造出彪炳史册的辉煌业绩。中国历史的基本要素，诸如仓颉造字、后稷教稼、礼乐文明、政治制度、国家形态、民族融合、文化典籍、科技发明，都是在这块土地上孕育、发展起来的。这里是当之无愧的中华民族的发祥地和中华文明的摇篮之一。在这里，我们足以触摸到炎黄子民和华夏文明生息繁衍、孕育发展的年轮。

　　这是一片中外文化交汇、融合、发展的土地。以长安为起点"丝绸之路"，连接起东西方文明的交流通道。佛教传入中国后，与本土文化相交融，形成了以长安为中心的多个宗教流派。大量的遣唐使、留学生把中华文明影响扩展到世界许多地方。周、秦、汉、唐长达千余年的历史，既造就了享誉世界的盛世辉煌，也造就了博大包容、开放进取的民族精神。

　　"秦中自古帝王州"，13个王朝在这里建都。79座帝王陵墓遍布渭河南北的黄土高原之上。走过陕西，你会领略到五千年中华文明的风采。翻开文史巨著，你会听到司马迁、班固纵论古今，李白、杜甫、白居易低吟浅唱。走过陕西，你的每一个脚步，都可能与古代圣贤的脚印重合，那千年的蕴含，便从大地的深处涌出，使你血脉贲张、气势昂扬！

在中国当代革命史上，陕西也发挥过重要作用。抗日战争和解放战争时期，陕西延安成为红色革命根据地，党中央在这里领导中国人民取得了民族解放的伟大胜利。

陕西自然景观雄伟壮丽，历史文化遗存丰厚，是中华地理的自然标识、中华文明的精神标识，为我们进行中华优秀传统文化教育提供了得天独厚的宝贵资源。在这里，可以真切地感受到中华民族的根，中华民族的魂。如果说，中国历史是一条长河，那么这条长河的源头就在陕西；如果说中国历史是一棵大树，那么这棵大树的根就深深地扎在陕西的黄土地里。这块黄土地里孕育出来的民族魂，是中华民族团结向上、蓬勃发展的精神支柱和力量源泉。

在新的历史时期，陕西重新站在"丝绸之路"的起点上，搭乘"一带一路"倡议快车，向着灿烂辉煌的未来，向着中华复兴的伟大目标，前进！

一、研学活动目的

习近平总书记说："陕西是根，延安是魂，延川是我的第二故乡。"陕西历史文化研学活动的目的是：感受中华优秀文化的源远流长，学习中华民族坚忍不拔、奋斗不息、砥砺前行的民族精神，继承革命先辈的伟大事业，为中华民族的伟大复兴而刻苦学习、奉献青春。

二、研学活动设计

活动主题：历史文化研学

活动宗旨：弘扬中华优秀传统文化，汲取民族文化营养，引导青少年从博大精深的中华文化渊源汲取民族精神营养，增强民族文化自信力和自豪感，培育审美情趣，提升道德情操，促进青少年身心健康成长

活动时间：执行研学手册时间表

活动地点：陕西西安、黄陵、宜川、延安

三、研学活动地点

1. 陕西历史博物馆、大雁塔、西安古城墙、碑林博物馆、秦始皇陵兵马俑博物馆。

2. 黄帝陵、壶口瀑布。
3. 革命圣地延安。

四、研学适用对象

此研学活动适应小学高年级至高中学生。
在具体活动安排上可根据学龄层次调整研学活动内容和学习任务。

五、研学活动日程

研学活动第一天：参观陕西历史博物馆、大雁塔、曲江池（大唐芙蓉园）

1. 陕西历史博物馆

陕西历史博物馆是中国第一座大型现代化国家级博物馆，筹建于1983年，1991年6月20日落成开放。馆藏文物370000余件，上起远古人类初始阶段使用的简单石器，下至1840年前社会生活中的各类器物，时间跨度长达一百多万年。

[观察与思考]

（1）参观"人猿揖别""凤鸣岐山""东方帝国""大汉雄风""冲突融合""盛唐气象""告别帝都"这七大部分展览，了解中华民族的发展历史和辉煌成就。认识"中华民族"的历史内涵及现代意义。

（2）古代"丝绸之路"的历史贡献及现代"一带一路"的伟大构想。

（3）通过博物馆的藏品，多侧面了解各个朝代的典型文物和精湛技艺。切身感受古人的智慧。挖掘文物背后的历史文化内涵，增进对华夏五千年文明的理解。

（4）馆内寻宝活动：在参观过程中搜寻陕西历史博物馆的国宝级文物，近距离了解这些文物的典型特点以及历史文化和艺术价值。

2. 大雁塔

大雁塔位于西安市南的大慈恩寺内。唐永徽三年（652年），玄奘为保存由天竺经丝绸之路带回长安的经卷佛像主持修建了大雁塔。大雁塔有着一千三百多年历史。大雁塔最初仿西域窣堵坡形制，砖面土心，不可攀登，每层皆存舍利。而后经历代改建、修缮，逐渐演变成具有中原建筑特点的砖仿木结构。大雁塔作为现存最早、规模最大的唐代四方楼阁式砖塔，是佛塔这种古印度佛寺的建筑形式随佛教传入中原地区，并融入华夏文化的典型物证，是凝聚了中国古代劳动人民智慧结晶的标志性建筑,大雁塔是全国重点文物保护单位,被列入《世界遗产名录》。

[观察与思考]

(1)观察大雁塔,了解的古印度佛寺的建筑形式和盛唐时期的建筑风格与特点。

(2)收集资料,聆听讲解,了解大雁塔的建造和修复过程,感受大唐盛世对佛教文化的重视和影响,以及大慈恩寺在中国佛教史上突出的地位。

(3)结合已有的知识,了解历史上真实的玄奘形象及玄奘对我国佛教文化发展的贡献,探讨历史上佛教对我国政治、经济、文化的影响。

(4)根据真实的玄奘取经的情境创作《新唐僧取经》的小故事,演一演。

(5)收集大雁塔的诗文楹联,组织雁塔诗文会,提高文学素养。

3. 曲江池(大唐芙蓉园)

曲江是中国唐代著名的风景区。曲江池,兴于秦汉,盛于隋唐,历时千年,是中国古代风景园林之经典。2007年7月,西安市决定,重修曲江池遗址公园。作为西安市重点建设项目,历时一年,于2008年7月1日建成开放。曲江池遗址公园彰显秦汉雄风,传承隋唐源脉,跨原带隰(xí),湖泊连延,是历史盛景的完美再现,也是西安"皇城复兴计划"的扛鼎之作,被誉为人文西安、古今融合、人与自然和谐的建设典范。

[观察与思考]

(1)游园赏景,感受盛唐气象,领略古今文化气息。

(2)收集有关大雁塔、曲江池的古代诗文,并吟诵、赏析。

(3)写一篇大唐芙蓉园游记。

研学活动第二天:参观西安明城墙、西安碑林博物馆、三学街文化街、钟楼、鼓楼

1. 西安明城墙

西安城墙是明初在唐长安皇城的基础上建筑起来的,也是世界上现存规模最大、最完整的古代军事城堡设施。

581年,隋文帝杨坚建立隋朝,修建了大兴城。唐王朝对大兴城进行了扩建和修建,以皇城城墙作为长安城的城墙,形成自五代至元的长安城规模。1369年,明王朝拉开了明在西安修筑城墙的序幕,从洪武三年(1370年)到洪武十一年(1378年),历时8年,西安城墙的修筑才全部竣工。

城墙高12米,顶宽12—14米,底宽15—18米。南城墙长4256米,北城墙长4262米,西城墙长2706米,东城墙长2886米,周长13.9千米。最初的西安城墙采用黄土夯打而成。在城墙墙基和墙顶还分别有一层厚80厘米和45厘米的三合土层。这种三合土用黄土与石灰、糯米汁、猕猴桃汁拌和而成。干燥之后，坚硬如石，用镐都刨不动。

明穆宗隆庆年间(1568年)，陕西都指挥使张祉为原来的城墙内外包砌了青砖。清乾隆年间(1781年)，陕西巡抚毕沅对城墙进行了大规模补修。沿旧城墙先围基石后灌脚，再用黄土逐层夯打，至顶部铺砌青砖，并对整个城墙外壁加厚砖面。城墙内每隔40—60米，用青砖砌筑水槽一道，排除城墙顶面雨水，对西安城墙的长期保护起了重要作用。1983年以来，陕西省和西安市人民政府对这座古城墙进行了大规模修缮，补建已毁的东门、北门箭楼、南门闸楼、吊桥，并建成了环城公园，使这座古建筑重新焕发了昔日风采。

西安古城墙包括护城河、吊桥、闸楼、箭楼、正楼、角楼、敌楼、女儿墙、垛口等一系列军事设施，构成科学、严密、完整的军事防御体系。

明西安城墙显示了我国古代劳动人民的聪明才智，它以悠久的历史、伟岸的雄姿、神秘的色彩吸引了八方游客。

［观察与思考］

(1)登上西安城墙，走进时光隧道，遥想古代景象，放眼现代辉煌。

(2)汉唐长安与明西安、今西安之比较，思考西安明城墙的历史意义和现代价值。

(3)在古城墙上最有意思的发现是什么？

2. 西安碑林博物馆

西安碑林博物馆是一座以收藏、陈列和研究历代碑石、墓志及石雕作品为主的艺术博物馆，被誉为"中国最大的石质书库"，1961年被国务院首批公布为全国重点文物保护单位。

西安碑林创建于公元1087年，是收藏我国古代碑石时间最早、数目最大的一座艺术宝库，陈列有从汉到清的各代碑石、墓志共1000多块。这里碑石如林，故名碑林。西安碑林内容丰富，它既是我国古代书法艺术的宝库，又汇集了古代的文献典籍和石刻图案；记述了我国文化发展的部分成就，反映了中外文化交流的史实，因而驰名中外。

第一展室：陈列仅存的一套完整的石刻经书《开成石经》，内容包括《周易》《尚书》《诗经》《礼记》《春秋左氏传》《论语》《孝经》《尔雅》等12部经书，计60多万字，用石114方。清代补刻的《孟子》也陈列于此，合称"十三经"。

第二展室：陈列书法名碑，以唐代为主。内容上，《大秦景教流传中国碑》《不空和尚碑》，是研究唐代中外文化交流的宝贵资料。书法价值上，虞世南《孔子庙堂碑》、褚遂良《同州圣教序碑》、欧阳询《黄甫诞碑》、欧阳通《道因法师碑》、张旭《断千字文》、柳公权《玄秘塔碑》，以及僧怀仁集王羲之书的《大唐三藏圣教序碑》，颜真卿《多宝塔碑》《颜家庙碑》等，无一不是从古至今书法爱好者学习的范本。

第三展室：陈列由汉至宋代的各种书法字体名碑。篆书有唐《美原神泉诗序》等，隶书有汉《曹全碑》等，楷书有唐《臧怀恪碑》等，行书有唐《慧坚禅师碑》等，草书有隋《智永千字文碑》、唐《怀素千字文》、张旭《肚痛帖》等，都是驰名中外的书法瑰宝。

第四展室：陈列的是宋至清代名书法家苏轼、黄庭坚、米芾、赵孟頫等的诗文书迹，以及明清时期有珍贵史料价值的碑石。还有一部分宋至清代的各种线刻画，其中宋刻《唐太极宫残图》《唐兴庆宫图》，清刻《太华山全图》《关中八景》等，对研究古代建筑和旅游胜迹都有参考价值。

第五展室：陈列宋、元、明、清各代的地方史料碑石，以清代的居多，是研究当时社会和地方历史的资料，并且在书法艺术上也有一定价值。

第六展室：陈列的石碑，除少数是元、明人士的诗文作品外，大部分是清代的诗词歌赋。其中元赵孟頫、明董其昌、清康熙帝及林则徐所书的石碑等，都是难得的珍品。

第七展室：陈列清代用《淳化秘阁帖》复刻的碑石，共145方。石刻两面，其内容有历代封建帝王、名臣及书法家的各种字体，更有王羲之和王献之的草书字，是不可多得的名碑帖。

石刻艺术室：陈列了西汉至唐代的圆雕、浮雕等石刻艺术品70余种，是碑林博物馆把散存在陕西各地的大型石刻集中于此而建立的展室。

[观察与思考]

(1)参观碑林各馆的藏品。了解名家的绝代书法和石刻艺术，感受它的历史意义的艺术价值。探讨碑林在弘扬中国经典文化中的作用。

(2)知道《开成石经》的内容，认识隶楷行草篆等字体，学会欣赏古代书法艺术，提高审美能力。

(3)在碑林学历史、学书法；我的见闻，我的收获。

(4)寻找自己熟悉的书法名家的作品，收集相关的历史故事。模仿碑林中三位书法家的字体抄写一句自己喜欢的一句话。

3. 三学街文化街

在古城西安，有一条老街区，千百年来，一直保存历史风貌，传承传统文脉，这就是三学街历史文化街区。三学街是当年大唐皇城太庙坐落的地方。北宋改为祭祀孔子的文庙；明成化年间，西安府学、咸宁县学和长安县学相继落成，围绕文庙形成了"一庙三学"的官学中心，三学街因此得名。如今的三学街历史文化街区,南与中国最完整的西安老城墙相邻,西与号称大南门的永宁门相望,书院门、东木头市、安居巷、柏树林等数条大小街道,围出一个四四方方、规规整整的街坊,总面积达 400 多亩。这里,碑林、文庙、关中学院等比邻而居。500 米的街道商铺林立,多数都是销售笔墨纸砚、石刻、玉石、古玩、书籍、字画等的文化商品,现在已成为西安的一处非常有文化韵味的休闲旅游景点。

[观察与思考]

(1)在三学街,你与哪几位历史文化名人邂逅?他们的什么名言警句或生平故事给你留下深刻印象?

(2)用口头语言或书面语言描述三学街的见闻。

(3)观看中央电视台《记住乡愁》之《西安三学街区——继绝学 开太平》。

4. 钟楼、鼓楼

西安钟楼始建于明太祖朱元璋洪武十七年(1384 年),因楼上悬挂铁钟一口而得名。无论从建筑规模、历史价值或艺术价值各方面衡量,西安钟楼都居全国同类建筑之冠。钟楼构建于方形基座之上,为砖木结构,重楼三层檐,四角攒顶的形式,总高 36 米,基座高 8.6 米,每边长 35.5 米,面积约 1377.4 平方米,内有楼梯可盘旋而上。钟楼呈典型明代建筑艺术风格,重檐斗拱,攒顶高耸,屋檐微翘,华丽庄严。在檐上覆盖有深绿色琉璃瓦,楼内贴金彩绘,画栋雕梁,顶部有鎏金宝顶,金碧辉煌。以它为中心辐射出东、南、西、北四条大街并分别与明城墙东、南、西、北四门相接。现在钟楼周围建有公路转盘,地下有专供人行的环行通道。

西安鼓楼是明洪武十三年(1380 年)建成的,比钟楼早建 4 年。楼基面积比钟楼楼基大 738.55 平方米,通高 34 米,呈长方形,分上下两层,雄杰秀丽不亚于钟楼。建筑形式是歇山式重檐三滴水。古时楼上悬挂一面大鼓,傍晚时击鼓向全城居民报时,故称鼓楼。在第三檐下,南北各悬匾额一块,南面为"文武盛地",是陕西巡抚都御史赵可怀所题,北面为"声闻于天",相传是咸宁县"名儒"李允宽所书。两匾额毁于"文革"之中,现在看到的是复制品。

鼓楼和钟楼是一对孪生兄弟,相距百余米,交相辉映,是古城的地标性建筑。

[观察与思考]

(1)参观钟楼、鼓楼,了解明代建筑的特点。

(2)鼓楼北侧就是西安著名的回民街区,走一走,看一看,体验当地的民俗风情。

(3)古今融合——在西安看到的一幕。

研学活动第三天：参观西安半坡博物馆、兵马俑博物馆、华清池，观看实景演出历史歌舞剧《长恨歌》

1. 西安半坡博物馆

1958年建成的半坡遗址博物馆，是我国第一座史前聚落遗址博物馆。1997年，被中宣部确定为首批"百个爱国主义教育示范基地"。

半坡文化是中国原始社会新石器时代的一种文化，属黄河中游地区新石器时代的仰韶文化，是北方农耕文化的典型代表。半坡遗址位于陕西省西安市东郊灞桥区浐河东岸，是典型的原始社会母系氏族公社村落遗址，距今6000年左右。半坡遗址现存面积约5万平方米，发掘遗址面积1万平方米，共发现房屋遗址46座，圈栏2座，储藏物品的地窖200多个，各类墓葬250座，烧陶窑址6座，以及大量生产工具和生活用品约近万件文物。这些文物向我们揭示了当时的社会组织、生产生活、经济形态、婚姻状况、风俗习惯、文化艺术等丰富内涵。

这里，再现了半坡先民生产生活情境，如用石刀收割栽培的粟黍(sùshǔ)，用石磨加工采收的果实；用红陶尖底瓶汲水，用陶甑(zèng)蒸谷为饭；用骨刀剥取植物纤维，用骨针缝制衣物。半坡人多种多样的工具和技能，不仅很好地解决了温饱问题，甚至还萌发出对艺术文化的追求。半坡文化中的彩陶堪称一绝，游鱼、奔鹿、潜蛙、人面，明快的线条勾勒出极生动的形象，甚至还能听到来自远古的乐音。这种被叫作陶哨(现称陶埙)的小玩意儿，最早可能是狩猎用的石头，石头上有自然形成的空腔或洞，掷向猎物时，空气流穿，发出哨音。受此启发，先民用泥烧制出陶哨，便是迄今为止中国最早的乐器。馆藏人面鱼纹盆是半坡遗址出土文物中最为宝贵的文物，属国家一级文物。2008年北京奥运会吉祥物福娃的创意灵感就来源于它。

［观察与思考］

半坡人的生活是不是很有意思呢？大家可以走进半坡遗址博物馆，去感受先人的智慧和情趣。

2. 秦始皇陵兵马俑博物馆

秦始皇兵马俑博物馆是建立在兵马俑坑原址上的遗址性博物馆，位于陕西省西安市临潼区秦始皇陵以东1.5公里处。秦始皇兵马俑于1974年被发现，1987年被联合国教科文组织列入《世界遗产名录》，并被誉为"世界第八大奇迹"。博物馆内有3个兵马俑坑，呈"品"字形排列坑内放置与真人真马一般大小的陶俑、陶马和各种青铜兵器，具有很高的艺术价值。在秦始皇陵西侧，还出土了两乘大型彩绘铜车马，制作精巧，造型逼真，被誉为"青铜之冠"。

秦始皇陵兵马俑，简称秦兵马俑或秦俑。兵马俑是古代墓葬雕塑的一个类别。古代实行人殉，奴隶是奴隶主生前的附属品，奴隶主死后奴隶要作为殉葬品为奴隶主陪葬。兵马俑即制成兵马（战车、战马、士兵）形状的殉葬品。秦始皇陵兵马俑是世界最大的地下军事博物馆。俑坑布局合理，结构奇特，在深5米左右的坑底，每隔3米架起一道东向西的承重墙，兵马俑排列在墙间空当的过洞中。秦陵内共有3个兵马俑坑，呈"品"字形排列。秦始皇陵一号俑坑，呈长方形，东西长230米，南北宽62米，深约5米，总面积14260平方米，四面有斜坡门道。俑坑中最多的是武士俑，平均身高1.80米左右，最高的1.90米以上，陶马高1.72米，长2.03米，战车与实用车的大小一样。但兵马俑并非按原比例还原，据记载秦国人的身高在1.65米左右。秦俑大部分手执青铜兵器，有弓、弩、箭镞、铍、矛、戈、殳、剑、弯刀和铖。青铜兵器因经过防锈处理，埋在地下两千多年，至今仍然光亮锋利如新，它们是当时的实战武器，身穿甲片细密的铠甲，胸前有彩线挽成的结穗。军吏头戴长冠，数量比武将多。秦俑的脸形、身材、表情、眉毛、眼睛和年龄都有不同之处。

［观察与思考］

(1) 近距离观察秦兵马俑，感受秦始皇统一六国的雄壮场面。探寻秦兵马俑蕴含的历史文化价值。

(2) 倾听讲解，了解先秦时期高超的冶金和雕塑技术；激发民族自豪感及爱国情怀。

(3) 秦兵马俑印象：最震撼人心的……最令人赞叹的……最不可思议的……

(4) 通过采访了解兵马俑的制作方法和考古学家对陶俑修复的过程。亲自体验复制兵马俑。培养动手能力和创造能力。

(5) 根据观察绘制一幅自己喜欢的陶俑形象，并附上文字描述他们的特点。

3. 华清池

华清池亦名华清宫，以3000年的皇家园林史和6000年的温泉利用史而享誉海内外。位于西安市临潼区骊山北麓，西距西安30公里，南依骊山，北临渭水，是以温泉汤池著称的中国古代离宫，周、秦、汉、隋、唐历代统治者，都视这块风水宝地为他们游宴享乐的行宫别苑，更因唐玄宗和杨贵妃的爱情故事而驰名中外。历史文献及考古发掘的资料证明，华清池具有6000年温泉利用史和3000年的皇家园林建筑史。

新中国成立后人民政府自1959年起进行了大规模的扩建，辟汤池，修殿宇，建宾馆，开花园，使古老的华清宫焕发了青春，成为人民群众游乐之处。

唐玄宗、杨贵妃与《长恨歌》：盛唐时期，唐玄宗"尤知音律"，杨贵妃"弹唱娴熟"，他们珠联璧合，创作了许多千古妙曲歌舞。著名的有《霓裳羽衣舞》《得宝子》《凌波曲》等。宜春阁南面，有一座书墙，墙上刻着毛泽东手书唐代诗人白居易的《长恨歌》。书墙长约10米，高20余米，气势恢宏，蔚为壮观，书法行云流水，疏朗有致。

中国首部大型实景历史舞剧《长恨歌》，以白居易传世名篇《长恨歌》为蓝本，充分发掘景区资源，采用高科技舞美灯光，将历史故事与实景演出相结合，重现1300多年前华清宫里那段感人肺腑的李杨爱情故事。

附：

长恨歌
[唐]白居易

汉皇重色思倾国，御宇多年求不得。杨家有女初长成，养在深闺人未识。
天生丽质难自弃，一朝选在君王侧。回眸一笑百媚生，六宫粉黛无颜色。
春寒赐浴华清池，温泉水滑洗凝脂。侍儿扶起娇无力，始是新承恩泽时。
云鬓花颜金步摇，芙蓉帐暖度春宵。春宵苦短日高起，从此君王不早朝。
承欢侍宴无闲暇，春从春游夜专夜。后宫佳丽三千人，三千宠爱在一身。
金屋妆成娇侍夜，玉楼宴罢醉和春。姊妹弟兄皆列土，可怜光彩生门户。
遂令天下父母心，不重生男重生女。骊宫高处入青云，仙乐风飘处处闻。
缓歌曼舞凝丝竹，尽日君王看不足。渔阳鼙鼓动地来，惊破霓裳羽衣曲。
九重城阙烟尘生，千乘万骑西南行。翠华摇摇行复止，西出都门百余里。
六军不发无奈何，宛转蛾眉马前死。花钿委地无人收，翠翘金雀玉搔头。
君王掩面救不得，回看血泪相和流。黄埃散漫风萧索，云栈萦纡登剑阁。
峨嵋山下少人行，旌旗无光日色薄。蜀江水碧蜀山青，圣主朝朝暮暮情。
行宫见月伤心色，夜雨闻铃肠断声。天旋日转回龙驭，到此踌躇不能去。
马嵬坡下泥土中，不见玉颜空死处。君臣相顾尽沾衣，东望都门信马归。
归来池苑皆依旧，太液芙蓉未央柳。芙蓉如面柳如眉，对此如何不泪垂？
春风桃李花开日，秋雨梧桐叶落时。西宫南内多秋草，落叶满阶红不扫。
梨园弟子白发新，椒房阿监青娥老。夕殿萤飞思悄然，孤灯挑尽未成眠。
迟迟钟鼓初长夜，耿耿星河欲曙天。鸳鸯瓦冷霜华重，翡翠衾寒谁与共？
悠悠生死别经年，魂魄不曾来入梦。临邛道士鸿都客，能以精诚致魂魄。
为感君王辗转思，遂教方士殷勤觅。排空驭气奔如电，升天入地求之遍。
上穷碧落下黄泉，两处茫茫皆不见。忽闻海上有仙山，山在虚无缥缈间。
楼阁玲珑五云起，其中绰约多仙子。中有一人字太真，雪肤花貌参差是。
金阙西厢叩玉扃，转教小玉报双成。闻道汉家天子使，九华帐里梦魂惊。

揽衣推枕起徘徊，珠箔银屏迤逦开。云鬓半偏新睡觉，花冠不整下堂来。
风吹仙袂飘摇举，犹似霓裳羽衣舞。玉容寂寞泪阑干，梨花一枝春带雨。
含情凝睇谢君王，一别音容两渺茫。昭阳殿里恩爱绝，蓬莱宫中日月长。
回头下望人寰处，不见长安见尘雾。唯将旧物表深情，钿合金钗寄将去。
钗留一股合一扇，钗擘黄金合分钿。但令心似金钿坚，天上人间会相见。
临别殷勤重寄词，词中有誓两心知。七月七日长生殿，夜半无人私语时。
在天愿作比翼鸟，在地愿为连理枝。天长地久有时尽，此恨绵绵无绝期。

4. 兵谏亭

兵谏亭屹立在骊山西绣岭虎斑石处。1931年"九一八事变"后，蒋介石携夫人宋美龄来陕西，以游山玩水为名，布置大规模的剿共活动，其间张、杨两位将军在洛阳、西安、临潼等地数次劝谏蒋"联共抗日"均遭到拒绝，1936年12月12日凌晨4时许，张、杨带兵对华清池形成包抄之势，酣睡中的蒋介石突闻枪响，仓皇在两名侍卫搀扶下从华清池五间厅后窗逃跑，藏于半山腰一虎斑石东侧石峡洞内，后来被搜山部队发现，扶掖下山，送往西安，这就是震惊中外的"西安事变"。西安事变是20世纪震惊中外的重大历史事件，骊山是这一事件的主要发生地，所以，在此用浮雕形式记录这一史实，缅怀民族英雄，弘扬民族精神。浮雕前面"西安事变"四个苍劲有力、大气洒脱的题字，是以豪放雄浑的榜书享誉书坛、年逾八旬的李铎将军精心书写。

［观察与思考］

(1)参观华清池，想象唐代皇家园林的豪华景象，对照历代文人描写华清宫的诗歌，体验"朱门酒肉臭，路有冻死骨"的感慨。

(2)写作题目：重读《长恨歌》。

研学活动第四天：参观黄帝陵、壶口瀑布

1. 黄帝陵

黄帝是距今5000年左右的原始社会末期的一位杰出的部落联盟领袖。据古籍记载，黄帝为少典之子，姓公孙，因长于姬水，又姓姬。封于有熊，号有熊氏。曾居于轩辕之丘，又号轩辕。因崇尚土德，土色黄，所以又称为"黄帝"。传说中，黄帝不但是一位英雄的领袖人物，而且也是智慧的化身。人们把许多发明创造都归功于黄帝或他的妻子、臣下。如造舟车、制衣冠、务蚕桑、创医学、定音律、造文字、布五谷、烧彩陶及政治生活中的典章制度、风俗习惯中的婚丧礼仪等，后人以黄帝时代作为中华民族迈入文明社会的开始，所以，黄帝被尊为"人文初祖"。

黄帝陵位于陕西省延安市黄陵县城北桥山，是中华文明的精神标识，文化积淀十分深厚。黄帝陵古称"桥陵",是中华民族始祖黄帝轩辕氏的陵寝,号称"天下第一陵"。历史上最早举行黄帝祭祀始于秦灵公三年(前422年),秦灵公"作吴阳上畤,专祭黄帝"。自汉武帝元封元年(前110年)亲率十八万大军祭祀黄帝陵以来,桥山一直是历代王朝举行国家大祭之地,保存着汉代至今的各类文物。黄帝陵景区主要由轩辕庙和黄帝陵两大部分组成,黄帝陵园位于古柏掩映的桥山之巅,园内有汉武仙台、棂星门、祭亭、墓冢、龙驭阁等景点;轩辕庙俗称黄帝庙,是供奉和祭祀轩辕黄帝的场所,坐落于黄帝陵所在的桥山东麓,主要建筑沿南北轴线依次为庙门、诚心亭、碑亭、"人文初祖"殿、祭祀广场、轩辕殿。黄帝陵保存着汉代至现代的各种文物。包括:陈列历代记事、祭祀碑刻百余通,以及珍贵的历史文物、书画、祭祀文化等。景区内拥有古柏8万余株,其中千年以上古柏3万余株,是全世界最大、保存最完整的古柏群,形成黄土高原上一座四季常青、风景独特的绿岛奇观。

轩辕庙:轩辕庙坐落在沮水以北,坐北朝南、居高临下、雄伟壮观,当地有"先祭庙,后谒陵"一说。

世界柏树之父:跨入轩辕庙大门,左侧有一株参天古柏映入眼帘。古柏枝干苍劲,苍翠欲滴,冠如华盖,郁郁葱葱。该树树龄已有约4700年,相传为黄帝亲手栽植,所以称"黄帝手植柏",1982年,英国林学专家罗皮尔等人在考察了世界27个国家之后来到我国,惊叹它是"世界柏树之父"。1998年,该树被第一批认定为"中华一百棵古树名木"之列。

碑亭:这里共有4通碑石。右手第一遍碑文的内容系孙中山先生任中华民国临时大总统时所作的一首祭词。右手第二通是1942年蒋介石亲笔题写的"黄帝陵"三个大字。左侧第一通为毛泽东于1937年4月5日国共两党同祭黄帝陵时亲笔撰写的祭文,第二通为邓小平手书"炎黄子孙"四个大字。

将军柏:在轩辕殿前左侧,有一株柏树。树干斑痕密布,纵横成行,好似有断钉在内。据传,公元前109年,汉武帝北征朔方归来,祭黄帝陵时在此树干上钉钉子挂盔甲所致。所以叫"挂甲柏",也叫"将军柏"。每年清明节前,树孔内还会溢出柏汁,凝结为珠,像泪珠一样。清明节后,又恢复原样,被人称为"群柏之奇"。

陵园:该陵为扁球形土冢。冢前又有一碑,上刻有"桥山龙驭"四个大字,意思是此地为黄帝驾龙升天之地。传说黄帝活了100多岁,天帝感其丰功伟德,派一条巨龙接他升天,臣民们不愿黄帝离去,将他团团围住。巨龙驮着黄帝腾空而起,慌乱间人们扯下了黄帝的衣襟、靴子、佩剑。人们把黄帝的衣靴宝剑埋在这里,起土成冢作为纪念,这便是黄帝陵是衣冠冢说法的由来。

[观察与思考]

（1）通过参观，追溯黄帝历史，寻觅华夏之根，了解人文始祖帝陵的源远流长，感受历史遗迹的远古神韵，增强民族自豪感和责任感。

（2）参观轩辕庙，拜读祭刻碑文，拜谒黄帝陵冢，了解祭拜礼仪文化，传承华夏文明的历史根脉。

（3）"清明祭黄帝"已成为国家盛典。了解这一盛典的历史沿革及其现实意义。

（4）领略庙宇建筑的恢宏气势，探究黄帝陵建筑风格以及蕴含的意义。

2. 壶口瀑布

壶口瀑布位于宜川县城东48公里的晋陕大峡谷中，是黄河上唯一的金黄色大瀑布。黄河在缓缓地流经银川平原和鄂尔多斯大草原之后，折转南下，进入晋陕峡谷，河面一下子从数千米收束为三四百米，积蓄了巨大能量的黄河水开始躁动起来，奔涌起来、咆哮起来！到了壶口，河道中央出现一道狭长幽深的水槽，上宽下窄，翻腾倾涌，声势如同在巨大无比的壶中倾出。奔涌、咆哮而来的黄河水，好像先是被吸进一个巨大水壶的腹中，然后再从壶口猛地冲出来，便形成了宽约40余米、落差50余米的巨大瀑布。当你站在水槽边的岩石上时，隔着栏杆可以看到瀑布激起的烟雾在你的脚下升腾！

黄河壶口瀑布因"形"而得名。它的名字最早可追溯到《尚书·禹贡》的记载："盖河旋涡，为一壶然，故名"。壶口之名由此而来。从平面上看瀑布全景，它的确像一个巨大的壶口，翻滚倾注着滔滔黄河之水。

关于壶口瀑布的"形"，明代有一首诗写得最为贴切："源出昆仑衍大流，玉关九转一壶收。双腾虹浅直冲斗，三鼓鲸鳞敢负舟。"这"一壶收"真是形象极了。于是，壶口便有了"天下黄河一壶收"的美誉。

壶口瀑布的形成：壶口的地形是由自然地理现象、气候等塑造出来的。在距今2.3亿年前发生的印支运动，也就是壶口之下龙门地区曾发生过强烈的地壳构造运动，产生了断裂，并沿断裂面发生了显著的相对位移，形成走向东西的断层。自北南流的黄河，流经断层时，便产生了瀑布急流。黄河的河床为呈水平构造的三叠纪砂岩比较坚硬，抗蚀力强，岩层缓向上游倾斜。黄河水中带有沙石等搬运物，不断垂直侵蚀下游的岩石，并同时受水力作用影响，令被侵蚀地方不断加深。又由于河床走势的关系，河面骤然急缩到30～50米，原本缓流的河水躁动起来，争先恐后地向前汹涌，从17米高处飞流直下，形成似茶壶注水之势。故日渐被冲蚀，形成深槽。同时，砂岩倾角较缓，只有三四度，几乎近于水平，亦是形成壶口瀑布的重要条件之一。在瀑布的强烈冲击下，不尽瀑下冲蚀出极深的槽潭，且瀑崖亦随之而渐渐后退，这种现象在地貌学中，称为溯源侵蚀。

壶口瀑布十大奇景：水底冒烟、旱地行船、霓虹戏水、山飞海立、晴空洒雨、旱天惊雷、冰峰倒挂、石窝宝镜。

〔观察与思考〕

(1)了解解壶口瀑布的地理位置、地貌特征以及形成的原因。

(2)欣赏"黄河之水天上来"的奇观，用画笔或文字记录壶口瀑布的奇妙景色。

(3)收集壶口瀑布的诗词歌赋，从中体会壶口瀑布的雄浑与壮观。

(4)了解《黄河大合唱》的诞生始末以及历史意义。学唱《黄河大合唱》，感受中华儿女为祖国的尊严而浴血奋斗的精神。理解黄河作为中华民族精神象征的意义。

研学活动第五天：参观延安革命纪念馆、杨家岭、枣园、王家坪

延安是中华民族五千年文明的发祥地之一。20世纪上半叶，延安在中华民族历史上写下了辉煌的一页。1935年10月19日，红军长征到达陕北吴起镇，从此，中共中央在陕北战斗、生活了13个春秋。延安成为中国革命圣地，中国共产党在这里领导了全国的抗日战争和解放战争。

延安黄土风情文化艺术底蕴深厚、丰富多彩。陕北民歌、信天游以其高亢激情的风韵在全国卷起了一股"西北风"热潮，长久不息。安塞腰鼓、洛川蹩鼓、宜川胸鼓、黄龙猎鼓、志丹扇鼓构成延安的"五鼓"艺术，尤其是安塞腰鼓，以其粗犷雄浑和陕北特色享誉国际。延安剪纸、农民画、布堆画、毛麻绣和刺绣等民间工艺，绚丽多彩，以其独特的魅力获得了中外艺术大师的高度评价，许多作品被法、美等国的艺术博物馆收藏，并在国内民间艺术评选中屡获大奖，被文化部命名为"民间艺术之乡"。

1982年延安市被国务院命名为历史文化名城。

延安精神：1935年10月，毛泽东等率领中央红军经过二万五千里长征到达陕北。1937年1月，中共中央进驻延安。从此，历史上的这座边陲重镇成了中国革命的圣地。中共中央和毛泽东在延安和陕北战斗了将近13年。这是中国革命由挫折走向胜利的13年，是共产党领导全国人民艰苦创业的13年，是中华大地发生翻天覆地变化的13年。

在延安，中国共产党推动中国革命实现了由国内战争到抗日民族解放战争的转变，实现了由民族解放战争到人民解放战争的转变。在延安，中国共产党发展成为马克思主义政党。在延安，毛泽东思想得到全面发展并达到成熟。在延安，形成了具有深远意义的延安精神。

延安精神是中国共产党在延安整风运动和大生产运动中形成的。1942年12月，毛泽东在陕甘宁边区高级干部会上，第一次提出了延安精神。

延安精神，就是艰苦奋斗的精神。艰苦奋斗是工作作风，也是思想作风，是我们党的优良传统和政治本色，是凝聚党心民心、激励全党和全体人民为实现国家富强、民族振兴而共同奋斗的强大精神力量。这是一条极其宝贵的历史经验。

延安精神，就是全心全意为人民服务的精神。我们党历来把为中国最广大人民谋利益作为自己的根本宗旨，在延安时期又响亮地提出了"为人民服务"的口号并在全党认真实践。中国共产党就是以对人民的无限忠诚赢得了人民的拥护和支持。

延安精神，就是理论联系实际、不断开拓创新的精神。延安时期是我们党科学总结正反两方面经验，成功推进马克思主义中国化，在理论上实现第一次历史性飞跃的时期。毛泽东同志的许多重要著作，如《中国革命战争的战略问题》《实践论》《矛盾论》《论持久战》《新民主主义论》《论联合政府》等，都是在延安时期完成的。毛泽东思想正是在延安时期逐步成熟并正式写到了党的旗帜上。

延安精神，就是实事求是的精神。实践表明，只有解放思想，才能达到实事求是；只有实事求是，才是真正地解放思想。在新世纪新阶段，经典著作要认真读，又要写出新篇章；革命传统要弘扬，也要创造新办法。切实做到发展要有新思路，改革要有新突破，开放要有新局面，各项工作要有新举措，这就叫作坚持解放思想，这也叫作坚持实事求是。

1. 延安革命纪念馆

延安革命纪念馆位于陕西省延安市的王家坪，是新中国成立后建成的最早的革命纪念馆之一。现有馆藏文物3.5万多件，历史照片1万余张，图书1.3万余册，调查访问资料百余卷；是融收藏、研究、宣传于一体的革命纪念馆。延安革命史陈列分为"红军长征落脚点""抗日战争的政治指导中心""新民主主义的模范试验区""延安精神的发祥地""毛泽东思想指导地位的确立""夺取全国胜利的出发点"六个主题。集中展示党中央、毛泽东等老一辈无产阶级革命家在延安和陕北领导中国革命的丰功伟绩，真实地再现了延安时期的革命斗争史实。

［观察与思考］

（1）观看展览，通过馆藏文物、文献照片以及模型、油画、雕塑等，详细了解党中央及老一辈无产阶级革命家在延安领导中国革命的辉煌历史，分析延安在中国革命斗争史中的重大历史意义。学习延安精神，接受革命传统教育。

(2)观看中国首部大型红色历史舞台剧《延安保育院》,通过延安保育院孩子的视角来了解革命前辈在延安13年真实感人的革命故事,寻访革命足迹,感受峥嵘岁月;增强对中国革命历史的认同感,珍惜现在的美好生活。

(3)学唱延安红歌,感悟红色文化的浪漫情怀,增强爱国主义情感。

2. 杨家岭革命旧址

杨家岭革命旧址是中共中央驻地旧址,1938年11月至1947年3月,毛泽东等中央领导在此居住。中共中央先后在这里召开了著名的延安文艺座谈会、六届七中全会和中国共产党第七次全国代表大会;开展了全党整风运动;实行了精兵简政;发动了大生产运动;挫败了国民党顽固派发动的三次反共高潮;取得了抗日战争的最后胜利。毛泽东在此期间,写下了《五四运动》《青年运动的方向》《纪念白求恩》《新民主主义论》《整顿党的作风》等光辉著作。会址后面小山坡上的一排窑洞,这就是毛泽东、朱德、周恩来、刘少奇等领导同志的住所。杨家岭革命旧址共展出珍贵文物772件。

[观察与思考]

(1)参观毛泽东、朱德、周恩来、刘少奇等领导同志的办公地点和住所。近距离了解老一辈无产阶级革命家在艰苦年代的生活与工作场景,感受革命伟人为了远大理想而献身的革命情怀。

(2)了解毛泽东在此写下的著名文章,分析这些文章的历史作用与现实启示。

(3)了解在杨家岭发生的历史事件,分析这些事件在中国革命历史中的重要作用

(4)学扭陕北秧歌,学打安塞腰鼓,感受革命圣地人民群众的热情与豪放。

3. 枣园革命旧址

枣园曾经是中共中央书记处所在地。中共中央进驻延安后,为中央社会部驻地,遂改名为"延园",现旧址大门石柱两侧尚有康生所书"延园"二字。1944年至1947年3月,中共中央书记处由杨家岭迁驻此地。当年"重庆谈判"的决策,就是在此确定的。枣园共展出珍贵文物815件。

[观察与思考]

(1)参观革命伟人旧居和珍贵文物,探访革命先辈的足迹,实地感受革命伟人和群众同甘苦的生活环境,深刻理解了延安精神,珍惜今天的幸福生活。

(2)学习毛泽东的经典讲话《为人民服务》,了解张思德的故事。树立为人民服务的信念。

(3)了解枣园发生的历史事件,收集重庆谈判的相关资料,探讨分析重庆谈判的历史意义。

4. 王家坪革命旧址

王家坪位于延安市西北部,1937—1947年期间,这里曾是中共中央军事委员会和红军总司令部的所在地,在此指挥中国革命的军事行动。毛泽东、朱德、彭德怀等党和国家领导人也曾在这里居住。党中央进驻延安后,军委和总部机关在这里领导根据地军民坚持八年抗战。日寇投降后,又粉碎了国民党反动派的全面进攻。1947年3月18日,毛泽东、周恩来率部由这里撤离,转战陕北。当年这里的军委机关有秘书厅(后改为办公厅)、作战部、高参室、外事组、作战研究室、资料室、总务处、通讯处等;总部机关有原总参谋部,原总政治部等。王家坪革命旧址至今保留着很多珍贵的历史文物。

[观察与思考]

(1)参观当时的王家坪军委机构所在地,追溯旧址沿革,领略一代伟人在简陋的环境条件下运筹帷幄、决胜千里的风采。感受革命先辈艰苦奋斗、不屈不挠的作风。

(2)印象最深的"延安故事"。

(3)什么是"延安精神"?"延安精神"对于中华民族伟大复兴的现实意义是什么?

(4)集体朗诵《回延安》,尝试学写一首小诗,抒发延安之行的感悟。

说明:"陕西历史文化研学课程"共安排五天研学活动。每天的活动按相对集中的区域和最短的行动距离来设计,不走折返路,不浪费时间。第一、二、三天都在西安市住宿。第四天有380公里的路程,由西安出发,第一站到黄陵,第二站到壶口;由壶口前往延安,在延安住宿。第五天在延安活动,住延安,第六天离开(亦可当晚离开延安)。

采撷儒学精华

——孔孟故里研学旅行课程方案

儒家文化是中华传统文化的主干,两千多年来,它决定着中华文化的发展方向,涵育了中华民族的气质,塑造了中华民族的品格,深刻影响着中华民族的政治、经济、文化和社会生活。伟大的思想家、教育家、政治家、儒家文化的创始人孔子的故里,就位于山东省西南部的曲阜市。曲阜南邻邹城市,则是发扬光大了孔子学说的孟子的故里,两地均为我国的国家历史文化名城。2015年,国家"十三五"规划将曲阜、邹城、泗水三县市列为中华优秀传统文化发展传承示范区。

孔孟故里历史悠久、文化底蕴丰厚,历史遗迹众多,人杰地灵、名人荟萃,是中华文化的重要发祥地。宜居宜游,是学习传统文化研学的不二佳选。

一、研学活动目的

通过赴孔孟故里研学旅行,了解孔子、孟子的生活和治学的地理环境、历史遗迹,深度接触儒学思想内核,详细了解儒学礼仪规制,实地聆听儒学趣闻轶事,集中采撷儒学思想精华。与研学导师开展互动交流,以系统学习了解以孔孟为代表的儒家传统文化。修心践行,增强道德自觉,提升道德水平。

二、研学活动设计

活动主题:德育研学
活动宗旨:实地研学旅行,感悟儒家思想,提升道德境界
活动时间:执行研学手册时间表
活动地点:曲阜、邹城、泗水

三、研学活动内容

(一)尼山探源

据《史记》记载:孔子父母"祷于尼丘而得孔子",尼山原名尼丘山,伟大的思想家、教育家、政治家,中华民族的圣人孔子诞生在这里,所以孔子名丘字仲尼,后人避孔子讳称为尼山。尼山位于曲阜市城东南30公里,邹城、曲阜、泗水三县市交界处,历史上曾属于邹县(现山东省邹城市)。泗水海拔340余米,山顶五峰连峙,中峰为尼丘。这里,中峰东麓有孔庙和尼山书院建筑群;孔庙自北周始建,经历代不断增益,历明清形成现在规模,中有自元代以来碑刻多处,千年古柏郁郁葱葱。另有五老峰、鲁源林、智源溪、坤灵洞、观川亭、中和壑、文德林、白云洞等所谓"尼山八景"。

坤灵洞又名夫子洞,位于尼山中峰东麓山脚下,系天然石洞,中有石床,为孔子诞生处。

1. 求学圣源

尼山圣源书院位于孔子诞生处尼山夫子洞东不足千米处(山东省泗水县圣水峪镇境内),是一个开放的文化学术教育机构,由海内外学界知名学者和社会贤达发起,于2008年10月创立,以弘扬儒家文化为主干的中华优秀传统文化,促进社会和谐,人类文明进步为旨归,实行"民办公助,书院所有,独立运作,世代传承"的体制。书院成立后,随之会聚起一个包括中国社科院、北京大学、清华大学、南京大学、中国人民大学、山东大学、香港中文大学、台湾大学、首尔大学、哈佛大学等数十所院校学者的阵容强大的高端学者团队,举办了50余次国际国内高端学术会议,扎实开展了理论研究、海外推广、师资培训、大众普及、文化交流等工作,多项工作走在了全国的前面,为学界、社会、各级领导所推重和认可,被誉为"活的孔学"所在,影响日广。目前,书院已成为我国弘扬中华优秀传统文化的领跑者,屈指可数的大陆复兴中华文化的高地,海内外文化交流的重要平台。

研学第一站在尼山圣源书院,由海内外专家学者、儒学名师指导研读经典,修习礼仪,接受中华文化核心价值熏陶,了解孔孟之乡的历史、地理、人文、风俗,为孔孟之乡深度研学获得指导性、概括性的文化、地理知识指引。

2. 瞻仰圣像

尼山圣境位于夫子洞南1.5公里处,由曲阜市与无锡灵山集团等联合开发。核心区占地面积154.8公顷，规划建设规模25.8万平方米，总体定位为"文化休闲度假胜地"。区域内坐落73米的全球最高孔子像，有儒宫等标志建筑群。

（二）揽"三孔"圣迹

曲阜是孔子的故乡。

孔子（前551年—前479年），子姓，孔氏，名丘，字仲尼，春秋末期鲁国陬邑（今山东曲阜）人，中国古代思想家、教育家，儒家学派创始人。孔子开创了私人讲学的风气，倡导仁、义、礼、智、信。他曾带领部分弟子周游列国前后达13年，晚年修订《诗》《书》《礼》《乐》《易》《春秋》六经。相传孔子曾问礼于老子，有弟子三千，其中贤人七十二。孔子去世后，其弟子及其再传弟子把孔子及其弟子的言行语录和思想记录下来，整理编成儒家经典《论语》。孔子是当时社会上最博学者之一，被后世统治者尊为孔圣人、至圣、至圣先师、大成至圣文宣王先师、万世师表。其思想对中国和世界都有深远影响，被列为"世界十大文化名人"之首。

曲阜的孔府、孔庙、孔林，统称曲阜"三孔"，是中国历代纪念孔子、推崇儒学的表征，以文化积淀丰厚、历史悠久、规模宏大、文物珍藏丰富以及科学艺术价值高而著称。孔府本名衍圣公府。位于孔庙东侧，建于宋代，是孔子嫡系子孙居住之地，西与孔庙毗邻，占地约16公顷，共有九进院落，有厅、堂、楼、轩463间。孔府有"天下第一家"之称，是中国封建社会官衙与内宅合一的典型建筑。孔府的主体部分在中路，前为官衙，有三堂六厅，后为内宅，有前上房、前后堂楼、配楼、后六间等，最后为花园。

孔庙始建于公元前478年，即孔子去世后的第二年，弟子们将其生前"故所居堂"立为庙，以供"岁时奉祀"。当时只有"庙屋三间"，内藏孔子生前所用的衣、冠、琴、车、书。其后，经历代王朝不断加以扩建，至今成为一处占地14公顷的古建筑群，包括三殿、一阁、一坛、三祠、两庑、两堂、两斋、十七亭与五十四门坊，气势宏伟、巨碑林立，堪称宫殿之城。孔庙的大成殿前设有杏坛，系宋天禧二年（1018年），孔子四十五代孙孔道辅监修孔庙，将正殿后移扩建，以正殿旧址"除地为坛，环植以杏，名曰杏坛"，金代始于坛上建亭，由当时著名文人党怀英篆书"杏坛"二字。传说孔子生前在此开坛授学，首创儒家文化，为此后两千多年的中国历史深深地打上了儒学烙印。以孔子为代表的儒家文化，按照自己的理想塑造了整个中国的思想、政治和社会体系，成为中国文化的基石。

孔林，亦称"至圣林"，是孔子及其家族的专用墓地，也是世界上延续时间最长的家族墓地。林墙周长7千米，内有古树2万多株，是一处古老的人造园林。孔子卒于鲁哀公十六年（公元前479年）四月乙丑，葬鲁城北泗上。其后代从家而葬，形成今天的孔林。从子贡为孔子庐墓植树起，孔林内古树已达万余株。自汉代以后，历代统治者对孔林重修、增修过13次，以至形成现今规模，总面积约2平方公里，周围林墙5.6公里，墙高3米多，厚1米。郭沫若曾说："这是一个很好的自然博物馆，也是孔氏家族的一部编年史。"

1994年孔府、孔庙、孔林被联合国列入《世界遗产名录》。

（三）观元圣周公庙

周公庙位于曲阜城北里许处的周公庙，亦称元圣庙，是祭祀周公的庙宇。

周公，姓姬名旦，是周文王的第四子，武王之弟。辅佐武王伐纣，建立周朝，并制定了典章制度。按周朝宗法制度，周公被分封于鲁。因公留佐成王，故长子伯禽就封，建鲁国。因周公佐周之殊功，特许伯禽于鲁设立太庙，以祀远祖。周公死后，并祀之。公元1008年追封周公为文宪王，在太庙旧址重建新庙。经宋、元、明、清多次修建，达现今规模。

周公庙现占地28000平方米，三进院落，有门、坊、亭、殿等明、清建筑13座57间。其间桧、柏、楷、槐等古树庇荫，十分壮观。周公庙的大门额题"棂星门"，门内左右各立石坊一座，东坊额刻"经天纬地"，西坊额刻"制礼作乐"，赞颂周公德绩。元圣殿是周公庙的中心建筑，殿内塑有周公像，正中上悬"明德勤施"匾额。周公庙1997年被确定为山东省重点文物保护单位。

（四）游颜庙陋巷

颜庙又称复圣庙，位于曲阜城北门内，陋巷街北首与孔府后花园隔街遥对，是祭祀颜回的祠庙。颜庙始建年代不详。原建于曲阜城东北三公里的五泉庄附近。元初重建，经十年落成。元大德末，旧庙毁。元延祐四年（1317年）迁至陋巷故址。明万历二十二年（1594年）修建，奠定现存规模。颜庙已有680年的历史。2001年被国务院公布为第五批全国重点文物保护单位，2006年12月被国家文物局列为世界文化遗产"三孔"的扩展项目，进入《中国世界文化遗产预备名单》。颜庙分五进院落，占地85亩。殿、堂、亭、库、门坊等有159间。庙内主要有复圣门、归仁门、仰圣门、陋巷井、乐亭、复圣殿以及碑亭等建筑，均始建于元代。现存元、明、清建筑25座，金至清碑刻53

块。颜庙之南即为颜回居住的陋巷。

颜回，字子渊，为孔子最得意的弟子。颜回是一位贤者，他独自住在陋巷中，过着极其简朴的生活，"一箪食、一瓢饮"就足够了，对于德行却有着很高的要求。在《论语》中有不少关于颜回的记载，因而他也成为后世人最为熟悉的孔门弟子之一。

（五）察东方金字塔

少昊陵古称云阳山，位于曲阜市东4公里处的高阜上，相传为少昊的墓地，是中国著名古陵之一。

据记载，黄帝之子少昊建都穷桑，后徙曲阜，在位84年，寿百岁而终，葬于鲁故城东门之外的寿丘。陵宽28.5米，高8.73米，顶立12米，形如金字塔，故有"东方金字塔"之称。

（六）考启圣王林

梁公林，亦称启圣王林，位于曲阜城东13公里处，南倚防山，北临泗水，是孔子父亲叔梁纥同母亲颜征在的墓地。林园历年增扩，周围石砌林墙，古柏森森，享殿3间，殿后有内墙，中间为叔梁纥和颜征在合墓，墓碑篆文"圣考公齐国公墓"，墓前有石人、石兽。还有孟皮墓在其侧，碑书"圣兄伯尼墓"。现占地20余亩，古柏如虬，老楷成荫，并有享殿、林门等建筑。

孔子3岁时父亲叔梁纥去世，葬于防山之阴，17岁时母亲颜征在去世，孔子将父母葬于一处，并于墓上封土，经历代形成现有规模。

（七）登孔子六艺城

孔子六艺城位于曲阜市南新区春秋路15号，它是以中国古代伟大思想家、教育家、政治家、儒家学派创始人孔子一生崇尚和倡导的"礼、乐、射、御、书、数"六艺为引线，运用现代声、光、电等高科技手段，借助音乐、美术、建筑等表现形式建造的一座集知识性、娱乐性、参与性、历史性、趣味性及购物、美食、娱乐于一体的大型文化旅游城，国家AAAA级旅游景区。

（八）游孔子文化园

孔子文化园位于曲阜孔庙正南300米处，占地面积2888平方米，是以

《论语》为表现内容、书法为表现形式、碑刻为载体、古典园林为环境衬托的大型孔子文化园林景区。碑苑的整体建筑以明代建筑风格为基调，兼采南方私家园林玲珑奇秀与北方皇家园林庄严典雅之长，湖光山色，交相辉映；其间碑石琳琅，佳作纷呈，真草篆隶，各显其胜。主要景点有善华堂、光世堂、泮池、仁山、乐湖、咏归亭、必观亭等，有堂、楼、厅、榭、亭、台、廊、坊等400余间，环境优美、曲径通幽、品位高雅，是开放式儒家文化主题公园。

（九）赏孔子博物馆

孔子博物馆位于曲阜城南北轴线大成路的正南端，与世界遗产"三孔"遥相呼应，由两院院士吴良镛先生规划设计，于2018年底启用。总建筑面积5.5万平方米，其中主馆4.2万平方米，东部平台1.3万平方米。主馆包括展陈面积1.7万平方米、文物库房面积7000平方米、文物修复中心面积1000平方米。该馆是具有时代标杆意义的重大文化工程，是孔子文化的集大成之所，是当代杰作，未来遗产。

孔子博物馆拥有各类馆藏文物70多万件，闻名于世的藏品包括明代以来直至1948年的30多万件孔府私家文书档案、宋代以来4万多册善本古书、8000多件明清衣冠服饰以及大量与祭祀孔子有关的礼乐器等，还有20多通著名的汉魏碑刻，是极具文化品位、代表中国传统文化精髓的综合性大型现代化博物馆。孔子博物馆建成后，极大地改善了原孔府馆藏文物的保护环境，充分发挥了馆藏文物的利用价值。

孔子博物馆的展陈以"孔子的时代、孔子的一生、孔子的智慧、孔子与中华文明、孔子与世界文明、永远的孔子"六大部分构成，作为展示孔子文化的主展线（上行空间展线），以孔府家传文物及孔府历史为副展线（下行空间展线），另外设一个特色展厅展陈曲阜著名的汉魏碑刻及汉画像石。该馆展陈以孔子文化为核心，以文物为基本载体，以高科技为手段，以服务大众特别是青少年学生为主要目标，突出互动体验与感悟。

（十）拜邹城"三孟"

邹城是孟子的故乡。

孟轲（约前372年—前289年），战国时思想家。字子舆，邹人。先世是鲁国公族。晚年与门人万章、公孙丑等著书立说。孟轲是鲁国贵族孟孙氏的后裔，父亲孟孙激。孟子三岁丧父，家境贫困，全靠母亲仉氏教养，其"三迁择邻""断机教子"典故家喻户晓。孟子幼年就"设俎豆，揖让进退"，童年时期进入学宫，"受业于子思之门人"。学成后，开始收徒讲学，至36岁时门生已达数百人。44岁起，带领弟子们先后游历了梁、齐、宋、鲁、滕、任等国，宣传自己的思想主张。曾在齐国任过客卿，并在稷下学宫讲学多年。他劝说国君们讲仁义，重德治，施行仁政、王道，反对不义战争。晚年回乡，授徒讲学，著书立说。

邹城的孟府、孟庙、孟林统称"三孟"。

孟府，是孟子嫡系后裔居住的宅第，位于邹城孟庙西侧，庙、府仅一街之隔。因元文宗至顺二年（1331年），孟轲被封为"邹国亚圣公"，孟府因此被称为亚圣府。孟府是国内规模宏大、保存较为完整、较为典型的官衙与内宅合一的古建筑群。

孟庙又称亚圣庙，是历代祭祀孟子之所。孟庙呈长方形，五进院落，南北长458.5米，东西宽95米，占地4.36万平方米，折66亩。建筑群分东、中、西三路，其以亚圣殿为主体建筑，南北为一中轴线，左右作对称式排列。逐院前进，起伏参差，布局严谨，错落有致，建筑雄伟，院院不同，格局迥异，充分体现了我国劳动人民的创造才能和古建筑的特点，是国内宋元至明清时期的古建筑代表作品。

孟林是孟子和他后代子孙的墓地，位于邹城东北12公里的四基山西南麓，南面凫峄，北拱岱岳，是一处保存时间长、较为完整的家族墓地。据孟宋景祐五年（1038年）《新建孟子庙记》碑载：孔子的四十五代孙孔道辅知兖州时，访得孟子墓，并在墓旁创立了孟庙（后迁往县城）。经宋、金、元、明、清各代不断翻修扩建至现今规模，林内植有桧、柏、榆、槐、楷、楸、枫、柞、杨等各类树木1万余株，还有北宋景祐五年（1038年）所竖《新建孟子庙记》碑，距今已有九百多年的历史，是现存有关邹县"三孟"史料中最早的一块碑刻，对研究孟子史迹有重要参考价值。孟子墓坟茔高大、草丰林茂，墓前有巨碑1幢，上刻"亚圣孟子墓"。

（十一）访凫村与孟母林

凫村位于邹城、曲阜交界处的曲阜境内，南距邹城市区8公里。

凫村作为孟子诞生地，是春秋战国时期形成的村落，因"亚圣"孟子的母亲在白马河畔洗衣，见凫鸟落于水，视为吉祥物，故取名为凫村。"孟子故里"坐落在村内东西大街路北，西靠白马河，占地面积2600平方米，建筑面积1600平方米。

"孟子故里"东有木质牌坊1座。由牌坊向西经石板路约150米，是"孟子故宅"。"故宅"建有围墙、正殿、东院。建筑风格采用古式四梁八柱，木雕斗拱、陇瓦、滴水。做工精细，栩栩如生，可与孔府、孔庙的古建筑相媲美。

孟母林是孟子父母的合葬地，位于邹城、曲阜交界处的凫村。后人认为孟子成名，在很大程度上是孟母三迁教子之功，故林地称"孟母林"，孟子死后，其后世子孙亦结冢葬于此地。占地38公顷，外围石墙，内有树木约1.3万株，元明清历代石碑数通。入林后，神道尽头为享殿院，以红色墙垣围成，享殿四檐三间，长10米，宽6米。殿后为清朝所立的孟公孟母神位碑，殿前东侧为明朝所立的邾国公邾国宣献夫人孟母墓碑。院西50米处为孟母墓，坡高8米，周围15米，前有供案、石鼎、石烛奴。孟母墓东北为孟氏四十五代中兴祖孟宁墓，原有碑，立于元至顺四年（1333年），碑阴刻"世系之图"，碑今不存。

（十二）寻孟母三迁祠

孟母三迁，即孟子的母亲为选择良好的环境教育孩子，多次迁居。《三字经》里说"昔孟母，择邻处"，孟母三迁便出自此。孟母三迁祠系为纪念孟母而建的祠堂，祠堂位于孟庙北约500米处，坐北向南，有正房3间，东、西配房各3间。正房即"孟母祠"，单檐硬山式建筑，前有回廊、露天面阔7.05米，纵深6.2米。祠内正中神龛供奉孟子父母像，东侧置孟子像龛。祠前回廊东、西两侧壁上镶碑刻两块：一为创建亚圣祠碑记，清康熙五十二年（1713年）癸巳仲春立；二为庙户营添设祭田记，清同治四年（1865年）孟广均立石。大门外原立有"孟母三迁祠"碑一块，现移至孟庙内保存。

四、研学目的地简介

（一）曲阜

"曲阜"之名最早见于《礼记》，东汉应劭解释道："鲁城中有阜，委曲长七八里，故名曲阜。"曲阜历史悠久，据古籍记载，在四五千年前，这里即是炎帝神农氏营都聚居的"大庭氏之墟"。中华民族的人文初祖轩辕黄帝就诞生于曲阜寿丘。继黄帝之后，少昊曾在曲阜营建都城。相传少昊在位84年，寿百岁，崩葬曲阜城东北寿丘云阳山，与二帝三王（尧、舜、禹、汤、文、武）、周公、孔子并称万世享祀。中国古史相传的"三皇五帝"中，有四人曾在曲阜留下活动踪迹，开创了发达的古代文明。商代时曲阜为奄国国都，并一度成为商王朝的都城。西周武王伐纣灭商，武王将其胞弟、王国宰辅周公旦封于故奄地曲阜，立国为"鲁"。公元前249年楚国灭鲁，始设鲁县，596年初定县名为曲阜。

曲阜是中国古代伟大的思想家、教育家、儒家学派创始人孔子的故乡，被誉为"东方圣城"。曲阜地处山东省西南部，北距省会济南135公里。东连泗水，西抵兖州，南临邹城，北望泰山。总面积895.93平方公里。常住人口65.45万人（2016年），行政区划属济宁。

曲阜是儒学圣地。世界儒学研究与交流中心孔子研究院就坐落在曲阜。1982年曲阜被评为首批国家历史文化名城，1994年孔庙、孔府、孔林列入联合国《世界遗产名录》；曲阜是中国特色魅力城市200强及世界特色魅力城市200强，获得"国家森林城市"称号，荣登"2018中国幸福百县榜"。

曲阜素以历史悠久、文化发达、文物丰富及古建筑雄伟著称于世。全市现有文物保护单位300多处，重点文物保护单位112处。

生活饮食上，曲阜人民向以煎饼、面食为主食，煎饼种类较多。面食有馍馍、烧饼、油饼、包子、面条等。居民就餐一向有喝糊粥的习惯，待客以茶为主。曲阜有很多特色饮食，著名的有"孔府宴""孔府糕点""曲阜香稻""曲阜三宝"。

（二）邹城

邹城是山东省辖县级市，由济宁市代管。辖3个街道、13个镇。

邹城有着悠久的历史。据邹城城南6公里处的大汶口文化和龙山文化遗址——野店遗址发掘证明，在距今六千多年到四千多年的新石器时期，处于原始社会母系氏族向父系氏族过渡期，境内就有东夷少昊氏族部落繁衍生息。西周初期，封颛顼后裔曹侠于此，国号"邾"，附庸于鲁国，春秋之初为子爵。鲁文公十三年（公元前614年），邾文公卜迁于绎，定都于峄山之阳。鲁穆公时改"邾"为"邹"。

作为历史文化底蕴深厚的国家历史文化名城、千年古县，邾国（邹国）故城就坐落于邹城境内，是邹鲁文化的发祥地和战国时期思想家、教育家、儒家学派代表人物孟子的故里。主要旅游景区有孟庙、孟府、孟林、峄山风景区、明鲁王陵、上九山古村、凤凰山风景区、铁山公园、护驾山植物园、五宝庵山等，流传着孟子刻像殉母、扳倒井的传说、颜回借粮、万章之死等一系列有关孔孟圣贤的轶事传说，对研究孔孟思想和伦理学术具有不可或缺的参考与辅佐作用。

邹城有很多名优特产，著名的有邹城柳下邑猪牙皂、城前越夏西红柿、瓦屋香椿芽、灰埠大枣、石墙薄皮核桃、张庄牛心柿、香城长红枣、香城山楂、看庄土豆和谢庄豆角。

（三）泗水

泗水县位于山东省中南部，泰沂山区南麓县界东靠平邑，西接曲阜，南临邹城，北连新泰，西北与宁阳搭界。县境东西最大横距46公里，南北最大纵距40.6公里。泗水县历史悠久，文化积淀深厚。早在六七千年前就有人类在这块土地上繁衍生息。据史籍记载，上古传说中的诸多人物如伏羲、神农、黄帝、少昊、颛顼、尧、舜、禹等，莫不与此地相关，曾在此建立了姑幕、踞龙、崇伯、卞明等上古方国。是成语"坐山观虎斗"的故地，孔子曾站在泗水源头泉林水畔，望着昼夜流淌不息的泉水，发出了"逝者如斯夫，不舍昼夜"的千古浩叹。北魏地理学家郦道元曾到泗水考察泗河之源。李白足迹遍及泗河两岸，并留下"秋波落泗水，海色明徂徕"的佳句。朱熹"胜日寻芳泗水滨，无边光景一时新。等闲识得东风面，万紫千红总是春"的诗篇，千古传诵。

五、研学适用对象

此研学活动适应小学高年级至高中学生。
可根据学龄层次调整研学活动内容和学习任务。

六、行程安排

第一天：到达研学目的地曲阜。研学团队驻地休息，整理内务。
第二天：尼山研学。
尼山研学，拜谒孔子出生地——夫子洞，观川亭上感受孔子临川声闻千古的一叹："逝者如斯夫，不舍昼夜！"参观尼山书院，寻访文德林、坤灵洞、中和壑等八景。
相关学科：语文、历史、文学、物理、美术、书法
研学内容及要求：
通过参观尼山上的孔子庙、尼山神庙、尼山书院，听研学导师讲述孔子

轶事，了解孔子生活背景，体悟孔子儒家思想。

第三天：曲阜"三孔"研学。

曲阜"三孔"研学，实地感受孔子杏坛讲学、开创私人讲学之风，在研学导师的引导下，体会孔子仁、义、礼、智、信的基本含义。了解孔子晚年带领部分弟子修订"六经"的轶事。

相关学科：语文、历史、文学、物理、美术、书法

［研学内容及要求］

1. 参观孔府，了解古代衙宅合一、园宅结合的典型范例。同时，学习了解孔府珍藏的大量的历史档案、传世文物、历代服饰和用具等。

2. 参观孔庙，了解全国现存仅次于北京紫禁城宫殿的巨大古建筑，也是中国古代大型祠庙建筑的典型，学习有关建筑知识，体会儒家思想在中国的深远影响。

3. 参观孔林——至圣林，了解目前世界上延时最久、面积最大的氏族墓地和人工园林，探寻其中的传说和故事。

4. 在研学导师的帮助下，选取一段对你影响最大的《论语》名句，熟读并释解其意。

第四天：孔子六艺城、孔子文化园研学。

上午，孔子六艺城研学。在研学导师的引导下，了解和体验孔子一生崇尚和倡导的"礼、乐、射、御、书、数"六艺。

相关学科：语文、历史、文学、体育、美术、书法、品德

［研学内容及要求］

1. 文化体验"礼、乐、射、御、书、数"六艺。披绶带、游泮礼、过泮桥、习周礼，了解体会"礼"的重要意义。

2. 习书法，诵论语。在杏坛讲学场景中和孔子七十二贤弟子一同聆听教诲，诵读论语经典语句，做春秋时期鲁国学子。

3. 在六艺城射厅亲身体验射的乐趣。

4. 乘坐御车，跨越时空，探寻圣迹，重走孔子当年周游列国的历程，追思先哲探寻真理的艰辛。

5. 欣赏孔子艺术团的精彩演出，领悟儒家关于修身、齐家、治国、平天下的道理。

下午，孔子文化园研学。在研学导师的指导下，重点学习熟读《论语》相关内容，体验书法、碑刻等不同载体形式，欣赏古典园林景观、参观堂、楼、厅、榭、亭、台、廊等园内仿古建筑，感受古代传统文化氛围。

相关学科：语文、历史、文学、体育、美术、书法、品德

［研学内容及要求］

在研学导师的引导下，了解金石篆刻、拓片、古琴和茶艺的相关知识，并进行实地考察、欣赏和品尝。

第五天：邹城"三孟"研学。

在研学导师的指导下，参观亚圣府、庙、林，了解和欣赏古代建筑风格和建筑特点，研读《新建孟子庙记》碑碑文，感受亚圣治学氛围。

相关学科：语文、历史、文学、物理、美术、书法

［研学内容及要求］

1. 参观孟府，了解这所规模宏大、保存较为完整、较为典型的官衙与内宅合一的古建筑群，感知孟子治学氛围。

2. 参观孟庙，了解宋元至明清时期的中国古建筑特色。

3. 参观孟林，解读林内《新建孟子庙记》碑文。

4. 在研学导师的帮助下，诵读《孟子·尽心》中你最为欣赏的名句，并释解其意。

秦淮风情览胜

——江苏秦淮研学旅行课程方案

一、研学活动目的

上有天堂，下有苏杭。以"南京—苏州—无锡"为主场的秦淮研学线，既有厚重的红色文化和丰富的人文历史，又有水乡风情、传统园林及非遗传统，同学们在此次研学活动中能够感受南京的革命传统，参观历史古迹，体会苏州园林的建筑美学和精致景观；在紫金山天文台了解天文科学研究，在夫子庙体验传统文化仪式；品尝秦淮风味小吃，参与非遗手工制作。收获关于秦淮风土人情、历史文化的满满干货和乐趣。

二、研学活动设计

活动主题：历史民俗与人文美学之旅
活动宗旨：课本拓展、历史知识、科学精神、艺术美学、社会责任
活动时间：执行研学手册时间表
活动地点：南京、苏州、无锡

三、研学活动亮点

亮点一：历史人文

南京作为六朝古都，历史人文底蕴深厚，本次研学寻访钟山、江南贡院、孙权纪念馆、总统府、阅江楼等历史遗迹，感知中华发展脉动，激发家国情怀。

亮点二：科学精神

走进紫金山天文台，了解天文科学家们的工作科研环境，参与小课题研究，做一个仰望星空、脚踏实地、勇于探索的新时期少年。

亮点三："非遗"民俗

夫子庙"问礼、赏景、体验汉服"，感受汉文化之美，品尝秦淮特色小吃，跟随民间艺人学习非遗手作。

亮点四：建筑美学

寻访苏州园林与周庄古镇，在老师的引导下感受江南水乡传统建筑形态与园林景观之美，尝试以自己擅长的形式歌颂、描摹建筑园林之美。

亮点五：社会调查

主题式学习穿插旅行之中，在周庄古镇调查旅游对当地居民的影响，树立同学们的独立人格、独立思考、社会责任品格。

四、研学目标

本次研学旅行以南京地区为重点，引导学生走进紫金山天文台，在科学家身边学科学，感受钟山的自然风光，体验特色鲜明的金陵文化；考察江苏著名历史、人文和自然景观，如拙政园、虎丘、朱自清故居、北固山、瘦西湖等，多方面感受、体验吴文化和淮扬文化，丰富学生的人文底蕴。具体为：

1. 走进紫金山天文台，在科学家身边，听科普讲座，触摸陨石，学习使用天文望远镜观测太阳、月球、木星等，完成小课题研究，体验科学研究的过程，激发学科学、用科学的热情，培养勇于探索、实事求是的科学精神。

2. 考察南京博物馆、苏州博物馆、扬州八怪纪念馆、秦淮河—夫子庙、玄武湖、拙政园、虎丘、狮子林、瘦西湖、个园、何园、周庄、朱自清故居、中国泥人博物馆、镇江醋文化博物馆、中国丝业博物馆，感受金陵文化、吴文化、民俗艺术文化、工商业文化，加深对多元文化的认识和理解。

3. 走访侵华日军南京大屠杀遇难同胞纪念馆、中山陵、总统府，感受近现代革命文化，激发爱国主义情感。

4. 参观江南贡院、阅江楼、明孝陵、东吴大帝孙权纪念馆、北固山、西津渡、南京大学，加深对历史文化、名山古寺文化和现代文化的理解。

五、研学导航

（一）民俗文化之旅

研学地点一：秦淮河—夫子庙

研学点简介：秦淮河是南京的"母亲河"，是孕育金陵古老文化的摇篮。夫子庙—秦淮河景区以夫子庙古建筑群为中心，以十里内秦淮河为轴线，东起东水关公园，西至西水关公园（今水西门）。南京夫子庙即孔庙，始建于宋，是祭祀我国著名教育家、思想家孔子的地方。夫子庙建筑群主要由孔庙、学宫、江南贡院组成。孔庙虽始建于宋，但随着时代变迁，现在则更富有明清色彩。以大成殿为中心，从照壁至卫山南北成一条中轴线，左右建筑对称配列，四周围以高墙，配以门坊、角楼。

相关学科：历史、地理、语文、美术、劳动技术

[研学内容及要求]

1. 参加"南京夫子庙大成殿——问礼、赏景、体验汉服"活动，了解汉文化，学习汉家礼仪乃至华夏礼仪基础知识；祭拜孔夫子，探索儒家文化；穿汉服拍美照，感受汉文化之美。

2. 漫步夫子庙景区步行街，品尝夫子庙风味小吃，欣赏南京剪纸、空竹、绳结、雕刻、皮影、秧歌、踩高跷等民间艺术，体验夫子庙的文化气息，古建筑厚重的历史。

3. 感兴趣的同学还可以尝试与民间艺人互动，学习一项民间艺术。

研学地点二：周庄

研学点简介：古镇周庄，春秋时期谓称"摇城"，隋唐时称贞丰里。北宋元祐元年宇文（1086 年）改名为周庄。周庄是全球十大最美小镇，全球绿色城镇，世界文化遗产预选地，首批国家 5A 级旅游景区。周庄镇为泽国，四面环水，因河成镇，依水成街，以街为市。"井"字形河道上完好保存着 14 座建于元、明、清各代的古石桥，800 多户原住民枕河而居，60% 以上的民居依旧保存着明清时期的建筑风貌。吴侬软语，阿婆茶香，橹声欸乃，昆曲悠远，"小桥流水人家"如人画卷。

相关学科：历史、地理、语文、美术、劳动技术

[研学内容及要求]

1. 参观周庄博物馆，浏览林林总总的陈列品，有镇北太史淀湖底出土的良渚文化和印纹陶文化文物，现代著名艺术家们的画作、摄影作品、工艺美术作品，一件件反映水乡先民劳动、生活、娱乐的器具用品等。在浓缩的时空中，走过悠久的历史，感受浓浓的乡情。

2. 考察周庄的古桥——双桥和富安桥，比较两座桥的结构、历史、寓意。

3. 漫步周庄，拍摄一张表现"小桥、流水、人家"景致的照片，回校后举办摄影展览。

4. 访问周庄居民，调查旅游开发对当地居民日常生活的影响。

研学地点三：中国泥人博物馆

研学点简介："惠山泥人"始于南北朝时期，距今已有一千余年的历史，明代发展到鼎盛阶段，明末清初开始出现了专业性的泥人作坊，加之当时昆曲流行，以戏曲人物为题材的手捏戏文人物也应运而生。惠山泥人以造型简练、色彩艳丽、形神兼备的风格而闻名。惠山泥人2006年被正式列入国家非物质文化遗产名录。中国泥人博物馆由世界著名建筑设计大师隈研吾设计，在建筑主题上结合惠山本土元素，具有简洁、典雅、融合古镇风貌的特性。博物馆内分序言馆、惠山泥人展示厅、中国泥人各流派展示厅、世界泥人文化展示厅以及泥人大师工作室等十多个空间。

相关学科：美术、劳动技术、历史、地理、语文

[研学内容及要求]

1. 在中国泥人博物馆通过栩栩如生的塑像，了解惠山泥人的制作过程和悠久的历史。

2. 观赏馆中具有较高艺术欣赏性和收藏价值的泥人精品，拍摄并描述一件你最喜爱的泥人作品。

3. 观察一个造型丰满、夸大头部、着重刻画表情、手工绘彩的泥人工艺品，拍照或绘制草图，回校后尝试自己用软陶设计、制作一个泥人。

4. 走进大师工作室，采访大师的成长经历，学习大师们追求卓越、精益求精的工匠精神。

(二) 历史文化之旅

研学地点一：侵华日军南京大屠杀遇难同胞纪念馆

研学点简介：纪念馆于1985年8月15日正式建成开放，是建立在南京

大屠杀江东门集体屠杀和万人坑遗址之上的遗址性历史博物馆，是全国爱国主义教育基地。景区内陈列大量独特的建筑、雕塑、历史文物和历史图片，辅以景区和平公园、胜利广场等其他具有历史文化意义的人文生态景观，形成了由历史和人文相糅合的丰富资源。

相关学科：历史、语文、道德与法治、美术、信息技术

[研学内容及要求]

1. 参观侵华日军南京大屠杀史实展，详细了解南京大屠杀的历史真相，铭记历史，警示未来。

2. 参观"三个必胜"主题展，了解中国人民抗日战争的伟大胜利史，激发参观者爱国热情，树立维护和平、圆梦中华的坚定信念。

3. 在悼念广场寻找南京大屠杀见证人的资料，理解这些文物是用震撼心灵的形式表达对30多万遇难同胞的永恒悼念和对侵华日军侵略暴行的无情揭露。

4. 参观纪念馆的三期工程"和平之舟"，了解其设计理念——既体现南京大屠杀"悲愤"的主题，又融入了"和平"的要素。

5. 选择自己喜欢的形式（写短文或散文、诗歌、绘画等），表达自己的感悟。

研学地点二：钟山

研学点简介：钟山位于南京城东，自古被誉为"江南四大名山"之一，有"钟山龙蟠"之美誉。景区面积31平方千米，其间山、水、城、林浑然一体，自然景观丰富优美，文化底蕴博大深厚，中山陵、灵谷寺、明孝陵三大核心景区分布着各类名胜古迹200多处。其中，明孝陵是世界文化遗产，还有全国重点文物保护单位15处，省市级文物保护单位31处，荣获"国家风景名胜区""5A级旅游景区"等称号。

相关学科：历史、语文、美术、地理、生物、道德与法治

[研学内容及要求]

1. 踏访明孝陵，欣赏其石刻艺术和建筑艺术，了解与其相关的诗文艺术和礼仪文化。参观明孝陵博物馆《大明孝陵》主题展厅、360度环幕影院、明代织锦馆、洪武大明贡茶茶艺馆等，从多个角度了解明太祖朱元璋的传奇人生，领悟明文化的深厚内涵。

2. 中山陵是中国伟大的民主革命先行者孙中山先生的陵墓，怀着崇敬的心情拜谒中山陵，关注孙中山手书的"博爱"、"天下为公"、"天地正气"、《建国大纲》全文以及孙中山纪念馆中的文物和史料，了解孙中山先生的伟大功绩和高尚人格，学习他的爱国主义精神，增强历史文化底蕴。

3. 中山陵是中西建筑艺术完美融合的典范,参观藏经楼时注意观察发现其中的中国古建筑风格的元素。

4. 参观东吴大帝孙权纪念馆,从陈列中了解孙权与三国、孙权与南京、孙权与钟山的东吴历史;关注体现出东吴建筑文化主题的纪念馆的建筑布局和形式,发现汉代建筑的古朴雄浑,理解古都南京厚重的文化积淀。

5. 考察钟山的古树名木资源,寻找国家级保护植物及濒于灭绝的珍稀树种,如秤锤树、红果榆、千头赤松等,认识古树名木的观赏价值以及历史、生物、环保等各方面的科研价值。

研学地点三：江南贡院(科举博物馆)

研学点简介：中国古代最大的科举考场——江南贡院,不仅是中国封建科举制度的"千年化石"和兴盛成败的历史见证,而且带来了人文、商贸的聚集,形成南京古都的繁华荣景。江南贡院始建于南宋孝宗乾道四年(1168 年)明清鼎盛时期,是中国历史上最大的科举考场,可同时容纳 20644 名考生参加考试。江南贡院为中国历史社会的发展提供了大量的优秀人才,从江南贡院走出的名人包括陈独秀、方苞、唐伯虎等,林则徐、曾国藩等清代重臣也曾在江南贡院担任过主考官。中国的科举制度对世界人才管理制度影响深远,如今西方国家所采用的文官制度便是成功借鉴了中国科举制度的典范。

科举制度自隋创立、唐完备、宋改革、元中落、明鼎盛至清灭亡,历时逾千年。数不清的中国读书人在科举的道路上,以经史子集为本,以"学而优则仕"为纲,穷其一生,竭尽全力,换取仕途功名。科举之利弊,自有众人评说,然而它确实又是我们一段不可或缺的历史,其影响依然可以从当今高考等各类考试中窥见一斑。南京科举博物馆便是在江南贡院的旧址在建成的。

相关学科：语文、历史、道德与法治、地理、数学、信息技术

［研学内容及要求］

1. 以探宝的心态参观新设计的埋藏在地下的科举博物馆,它以刻满历代状元名录的魁星堂为核,以刻满经史子集文字的石墙为皮,以科举的历史变迁分层,将科举的千年历史收藏其间。在这个历史宝匣中漫步,了解科举制度,体验当年科举路途的艰辛。

2. 在数码馆观看《科举图录》《科举旧影录》以及馆藏文物的照片,直观了解科举史迹。以小组形式在多人共玩互动桌旁开设"科举学堂",以抢答的游戏形式学习科举知识,激发对千年科举的关注与兴趣。

3. 在电影厅观看主题影片,了解江南贡院的辉煌历史以及科举的渊源、更迭等,领悟科举文化在当代的价值。

4. 在科技艺术互动作品《观榜大发现》旁开展小组学习,在互动体验中了

解《观榜图》精粹,加深对我国科举文化的理解;推测作品中运用了哪些先进的科技展示手段。

研学地点四:总统府

研学点简介:总统府,迄今已有六百多年的历史,现在已成为中国最大的近代史博物馆。1840年鸦片战争至1949年南京解放的一百多年里,作为中国近现代政治中心的南京,这里多次成为中国政治军事的中枢和重大事件的策源地,中国一系列重大事件或在这里发生,或与这里密切相关,一些重要人物都在此活动过。这一建筑群,成为近代中国历史的重要遗址。现已列为全国重点文物保护单位,国家4A级旅游景区。

相关学科:历史、道德与法治、语文、地理、美术、信息技术

[研学内容及要求]

1. 参观"革命的先行者孙中山"展、观看总统府拍摄的《革命的先行者孙中山》历史资料片,了解孙中山先生的革命生涯,学习他的爱国主义精神,增强历史文化底蕴。

2. 游览总统府中保留了江南古典园林格局的熙园,欣赏亭台楼阁、小桥流水构成的中式园林之美,领悟"以有形之山水亭台来表现无形之诗情画意"的造园之理。

3. 拍摄若干张照片或用绘画、写散文、写诗歌等方式,描绘自己心目中最能体现熙园特色的景象。

4. 利用导览图自主寻找总统府各处的历史遗迹,探索其与重大事件或重要人物的关联,了解六百多年总统府的历史沿革。

研学地点五:阅江楼

研学点简介:阅江楼景区有阅江楼、玩咸亭、古炮台、孙中山阅江处、五军地道、古城墙、地藏寺、五色土、静海寺等三百余处历史遗迹,是一个融人文景观与自然景观于一体的全国知名旅游胜地。阅江楼坐落于狮子山巅,山高78米,楼高52米,阅江楼主体建筑面积四千余平方米,外观4层暗3层,共7层。阅江楼巍峨壮观、气势磅礴,以其独特的魅力展示在人们面前。

相关学科:语文、历史、美术、数学、信息技术、劳动技术

[研学内容及要求]

1. 参观阅江楼,了解阅江楼的历史渊源。

2. 考察阅江楼的建筑特点和明代建筑风格,了解阅江楼主体与其他附属建筑为"1"形的平面设计特点和这些数字传递出古建筑文化中数字的象征和表意功能。

3. 朗读《阅江楼记》,了解具有传奇色彩的"有记无楼"的历史渊源,增强

历史文化底蕴。

4. 登上滨江而居的阅江楼，观赏大江风光和金陵全景，赞叹设计者为其选定了独特的地理位置，以致有如此优越的观赏视角。

5. 尝试用绘画、写诗歌的方式描绘自己心中的阅江楼。

6. 尝试运用信息技术、3D打印等方式制作出阅江楼的模型。

研学地点六：玄武湖

研学点简介：玄武湖为古都南京国家重点公园，名胜古迹荟萃。著名的历史文化人物郭璞、李白、王安石、郭沫若等，都曾在此留下身影，至今尚有遗迹与诗篇。5.02平方千米，其中湖面积3.78平方千米，陆地面积1.24平方千米。湖中分布着各具特色的五块绿洲，五洲之间，桥堤相通，别具其胜，山水城林相融之美彰显。

相关学科：历史、道德与法治、语文、地理、美术、生物、信息技术

［研学内容及要求］

1. 考察玄武门和玄圃，了解其历史背景。

2. 在不同季节游览五洲，观赏"樱洲花海""梁洲秋菊""翠洲云树"等美景，陶冶情操，养成文明休闲的习惯。

3. 尝试用写诗歌、写散文、绘画、拍照等自己喜欢的方式描绘自己心中的美景。

4. 选择一个历史遗迹深入研究，制作PPT，讲述相关故事。

研学地点七：拙政园

研学点简介：拙政园始建于明正德初年(1506年)，距今已有五百多年历史，是江南古典园林的代表作品。1997年被联合国教科文组织批准列入《世界遗产名录》。拙政园是苏州现存最大的古典园林，全园以水为中心，山水萦绕，亭榭精美，花木繁茂，充满诗情画意，具有浓郁的江南水乡特色。园南还建有苏州园林博物馆，是国内唯一的园林专题博物馆。

相关学科：语文、地理、美术、生物、信息技术、研究性学习

［研学内容及要求］

1. 游览拙政园，欣赏亭台楼阁、小桥流水构成的中式园林之美，领悟"以有形之山水亭台来表现无形之诗情画意"的造园之理。

2. 匾额是中华民族独特的民俗文化精品，拍摄园中的匾额，品鉴每块匾额的书法和含义，尊重中华民族的优秀文明成果，增强文化自信。

3. 尝试用写诗歌、写散文、绘画、拍照等自己喜欢的方式描绘自己心中的美景。

4. 选择自己喜欢的有关拙政园的诗词，在园中吟诵。

5. 抄录并朗读拙政园中的楹联,在实际场景中体验楹联的音韵和谐,语言精练,简明、准确、形象、生动地"达意传神"。

6. 听讲解,了解恢复玉泉井的过程,在真实还原的场景中,从玉泉井里吊水,擦脸洗手,亲身体验旧时民居生活。

7. 参观苏州园林博物馆,了解园林历史、园林艺术、园林文化、园林传承、传统造园工艺等知识,领悟苏州古典园林的丰厚内涵和艺术魅力。

研学地点八:虎丘

研学点简介:虎丘,原名海涌山,据《史记》载吴王阖闾葬于此,传说葬后三日有"白虎蹲其上"故名。虎丘山风景名胜区,已有二千五百多年悠久历史,素有"吴中第一名胜"的美誉,虎丘占地仅三百余亩,山高仅三十多米,却有"江左丘壑之表"的风范,绝岩耸壑,气象万千,并有三绝九宜十八景之胜,宋代大诗人苏东坡有"到苏州不游虎丘乃憾事也!"的千古名言使虎丘成为旅行者的神往之地。

相关学科:历史、语文、地理、数学、美术、生物、信息技术、研究性学习

[研学内容及要求]

1. 游览虎丘风景区,观察剑池、千人石、试剑石、枕头石、孙武练兵场(孙武亭)、生公讲台(点头石)等地的特征,了解与之相关的历史故事与传说。

2. 考察驰名中外的宋代古塔虎丘塔(云岩寺塔)的建筑材料和结构,画一张过中轴的纵剖面草图展示塔的内部结构。

3. 虎丘塔已是座斜塔,用数学方法估测塔的斜度。

4. 观赏万景山庄的盆景,尝试总结苏派盆景的特点。

5. 尝试用写诗歌、写散文、绘画、拍照等自己喜欢的方式描绘自己心中的美景。

6. 虎丘是苏州民间集会的重要场所,在研学旅行时,观摩当季的民俗活动、民俗节目、花卉展览,欣赏吴地文化与江南山水完美结合的秀美画卷。

研学地点九:狮子林

研学点简介:狮子林为苏州四大名园之一,至今已有六百五十多年的历史,为元代园林的代表。1982年被定为江苏省文物保护单位。园内假山遍布,长廊环绕,楼台隐现,曲径通幽,有迷阵一般的感觉。长廊的墙壁中嵌有宋代四大名家苏轼、米芾、黄庭坚、蔡襄的书法碑及南宋文天祥《梅花诗》的碑刻作品。狮子林既有苏州古典园林亭、台、楼、阁、厅、堂、轩廊之人文景观,更以湖山奇石、洞壑深邃而盛名于世,素有"假山王国"之美誉。狮子林的湖石假山既多且精美,湖石玲珑,洞壑宛转,曲折盘旋,如入迷阵,有"桃

源十八景"之称。洞顶奇峰怪石林立,均似狮子起舞之状。有含晖、吐月、玄玉、昂霞等名峰,而以狮子峰为诸峰之首。园内建筑以燕誉堂为主。

相关学科:历史、语文、地理、美术、信息技术

[研学内容及要求]

1. 狮子林主假山历史悠久且蕴含禅意,是中国早期洞壑式假山群的唯一遗存,游览假山,体验"人道我居城市里,我疑身在万山中"的意境。

2. 比较民国所建西部假山与主假山的艺术传承及创新。

3. 匾额是中华民族独特的民俗文化精品,拍摄园中的匾额,品鉴每块匾额的书法和含义,尊重中华民族的优秀文明成果,增强文化自信。

4. 尝试用写诗歌、写散文、绘画、拍照等自己喜欢的方式描绘自己心中的美景。

5. 收集有关狮子林的诗文,选择自己喜欢的狮子林诗词,在园中吟诵。

6. 抄录并朗读狮子林中的楹联,在实际场景中体验楹联的音韵和谐,语言精练、简明、准确、形象、生动地"达意传神",同时,在美感享受中将楹联进行主动而有效的传递。

研学地点十:瘦西湖

研学点简介:瘦西湖景区为湖上古典园林,1988年被国务院列为"具有重要历史文化遗产和扬州园林特色的国家重点名胜区"。瘦西湖是一条较宽的自然河道,原名保障河,曲折的河道全长4.3公里,两岸有古典园林群、名寺古刹和古城遗址。

相关学科:历史、语文、地理、美术、信息技术、研究性学习

[研学内容及要求]

1. 欣赏徐园听鹂馆内的楠木罩隔,这是扬州现存罩隔中的精品,木雕饰中见诗礼传家。

2. 徐园听鹂馆门前的两大口铁镬是一千五百多年前的镇水神器,阅读《铁镬记》碑文(南朝梁时期的遗物),了解当年扬州冶炼业的发达和扬州经济的繁盛。

3. 徐园中有一馆、一榭、一亭,外有曲水,内有池塘,花木竹石,恰到好处,充分体现了江南园林的精巧雅致。拍摄一张包含上述景致的照片,回校后参加摄影展览。

4. 尝试用写诗歌、写散文、绘画、拍照等自己喜欢的方式描绘自己心中的瘦西湖美景。

5. 考察最具艺术美的五亭桥的结构,分析其清秀的桥身和沉雄的桥基如何配置成和谐统一的视觉效果。

研学地点十一：个园

研学点简介：个园位于扬州古城东北隅，为"全国重点文物保护单位"，是中国四大名园之一，这座清代扬州盐商宅邸私家园林，以遍植青竹而名，以春夏秋冬四季假山而胜。由两淮盐业商总黄至筠于清嘉庆二十三年（1818年）在原明代"寿芝园"的基础上拓建为住宅园林。个园以叠石艺术著名，笋石、湖石、黄石、宣石叠成的春夏秋冬四季假山，融造园法则与山水画理于一体，被园林泰斗陈从周先生誉为"国内孤例"。2005 年，个园被誉为国家 4A 级风景旅游区，2016 年个园成为首批国家重点花文化基地之一。

相关学科：历史、语文、地理、美术、生物、音乐、信息技术、劳动技术

[研学内容及要求]

1. 个园主人爱竹，按导引图游览个园可以寻找到很多与竹子相关的元素，请把它们拍摄下来，并写明你的理解。

2. 用竹叶创作一幅叶画。

3. 在个园的优美环境中，欣赏传统昆曲艺术爱好者的演唱，尝试学唱一段昆曲。

4. 尝试用写诗歌、写散文、绘画、拍照等自己喜欢的方式描绘自己心中的个园美景。

5. 登秋山，游走腾挪于尺幅之间，如历千山万壑，尽得攀登险阻之妙。

研学地点十二：何园

研学点简介：何园，原名寄啸山庄，是扬州私家园林中的压轴之作。全国重点文物保护单位，国家 4A 级旅游景区，并与北京颐和园、苏州拙政园同时被评为首批全国重点园林。何园以其建筑特色之冠——享有"天下第一廊"美誉的 1500 米复道回廊构成园林建筑四通八达之利与回环变化之美，在中国园林中绝无仅有，被业内专家称为中国立交桥的雏形；片石山房"天下第一山"，是画坛巨匠石涛和尚叠石的"人间孤本"。

相关学科：历史、语文、美术、信息技术

[研学内容及要求]

1. 考察复道回廊，画图分析其结构设计的精巧之处。

2. 漫步何园，回廊曲折，廊的东南两面墙上开有什锦洞窗和水磨漏窗，复道行空，体验绕廊赏景、步移景异。

3. 尝试用写诗歌、写散文、绘画、拍照等自己喜欢的方式描绘自己心中的何园美景。

4. 观察并欣赏片石山房的石块拼镶技法之精妙——拼接之处有自然之势

而无斧凿之痕。

5. 听导游讲解，结合行前网站检索，了解何园历史。

研学地点十三：北固山

研学点简介：北固山在镇江东北，北峰三面临江，石壁嵯峨，山势险固，故名北固。梁武帝登此山曾写下"天下第一江山"六字，遂有"天下第一江山"之称。北固山以险峻著称，因三国故事而名扬千古，主峰濒临大江，山势险固，甘露寺高踞峰巅，形成"寺冠山"特色，这里的亭台楼阁、山石涧道，很多都与三国时期孙刘联姻等历史传说有关。

相关学科：语文、历史、地理、美术、音乐、信息技术

[研学内容及要求]

1. 阅读《三国演义》第54回"吴国太佛寺看新郎　刘皇叔洞房续佳偶"，登上北固山，寻访三国遗迹。

2. 欣赏京剧《甘露寺》这一传统剧目，了解乔玄"劝千岁"唱词中的几位英雄人物。

3. 祭江亭，古称北固亭，亭下石壁悬江，登亭放目，四周的水色山光尽收眼底，吟诵南宋爱国词人辛弃疾流传千古的佳作《南乡子·登京口北固亭有怀》。

4. 考察北固山的重要文物"卫公塔"，了解其历史，仿照塔基（即莲花座）和塔身上的精美图案，绘制云水纹、莲瓣双雀、游龙戏珠等图案，感受我国古代劳动人民高超的冶铁技艺。

5. 多景楼是北固山风景的最佳处，登楼远眺，尝试用写诗歌、写散文、绘画、拍照等自己喜欢的方式描绘眼中的美景。

研学地点十四：西津渡

研学点简介：位于镇江城西的云台山麓，是依附于破山栈道而建的一处历史遗迹。西津渡古街是镇江文物古迹保存最多、最集中、最完好的地区，是镇江历史文化名城的"文脉"所在。这里共有文物保护单位12处，其中国家级文物西津渡保护单位3处，省级文物保护单位38处。

相关学科：历史、语文、美术、信息技术

[研学内容及要求]

1. 参观镇江博物馆，了解镇江三千年悠久历史和丰厚的文化底蕴。

2. 观察原英国领事馆建筑形制，绘图表达拱券廊式建筑的特点。

3. 漫步伯先路民国文化街，分辨西洋建筑、中西合璧式建筑、中国古典民族风格建筑等，并拍摄照片。

4. 西津渡救生会是世界上最早的民间救生机构，探访西津渡救生会旧址，

认同慈悲救世的古渡文化。

5. 登上云台阁四楼，360度无遮挡看尽镇江城全貌，尝试用写诗歌、写散文、绘画、拍照等自己喜欢的方式描绘心中的美景。

（三）青春励志之旅

研学地点：南京大学

研学点简介：南京大学坐落于钟灵毓秀、虎踞龙盘的金陵古都，是一所历史悠久、声誉卓著的百年名校。1994年，南京大学被确定为国家"211工程"重点支持的大学；1999年，南京大学进入国家"985工程"首批重点建设的高水平大学行列。当前，南京大学提出了"办中国最好的本科教育"的奋斗目标，坚持"学科建设与本科教学融通，通识教育与个性化培养融通，拓宽基础与强化实践融通，学会学习与学会做人融通"的人才培养理念，不断深化创新人才培养机制改革，积极为社会各行各业培养具有创新精神、实践能力和国际视野的未来领军人才和拔尖创新人才。格物致知、追求真理的科学精神和传统成为南京大学办学最重要的特色。

相关学科：语文、历史、道德与法治、美术、化学、生物、研究性学习

［研学内容及要求］

1. 游览南京大学，了解南京大学著名学者的风范，感受校园内浓厚的学术氛围，激发努力学习、积极向上的进取心。

2. 考察南京大学鼓楼校区的重要历史建筑，分析南京大学中西合璧的建筑之美，感悟历史的沧桑与厚重。

3. 参观南京大学校史博物馆，从南京大学历史中不同时期的照片、史料、实物、模型、录像及海内外校友为南大百年庆典捐赠的礼品和题字中，感悟南大百年深沉的文化底蕴、一脉相承的优良学风和催人奋进的南大精神。

4. 在南京大学校园内以小组为单位开展寻访本校学生的活动，与他们面对面交流，全面了解学校的校园文化、专业设置、招生计划、大学生活、社团活动、毕业出路等多维度信息，为自己的学业规划做准备。

（四）文化博览之旅

研学地点一：南京博物院

研学点简介：南京博物院坐落于南京市紫金山南麓，中山门内北侧，占地七万余平方米，是我国第一座由国家投资兴建的大型综合类博物馆。总建

筑面积84800平方米，展厅面积26000平方米，形成历史馆、艺术馆、特展馆、民国馆、数字馆、非遗馆等"一院六馆"格局。现拥有各类藏品43万余件（套），上至旧石器时代，下迄当代，既有全国性的，又有江苏地域性的；既有宫廷传世品，又有考古发掘品，还有一部分来源于社会征集及捐赠，均为历朝历代的珍品佳作，可以说是一座巨大的中华民族文化艺术宝库。

相关学科：历史、地理、语文、美术，音乐、信息技术、劳动技术

[研学内容及要求]

1. 参观历史馆中的"江苏古代文明展"，穿越时空，全方位了解江苏地区古代文明的发展历程；通过见证历史发展的文物与标本，探索江苏经济发达、文化繁荣的特色，体会传统、文化与艺术的魅力。

2. 欣赏艺术馆中的"历代书法陈列展"陶冶性情，提升气质，提高艺术修养。临摹一篇你最喜爱的书法作品。

3. 参观江苏民俗展，了解苏南地区儒雅精致的吴地民俗、苏北地区勇武而不失庄重的徐淮民俗、苏中地区刚柔相济的淮扬民俗、苏东海洋文化的殊风异俗。从中各选出一种民俗，做PPT，回校后向其他人做介绍。

4. 关注江苏省丰富的国家级非物质文化遗产，尊重中华民族的优秀文明成果，增强文化自信。在大师工坊里，近距离感受国家级非物质文化遗产传承人的魅力，积极参与到与传承人师徒的互动之中，学习一种传统美术或传统手工技艺；在茶社，欣赏江苏省表演类非遗项目和品味江苏省饮食技艺类非遗项目。

5. 在数字馆参与现场互动，体验网络科技带给我们的古代文明发展历程，激发对多媒体、数字技术的好奇心。

6. 选购一种自己喜欢的文创作品，将其与博物院中珍藏的文物做比较；尝试设计一件文创作品，发展创新思维。

研学地点二：苏州博物馆

研学点简介：苏州博物馆是苏州文物收藏、保护、研究、展示、教育中心，馆藏文物4万余件，尤以历年考古出土文物、明清书画、工艺品见长。此外，苏州博物馆还收藏有古籍善本725种3128册，普本28501种91754册，为全国古籍重点保护单位。

相关学科：历史、地理、语文、美术、音乐、信息技术、劳动技术

[研学内容及要求]

1. 考察苏州博物馆的建筑与周边环境，感受这座彰显经典文化气质与鲜明地域特征的博物馆。

2. 参加博物馆课程："画出吴门：我向大师学山水""传统图案的类型与寓

意""凉风习习画苏扇",表达审美情趣、生命意识、民族性格,体验传统、文化与艺术的魅力。

3. 参观民俗博物馆,了解苏州的节令民俗、吉祥民俗与育子民俗等传统民俗文化,从中选出一种民俗,做成PPT,配上照片,回校后向其他人做介绍。

4. 参观博物馆中基本陈设之一"吴中风雅",从中领略苏州物质文化与消费生活的城市印象。

5. 选购一种自己喜欢的文创产品,将其与博物院中珍藏的文物做比较;尝试设计一件文创作品,发展创新思维。

(五)自然科学之旅

研学地点:紫金山天文台

研学点简介:紫金山天文台是我国自己建立的第一个现代天文学研究机构,被誉为"中国现代天文学的摇篮",是以天体物理和天体力学为主要研究方向的研究所。紫金山天文台是我国开展天文科学普及的重点单位、国家科普基地的挂牌单位。在南京紫金山天文台科研科普园区、盱眙铁山寺风景区等地建设了5个天文科普园区,面向社会公众开展天文科普教育。

相关学科:数学、物理、地理、语文、信息技术、劳动技术

[研学内容及要求]

1. 听科研工作者讲关于太阳、月球、木星、陨石、人类太空探索等主题的科普讲座,学习太空知识,了解古人对太阳的观测研究以及最新的太阳物理研究进展,开阔视野,激发学习天文学的热情。

2. 在科研工作者指导下,通过开展天文观测,完成探索认识宇宙奥秘的"小课题"。培养勇于探索、实事求是的科学精神。

3. 用日珥镜观测太阳的色球层。观看太阳科研卫星对太阳活动的观测视频,了解太阳上的"地震""火山""龙卷风""海啸"以及这些活动会对地球上的电网、通信、卫星等高科技设施造成影响,引起这些设备的故障,对我们的社会产生危害,甚至蒙受巨大损失,理解空间预报的重要性。

4. 触摸陨石样品,看研究陨石的科研设备,听科研工作者关于陨石知识的科普报告,从而清晰认识到陨石的科研价值。

5. 仰望星空,分辨出狮子座、双子座、北斗七星等星座,了解不同季节星空变化的特征和原理。用星图软件学习星空知识。

6. 学习望远镜的原理,用天文望远镜观测月亮、木星以及4颗伽利略卫

星，探索星空，遐想宇宙的奥妙。

（六）名人故居之旅

研学地点：朱自清故居

研学点简介：朱自清故居建于清代，是扬州典型的三合院，薄砖细瓦构建的门堂、天井、厢房，清漆修饰的窗栏、案几、条桌、橱柜、大床生动地再现了当年朱自清家庭生活的场景。用以荷塘之色雕镂出古城夏日，看佩弦（朱自清字佩弦）文风隐约出故乡的背影。故居现陈列着朱自清当年用的部分家具和手稿。目前是国家级重点文物保护单位、爱国主义教育基地和小公民示范基地，并作为名城保护的历史街区景点对外开放。

相关学科：语文、历史、道德与法治、美术

［研学内容及要求］

1. 参观朱自清故居，目睹屋中陈列的朱自清生前遗物，感受朱自清的生活痕迹，想象当年朱自清与家人的生活场景，关注朱家处处留存的书香传承。绘画或拍照记录印象最深的一处场景。

2. 参观故居中"朱自清生平事迹展"，全面了解他光辉的一生，抄写或拍照给你触动最大的文字，励志学习朱自清先生，做一个有骨气的中国人。

3. 在故居诵读《春》《荷塘月色》《背影》，品味朱自清散文中深厚的吴越文化情愫和"怀乡情结"。

（七）艺术殿堂之旅

研学地点：扬州八怪纪念馆

研学点简介：扬州八怪纪念馆是宣传和弘扬扬州八怪艺术成就的专业纪念馆。主展厅是现存古建筑明代的楠木大殿、东西廊房及珍品陈列厅，陈列有"八怪"书画及扬州书画家代表作，供游客品赏。还有金衣寄居室复原陈列，展现古人书画创作生活的景象。

相关学科：语文、历史、道德与法治、美术、劳动技术

［研学内容及要求］

1. 考察楠木大殿的结构，参考文献资料，归纳楠木梁架的特色，回校后制作该梁架模型。

2. 观察楠木大殿中的彩绘，比较明代早期彩绘风格与宋代彩绘风格之不同。

3. 参观主展厅的展陈，了解扬州八怪的成因及艺术成就，增强文化积淀。
4. 观赏东西廊房陈列的"扬州八怪"书画，分辨每位书画家个性创作的特点，理解扬州八怪的大胆创新之风对中国文化所产生的影响。

(八)饮食文化之旅

研学地点：中国镇江醋文化博物馆
研学点简介：中国镇江醋文化博物馆在"青砖小瓦马头墙，回廊挂落花格窗"的江南民居式建筑内，为我们全面展示世界和中国的食醋起源及流派分布，实景呈现传统香醋制作的全过程。走进展馆，我们将多视角领略镇江乃至世界醋文化史；循着醋香，我们将全方位品味时尚健康的"醋"生活。
相关学科：化学、语文、历史、生物、劳动技术
[研学内容及要求]
1. 参观醋史馆，从形态各异的"醋"字演变开始，了解从北魏至清代中国醋的文化和演变历程；通过互动视频详尽了解中国醋的各种流派、世界醋的种类以及中国醋的知识。
2. 观看老作坊中传统手工制醋的各个工序，与现代机械流水线的制醋方式做比较，了解从粮食到醋的化学变化过程。
3. 品尝原味醋、苹果醋、蜂蜜醋等，以及用醋做的衍生品（醋派、醋豆），品味醋文化。
4. 在体验馆内，动手制作一款有自己肖像的商标，张贴在香醋瓶上带回家。

(九)丝都文化之旅

研学地点：中国丝业博物馆
研学点简介：中国丝业博物馆由清华大学规划设计，占地面积近万平方米，是以无锡南长区永泰丝厂原有建筑为基础建成的，它全面展示了中国丝绸业和"丝都"无锡的辉煌历史，也见证无锡在中国丝业历史上承前启后的作用。
相关学科：历史、语文、生物、美术
[研学内容及要求]
1. 参观中国丝业博物馆，全面了解中国丝绸文化、中国丝绸业发展走过的辉煌历程，管窥中国民族工商业百年繁华。

2. 讲述"嫘祖始蚕"的故事，用简笔画描述养蚕和蚕吐丝作茧过程。

3. 在馆中我们能看到一套完整反映缫丝流程的机械设备，请描述用它们抽丝剥茧的过程。

4. 在珍宝荟萃区域欣赏美轮美奂的丝织品，尝试自己设计一款丝巾图案。

六、研学适用对象

此研学活动适应小学高年级至高中学生。

在具体活动安排上可根据学龄层次调整研学活动内容和学习任务。

七、行程安排

江苏秦淮地区范围比较大，涉及南京、苏州、扬州、无锡、镇江等多个城市。该地区交通便利，以南京为中心，多可当天往来，所以研学活动可根据具体情况选择研学点和具体行程。

亲历人文徽州

——徽州文化研学旅行课程方案

一、研学活动目的

在研学导师的带领下，通过亲历人文徽州，探访徽州的古村落、祠堂、牌坊、老街、古城等历史文化遗存，体验徽州古法造纸、采茶制茶等传统工艺；游览风景秀丽的黄山，漫步休宁状元博物馆，深刻体察并深度感知徽州文化广博深邃的内涵，探究徽州文化在中国传统文化中的地位和影响，增强对中国悠久历史文化的自豪感。

二、研学活动设计

活动主题：徽州文化研学

活动宗旨：感悟文化民俗、领略自然风光，解读古代状元成才之路，夯实文化自信之基，增强追梦圆梦信念

活动时间：执行研学手册时间表

活动地点：

1. 黄山市

黟县(宏村)—歙县(棠樾牌坊群、鲍家花园、歙县古城)—屯溪区(中国徽州文化博物馆、屯溪老街)—黄山—徽州区(谢裕大茶叶博物馆)—休宁县(中国状元博物馆)

2. 宣城市

泾县(古法造纸)

徽州是中国历史上的经济文化重地，它既是一个地理概念，也是一个历史、文化概念。徽州文化是一个极具地方特色的区域文化，其内容广博深邃，包括徽州土地制度、徽商、徽州宗族、徽州历史名人、徽州教育、徽州科技、新安理学、新安医学、徽派朴学、徽州戏曲、新安画派、徽派篆刻、徽派版

画、徽州工艺、徽州刻书、徽州文献、徽州文书、徽派建筑、徽州村落、徽州民俗、徽州方言、徽菜、徽州宗教、徽州地理、徽州动植物资源等，涉及徽州经济、社会、教育、学术、文学、艺术、工艺、建筑、医学等诸学科，凡与徽州社会历史发展有关的内容，都属徽州文化范畴，它全息包容了中国封建社会后期民间经济、社会、生活与文化的基本内容，被誉为是中国封建社会后期的典型标本，徽学与敦煌学、藏学一同被誉为中国三大地域文化，尤其是泾县古法造纸享誉全球。本次研学将带领同学们走进徽州，与徽州文化进行零距离对话。

三、研学目标

1. 参观宏村、棠樾牌坊群、鲍家花园、屯溪老街、歙县古城、徽州博物馆，多角度感受和认识徽州文化内涵与价值。

2. 攀登黄山，欣赏黄山壮丽景色，考察黄山峰林地貌、冰川遗迹等特殊的地质景观以及黄山特有的动植物，激发科学探索的热情，培养保护自然生态环境的意识。

3. 参观谢裕大茶叶博物馆，体验古法徽茶制作，考察泾县古法造纸，了解和感受徽州传统手工艺的魅力，积极为非物质文化遗产传承献计献策。

4. 走进中国状元博物馆，了解中国古代读书人勤学苦读的故事，激发勤奋学习、积极向上的进取精神。

四、研学导航

（一）历史文化之旅

研学地点一：宏村

研学点简介：宏村位于安徽省黟县东北部，整个村依山傍水而建，村后以青山为屏障，是国家首批12个历史文化名村之一。2000年，宏村被联合国教科文组织列入了世界文化遗产名录。宏村风光秀丽，山水掩映，粉墙黛瓦，古朴素雅，融自然风光和人文景观为一体，构成了一幅天然人文山水画，被誉为"中国画里乡村"。全镇完好地保存了明清民居一百四十余幢，主要景点有：南湖春晓、书院诵读、月沼风荷、牛肠水圳、双溪映碧、亭前古树、雷岗夕照等。宏村历史文化底蕴深厚，是徽州文化的一个重要展示窗口。宏村主体民族是汉族，截至2015年底，有6018户，总人口1.86万。

相关学科：历史、地理、语文、美术

[研学内容及要求]

1. 考察宏村明清古民居，被称为民间故宫的"承志堂""培德堂"，徽商故里的"三立堂""乐叙堂"以及保存完整的"南湖书院"等重要文物，了解宏村的历史及文化。

2. 考察宏村古水系：水圳、月沼和南湖，从宏村的选址、"牛"字形结构布局的角度分析古村镇规划的精巧之处。

3. 参观宏村古建筑，分析徽派建筑的风格特点；欣赏建筑中的特木雕、石雕、砖雕装饰，感受其鲜明的艺术特色和精湛的技艺。

4. 以诗歌、散文或诗配画等多种形式描绘自己心目中的古村落——宏村。

研学地点二：棠樾牌坊群

研学点简介：棠樾牌坊群，是一种门洞式的、带纪念性的独特建筑物，是由棂星门衍变而来，位于安徽省歙县郑村镇棠樾村东大道上，为明清时期古徽州建筑艺术的代表作。棠樾牌坊群共有 7 座牌坊依次排列，明代 3 座，清代 4 座，整体勾勒出封建社会"忠孝节义"伦理道德的概貌。7 座牌坊的来历分别为：

鲍灿孝行坊，建于明嘉靖初年。牌坊额题"旌表孝行赠兵部右侍郎鲍灿"。据《歙县志》记载：鲍灿读书通达，不求仕进，其母两脚病疽，延医多年无效。鲍灿事母，持续吮吸老母双脚血脓，终至痊愈。其孝行感动乡里，经请旨建造此坊。因鲍灿曾孙鲍象贤是工部尚书，故赠兵部右侍郎衔。

慈孝里坊，为旌表宋末处士鲍余岩、鲍寿逊父子而建。据史书记载，元代歙县守将李达率部叛乱，烧杀掳掠。棠樾鲍氏父子被乱军所获，并要二人杀一，请他们决定谁死谁生。孰料父子争死，以求他生，感天动地，连乱军也不忍下刀。明永乐皇帝诗曰："父遭盗缚迫凶危，生死存亡在一时……鲍家父子全仁孝，留取声名照古今。"后朝廷为旌表义举赐建此坊。清乾隆皇帝也曾为鲍氏宗祠题联曰："慈孝天下无双里，锦绣江南第一乡。"

鲍文龄妻汪氏节孝坊，建于清乾隆四十九年（1784 年），额刻"矢贞全孝""立节完孤"。据县志记载，汪氏为棠樾人，25 岁守寡，45 岁去世，守节 20 个春秋。

乐善好施坊，建于清嘉庆二十五年（1820 年）。据传，棠樾鲍氏家族当时已有"忠""孝""节"牌坊，独缺"义"字坊，其村鲍氏世家至鲍漱芳时，官至两淮盐运使司，掌握江南盐业命脉。他欲求皇帝恩准赐建"义"字坊，以光宗耀祖，便捐粮十万担，捐银三万两，修筑河堤八百里，发放三省军饷，此举获得朝廷恩准。于是，在棠樾村头又多了一座"好善乐施"的义字牌坊。

鲍文渊继吴氏节孝坊，建于清乾隆三十二年(1767年)。因旌表鲍文渊继妻吴氏"节劲三冬""脉存一线"而建。据县志记载：吴氏，嘉定人，22岁嫁入棠樾，时小姑生病，她昼夜护理；29岁时丈夫去世，她立节守志，尽心抚养前室之子，直至其成家立业。吴氏守寡31年，60岁辞世。

鲍逢昌孝子坊，建于清嘉庆二年(1797年)。为旌表孝子鲍逢昌而建。据记载：逢昌之父明末离乱时外出多年，杳无音信，顺治三年，逢昌才14岁，便沿路乞讨，千里寻父，终在雁门古寺与父相见，并将父请回家中。后其母重病，他又攀崖越洞，采药医治，更能割股疗母，因造此坊。

鲍象贤尚书坊，明天启二年(1622年)建。据县志记载：鲍象贤嘉靖八年进士，初授御史，后任兵部右侍郎，死后封赠工部尚书。牌记因旌表他镇守云南、山东有功而建。

棠樾牌坊群不仅体现了徽文化程朱理学的伦理道德概貌，也包括了内涵极为丰富的"以人为本"的人文历史，同时亦是徽商纵横商界300余年的重要见证。每一座牌坊都有一个情感交织的动人故事。1996年，棠樾牌坊群被列为国家重点文物保护单位。

相关学科：历史、地理、美术、国学

[研学内容及要求]

1. 参观棠樾牌坊群，了解各牌坊建造的历史，每座牌坊表彰的人物及他们的事迹，分析建造牌坊背后的历史文化和地域文化要素。

2. 分析牌坊群所处的位置及其与周围的农田、树木，池塘、河流及古桥等的相互关联，分析古代村落选址、规划、建设的思想和原则。

3. 分析棠樾牌坊群的建筑风格、建筑材料、结构特点等建筑艺术特色，欣赏牌坊上"凤穿牡丹"和"双狮戏球"等精美雕刻。

研学地点三：鲍家花园

研学点简介：鲍家花园，原为清乾隆嘉庆年间著名徽商、盐法道员鲍启运的私家花园，是典型的古徽派园林与徽派盆景相结合的中国私家园林精品，与苏州拙政园、留园、狮子林和无锡蠡园、梅园齐名。花园于清末太平天国战争期间受损，现经修复重建，成为我国最大的私家园林和盆景观赏地。鲍家花园坐落在棠樾牌坊群边，以徽派盆景为主题，同时荟萃国内外各流派盆景精华，与牌坊群景区融为一体，相得益彰，构成一幅完整的徽商故里图。

鲍家花园占地360余亩，收藏盆景作品近万盆。荟萃海内外盆景流派之精华，广纳各方花草藤木之名贵，融亭台楼阁、小桥流水于一体，为当今中国最大、最美、最具特色徽商贵族庄园，园内收藏的盆景精品更是世间稀有之珍奇，美的让人心屡震撼、叹为观止，被誉为"东方园林之母"，是盆景之

"绝唱"、园林之"离骚"。

相关学科：历史、美术、生物

[研学内容及要求]

1. 参观鲍家花园，领略私家园林的精妙风光，了解鲍氏家族兴衰的历史，以及鲍家花园建造和修复的过程，从中获得启示和借鉴。

2. 欣赏鲍家花园中徽派盆景艺术精品，了解徽派盆景从起源、发展、衰落到再度兴起、振兴的历史，并且鉴赏到我国六大盆景流派（苏派、杨派、岭南派、川派、海派、徽派）的经典之作。

3. 认识和学习盆景艺术，了解常见盆景植物特征及选材造景的基本原则，尝试自己设计制作盆景，陶冶情操，提高生活情趣和质量。

研学地点四：屯溪老街

研学点简介：屯溪老街原名屯溪街，由新安江、横江、率水河三江汇流之地的一个水埠码头发展起来的，坐落在安徽省黄山市屯溪区中心地段，北面依山，南面傍水，全长1272米，精华部分长853米，包括1条直街、3条横街和18条小巷。明弘治《休宁县志》中就已有"屯溪街"记载。清康熙《休宁县志》记载："屯溪街，县东三十里，镇长四里。"可见当时就有了相当规模。清末，屯溪茶商崛起，"屯溪绿茶"外销兴盛，茶号林立，茶工云集，各类商号相继开放，街道从八家栈逐年向东延伸，形成老街。清朝末年，屯溪老街已发展为钱庄、典当、银楼、药材、绸布、京广百货、南北货、盐、糖、日杂、瓷器、黄烟、锡箔、纸张、酒楼、饭店等行业较为齐全的繁荣市场。

老街的形成和发展，与宋徽宗移都临安（即今日的杭州）有着密不可分的联系。外出的徽商返乡后，模仿宋城的建筑风格在家乡大兴土木，所以，老街被称为"宋城"。老街建筑一直保持着传统的徽州古建筑风格，沿街共有280家店铺，大都为二层，属典型的下店上房、前店后坊形制，建筑体量有十多万平方米。老街的建筑群继承徽州民居的传统建筑风格，规划布局、建筑形式具有鲜明的徽派建筑特色，建筑体量大小相间，色彩淡雅、古朴。历史上，老街的建筑虽几经兵火、屡有重建，但风貌没有改变，仍然保留原来的结构和款式，小青瓦、白粉墙、马头墙、古色古香。老街的店面多为单开间，一般两层，少数三层，店铺之间均有马头墙封护相隔，屋面盖小青瓦。底层门面，采用木排门，卸去排门，店堂全部展示，便于营业。老街建筑物全为砖木结构，以梁柱为骨架，外实砌扁砖到顶。在挑檐、挑枋下，通常装有鹅颈轩，既起支撑、牢固作用，又起装饰效果。楼上，临街装木栏与裙板，并安置有各种花窗，十分典雅。老街的建筑平面，有沿街敞开式，也有内天井式，建筑结构有二进二厢，三进三厢，注重进深，所谓"前面通街、后面通河"往往是大店铺的格局。这种入内深邃、连续几进的房屋结构形成了屯溪老街前店后坊、前店后仓、前店后居或楼下店楼上居的经营、生活方式。老街古朴的徽派建筑艺术、优雅的文化氛围、浓郁的商业气息，使人感受到徽州文化的综合效应。

由不同年代建成的三百余幢徽派建筑构成的整个街巷，呈鱼骨架形分布，西部狭窄、东部较宽。因屯溪老街坐落在横江、率水和新安江三江汇流之处，所以又被称为流动的"清明上河图"，是中国保存最完整、最具有南宋和明清建筑风格的古代街市，也是中国全国重点文物保护单位。

屯溪老街，是目前我国保存下来的最完好的一条徽州古街，虽历经天灾人祸，几度兴衰，仍然保持着明清年代的街市情趣：茶楼酒肆、书场墨庄、匾额旗招、朱阁重檐。人们漫步在屯溪老街，仿佛领略到了15世纪中国街市的遗风余韵，屯溪老街因此被中外游人誉为"活动着的'清明上河图'"，坐落于世界自然、文化双遗产黄山的南麓，新安江的上游，位于旅游名城黄山市中心城区的屯溪老街，是称雄明清商界300年的徽商的重要发源地和大本营，在历史文化街区的保护中有典型性和代表性，并以"活动着的'清明上河图'"之美誉闻名遐迩。屯溪老街于2008年被确定为国家级文化产业示范区。

相关学科：历史、地理、美术

[研学内容及要求]

1. 游览屯溪古街，参观古街上的博物馆，了解古街的历史和变迁。

2. 考察古街的布局，分析古街鱼骨式结构形态与交通的关系，并以此为例分析古代街衢的典型走向和布局特征。

3. 漫步屯溪老街，感受明清年代的街市情趣，分析古街上宋代徽派民居的风格与特征。走进古街上的老字号，了解徽州特产及传统工艺。

研学地点五：歙县古城

研学点简介：歙县古城，又称徽州古城，古称新安郡，位于安徽黄山市歙县徽城镇中心。古城始建于秦代，自唐代以来，一直是徽郡、州、府治所在地，县治与府治同在一座城内，形成了城套城的独特风格。歙县古城分内城、外郭，有东西南北4个门，保留有瓮城、城门、古街、古巷等，城内景区包含徽园、渔梁坝、许国石坊、斗山街、陶行知纪念馆、新安碑园、太白楼等七处，古城建筑覆盖新安理学、徽派朴学、新安医学、新安画派、徽派版画、徽派篆刻、徽剧、徽商、徽派建筑、徽州"四雕"、徽菜、徽州茶道、徽州方言等徽州文化，是保存完好的中国四大古城之一。歙县古城是古徽州的政治、经济、文化中心，徽州文化的主要发祥地，徽州文化遗存的主要保存地，1986年被国务院列为国家历史文化名城。

相关学科：历史、地理、美术、语文

［研学内容及要求］

1. 游览歙县古城，查阅相关资料，了解歙县古城从秦代建立以来的历史沿革及发展变化，分析古城的发展与徽州文化之间的关系。

2. 整体考察歙县古城和徽州府衙，了解歙县古城县治与府治同在一城，城套城的独特风格，分析古代州府的建筑规制和建筑风格。

3. 游览渔梁古坝和渔梁老街，了解古代街衢、水埠和码头的风貌。

4. 漫步古城内的街巷，欣赏徽州民居、徽州版画、篆刻、石刻等民间艺术。

5. 参观太白楼和陶行知纪念馆，了解唐代诗人李白和现代教育家陶行知先生的生平事迹和相关作品，感兴趣的同学可以在太白楼上共同吟诵李白的诗句。

研学地点六：安徽中国徽州文化博物馆

研学点简介：安徽中国徽州文化博物馆是国内唯一全面体现徽州文化主题的博物馆，馆舍建筑以天人合一为主导思想，以徽州文化为基本内容、徽州地理山水为背景、徽州建筑风格为基调，形成一组多功能综合建筑及徽派风景园林。馆内基本陈列内容为徽州人与徽州文化，分为走进徽州、天下徽商、礼仪徽州、徽州建筑、徽州艺术、徽州科技六个部分；内容包括新安大好山水、徽州与徽州人、明清徽商、徽州女人、东南邹鲁、程朱阙里、徽州宗族、新安医学、科技之星、文房瑰宝、新安画派、徽派版画、徽派篆刻、徽州村落、徽州民居、徽州三雕等。博物馆馆藏极为丰富，收藏有陶瓷、砚台、徽墨、书画、徽州三雕、青铜器、玉器、杂项、古籍图书、徽州文书等各种文物近10万件(册)，其中古籍书近5万册，契约文书近3万份。馆藏的歙砚、徽墨、新安书画、徽州文献是馆内的特色藏品，馆藏的徽州文物和书籍资料是研究徽学重要的一手资料。

相关学科：历史、美术、道德与法治、科学

［研学内容及要求］

1. 参观博物馆，了解徽州文化在思想、经济、政治领域以及文化艺术方面突出的特点和成就，分析历史上徽州文化对周边地区以至全国的辐射影响。

2. 欣赏陶瓷、徽砚徽墨书画、徽州三雕等馆藏艺术品，加深对徽州民间艺术特色的感受和认识。

3. 观看馆藏的各种契约文书，了解交易文契、合同文书、私家账簿、乡规民约等在古代民间社会生活和社会历史发展中的重要作用。

4. 观看徽州科技展览，了解古代徽州在天文学、物理与工程学、生物学与农学地学方面取得的重大成就。

(二)自然风光之旅

研学地点：黄山

研学点简介：黄山位于安徽南部黄山市境内，原名"黟山"，因峰岩青黑，遥望苍黛而名。山境南北长约40千米，东西宽约30千米，总面积约1200平方千米，素有中国十大风景名胜唯一的山岳风光、天下第一奇山之称；黄山经历了造山运动和地壳抬升以及冰川和自然风化作用，才形成其峰林结构。黄山有72峰，素有"36大峰，36小峰"之称，主峰莲花峰海拔高达1864.8米，与光明顶、天都峰并称三大黄山主峰，为36大峰之首；黄山山体主要由燕山期花岗岩构成，垂直节理发育，侵蚀切割强烈，断裂和裂隙交错，长期受水溶蚀，形成花岗岩洞穴与孔道。全山有岭30处、岩22处、洞7处、关2处；黄山集8亿年地质史于一身，融峰林地貌、冰川遗迹于一体，兼有花岗岩造型石、花岗岩洞室、泉潭溪瀑等丰富而典型的地质景观。前山岩体节理稀疏，多球状风化；后山岩体节理稠密，多柱状风化，山体峻峭，形成了"前山雄伟、后山秀丽"的地貌特征；黄山风景区面积160.6平方千米，代表景观有"四绝三瀑"，"四绝"为奇松、怪石、云海、温泉。"三瀑"为人字瀑、百丈泉、九龙瀑；黄山生态系统稳定平衡，植物群落完整而垂直分布，景区森林覆盖率为84.7%，植被覆盖率达93.0%，有高等植物222科827属1805种，有黄山松、黄山杜鹃、天女花、木莲、红豆杉、南方铁杉等珍稀植物。其中，著名的黄山迎客松，是安徽人民热情友好的象征，承载着拥抱世界的东方礼仪文化。黄山是世界文化与自然双重遗产，世界地质公园，中华十大名山之一。明朝旅行家徐霞客登临黄山时赞叹："薄海内外之名山，无如徽之黄山。登黄山，天下无山，观止矣！"被后人引申为"五岳归来不看山，黄山归来不看岳"。

相关学科：地理、生物、历史、语文、美术

[研学内容及要求]

1. 攀登黄山，考察黄山峰林地貌、冰川遗迹、花岗岩造型石、花岗岩洞室、泉潭溪瀑等丰富而典型的地质景观，分析黄山"前山雄伟、后山秀丽"的地貌特征形成原因。

2. 尝试寻找和辨识黄山松、黄山杜鹃、黄山短尾猴、黄山猕猴等以黄山命名或首次在黄山发现的特有动植物，认识黄山生物多样性的丰富程度，了解黄山高山沼泽和高山草甸等特殊的生态系统。

3. 了解从旧石器时期开始黄山地区的历史沿革及对徽州文化的贡献和影响。

4. 在欣赏黄山奇石、黄山奇松的过程中，回顾《黄山守石》课文内容，朗诵《黄山松》诗歌片段，身临其境地体验和感受诗文中描述的黄山奇景。

5. 尝试用自己喜欢的方式描绘黄山的奇景。

（三）民俗体验之旅

研学地点一：泾县古法造纸

研学点简介：造纸术为中国古代四大发明之一，宣纸是传统手工纸品最杰出的代表，迄今已有一千五百多年的历史。宣纸产地在安徽泾县西南方的小岭一带，这里气候温和，降水量充沛，特殊的喀斯特山地适合青檀树的生长，冲积平原则适宜生产长秆水稻，青檀树和水稻秆均为宣纸制造提供了优质的原料。泾县古法造纸方法源于我国传统造纸术，其原理并不复杂，也不神秘。宣纸的原料由青檀皮和稻草组成，在加工过程中，需加入石灰、碱等辅料，加工成纸浆后，佐纸药进行抄纸，再干燥后成纸。其制作过程主要分原料收集、原料加工、制浆加工、成纸加工等部分，具体又可分檀皮收集、稻草收集、燎皮加工、燎草加工、皮料加工、草料加工、制浆、捞纸、晒纸、剪纸和包装等108道工序，这里面有的工序是交叉进行，有的是平行进行。其平行进行的原因主要是由于其原料由两部分构成，为节约时间，只能平行操作后再混合。以草料为例，其基本工序为：将收割的稻草去穗、撕枯叶、破节、石灰浸、晒干堆垛，1—2年后使用，使用后经过蒸煮、灰浸等几十道工序，摊晒，使其天然漂白，制成的草料叫燎草；将撕成线状的原料手工精心挑选，再将切好的原料放进木槽内，放入适量的清水，由打浆工赤脚在纸浆上反复踩踏2—3小时，将纤维进一步分解，这一步叫作踩料；将踩踏后的草料分别进行打浆，并加入植物胶（如阳桃藤汁）充分搅匀；将加工好的纸浆放入纸槽，用纸帘将纸浆抄造成纸；把捞出后初步挤干水分的宣纸一张张贴到滚烫的特制墙面上烘干；快速将晒好的纸张揭下摆放整齐，然后用专用的剪刀齐边，剪纸时还需要剔除宣纸中的瑕疵然后再打包。自唐代以来，宣纸一直为中国人民所爱好，其生产至清代臻于鼎盛，历代王朝都把泾县宣纸列为贡品，安徽泾县宣纸在国际博览会上多次获得金奖，畅销国内各省市及日本、东南亚、欧美各国。

如今，走进泾县，人们仍旧能够看到当地人以古法制造宣纸的场景。

相关学科：历史、语文、劳动技术

［研学内容及要求］

1. 了解泾县宣纸制作的历史与发展变化，知道"澄心堂纸"得名来源及相关故事。

2. 阅读并分析关于泾县宣纸的诗文，从中了解泾县古法造纸的详细情况。

3. 到纸工制作巨型纸"三丈特宣"捞纸的现场观摩，了解古法造纸的各项工序和方法技术，回到学校后尝试自制宣纸。

研学地点二：谢裕大茶叶博物馆

研学点简介：谢裕大茶叶博物馆地处安徽黄山市徽州区，是安徽省首家茶文化博物馆，总面积3500平方米，按徽派风格建造，是集黄山毛峰茶发展史、谢裕大产品制作工艺展示、茶道表演、品茗为一体，以宣传徽州文化和徽州茶文化为主题的文化馆，是徽州名茶黄山毛峰和中国茶文化传播的重要载体。

谢裕大茶博园景区是集历史传承、名茶展示、生态旅游、观光度假、休闲娱乐、民俗风情、文化交流、茶宴茶食于一体的综合性主题园区，主要分为"一馆四园"。"一馆"即谢裕大茶文化博物馆，详细展示中国茶叶及安徽茶叶的历史和文化，"四园"即黄山茶树种优质资源保护园、非遗制茶技艺体验园、立体循环养殖园和黄山特色山珍作物种植园。非遗制茶技艺体验园可为游客提供绿茶采、炒、揉、烘、泡、品等各道技艺的深度体验。

相关学科：历史、生物、劳动技术

［研学内容及要求］

1. 参观谢裕大茶文化博物馆，了解徽州各种民间传统制茶工具、黄山毛峰茶的历史文化以及徽州茶文化的历史。

2. 参观黄山茶树种优质资源保护园，了解茶树种植以及茶树种植资源的收集、保护和科研情况。

3. 走进非遗制茶技艺体验园，学习绿茶的制作方法，并亲身体验绿茶制作的各道工序和技艺。

(四)青春励志之旅

研学地点：中国状元博物馆

研学点简介：中国状元博物馆是以展示状元文化为主要任务，兼容中国传统文化与中华民俗于一体的综合性博物馆。博物馆坐落于"中国第一状元县"安徽省休宁县旧县衙遗址上，状元博物馆现辟有五个展厅：第一展厅采用实物、图片、音像、文字介绍等方式展示科举知识、状元文化以及休宁县19

位文武状元的生平事迹。第二展厅主要展示休宁部分历史名人的墨宝和明清鱼鳞图册。第三展厅主要展示国家重点文物保护单位——齐云山石刻拓片、馆藏新安画派的代表绘画作品、红木家具和中美文化交流项目"荫馀堂"的模型及图片说明。根据旧县衙"平政堂"原貌复建的"工字殿"为第四展厅，博物馆与中国第一历史档案馆共同举办的"皇家秘档与休宁状元文化"在这里展出。第五展厅主要陈列社会各界和个人捐赠的珍贵文物。博物馆有状元文化类珍贵藏品五百余件，其中包括休宁状元黄思永殿试试卷、乡试题目刻印实帖、洛阳状元胜迹图、御赐休宁状元黄轩"福"字匾、御赐休宁八品顶戴军功牌和御赐休宁状元金德瑛"福"字立轴等10件镇馆之宝。此外，还有若干大小金榜、"光绪二十九年江南乡试"题目刻印实帖等珍贵藏品。

相关学科：历史、美术、道德与法治、德育

［研学内容及要求］

1. 参观博物馆，了解中国千年科举制度的历史、演变、科举文化以及相关的地方民俗文化。

2. 漫步状元广场，欣赏青石状元坊、青石景观柱、院墙大型石雕花窗上的徽派雕刻。

3. 了解古代读书人，尤其是休宁19位状元生平事迹和他们勤学苦读的故事，学习他们刻苦求学的精神。

五、研学适用对象

此研学活动适应小学高年级至高中学生。在具体活动安排上可根据学龄层次调整研学活动内容和学习任务。

六、行程安排

此研学活动的地点在黄山市、黟县(宏村、棠樾牌坊群、鲍家花园、歙县古城)屯溪区、黄山、宣城、休宁、泾县等，相对比较集中，便于集体行动。建议安排4—5天活动。

陶冶人文情操

——绍兴江南文化研学旅行课程方案

绍兴市位于杭州湾南岸，是具有江南水乡特色的文化和生态旅游城市，市辖区总面积2942平方公里，人口216.1万。

绍兴已有二千五百多年建城史，是首批国家历史文化名城，也是著名的水乡、桥乡、酒乡、书法之乡、名士之乡。著名的文化古迹有兰亭、禹陵、沈园、柯岩、王羲之故居、贺知章故居、鲁迅故里、蔡元培故居、周恩来祖居、秋瑾故居、马寅初故居等。

据史书记载，大禹治水告成，在境内茅山会集诸侯，计功行赏，死后葬于此山，因更名茅山曰"会稽"，是为会稽名称之由来。春秋时期，于越民族以今绍兴一带为中心建立越国，成为春秋列国之一。

唐代以前，会稽一直是浙江的政治、经济、文化中心。境内所产的越国青铜剑，汉代到三国的铜镜，唐及其以后的陶瓷、茶叶，隋唐开始闻名的丝绸，南宋时进入全盛期的绍兴黄酒等，质量、产量都曾名扬海内外。素有"文物之邦、鱼米之乡"之美誉。本次研学旅行，将带领同学们走进绍兴，探访鲁迅故居，探秘书法艺术，感知吴越文化，陶冶人文情操。

一、研学活动目的

通过赴绍兴研学旅行，游学山荫会稽，感知书法圣贤；探访鲁迅故居，品味三味书屋；驻足名人遗迹，强化理想目标；开阔知识眼界，陶冶人文情操。

二、研学活动设计

活动主题：文化研学

活动宗旨：研学旅行，增长知识，开阔眼界

活动时间：执行研学手册时间表

活动地点：绍兴

三、研学目的地简介

（一）绍兴市概况

绍兴市是浙江省辖地级市，位于浙江省中北部、杭州湾南岸，是具有江南水乡特色的文化和生态旅游城市、长三角城市群重要城市、环杭州湾大湾区核心城市、杭州都市圈副中心城市。东连宁波市，南临台州市和金华市，西接杭州市，北隔钱塘江与嘉兴市相望，属于亚热带季风气候，温暖湿润，四季分明。全市面积为8274.79平方千米，人口216.1万。

绍兴已有二千五百多年建城史，是首批国家历史文化名城、联合国人居奖城市，中国优秀旅游城市，国家森林城市，中国民营经济最具活力城市，全国文明城市。

（二）教育事业

2017年末，有普通高校11所，普通本专科招生3.18万人，在校生9.73万人，毕业生2.57万人。中等职业教育学校（含技工学校）20所，在校生4.93万人。普通高中49所，在校生9.45万人。初中138所，在校生13.91万人；小学335所，招生4.14万人，在校生25.58万人；幼儿园610所，在园幼儿13.58万人。有民办高校7所。民办普通高中16所，在校生3.54万人。民办中等职业学校3所，在校生三千余人。民办普通初中6所，在校生1.75万人。民办普通小学11所，在校生2.1万人。民办幼儿园246所，在园学生5.32万人。

绍兴境内有绍兴文理学院、绍兴文理学院元培学院、浙江工业大学之江学院、浙江越秀外国语学院、浙江农林大学暨阳学院、浙江树人大学杨汛桥校区、浙江理工大学科技与艺术学院等本科院校和浙江工业职业技术学院、浙江邮电职业技术学院、浙江农业商贸职业学院、绍兴职业技术学院、浙江建设职业技术学院上虞校区等高职高专院校。

（三）历史文化

"悠悠鉴湖水，浓浓古越情"。绍兴以其人文景观丰富、水乡风光秀丽、风土人情诱人而著称于世。

绍兴历史悠久，名人辈出，是一座历史文化名城。相传四千多年前的夏朝，大禹为治水曾两次躬临绍兴，治平了水土，故至今尚存禹陵胜迹。春秋战国时，越王勾践建都绍兴，卧薪尝胆时，"越池"一度成为我国东部政治文化中心。汉代置都稽州，隋朝改称吴州，唐朝又改称越州，南宋时改为绍兴府，沿袭至今。绍兴人杰地灵，历史上涌现出许多著名的政治家、革命家、文学家，如秋瑾、鲁迅、蔡元培、周恩来等。

一代文学巨擘鲁迅的许多作品中都反映了绍兴文化浓郁的地方性色彩，从百草园到三味书屋，从孔乙己的茴香豆到故乡的社戏，随处可见鲁迅文化中的故乡情结。游览绍兴，也许就是一次鲁迅文化的怀旧之旅，站在河边，你可以看到戴着小毡帽的船夫以及戴着银项圈的顽童；迈进咸亨酒店，你可以尝尝正宗的茴香豆；回到乡间，去看一场传统的社戏……

绍兴就是这样一座地方色彩很浓的著名水城。悠悠古纤道上，绿水晶莹，石桥飞架，轻舟穿梭，有大小河流1900千米，桥梁四千余座，构成典型的江南水乡景色。东湖洞桥相映，水碧于天；五泄溪泉飞成瀑，五折方下；柯岩石景，鬼斧神工；兰亭以王羲之的《兰亭集序》而被称为书法胜地；沈园则因陆游、唐琬的爱情悲剧使后来者嗟叹不已；此外还有唐代纤道，南宋六陵，明清石拱桥以及与此相关联的绍兴风土人情，以乌篷船、乌毡帽、乌干菜为代表，在数千年的历史演变中，积淀了丰富的文化内涵并呈现独特的地方风采，令人仰慕神往。

越剧起源于绍兴。越剧长于抒情，以唱为主，声腔清悠婉丽，优美动听，表演真切动人，极具江南地方色彩。

社戏是流行于绍兴的传统民间娱乐风俗，是旧时绍兴城乡春秋两季祭祀社神所演的戏，用以酬神祈福。社戏源于该地农村春秋两季祭祀社神（土地神）习俗。先时，春社为祈求五谷丰登，秋社为庆贺一年丰收，后发展为以演戏酬神祈福，进而演化为民间文化娱乐活动。绍兴演社戏风俗，早在南宋即已盛行，到清末仍风行一时。

绍剧，这是中国的传统戏曲剧种，是浙江三大剧种之一，也俗称"绍兴大班"。绍剧已有了三百多年的历史了，其代表性传承人是六龄童，最具代表的剧目有《孙悟空三打白骨精》。在2008年，绍剧经国务院批准列入了《第二批国家级非物质文化遗产名录》

四、研学活动内容

(一) 东湖研学

东湖位于绍兴城东箬篑山麓,昔日秦始皇东巡至会稽,于此供刍草而得名。自汉代起,民工相继至此凿山取石,至隋,越国公杨素为修越城,大举开山取石。经千年鬼斧神凿,遂成悬崖峭壁,奇潭深渊,宛如天开。"勿谓湖小,天在其中"。东湖,宛如一个使人玩味无穷的水石盆景佳作。湖中崖壁蹉跎,有的对峙如门,有的倒悬若堕,有的深曲如洞,水色深黛,清凉幽静,巧夺天工之奇观,其风格独特,使人陶醉。湖内有陶公洞、仙桃洞,最富情趣。小舟入洞,如坐井观天;碧潭岩影,空谷传声,景色尤称奇绝。湖畔有听湫亭、饮绿亭、香积亭、扬帆舫、稷寿楼、小稽轩、桂岭等景点,霞川桥、秦桥、万柳桥等各式古桥横跨两岸。沿石磴上山,可一览江南水乡风光。湖西有"陶社",为纪念辛亥革命烈士陶成章所建。近代孙中山、毛泽东、刘少奇、鲁迅、郭沫若等名人均留遗踪。东湖秀丽旖旎的湖光山色和丰富的人文景观交相辉映,堪称浙东著名的山水风景胜地。

(二) 柯岩研学

柯岩核心景区,面积 1.2 平方千米,拥有石佛、镜水湾、越中名士苑、圆善园四大著名景观。三国时期,这里曾是一处采石场,数代匠人不断采石,鬼斧神工般地造就了姿态各异的石宕、石洞、石潭、石壁等石景;至宋代成览胜之地,陆游留有《柯山道上》诗作;清代,已形成著名的"柯岩八景"。

隋唐年间祖孙三代石匠相继开凿,历经百年而成的"弥勒大佛"和 30 米高的"奇石云骨",经历过十年浩劫破败而幸存下来。经过柯岩人的精心装点,再次焕发出生机,石佛身后的普照寺,依山而建、气势恢宏,与大佛融为一体,是江南规模最大的仿唐代建筑群。

(三) 会稽山研学

会稽山位于绍兴市区东南,面积 10.8 平方千米,拥有丰富的自然景观和人文景观资源。自南朝以来这一带旖旎的风光,众多文人学士泛舟若耶溪,轻步会稽山,留下许多丽词佳句。晋朝顾恺说,会稽山水是"千岩竞秀,万壑争流，草木葱茏其上，若云兴霞蔚"。东晋名士王羲之、谢安等都因"会稽有佳山水"而定居绍兴。南朝诗人王籍咏会稽山的诗句"蝉噪林愈静，鸟鸣山更幽"传诵千古。会稽山下的若耶溪，水清如镜，众山倒影，如诗如画。

会稽山，原名茅山，亦称亩山，是中国历代帝王加封祭祀的著名镇山之一，也是中国山水诗的重要发源地之一，历代文人雅士留下了众多诗文佳作，文化积淀深厚。三过家门而不入的上古治水英雄大禹，一生行迹中的四件大事：封禅、娶亲、计功、归葬都发生在会稽山。春秋战国时期，会稽山一直是越国军事上的腹地堡垒。秦始皇统一中国后不久就不远千里，上会稽，祭大禹，对这座出一帝一霸从而兼有"天子之气"和"上霸之气"的会稽山表示敬意。汉以后这里成为佛道胜地，传说葛洪之祖葛玄在此炼丹成仙，山中的阳明洞天为道家十大洞天之一，香炉峰为佛教圣地，至今香火旺盛。唐代这里成为浙东唐诗之路的门户，明代大儒王阳明（守仁）在此筑室隐居，研修心学，创"阳明学派"。会稽山内的山山水水都饱含着深厚的历史文化内容。

会稽山以历史文化、地方风情为特色，融自然山水风光于一体，整个景观区由大禹陵、香炉峰、宛委山、石帆山、若耶溪组成。

（四）兰亭研学

兰亭是东晋著名书法家王羲之的寄居处，这一带有"崇山峻岭，茂林修竹，又有清流激湍，映带左右"，是山阴路上的风景佳丽之处。相传春秋时越王勾践曾在此植兰，汉时设驿亭，故名兰亭。现址为明嘉靖二十七年（公元1548年）郡守沈启重建，几经反复，于1980年全面修复如初。兰亭布局以曲水流觞为中心，四周环绕着鹅池、鹅池亭、流觞亭、小兰亭、玉碑亭、墨华亭、右军祠等。鹅池用地规划优美而富变化，四周绿意盎然，池内常见鹅只成群，悠游自在。鹅池亭为一三角亭，内有一石碑，上刻"鹅池"二字，"鹅"字铁画银钩，传为王羲之亲书；"池"字则是其子王献之补写。一碑二字，父子合璧，传为美谈。流觞亭是王羲之与友人吟咏作诗，完成《兰亭集序》的地方。东晋穆帝永和九年三月三日，王羲之和当时名士孙统、孙绰、谢安、支遁等41人，为过"修禊日"宴集于此，列坐于曲水两侧，将酒觞置于清流之上，漂流至谁的前面，谁就即兴赋诗，否则罚酒三觞。这次聚会有26人作诗37首。王羲之为之作了一篇324字的序文，这就是有"天下第一行书"之称的王羲之书法代表作《兰亭集序》。兰亭也因此成为历代书法家的朝圣之地和江南著名园林。

(五)沈园研学

沈园是南宋时当地名园。园中有芦池,上有石板小桥,连同池边假山、水井,均为当年旧物。南宋诗人陆游初婚唐琬,后被迫离异。绍兴二十五年(1155年),二人在沈园邂逅。当时唐已改嫁,陆亦另娶。陆游一时感慨万端,在园壁题《钗头凤》词一首云:"红酥手,黄縢酒,满城春色宫墙柳。东风恶,欢情薄,一杯愁绪,几年离索。错,错,错!春如旧,人空瘦,泪痕红浥鲛绡透。桃花落,闲池阁,山盟虽在,锦书难托。莫,莫,莫!"极言痛苦之情。唐见后和作一首,中有:"病魂常似秋千索""怕人寻问,咽泪装欢,瞒,瞒,瞒!"之语,不久抑郁而亡。《陆游集》中,有记咏沈园、追念往事的诗多首。1987年、1994年沈园两次扩建,全园占地恢复到18.5亩。园内新建了石碑坊、冷翠亭、六朝井亭、八咏楼、孤鹤轩、双桂堂、闲云亭、半壁亭、放翁桥等仿宋建筑,堆置了假山,栽植桃、梅、柳、竹,重修题词壁断垣,重镌陆游《钗头凤》词,使故园展现了原貌。沈园与绍兴博物馆合二为一后,按规划还将不断扩充修复,以重现宋时"池台极盛"的风采。2001年5月,沈园增添新景。主要有:陆游纪念馆、连理园、情侣园等三大部分,十多个景点。沈园将不断扩充修复,以重现宋时"池台极盛"的风采。

(六)安昌古镇研学

安昌古镇是一个具有千年历史的著名江南水乡古镇,是绍兴四大著名古镇之一,绍兴师爷的故乡。安昌古镇位于浙江省绍兴市境内西北端,始建于北宋时期,后因战乱,多次焚毁,又于明清时期重建。其建筑风格传承了典型的江南水乡特色,一衣带水,古朴典雅,具有水乡风情的水上婚礼别具特色,最有特色的是安昌的小桥。每年的腊月风情节吸引了大量游人。其特产安昌腊肠、扯白糖远近闻名。

(七)仓桥直街研学

仓桥直街全长1千米,历史上曾有过仓桥直街、镜清寺前、圆通寺前、石门槛、酒务桥直街、章家桥直街等众多分段路名。市民临河而居,闹中取静,两旁住居着商、学、医、手工及僧尼等各类人士,是古城街衢的一个缩影,整体风貌保存完好。自北而南,依次架有仓桥、龙门桥、宝珠桥、府桥、石门桥、酒务桥、西观桥、凰仪桥等传统古老石板桥，平添水城氛围。河道两旁以水乡民居为主，大多建于清末民初，其中有各式台门43个，集中反映了绍兴的传统建筑特色与民情风俗。

(八)西施故里研学

西施为中国古代四大美女之首，姓施，名夷光，春秋末年越国人，约于公元前506年，出生于诸暨苎萝山麓苎萝村。父亲砍柴卖柴，母亲浣纱织布。古时候苎萝村施姓有东西两村，夷光家住西村。所以被称为西施。公元前494年，越国被吴国战败，越王勾践释归回越后，卧薪尝胆，刻苦图强，在大臣文种、范蠡的辅佐下，整顿吏治，发展生产，同时献大量珍宝、美女于吴王。西施就是在这样的历史背景下，被推上了历史舞台。约在公元前490年，越王勾践索美女西施、郑旦，教以礼仪，习以歌舞，献吴王为妃，以迷惑吴王夫差，离间其君臣关系。西施临危受命，忍辱负重，以身许国，扮演了使者和间谍的角色。公元前473年，越国军队攻占了吴国都城姑苏，灭掉了吴国。

西施为越国的复兴做出的牺牲和奉献，为后人所称颂。明代的西施祠有幅用鸟虫篆书写的对联："越锦何须衣义士，黄金祇合铸娇姿"。

西施殿初建于何时，已无从详考。最早见于唐开成年间，著名诗人李商隐有"西施寻遗殿，昭君觅故村"诗句，照此推算也有一千多年的历史。此后历代，虽有过"茂草荒台，苎萝枕冷闲愁"，但祠庙屡毁屡建，绵延不断，到清代和民国时期，西施殿也有过几度毁废，均由民间集资或捐募修缮，曾达到相当规模。抗日战争时期，日本侵略军飞机频炸诸暨城，西施殿祠亦未能幸免。现如今的西施殿景区为20世纪80年代重修，经过扩建，总占地面积2.1万平方米，由西施殿、浣沙石、古越台、碑廊、苎萝亭、西施长廊、夷光阁、古苎萝村、西施资料陈列室等建筑景观，穿插着浣江、红粉池、荷花池等水景组成，是一组颇具特色的建筑群落，展示了西施一生的主要事迹。

(九)曹娥景区

曹娥景区坐落于上虞城区西南凤凰山麓，面积37.5万平方米。景区以"孝文化"为主题，以"孝感动天"的远古圣君虞舜和"投江救父"的东汉孝女曹娥为依托，通过对虞舜文化、孝德文化、佛教文化以及民俗文化的挖掘，集中展现上虞悠久的人文历史，传承和弘扬千百年来激励着中华民族不断前进的孝德精神。

（十）崇仁古镇

崇仁，是一座美丽幽静的江南古镇。至今仍保留着庞大的古建筑群，虽经历千年但风貌依旧，古建筑连片成群，具有宋朝遗风、明清特色。群内庙宇、祠堂、古戏台、名居、牌坊、药铺、店房、桥梁、池塘、水井一应俱全。以玉山公祠为中心，保存完整的老台门尚有一百余座，台门之间用跨街楼勾连，既珠联璧合，又独立成章，体现了先人"分户合族、聚只一家"的遗风。

（十一）鲁迅故里

鲁迅故里是绍兴市区保存最完好、最具文化内涵和水乡古城经典风貌的历史街区。1881年9月25日，鲁迅先生就诞生在这里。人们在看到原汁原味三味书屋的同时，还能看到鲁迅祖居从未对外开放的西厢房，新近恢复的周家新台门、长庆寺、土谷祠、静修庵、恒济当与鲁迅笔下有关的遗迹，以及寿家台门、朱家花园等一批古宅古迹。

研学鲁迅故里，在鲁迅生活和写作的环境中，品读鲁迅原作，体悟原汁原味。

（十二）周恩来祖居

周恩来祖居，是一幢坐北朝南具有明代建筑风格的砖瓦房，富有传统特色的黑色竹丝台门。祖居外观古朴庄严，共三进，每进三间房。两进之间各有天井相隔，天井两侧有小廊对拱。现为浙江省爱国主义教育基地、绍兴市学校德育基地。

祖居原名锡养堂。清康熙三十七年（1698年），周懋章妻王氏寿至百岁，浙江巡抚特给"百岁寿母之门"匾额一方志贺，故又称"百岁堂"。周恩来曾于1939年3月29日至31日以国民政府军事委员会政治部副部长的身份，回故乡绍兴时，在这里接待过亲友和各界人士，发表抗日演说，召开工人座谈会，并给爱国人士和亲友书写了多幅题词，指出光明前途，号召团结抗日，鼓励青年学习，极大地鼓舞了故乡人民的抗日救国热忱，并填写了周氏宗谱。20世纪80年代，绍兴人民政府对百岁堂进行整修，基本恢复原貌，仪门之上的"百岁寿母"匾额由顾廷龙补书，门楣上方的"周恩来祖居"门匾为陈云题写。1998年3月，周恩来诞生100周年之际百岁堂再次全面扩建，并在祖居对面新辟广场,正中塑有周恩来全身铜像,以供后人瞻仰集会举行纪念活动所用。

周恩来生前一直不准对其祖居进行维修和对外开放。周恩来逝世后,为缅怀其革命一生和教育后人,1984年绍兴市政府对祖居进行全面整修,并辟"周恩来史迹陈列室"。主要介绍周恩来在抗日战争时期来绍兴的活动。

五、行程安排

(一)研学第一天

上午,东湖研学。

置身东湖两岸,在研学导师的指点下,秀丽旖旎的湖光山色和丰富的人文景观,会让你目不暇接:观水石盆景、叹鬼斧神工、赏人文景观、悟水乡神韵,将使你放飞心情、雅趣横生。

[研学任务]请找出一处你认为最具特色的景观,说出你的理由。

下午,柯岩研学。

石佛、镜水湾、越中名士苑、圆善园四大著名景观地将会留下我们的足迹。研学导师将会为你讲解姿态各异的石景,鬼斧神工般的石宕、石洞、石潭、石壁会让你不住赞叹、连连称奇。

[研学任务]结合柯岩实地研学,理解并诵读陆游五言诗《柯山道上作》。

柯山道上作
[宋]陆游

道路如绳直,郊园似砥平。
山为翠螺踊,桥作彩虹明。
午酌金丸橘,晨炊玉粒粳。
江村好时节,及我疾初平。

(二)研学第二天

上午,会稽山研学。

自古以来,会稽山就因其丰富的自然和人文景观,吸引了无数文人雅士。每当若那溪那水清如镜、众山倒影、如诗如画的景观映入眼帘,就会令人不禁想起东晋大画家顾恺之的名言绝句:"千岩竞秀,万壑争流,草木葱茏其上,若云兴霞蔚"。

[研学任务]请结合会稽山实地研学,说一说你对这段话的理解。

下午,兰亭研学。

兰亭是无数书法爱好者的心中圣地。届时,鹅池、鹅池亭、流觞亭、小兰亭、玉碑亭、墨华亭、右军祠等景观地将会留下我们的足迹。别忘了要仔细研读欣赏鹅池石碑啊，那可是书圣王羲之、王献之父子二人的手书哦。

[研学任务]听研学书法导师现场诵读《兰亭集序》，解释文意，介绍书法常识，普及书法知识，培植书法爱好情趣。

(三)研学第三天

上午，沈园研学。

这里记载和见证着南宋诗人陆游与唐琬悲欢离合的爱情故事。

[研学任务]结合沈园实地研学，熟读并理解陆游的《钗头凤》。

陆游《钗头凤》："红酥手，黄縢酒，满城春色宫墙柳。东风恶，欢情薄，一杯愁绪，几年离索。错，错，错！春如旧，人空瘦，泪痕红浥鲛绡透。桃花落，闲池阁，山盟虽在，锦书难托。莫，莫，莫！"

下午，安昌古镇研学。

安昌古镇是绍兴师爷的故乡。绍兴师爷是明清时期封建官制与绍兴人文背景相结合的产物。这个地域性、专业性极强的幕僚群体，肇始于明，盛行于清，没落于辛亥革命前后，自始至终，在我国封建统治机构中活跃了三四百年，声名扬及国内外，成为中国封建官衙幕僚阶层的重要组成部分。师爷靠自己具有的刑名律律、钱粮会计、文书案牍等方面的专门知识和才能辅佐主官，称为作幕、佐治或佐幕，相当于现在的顾问或律师。

[研学任务]研学安昌古镇，品味绍兴师爷的兴起的文化与社会背景。

(四)研学第四天

上午，仓桥直街研学。

这里具有浓郁的绍兴传统建筑特色与民情风俗。届时，仓桥、龙门桥、宝珠桥、府桥、石门桥、酒务桥、西观桥、凰仪桥等传统古老石板桥将会留下你的足迹。河道两旁大多建于清末民初的各式台门将会让你大饱眼福。

[研学任务]把每座桥和台门都拍摄下来，制作一个课件，配上解说词。

下午，西施故里研学。

西施为中国古代四大美女之一，因为越国的复兴做出的牺牲和奉献，为后人所称颂，留下许多诗词佳句，唐朝诗人李商隐在诗词《蝶》中有描述。

[研学任务]结合实地研学，理解并诵读《蝶》。

蝶

[唐]李商隐

叶叶复翻翻，斜桥对侧门。

芦花惟有白，柳絮可能温。
西子寻遗殿，昭君觅故村。
年年芳物尽，来别败兰荪。

（五）研学第五天

上午，曹娥景区研学。

曹娥（130—143年），东汉时期会稽上虞人（现浙江绍兴市上虞区），古代著名孝女。据《后汉书·列女传》记载，其父曹盱在五月五日迎伍神（伍子胥）的祭祀活动中溺于舜江（今曹娥江）中，数日不见尸体，当时孝女曹娥年仅十四岁，昼夜沿江号哭。过了十七天，在五月二十二日也投江，五日后曹娥的尸体抱父尸浮出水面。后人为纪念她，刻石立碑，以彰孝烈，所住之村镇即更名为曹娥镇，殉父之江为曹娥江，并建庙以慰其孝心。

曹娥庙，早年又叫灵孝庙、孝女庙，始建于公元151年，几经迁徙、扩建、修葺，奠定了现有庙宇布局严谨、错落有致、气势恢宏的建筑基调。庙里最多的是精美的对联、木雕、砖雕。曹娥庙的雕刻以质地分，有木雕、石雕、砖雕，以技法分，有圆雕、透雕、浮雕，雕刻技艺精湛。表现山水自然风光的"渔樵耕读"，恬淡雅致，意境高远；寓意国泰民安的有"马放南山""狮舞绣球"等，纵情奔放，飘逸安闲；讴歌美好生活的有"龙凤呈祥""寿山福海""读西厢"等，富丽华贵，欢乐祥和；反映传统戏剧故事中战争场面的有"千里走单骑""斗马超""斩马谡""牧野大战"等，沉静处含蓄细腻，激越处波澜壮阔、豪迈洒脱。

［研学任务］简述曹娥故事，谈谈你心目中的"孝"。

下午，崇仁古镇研学。

崇仁古镇在浙江嵊州之西，距今已有近千年的历史。原名杏花村，北宋熙宁年间，受皇帝敕封的义门裘氏从婺州分迁此地，裘氏以崇尚仁义为本，故名其地为崇仁。

它至今仍保留着庞大的古建筑群，虽然历经千年但风貌依旧。古建筑连片成群，具有宋朝遗风、明清特色。群内庙宇、祠堂、古戏台、民居、牌坊、药铺、店房、桥梁、池塘、水井一应俱全。以玉山公祠为中心，保存完整的老台门就有一百余座，台门之间用跨街楼勾连，既珠联璧合，又独立成章，体现了先人"分户合族、聚只一家"的遗风。崇仁古建筑从明、清至民国序列完整，类型丰富。保存基本完整的民居、宗祠等建筑154处，茶亭、路亭等14处，赌场、邮局等近代建筑五十余处。其众多的建筑类型，特别是大型的老台门、宗庙建筑具有典型的代表性。其建筑工艺精美、规模宏大、用材考究，代表清中后期地方民居建筑设计和施工的高超工艺水平。尤其是其建筑装饰精工细作，石雕、砖雕、木雕、灰塑、题刻、书法、彩绘技艺熟练、工艺水平高超，具有较高的艺术价值和观赏价值。

［研学任务］崇仁古镇，在研学导师的引导下，学会欣赏江南古建风格，选取、拍摄 3 幅你认为最具代表性的崇仁古建筑。

（六）研学第六天

上午，参访鲁迅故里。

鲁迅故里位于绍兴市鲁迅中路，是原汁原味解读鲁迅作品、品味鲁迅笔下风物、感受鲁迅当年生活情境的真实平台。鲁迅故里再现了鲁迅当年生活的故居、祖居、三味书屋、百草园的原貌，还可看到鲁迅祖居从未对外开放的西厢房和近期恢复的周家新台门、寿家台门、土谷祠、鲁迅笔下风情园等一批与鲁迅有关的古宅古迹，是立体解读中国近代文豪鲁迅先生的理想场所。

［研学任务］选取一篇鲁迅作品，结合实地研学，介绍作品的主要内容，谈谈你的见解和体会。

下午，拜谒周恩来祖居。

周恩来祖居是一幢坐北朝南具有明代建筑风格的砖瓦房，周恩来先辈曾居住于此。1939 年 3 月 29 日至 31 日周恩来曾回归祖居，在这里接待过亲友和各界人士，发表抗日演说，召开工人座谈会，并给爱国人士和亲友书写了多幅题词，指出光明前途，号召团结抗日，鼓励青年学习，极大地鼓舞了故乡人民的抗日救国热忱，并填写了周氏宗谱。现为浙江省爱国主义教育基地、绍兴市学校德育基地。

［研学任务］1917 年，作者，时年 19 岁的周恩来为了投身到祖国的反帝反封建的洪流中去，毅然放弃在日本学习的机会，决定回国。周恩来日本回国前夕，他的同学好友等人为他饯行，请书赠留念。周恩来挥毫书赠了一首诗："大江歌罢掉头东，邃密群科济世穷。面壁十年图破壁，难酬蹈海亦英雄。"请结合拜谒周恩来祖居、了解周恩来生平的实地研学感受，学会朗诵这首诗。

六、研学适用对象

此研学活动适应小学高年级至高中学生。在具体活动安排上可根据学龄层次调整研学活动内容和学习任务。

古典园林赏析
——苏州园林研学旅行课程方案

苏州素有"园林之城"之称。苏州古典园林，简称苏州园林，是中国十大风景名胜之一，素有"江南园林甲天下，苏州园林甲江南"之美誉，被誉为"咫尺之内再造乾坤"。

苏州地处江南水乡，湖沟塘堰星罗棋布，因水就势造园便利，附近盛产太湖石，尤适合堆砌玲珑精巧的假山。苏州历代百业兴旺、官富民殷，无论官衙商贾还是乡野民居，历来崇尚艺术追求完美，设计建造独运匠心，从而为苏州园林的发展奠定了无与伦比的雄厚基础；苏州园林以其写意山水的艺术手法，饱蘸中国传统文化内涵，绘就东方文明的园林艺术佳作，成为中华园林文化的翘楚，在世界造园史上占有独特的地位和价值。

本次研学，将带领同学们直奔苏州，一睹被列入《世界文化遗产名录》的9座古典园林。在那里，你将能身历其境地领略到"人道我居城市里，我疑身在万山中""绝怜人境无车马，信有山林在市城"。

一、研学活动目的

通过赴苏州研学古典园林，听取研学导师有关古典园林知识介绍，学会欣赏古典园林"虽有人作，宛自天开"的艺术境界，增长审美知识，提高审美情趣。

二、研学活动设计

活动主题：美育研学
活动宗旨：研学旅行，尊享体验，境界提升
活动时间：执行研学手册时间表
活动地点：苏州

三、研学目的地简介

(一) 概况

苏州位于长江三角洲中部、江苏省东南部，东傍上海，南接浙江，西抱太湖，北依长江，总面积 8657.32 平方公里，是著名的江南水乡。

苏州属亚热带季风海洋性气候，四季分明，气候温和，雨量充沛，土地肥沃，物产丰富，自然条件优越。苏州城始建于公元前 514 年，距今已二千五百多年历史，基本保持着"水陆并行、河街相邻"的双棋盘格局，尤以"小桥流水、粉墙黛瓦、史迹名园"为独特风貌，是全国首批 24 个历史文化名城之一。

苏州园林历史绵延两千余年，在世界造园史上有其独特的历史地位和价值。苏州园林以写意山水的高超艺术手法，蕴含浓厚的中国传统思想和文化内涵，展示东方文明的造园艺术典范，是城市中充满自然意趣的"城市山林"，身居闹市的人们一进入园林，便可享受到大自然的"山水林泉之乐"。园内的四季晨昏变化和春秋草木枯荣以及山水花木的季相变化，使人们可以"不出城郭而获山林之怡，身居闹市而有林泉之乐"。随着 2018 年 8 月 7 日第四批《苏州园林名录》正式公布，苏州园林总数达到 108 座，苏州由"园林之城"正式成为"百园之城"。其中，拙政园、留园、网师园、环秀山庄、沧浪亭、狮子林、艺圃、耦园、退思园等 9 个古典园林被联合国列入《世界文化遗产名录》。

(二) 沿革

苏州自有文字记载以来，已有四千多年历史。公元前 11 世纪西周泰伯、仲雍南来，号勾吴。春秋时，东周寿梦于公元前 585 年称王，建吴国，吴王阖闾于公元前 514 年始建苏州城，为吴国都城。战国时先后属越、楚，秦代建置吴县，为会稽郡治所。汉代设吴郡。三国时属孙权吴国。南朝时属梁，设吴郡。隋开皇九年(589 年)始称苏州。新中国成立后，苏州曾分为苏州市和苏州专区两个行政区。1983 年初，江阴、无锡两县划归无锡市，苏州实行市管县体制，截至 2017 年 12 月，苏州市辖 5 个市辖区：姑苏区(苏州国家历史文化名城保护区)、虎丘区、吴中区、相城区、吴江区；代管 4 个县级市：常熟市、张家港市、昆山市、太仓市。全市共设 36 个街道和 53 个镇，其中苏州市区设 29 个街道和 21 个镇。

四、研学活动内容

(一)拙政园研学

拙政园,始建于明正德初年(1506年),是江南古典园林的代表作品。拙政园与北京颐和园、承德避暑山庄、苏州留园一起被誉为中国四大名园,1997年被列入《世界文化遗产名录》。

拙政园具有以水见长、庭院错落、花木为胜的园林特点。园林利用园地多积水的优势,疏浚为池,望若湖泊,具有"池广林茂"的个性和特色;园林中的建筑密度低,竹篱、茅亭、草堂与自然山水融为一体,简朴素雅,一派自然风光,显得疏朗、雅致、天然;园林中巧妙运用了园中园、多空间的庭院组合以及空间的分割渗透、对比衬托、隐显结合、虚实相间、蜿蜒曲折、藏露掩映、欲放先收、欲扬先抑等艺术手法,由于这些大小不等的院落空间的对比衬托,致使主体空间显得更加疏朗、开阔,有效地突破了空间的局限,收到小中见大的效果,从而取得丰富的园林景观;拙政园向以"林木绝胜"著称,多数景观取自植物题材,荷花、山茶、杜鹃为园内著名的三大特色花卉。

研学拙政园,将能欣赏美色美景,启迪美学智慧,陶冶审美情趣。

(二)留园研学

留园为大型古典私家园林,占地面积2.33万平方米,代表清代风格,园以建筑艺术精湛著称,1997年被列入《世界文化遗产名录》。留园厅堂宽敞华丽,庭院富有变化,太湖石以冠云峰为最,有"不出城郭而获山林之趣"之誉。其建筑空间处理精湛,造园家运用各种艺术手法,构成了有节奏有韵律的园林空间体系,成为世界闻名的建筑空间艺术处理的范例。

留园研学,体悟精湛建筑艺术,分享园林空间的节奏与韵律,欣赏鬼斧神工之太湖美石,提升园林审美情趣。

(三)网师园研学

网师园,苏州典型的府宅园林,1997年被列入《世界文化遗产名录》。网师园总面积10亩(包括原住宅),尚不及拙政园的六分之一,但小中见大,布局严谨,主次分明又富于变化,园内有园,景外有景,精巧幽深之至。建筑虽多却不见拥塞，山池虽小，却不觉局促。网师园布局精巧，结构紧凑，以建筑精巧和空间尺度比例协调而著称。全园布局紧凑，建筑精巧，空间尺度比例协调，以精致的造园布局，深厚的文化内涵，典雅的园林气息，成为江南中小古典园林的代表作品。

园内的山水布置和景点题名蕴含着浓郁的隐逸气息。乾隆末年园归瞿远村，按原规模修复并增建亭宇，俗称"瞿园"。今"网师园"规模、景物建筑是瞿园遗物，保持着旧时世家一组完整的住宅群及中型古典山水园。

网师园研学，重在考察、欣赏园林的精巧的布局、紧凑的结构、协调的空间尺度比例和典雅的园林气息。

（四）环秀山庄研学

环秀山庄，占地面积2179平方米，其中建筑面积754平方米，1997年被列入《世界文化遗产名录》。环秀山庄占地不大，但其内湖石假山为中国之最。据载，此山出自清代叠山大师戈裕良之手，堪称一绝，占地不过半亩，然咫尺之间，千岩万壑，环山而视，步移景易。主峰突兀于东南，次峰拱揖于西北，池水缭绕，绿树掩映。可谓"虽由人作，有如天开"，尽得造化之妙，堪称假山之珍。环秀山庄亦因此而驰名，充分反映了天人合一的文化特色，表现一种人与自然的和谐统一的宇宙观。

环秀山庄研学，重点品味千岩万壑的内湖石假山，欣赏池水缭绕、绿树掩映、步移景异的园林之美。

（五）沧浪亭研学

沧浪亭，是一处始建于北宋的中国汉族古典园林建筑，占地面积1.08万平方米，是苏州现存诸园中历史最为悠久的古代园林，2000年被列入《世界文化遗产名录》。

沧浪亭整个园林位于湖中央，湖内侧由山石、复廊及亭榭绕围一周。园内以山石为主景，山上植有古木，山下凿有水池，山水之间也是以曲折的复廊相连。山石四周环列建筑，通过复廊上的漏窗渗透作用，沟通园内、外的山、水，使水面、池岸、假山、亭榭融成一体。沧浪亭阁隐藏在山顶上，亭的结构古雅，四周环列有数百年树龄的高大乔木五六株。

沧浪亭以历史悠久、水面、池岸、假山、亭榭融成一体见长。

（六）狮子林研学

狮子林始建于元代至正二年（1342年），是中国古典私家园林建筑的代表之一，苏州四大名园之一，2000年被列入《世界文化遗产名录》。

狮子林占地1.1万平方米，开放面积0.88万平方米。狮子林虽缀山不高，但洞壑盘旋，嵌空奇绝；虽凿池不深，但回环曲折，层次深奥，飞瀑流泉隐没于花木扶疏之中。狮子林的古建筑大都保留了元代风格，为元代园林代表作。园以叠石取胜，洞壑宛转，怪石林立，水池萦绕。园内四周长廊萦绕，花墙漏窗变化繁复，名家书法碑帖条石珍品七百余方。狮子林的假山，通过模拟与佛教故事有关的人体、狮形、兽像等，喻佛理于其中，以达到渲染佛教气氛之目的。它的山洞作法也不完全是以自然山洞为蓝本，而是采用迷宫式作法，园东部叠山全部用湖石堆砌，并以佛经狮子座为拟态造型，进行抽象与夸张。山体分上、中、下三层，有山洞二十一个，曲径九条。山顶石峰有"含晖""吐丹""玉立""昂霄""狮子"诸峰，各具神态，千奇百怪，具有重要的历史价值和艺术价值。

狮子林研学，重在欣赏那虽缀山不高，但洞壑盘旋，嵌空奇绝；虽凿池不深，但回环曲折，层次深奥，飞瀑流泉隐没于花木扶疏之中，尤其是喻佛理于其中的人体、狮形、兽像等元代风格的假山和园林艺术。

（七）艺圃研学

艺圃，又名醉颖堂、药圃，始建于明朝嘉靖年间（1541年），总占地面积约为3300平方米，园林面积约1300平方米。艺圃保存了明代园林的风格、布局和造园手法，以简练疏朗、自然质朴取胜，构筑精巧，园景幽致，可称明代住宅园林中的佳作，具有较高的历史价值和艺术价值，2000年被列入《世界文化遗产名录》。

艺圃的园景开朗，风格质朴，既多变化又较自然，故而水面显得开阔流动，绝无拥塞局促之感。艺圃采取池水、石径、绝壁相结合的手法，取法自然而又力求超越自然，是明末清初苏州一带造园家常用的叠山理水方式。从山水布局，亭台开间到一石一木的细部处理无不透析出古朴典雅的风格特征，以凝练的手法，勾勒出造园的基本理念。

艺圃西南角布置了数座小庭园以为辅景，造园者根据小园的特点，营造一方山色空蒙、水波浩渺、林泉深壑、亭榭虚凌的园林艺术景观，以取得"纳千顷之汪洋,收四时之烂漫"的效果。此园的住宅部分直接临水,与园林相交融。临水的水阁为住宅的一部分,水阁与两侧附房,形成了水池的北岸线,岸线平直开阔,略显单调,有利于从建筑内部感受对面的画境。

艺圃研学,重在捕捉从山水布局、亭台开间到一石一木的细部处理所透析出的古朴典雅的明清园林风格。

(八)耦园研学

耦园原名涉园,东部旧址原为清雍正年间保宁知府陆锦致仕后所筑"涉园",又名"小郁林",后为崇明祝氏别墅。此园因在住宅东西两侧各有一园,故名耦园。南北驳岸码头亦是耦园的一大特色,尽显"君到姑苏见,人家尽枕河"之景观,2000年被列入《世界文化遗产名录》。

耦园的造园主题,无论是园名还是整个园子的布局和构筑,都呈现了园主淡出仕途、归隐林下的情结,表达了园主夫妻真挚的情感追求,耦园"宅园合一,一宅二园"的独特结构,是研究当时造园艺术的实物素材。耦园的东花园黄石假山,无论是堆叠手法还是造型构景,都已达到炉火纯青的地步,被称为"吴中之冠",是研究园林叠山理水的经典之作。

耦园研学,重在体悟内涵底蕴深厚的堆叠手法和造型构景。

(九)退思园研学

退思园始建于清光绪十一年至十三年(1885—1887年)。退思园的设计者袁龙巧妙利用不到10亩面积,设计了坐春望月书楼、琴房、退思草堂、闹红一舸、眠云亭等建筑,它凝聚了知识分子和能工巧匠的勤劳和智慧,蕴含了儒释道等哲学、宗教思想及山水诗画等传统艺术,步移景异,令人流连。

退思园研学重在抓取设计者如何将处世哲理及山水诗画等传统艺术巧妙融入园林设计之中,收到睹物思人、步移景异,令人流连的艺术功效。

五、行程安排

(一)研学第一天:拙政园,留园

上午,拙政园研学。

拙政园素有苏州第一园林之称,它是江南最大的古典山水园林。最初为唐代诗人陆龟蒙的住宅,明代御史王献臣仕途失意,归隐苏州后将其买下。

聘请著名画家、吴门画派的代表人物文徵明参与设计，历时16年建成，取晋代文学家潘岳《闲居赋》中"筑室种树，逍遥自得……灌园鬻蔬，以供朝夕之膳，……此亦拙者之为政也"句意而得名。园内的景致可比人间仙境，如梦如幻，亭台轩榭，古法古风，典雅别致，巧夺天工。

置身拙政园之中，映入眼帘的将是一幅幅山水萦绕、亭榭精美、花木繁茂、移步换景的古典园林景观，在研学导师的指点下，你将能从中体悟出拙政园的疏朗、雅致和天然，学会欣赏处处充满诗情画意、体现浓郁江南水乡特色、散发着明代园林那旷远明瑟、古朴自然的艺术气息。

[研学任务]结合拙政园实地研学，说一说你自己对"绝怜人境无车马，信有山林在市城"（明文徵明《拙政园图咏·若墅堂》）诗句的理解。

下午，留园研学。

留园是中国园林的杰出代表，江南私家园林的典范，以其悠久的人文历史、丰富的文化内涵、高度的造园成就、精湛的建筑艺术而著称于世，被誉为"吴下名园之冠"。

一进留园大门，就能领略到它的建筑处理艺术：狭窄的入口内，两道高墙之间是长达五十余米的曲折走道，充分运用了空间大小、方向、明暗的变化，使得这条单调的通道顿时变得意趣无穷。过道尽头的漏窗、洞门迷离掩映，湖光山色若隐若现。绕过门窗，园林景色顿时一览无余，给人以欲扬先抑之感。园内通道，空间环环相扣，气氛层层叠加，回廊复折，小院深深，错落有致。园内厅堂精美宏丽、书斋安静闲适、庭院丰富多样、天井幽僻小巧、凉台燠馆高高下下、风亭月榭迤逦，巧妙地组成富有韵律的整体。在研学导师的引导下，你将能顺着造园师的意图，欣赏园林杰作，陶冶审美情趣。

[研学任务]说一说你眼中的留园别致之处。

(二)研学第二天：网师园、环秀山庄

上午，网师园研学。

跨进这座始建于南宋，保存最为完整、最具典型意义的宅第园林，你会发现，它精巧的布局，建筑多而不拥塞，山池小而不局促，堪称千年历史，小园典范。你看，那座引静桥是何等的小巧精致，它可是苏州古典园林中最小石拱桥；那栋"藻耀高翔"门楼，雕刻的又是何等的精细，被人们誉为是江南第一砖雕门楼，苏州园林的"小园极则"在这里发挥得淋漓尽致，享誉海内外。园内那堂殿春簃70年代末甚至被作为蓝本，仿制成"明轩"落户美国纽约大都会博物馆，开启了中国古典园林出口海外的先河。园内的古典夜花园还曾被联合国教科文组织推荐为特定旅游项目，是古典与现代兼容并蓄、园与曲相得益彰、有形文化遗产与无形文化遗产完美结合的典范。

网师园隐卧于苏城小巷之中，低调、内敛，处处蕴含着归隐气息，具有厚重的历史文化价值，其独特魅力吸引着海内外宾客纷至沓来。

[研学任务]结合实地研学感受，说一说你印象中的网师园。

下午，环秀山庄研学。

环秀山庄在宋代为金谷园的一部分，到明时成为大学士申时行花园，清前期为尚书毕沅所有。山庄因拥有清代大师戈裕良堆叠的大型湖石假山而闻名于世。山庄占地面积虽不大，只有2179平方米，但假山面积却达500平方米，园中建筑均面山而构，形成远近高低各不相同的观赏点，有"山形面面看，山景步步移"之妙趣。

[研学任务]选一处你觉得最精美的山景拍摄下来，和老师同学交流你的感受。

(三)研学第三天：沧浪亭、狮子林

上午，沧浪亭研学。

眼前的沧浪亭，是苏州现存历史最为悠久的古典园林，原为五代时期吴越国广陵王钱元璙的别墅。北宋庆历五年(1045年)，诗人苏舜钦购园修筑，傍水建亭，取意"沧浪之水清兮，可以濯吾缨；沧浪之水浊兮，可以濯吾足"，题名沧浪亭。南宋时为抗金名将韩世忠宅第，人称韩园。元代，一度为佛寺，后日渐荒芜。清康熙年间，江苏巡抚宋荦亲访沧浪亭遗迹，重建此园。清道光、同治年间又屡经修葺，形成现在规模，有沧浪亭、明道堂、清香馆、翠玲珑、瑶华境界、印心石屋、看山楼、闻妙香室、面水轩、观鱼处、五百名贤祠诸胜。

沧浪亭占地1.1万平方米，以"崇阜广水""城市山林"著称。全园巧于因借，将园外萦回之葑溪纳入园景，临水处建复廊，以漏窗通透内外景物，使内外山水融为一体，有未入园先得景，引人入胜之妙。园内山势盘陀，古树葱茏，朴雅苍润如真山野林。园内著名的沧浪亭高踞丘陵，飞檐凌空，亭柱有联"清风明月本无价，近水远山皆有情"，令人顿生思古之幽情。久负盛名的五百名贤祠，壁上嵌有自春秋至清朝的2500年间与苏州历史有关的名人石刻像594尊，弥足珍贵。环绕全园的花窗有108式，图纹各异，形式活泼，别具特色。

竹子和兰花是园林里的传统植物，翠玲珑即为品赏绿竹的佳处。20世纪60年代，朱德委员长赠送兰花和《兰谱》，沧浪亭遂成为育兰基地。

[研学任务]结合实地研学感受，理解并诵读《初晴游沧浪亭》。

初晴游沧浪亭

[宋]苏舜钦

夜雨连明春水生，娇云浓暖弄阴晴。
帘虚日薄花竹静，时有乳鸠相对鸣。

下午，狮子林研学。

狮子林因园内"林有竹万，竹下多怪石，状如狻猊（狮子）者"，又因天如禅师唯则得法于浙江天目山狮子岩普应国师中峰，为纪念佛徒衣钵、师承关系，取佛经中狮子座之意，故名"狮子林"。眼前所观赏到的狮子林假山，是中国古典园林中堆山最曲折、最复杂的实例之一。元末明初建园时，搜集了大量北宋"花石纲"的遗物，经过叠石名家的精妙构思，假山群气势磅礴，以"适、漏、瘦、皱"的太湖石堆叠，玲珑俊秀，洞壑盘旋，像一座曲折迷离的大迷宫。假山上有石峰和石笋，石缝间长着古树和松柏，石笋上悬葛垂萝，富有野趣。假山分上、中、下三层，共有9条山路、21个洞口。

[研学任务]结合实地研学体会，理解并诵读《狮子林即景》。

狮子林即景

[元]谭惟则

鸟啼花落屋西东，
柏子烟青芋火红。
人知我居城市里，
我疑身在万山中。

（四）研学第四天：休整

营地休整，以小组为单位营地附近自由观光、购物、品尝当地特色小吃，整理内务。

（五）研学第五天：艺圃、耦园

上午，艺圃研学。

较多地保存了建园初期格局的艺圃，布局和造园手法，以简练疏朗、自然质朴取胜，园景开朗，风格质朴，构筑精巧，园景幽致，可称明代住宅园林中的佳作，有着较高的历史与艺术价值。全园以池水为中心，池北以建筑为主，主要厅堂为博雅堂、延光阁等，堂前有小院，院中设有湖石花台，临池而筑5开间水榭。池水于亭东南处汇为小池，池面架以石板桥，桥面微拱，为其他园所少见。艺圃采用池水、石径、绝壁相结合的手法，取法自然而又力求超越自然，是明末清初苏州一带造园家常用的叠山理水方式。从山水布局,亭台开间到一石一木的细部处理无不透析出古朴典雅的风格特征,以凝练的手法,勾勒出造园的基本理念。艺圃西南角布置数座小庭园以为辅景,造园者根据小园的特点,营造一方山色空蒙、水波浩渺、林泉深壑、亭榭虚凌的园林艺术景观,以取得"纳千顷之汪洋,收四时之烂漫"的效果。

[研学任务]结合实地研学,试着解释下列古诗。

艺圃十咏·乳鱼亭
[清]汪琬

碧流艳方塘,倪槛得幽趣。
无风莲叶摇,知有游鳞聚。
翡翠忽成双,撇波来复去。

下午,耦园研学。

耦园前身为"涉园",建于清初,咸丰年间毁于兵燹,同治十三年(1875年)安徽巡抚沈秉成因进谏而被罢官,遂携妻拥子归隐,寓居苏州,购得"涉园"废址扩地营构而成,因园内住宅东西两侧各有一园,并寓夫妇偕隐双栖之意,遂易名"耦园"。耦园三面临河,一面通街,前后设有河埠,粉墙黛瓦,映衬小桥流水,一派江南水乡风韵,尽显姑苏人家尽枕河特色。耦园布局颇为得法,黄石假山为全园主题,堆叠自然,位置恰当,陡峭峻拔,气象雄浑,传为造园名家张南阳所作,代表了黄石假山的最高水平,与苏州环秀山庄的湖石假山并称苏州假山之冠,是研究园林叠山理水的经典之作。耦园"宅园合一,一宅二园"的独特结构,更为研究古典造园艺术提供了难得的实物素材。

[研学任务]结合实地研学,请说一说你怎样看待耦园所具有的"摒弃世间纷扰,汇聚自然精华"的设计理念?

(六)研学第六天:退思园

上午,退思园研学。

退思园是古镇同里最有名的私家园林,是江南古镇唯一的世界文化遗产。原系清光绪年安徽兵备道任兰生被弹劾后落职归里所建的宅园,园名"退思",意取《左传》"进思尽忠,退思补过"之意。其弟任艾生哭兄诗亦有"题取退思期补过,平泉草木漫同看"之句。退思园布局独特,亭、台、楼、阁、廊、坊、桥、榭、厅、堂、房、轩一应俱全,并以池为中心,诸建筑如浮水上。格局紧凑自然,结合植物配置,点缀四时景色,给人以清澈、幽静、明朗之感。退思园因地形所限,更因园主不愿露富,建筑格局突破常规,改纵向为横向,自西向东,西为宅,中为庭,东为园。宅分外宅、内宅,外宅有轿厅、花厅、正厅三进。轿厅、花厅为一般作接客停轿所用,遇婚嫁喜事、祭祖典礼或贵宾来临之时，则开正厅，以示隆重。

[研学任务]你最欣赏退思园这座古典园林什么地方？

六、研学适用对象

此研学活动适应小学高年级至高中学生。在具体活动安排上可根据学龄层次调整研学活动内容和学习任务。

体验草原情怀

——内蒙古草原文化及自然生态研学旅行课程方案

一、研学活动目的

走进内蒙古，远足阿尔山，体验那达慕，亲近大草原。在研学导师的带领下，通过实地考察，聆听专业解说，参与对话交流，零距离感知草原文化广博深邃的内涵，探究草原文化在中华文化中的地位和影响，增强对中华民族悠久历史文化的丰富性和多样性的认知。

二、研学活动设计

活动主题：内蒙古文化与生态研学
活动宗旨：欣赏内蒙古大草原的唯美景色，领略宽广敦厚的草原情怀，感受伟大祖国的幅员辽阔，激发内心深处的爱国情怀
活动时间：执行研学手册时间表
活动地点：阿尔山、呼伦贝尔大草原、科尔沁右翼中旗

三、研学活动亮点

以那达慕、蒙古包为代表的民族文化，以安代舞、民歌为代表的民间文化，以四胡、马头琴、雅托克、火不思、口琴、胡笳、托布秀尔、胡琴等特有乐器演奏的民间音乐，崇尚丰满实在、注重原料本味、体现真诚善意的饮食文化，美不胜收的自然景观和有着丰厚历史文化内涵的人文景观。

四、研学资源概览

美丽的内蒙古，草原辽阔、风光秀美、碧浪滔天、广袤无垠。从北到南

有世界四大草原之一、世界著名天然牧场的呼伦贝尔草原，有碧野茫茫、风情万种的鄂尔多斯草原，从东到西有碧野千里、风景如画的科尔沁草原，有绵延起伏、充满神秘的阿拉善荒漠草原。来到内蒙古大草原，将不但能欣赏到"天苍苍，野茫茫，风吹草低见牛羊"的唯美景色，更能领略到宽广敦厚的草原情怀，感受伟大祖国的幅员辽阔，激发起内心深处的爱国情怀。本次研学旅行，将带领同学们走进内蒙古，远足阿尔山，体验那达慕，亲近大草原。

内蒙古自治区地势由东北向西南斜伸，呈狭长形，全区基本属一个高原型的地貌区，全区涵盖高原、山地、丘陵、平原、沙漠、河流、湖泊等地貌，气候以温带大陆性气候为主，地跨黄河、额尔古纳河、嫩江、西辽河四大水系。

（一）民族文化

1. 那达慕

那达慕字面含义是游艺、联欢的意思，属于草原盛会，源于七百年前。那达慕之日商贩云集，说书献艺应有尽有，热闹非凡，最扣人心弦的莫过于赛马、摔跤、射箭。多在草原牛羊肥壮、稻谷飘香的8月份举行。

2. 蒙古包

蒙古包一词来自于满族人对蒙古族人住所的称呼，是游牧生活的产物。一般高七八尺，宽丈余，先用木杆、牛皮订成网状方架数片，然后连成圆仓式，再用圆木组成伞形圆顶，顶中央有一个圆形天窗，晴启阴合，用以流通空气，吸收阳光，是草原牧区传统居住用具，也是外地游人感兴趣的下榻场所。

（二）民间文化

1. 安代舞

安代流行内蒙古，起源于库伦旗。传统安代以唱为主，伴以舞蹈动作，是科尔沁"博"治病的一种方式，带有迷信色彩。新中国成立以后，逐渐变为自娱性民间舞蹈，经过不断完善与发展，由民间进入剧场，成为喜闻乐见的民族艺术形式。

2. 内蒙古民歌

内蒙古民歌非常著名，有歌颂人民反抗斗争、控诉压迫剥削的民歌，如《嘎达梅林》《达那巴拉》《那木斯来》《劳工之歌》等；有赞美故乡、思念亲人、怀念故土的民歌，如《诺恩吉雅》《母亲的恩情》《金姐》等；有哀歌、格言歌、摇篮曲、讽刺的民歌，如《波茹莱》《都吉娅》《丁格尔大喇嘛》等，有仪式歌包括祭祀歌、安代歌、婚礼歌、宴歌、酒歌等民歌，如《四季》《金珠尔玛》《篝火歌》等；有反映妇女生活的民歌，如《万梨》《高小姐》《德力格尔玛》等；还有大量的情歌，如《韩秀英》《达古拉》《金叶玛》等。

表现形式：

(1)长调民歌。蒙古语"乌日汀哆"的意译，"乌日汀"为"长久""永恒"之意，"哆"为"歌"之意。在相关著作和论文中，也将其直译为"长歌""长调歌"或"草原牧歌"等。蒙古族长调蒙古语称"乌日图道"，意即长歌，它的特点为字少腔长、高亢悠远、舒缓自由，宜于叙事，又长于抒情；歌词一般为上、下各两句，内容绝大多数是描写草原、骏马、骆驼、牛羊、蓝天、白云、江河、湖泊等。

(2)呼麦。又称喉音唱法、双声唱法、多声唱法或浩林潮尔，是阿尔泰山周围地区诸多民族的一种歌唱方式，并非蒙古族所独有。

呼麦早在12世纪蒙古民族形成之前就已在广袤的地域上流传，一个歌手纯粹用自己的发声器官，在同一时间里唱出两个声部。呼麦声部关系的基本结构为一个持续低音和它上面流动的旋律相结合。又可以分为"泛音呼麦""震音呼麦""复合呼麦"等。有关呼麦的产生，蒙古人有一奇特说法，古代先民在深山中活动，见河汊分流，瀑布飞泻，山鸣谷应，动人心魄，声闻数十里，便加以模仿，遂产生了呼麦。呼麦的曲目，因受特殊演唱技巧的限制，大体可分为三种类型：一是咏唱美丽的自然风光；二是表现和模拟野生动物的可爱形象，保留着山林狩猎文化时期的音乐遗存；三是赞美骏马和草原等。从其音乐风格来说，呼麦以短调音乐为主，但也能演唱些简短的长调歌曲。从呼麦产生的传说、曲目的题材内容来看，这一演唱形式是蒙古山林狩猎文化时期的产物。

(3)二人台牌子曲。早期出现在清咸丰年间，是由内地民歌、戏曲曲牌、佛教、道教、祭祀音乐的演奏形式衍变而来，同时融入蒙古族民歌的乐器演奏风格。二人台牌子曲是二人台戏曲形式和二人台音乐中必不可少的组成部分，同时又独立于二人台唱腔之外的器乐曲。除用于配合演员演出动作、烘托舞台演出气氛外，还可以作为民间器乐单独演奏。二人台牌子曲是蒙汉劳动人民共创的民间音乐形式，一百多年来为歌唱劳动人民生活起到了积极的作用，它的音乐创作是蒙汉劳动人民热爱生活的体现。

(4)潮尔道和声演唱。潮尔道是蒙古族原生态宫廷音乐。"潮尔道"蒙语的发音为"潮尔咻哆"。道，即咻哆，是蒙语"歌唱"的意思，潮尔道就是"和声演唱"的意思。潮尔道所谓的和声演唱是两个声部和在一起的演唱，其中高音部就是长调，而低音部部分就是潮尔道。

(三)民族乐器

1. 四胡

蒙古族地区流行的四胡，形制和汉族地区的四胡相同，常使用红木、紫檀木制作，琴筒多呈八方形，蒙以蟒皮或牛皮为面，弦轴和轴孔无锥度，利用弦的张力紧压轴孔以固定，有的还在琴杆、琴筒上镶嵌螺钿花纹为饰，细竹系以马尾为琴弓，弓杆中部包以长10厘米铜皮或镶钢片、象牙，根部为壮骨或木制旋钮，张丝弦或钢丝弦。有低音四胡、中音四胡和高音四胡三种。

2. 马头琴

马头琴是中国蒙古族民间拉弦乐器。蒙古语称"绰尔"。琴身木制，长约一米，有两根弦。共鸣箱呈梯形。声音圆润，低回婉转，音量较弱。相传有一牧人怀念死去的小马，取其腿骨为柱，头骨为筒，尾毛为弓弦，制成二弦琴，并按小马的模样雕刻了一个马头装在琴柄的顶部，因以得名。

3. 雅托克

雅托克即蒙古筝。蒙古筝与中原流传的古筝在构造和技法上基本相同，只是流行于内蒙古的古筝所奏的乐曲均为蒙古族民歌和器乐曲。雅托克分为十二根弦和十根弦两种。主要在锡林郭勒盟和伊克昭盟(鄂尔多斯市)一带流传，因其年代久远，所以在当地牧民中影响很大。一般十二根弦筝用于宫廷或庙堂，十根弦筝流传在民间，多半用来为民歌和牧歌伴奏。

4. 火不思

火不思属于蒙古族弹拨乐器，见于元代，盛行于明代，清朝列入国乐，清后失传，新中国成立后重新研制成功。流传于中国新疆、内蒙古、甘肃北部及云南省丽江纳西族自治县等地。火不思一词为土耳其共和国语"qobuz"的音译，约于唐代从中亚传入中国，又名"和必斯""虎拨思""琥珀词""吴拨思""胡不思"和"胡拨四"等(均为蒙语音译，即琴的意思)。民间称其为胡不儿或浑不似。流行于内蒙古自治区、河北省和甘肃省北部等地。四弦、长柄、无品、音箱梨形，明代时民间相当盛行。

5. 口琴

口琴，亦称口弦、口簧，铁制拨奏体鸣乐器。蒙古语称之为"特木尔·胡尔"。蒙古人素有弹奏口弦的习俗，尤以妇女为甚。明代以来，口弦在蒙古音乐中的作用更加突出，被纳入了宫廷乐队。除了以上所列几件乐器之外，蒙古族原有许多种民间乐器，诸如胡琴、抄兀儿、筝之类，依旧在草原上流传。

6. 胡笳

胡笳，蒙古族边棱气鸣乐器。民间又称潮尔、冒顿潮尔。流行于内蒙古自治区、新疆维吾尔自治区伊犁哈萨克自治州阿勒泰地区。管身木制，管长58.5厘米、管径1.8厘米，下部开有3个圆形按音孔，上端管口不设簧片。

7. 托布秀尔

托布秀尔，新疆蒙古族特有乐器之一，造型美观而又制造简便，音色优美浑厚，便于携带。特别适合于游牧生活，因此深受牧民喜爱，在新疆蒙古族中流传的十分广泛。在民间喜庆的集会上弹奏"沙布尔登"以外，也可以演奏单独供欣赏的乐曲，还可用来为民歌和《江格尔》等说唱长诗伴奏。

8. 胡琴

胡琴，蒙古族弓拉弦鸣乐器。古称胡尔，蒙古族俗称西纳干胡尔，意为勺子琴，简称西胡。元代文献称其为胡琴，汉语直译为勺形胡琴，也称马尾胡琴。其历史悠久，形制独特，音色柔和浑厚，富有草原风味。可用于独奏、合奏或伴奏。流行于内蒙古自治区各地，尤以东部科尔沁、昭乌达盟一带最为盛行。

（四）饮食文化

蒙古族人的传统饮食比较粗犷，以羊肉、奶、野菜及面食为主要原料。烹调方法相对比较简单，以烤最为著名。崇尚丰满实在，注重原料的本味。特色美食有烤羊腿、全羊席、手抓羊肉、奶酪、马奶酒、莜麦面、资山熏鸡、肉干、哈达饼、蒙古馅饼、蜜麻叶、德兴源烧麦等。

传统食品分为白食和红食两种。白食蒙古语叫查干伊德，是牛、马、羊、骆驼的奶制品。红食蒙古语叫乌兰伊德，即牛、羊等牲畜的肉制品。白食是蒙古族的敬客食品，按照蒙古族的习惯，白色表示纯洁、吉祥、崇高，因此白食是蒙古人待客的最高礼遇。

蒙古族敬酒：蒙古族斟酒敬客考究，酒是最能表达朋友之忠诚的珍贵食品。主人将酒斟在银碗或金杯中，托在哈达上，唱起祝酒歌，表达自己的真诚与感情，此时客人应随即接过酒，能饮则饮，不能饮则品尝少许，然后将酒归还主人，不可推让、谢绝主人的敬酒。

（五）自然景观

1. 呼伦贝尔大草原

中国目前保存最完好的草原，总面积10万平方米，有"牧草王国"之称。6—9月是呼伦贝尔大草原的最佳旅游季，尤其7—8月间大草原牧草茂盛，适合在大草原腹地骑马、垂钓，或在西部的呼伦湖上泛舟。

2. 响沙湾

地处鄂尔多斯达拉特旗境内，以沙漠景观和响沙奇观为主要特色，此外，还有沙湖、沙地绿洲、蒙古族风情等景观。响沙湾是一个弯形沙坡，背依苍茫大漠，面临大川，高度近百米，沙坡斜度为45度，宽度四百多米。

3. 道须沟

位于宁城县黑里河国家自然保护区，有"塞外西双版纳"之称。

4. 腾格里沙漠

中国第四大沙漠，"腾格里"蒙古语为天，意为茫茫流沙如渺无边际的天空。沙漠内部，沙丘、湖盆、盐沼、草滩、山地及平原交错分布。腾格里沙漠中还分布着数百个存留数千万年的原生态湖泊，包括月亮湖和天鹅湖（居延海）等。

5. 海拉尔国家森林公园

早在清代就被列为呼伦贝尔八景之一，因沙埠古松而著名。是中国唯一以樟子松为主体的国家级森林公园。

6. 哈素海

"塞外西湖"，位于呼和浩特西70千米的土默特左旗。水面面积32平方千米，水深2米左右，湖底杂草丛生，水质肥沃，盛产草、鲢、鲤、鲫、团头鲂、武昌鱼等鱼类及河虾蟹。

7. 阿尔山

阿尔山位于兴安盟西北部，横跨大兴安岭西南麓。著名自然景观有活火山群、阿尔山矿泉、阿尔山国家森林公园、阿尔山天池、石塘林、松叶湖、鹿鸣湖、玫瑰峰、摩天岭、杜鹃湖、好森沟等。

8. 克什克腾

自然景观有贡格尔草原、白音敖包国家级自然保护区、阿斯哈图石林、黄岗梁林海、克什克腾世界地质公园、蛤蟆坝、冰臼奇观、乌拉盖、塞罕坝等。

内蒙古其他自然旅游景点还有：额济纳旗胡杨林自然保护区、乌兰布统草原、希拉穆仁草原、额尔古纳河湿地、莫尔道嘎国家森林公园、库布齐沙漠、巴丹吉林沙漠、怪树林、莫尔格勒河等。

（六）人文景观

1. 成吉思汗陵

成吉思汗陵是蒙古帝国创始人成吉思汗的衣冠冢，中国 4A 级旅游景点，草原历史文化圣地。以三座相连的蒙古包为主体，陈列了成吉思汗一生相关的物件。

2. 昭君墓

昭君墓又名"青冢"，是为明妃王昭君的墓地，位于呼和浩特市郊，始建于西汉时期。

3. 阿尔寨石窟

阿尔寨石窟位于鄂托克旗阿尔巴斯苏木，是内蒙古境内最大的石窟寺建筑群，也是中国西夏至蒙元时期较大的石窟寺。

4. 黑山头古城

黑山头古城因在额尔古纳市黑山头而得名，分内城和外城，城墙均为土筑。临近为黑山头口岸。

5. 元上都城遗址

元上都城遗址位于正蓝旗五一牧场境内，初建于元宪宗六年（1256 年），名开平府，后改为上都。城市布局具有中原传统风格，有宫城、皇城和外城三重，规划整齐对称，形成一条中轴线。

呼和浩特清真大寺：该市最早和最大的清真寺，始建于清代康熙年间，雍正、乾隆年间又曾多次重修、扩建，形成今日规模。寺内建有圣殿、讲堂和穆斯林浴室等重要建筑。

6. 贝子庙

贝子庙位于锡林浩特市，始建于清乾隆八年（1743 年），乾隆三十三年（1768 年）赐汉名崇善寺。乾隆以后至民国间陆续扩建，成为锡林郭勒草原上规模最大的喇嘛庙。

7. 辽中京城遗址

辽中京城遗址位于宁城县，是在辽统和二十五年（1007 年）兴筑规模宏大的陪都中京大定府城。

8. 大窑文化遗址

大窑文化遗址位于呼和浩特市东郊 33 千米处，保合少乡大窑村南，发现于 1973 年。经鉴定年代为距今 70 万年至 1 万年前，出土了大量的石器。

9. 诺门罕战争遗址

诺门罕战争遗址位于新巴尔虎左旗境内，为二战期间日苏诺门罕战役遗迹，现为重点文物保护单位。

(七) 研学活动目标

1. 走进一座蒙古包，用蒙古族礼节和主人打招呼。
2. 仿照蒙古族牧民的做法，喝一碗马奶茶，品尝若干内蒙古传统食品。
3. 描述蒙古族历史悠久的传统节日"那达慕"大会的盛况。
4. 介绍 4 件以上蒙古族民族乐器。
5. 请说出 6 处以上内蒙古著名自然景观。
6. 讲述昭君出塞的故事，明确"平沙落雁"的典故。
7. 了解内蒙古草原上著名的人文景观，领会草原文化的内涵及影响。

五、研学活动安排

研学活动第一天：考察科尔沁右翼中旗

科尔沁右翼中旗位于大兴安岭南麓、科尔沁沙地北端，是兴安盟唯一的畜牧业旗。境域呈狭长状，南北长 310 千米，东西宽 55 千米，总土地面积 15613 平方千米（约合 2342 万亩）。科尔沁右翼中旗的土特产有芦苇、毛手套、山杏核。有耕地 6.15 公顷，主要农作物有高粱、谷子、玉米、水稻。

1. 蒙格罕山生态旅游景区

蒙格罕山又名鲜卑山，是科尔沁地区四大罕山之首。主峰海拔高度 721.3 米，总面积 20885 公顷。蒙格罕山自然保护区内有鸟类 76 种。其中：国家一级保护鸟类有大鸨、金雕等；国家二级保护鸟类有苍鹰、雀鹰、毛脚鵟、灰脸鵟鹰、秃鹫等。在 17 种兽类中有国家二级保护动物猞猁和狍子、野猪、狐狸、狼等。山上植物种类繁多，灌乔成林，山间深处灌丛密布，多有奇花异草和珍贵的中草药。种子植物和蕨类植物达 69 科 243 属 463 种。其中有较大经济价值的植物有蒙古栎、五角枫、虎榛子、刺玫、金露梅等，有国家重点保护植物野生大豆。

蒙格罕山峰重谷复、气势恢宏，随处可见悬崖峭壁上造型各异、千姿百态的奇峰异石。山间有三个大型平台，传说是当年成吉思汗练兵、赛马、宿营之处。沿山涧修建有从第一平台至第三平台的长 1800 米、宽 2 米的人行水泥路，游人可追思当年成吉思汗策马奔腾的雄伟画卷，探究古代汉、蒙、藏、契丹人的文化渊源，可轻松饱览大自然赋予人间的神奇景观。

2. 翰嘎利湖生态旅游景区

翰嘎利湖生态旅游景区是一处山水相连、风景优美、独具科尔沁草原特色的湿地气候区。湖区周围的沙地、花草、树木独具风貌。湖区山冈上树木茂盛，郁郁葱葱。有珍稀树种蒙古黄榆和五角枫以及桑树、杨树、山杏、针柴、灌榆、山丁、鸡豆等。湖区边缘和山冈连接的地方布满了高大的柳树，小溪流淌的中上游草地就像绣上花的毡毯一般，绿茸茸的青草地上绽放着五颜六色的鲜花。这里曾栖息着各种珍贵的野生动物，有猞猁、狐狸、狼、野兔、山鸡以及丹顶鹤、白枕鹤、灰鹤、白鹳等珍禽，还有大鸨、雁鸭等众多水禽。

翰嘎利湖生态旅游景区的湖区周围遍布着具有浓郁民族特色的"蒙古包"，景区内游泳池、浴场、垂钓场、沙浴场、野游宿营地、大坝休闲广场等一应俱全，是独具草原民族特色的旅游胜地。

3. 科尔沁生态旅游景区

科尔沁国家级自然保护区是一个以保护科尔沁原始草原、榆林、杏树林等自然景观以及鹤、鹳等珍禽鸟类及其赖以生存的栖息环境——湿地为主的综合性自然保护区，保护区总面积为126987公顷。保护区境内有三条河——霍林河、额木特河及突泉河，它们以无尾河的形式形成了20000公顷的湿地。科尔沁大面积的湿地为鹤、鹳类等珍禽、雁鸭类水禽提供了理想的栖息繁殖环境。全世界有鹤类15种，作为湿地的指标动物，仅在科尔沁保护区栖息的鹤类就有6种，它们是丹顶鹤、白鹤、白头鹤、白枕鹤、灰鹤、蓑羽鹤，其中丹顶鹤、白枕鹤、蓑羽鹤在本地区繁殖，白鹤、白头鹤、灰鹤为旅鸟。

保护区内有28000公顷的蒙古黄榆天然林、3000公顷的西伯利亚山杏天然次生林，或疏或密，与坨甸相间的草原、榆树疏林构成了科尔沁草原独特的原始景观和风貌。保护区内已发现维管束植物70科275属498种。已发现鸟类为17目42科225种，其中丹顶鹤、白鹤、白头鹤、白鹳、黑鹳、金雕、大鸨、虎头海雕等8种为国家一级保护鸟类，另有白枕鹤、蓑羽鹤、灰鹤、大天鹅、白琵鹭及众多猛禽等34种国家二级保护鸟类。在保护区内分布的两栖动物4科7种，爬行动物2目4科10种，兽类6目15科43种。

4. 五角枫生态旅游景区

科右中旗代钦塔拉五角枫自然保护区总面积61641.3公顷，区内因生长着斑斓绚丽、婀娜多姿的濒危稀有树种——五角枫而名扬遐迩。五角枫作为科右中旗极具观赏性的树种，具有十分重要的生态作用，是东方白鹳、金雕等珍禽的栖息繁殖场所。五角枫因其独特的造型、鲜艳的色彩,已成为科尔沁右翼中旗象征性的树种,五角枫自然保护区也因五角枫成为四方宾朋、摄影爱好者驻足观赏、流连忘返的绝美佳境。

5. 珠日赫山生态观光区

珠日赫山生态观光区位于科右中旗图什业图王府南面,距图什业图王府5公里。珠日赫,蒙古语意为"心"。这座山被历届图什业图亲王视为吉祥之地,因而闻名遐迩。珠日赫山脚下西边有个美丽的湖泊——代钦湖,四周分布着错落有致的五角枫树,广阔的代钦塔拉草原绵延山下,特殊的地理位置和优越的生态环境为众多迁徙鸟类提供了理想的觅食、栖息场所,是国家二级保护珍禽大天鹅的重要停歇地。置身珠日赫山景区内,静静感受代钦湖上珍禽飞渡、芦苇摇曳,眼前仿佛浮现出图什业图王府的昔日辉煌。

6. 图什业图赛马场

科右中旗旗委和政府高度重视民族文化体育工作的发展,积极挖掘并传承民族体育项目,立足草原文化,以马文化、马产业为龙头带动全旗各项文化事业的发展。蒙古族竞技项目"男儿三艺"在这里世代相传,骑马、射箭、博克等一些群众喜闻乐见的民族体育活动有着广泛深厚的群众基础,这里的牧民群众尤其对马更为偏爱,自古以来广大牧民群众就有养马、爱马的传统,赛马深受这里群众的喜爱。

科右中旗是中国马术协会授予的"全国马术赛事优秀承办单位",国家体育总局和国家民委联合授予的"全国民族体育先进集体",自治区文化厅和体育局联合命名的"赛马之乡",是"全区民族传统体育示范基地"和"全区竞技体育后备人才基地",曾获得澳门沙地马王奖、新西兰、澳大利亚打吡赛(国际一级赛)冠军、中国速度马锦标赛和全国少数民族运动会金牌等三百多个国际国内奖项。

为促进民族体育事业发展,使马上运动项目向市场化、产业化发展,2013年,科右中旗兴建了占地面积66.67万平方米的蒙古族传统体育传承示范训练基地建设项目,建设内容包括办公区、观礼台、标准的赛事跑道(沙石、草坪跑道)、博克馆、射箭馆、蒙古象棋馆、布鲁训练场、马文化博物馆、马文化主题公园、马游泳训练池、马球训练场、马厩、马房、马医院及相关配套用房及设施。其中,观礼台建筑面积为2.07万平方米,可容纳观众1.2万人。

7. 图什业图亲王府

科尔沁右翼中旗史称图什业图旗,是嫩江科尔沁十旗之首、古哲里木十旗会盟地,在北方草原有着重要的历史地位和文化意义,是当时重要的政治、经济、文化、宗教中心。

图什业图亲王府坐落于代钦塔拉草原,于札萨克第十三世亲王巴宝多尔济执政期间(清同治十年至清光绪十六年,即 1871—1890 年)建成,距今已有一百三十多年的历史。

在 20 世纪 60 年代初图什业图亲王府遭到破坏。重修后的图什业图亲王府总占地面积 4 万平方米,建筑面积 1.1 万平方米,房屋 150 间。图什业图亲王府整体为传统木结构建筑,青砖灰瓦,雕梁画栋,富丽恢宏,民族特色浓郁。主要由王府正院、长史处、印务处及城墙、城门、炮楼等护城设施构成。王府后花园由三百余亩的王府园林、内外童子山、人工河等景观构成。

8. 博格达活佛府邸

博格达活佛府邸,原名"遐福寺",是原图什业图旗(今科右中旗)在清廷理藩院注册的 13 座寺庙之首,由西藏四世班禅弟子土尔扈特蒙古族乃吉托音活佛坐床主持,是蒙古族地区藏传佛教(格鲁派)传教源法地和主要场所。由于当时嫩江科尔沁 10 旗王公都接受该戒教,并志愿共同集资,在 10 旗会盟地所在地图什业图旗的巴彦呼舒兴建了该寺庙,取名遐福寺,并由清廷赐匾。

遐福寺建筑风格属汉藏结合性的飞檐拱顶式古式建筑。主要由大经堂、山门、一座 21 米高的白塔、喇嘛仓等四座建筑物组成。占地面积 4018 平方米,建筑面积 1772.4 平方米。共有 10 座殿堂,28 间房屋,其中九座一层硬山砖瓦结构,一座为一层歇山砖瓦结构。依次为山门两侧东西厢房及东西配殿;仪门两侧东西厢房、仪门内东西配殿、东西厢房及大雄宝殿。1996 年,博格达活佛府邸被确定为第三批全区重点文物保护单位。

9. 哲里木盟(通辽市)

哲里木盟地又称十旗会盟地,位于科右中旗吐列毛杜镇哲里木山脚下,是当年科尔沁诸旗定期会盟之地。会盟地由 1 个大敖包和 10 个小敖包组成。1954 年,当地努图克政府因开发水田等原因将所有敖包全部拆除,具有二百余年的历史古迹被夷为平地。原址上复建的会盟地现已成为科右中旗的重要旅游景区之一。

10. 科右中旗博物馆

科右中旗博物馆整个设计理念为:神弓后裔——科尔沁之首。整体造型为一轮弓箭,箭头直指苍穹,寓意为"英勇的弓箭手"。穹顶两侧的圣火(蒙语意为蒙赫音嘎拉)如燃烧的火焰,象征着民族生生不息、永远存续。门前两侧的苏鲁德造型及墙体上的民族图案,则为该建筑赋予了浓郁的民族特色。博物馆前正中央为哈布图·哈撒儿雕塑,雕塑高 4.5 米,重 2.5 吨,该雕塑为博物馆注入了厚重的历史文化气息。博物馆内设 4 个独立区,即自然景观、民俗宗教、发展历史、非物质文化遗产等展厅。科右中旗博物馆是中旗人文、地理、历史的实物教科书，已成为一处重要的旅游景点和全旗的爱国主义教育基地。

［研学内容及要求］

1. 了解科尔沁右翼中旗的概况。

2. 能对科右中旗拥有的"中国民间文化艺术之乡""科尔沁民歌之乡""乌力格尔之乡""蒙古族四胡之乡""安代之乡""赛马之乡"等文化名片内涵简要说明。

3. 简述科尔沁蒙古族传统礼节的主要内容。

4. 你如何看待科尔沁蒙古族风俗习惯中的禁忌？

5. 说一说你所了解的哈达。

6. 说一说做客科尔沁牧民蒙古包的礼仪事项。

7. 以科尔沁的礼仪方式，为自己的老师献一次哈达。

研学活动第二天：考察科尔沁右翼前旗

科尔沁右翼前旗简称科右前旗。科尔沁，蒙语意为"带弓箭的人"，它因科尔沁部落而得名。科右前旗位于内蒙古自治区东北部、兴安盟中西部，地处大兴安岭南麓，东与扎赉特旗毗邻，南和吉林省白城市相接，西北与蒙古国接壤，有32.5千米的边境线，是自治区19个边境旗县之一，全旗总面积1.7万平方千米。蓝天白云、青山绿水，大美科右前旗是宜居宜游绿色生态休闲胜地。草原风光主要有乌兰毛都草原、勿布林草原、桃合木草原、满族屯草原。

巍巍宝格达山、涓涓归流河、洮儿河娓娓诉说着草原亘古的史诗，低山丘陵，沟壑纵横。蜿伏千里的金代界壕传唱着战马嘶鸣；清澈见底的乌兰河叮咚流淌；连绵起伏的黑羊山高耸入云；倒映春色的察尔森湖波光粼粼。勤劳纯朴智慧的人民创造了厚重的科尔沁文化，镌刻了独特而悠扬的长调民歌和娟秀的札萨克图刺绣技艺。科尔沁地区游牧文明与农耕文明演绎出生生不息的札萨克图古老的传说。

1. 国家水利风景区——察尔森水库

察尔森水库位于嫩江支流洮儿河中游，距乌兰浩特市32千米，距民航机场20千米，是国家大Ⅰ型水库，水库三面环山，一面与草原和国家森林公园相接壤，形成了得天独厚的旅游环境。水库坝址以上控制流域面积7780平方千米，年平均径流量8.3亿立方米，总库容为12.53亿立方米。水库风光独特，气候宜人，形成一个天然的大养吧，风景区面积91.46平方千米，草木覆盖率95％。2005年8月晋升为第五批国家水利风景区。

这里水草丰美、渔业资源丰富，有近5000亩的天然养殖水面。主要鱼种有：鲢鱼、鳙鱼、鲤鱼、鲫鱼、鲶鱼；引进鱼种有：鲷鱼、池沼公鱼、武昌鱼、大银鱼等；另外，野生鱼有：草鱼、马口鱼、嘎呀鱼、黑鱼、柳根鱼、草虾、老头鱼、麦穗鱼等五十多余种；由于水库上游没有任何污染源，水质优良，经2004年12月，察尔森水库鱼首次被内蒙古自治区评为区内无公害农产品生产基地。这里的鱼肉质鲜嫩、味道鲜美；每年5月到这品尝开河鱼的游客络绎不绝，深受游客和消费者的青睐。

2. 摩崖题记

（1）毕其格台摩崖题记

该题记位于索伦镇乌敦嘎查西南2.5千米的山沟内，这里四面环山，山上林木繁茂。在高逾百米的石崖上有墨书，字迹疏散，年代不详。

（2）宝田摩崖

位于索伦镇宝田嘎查南500米的两个山谷相交处，摩崖距地面0.5米，题写面积0.44平方米，字迹依稀可辨的有七十多个，系女真人文字。

3. 乌兰毛都草原

乌兰毛都草原，是一块传统特色突出、民族风情浓郁、生态状况良好的具有代表性的草原。润湿的空气里升腾着淡淡绿意与泥土馨香，犹如水彩画一般氤氲开来。

乌兰毛都草原处在大兴安岭向科尔沁草原过渡带上，特殊的地理环境使这里林草丰茂，植物繁多，是得天独厚的坦然牧场。这里山川纵横、河流众多、草原丰美，且有上百种乔灌木杂处其间，地形起伏多变，景观层次感强，被游客称为是一块不可多得天然高尔夫球场。

乌兰毛都草原具有悠久的历史文化。距今三千年至一万年间，就有人类活动。金朝曾再乌兰毛都草原一带修建金长城，元朝时期，这里是成吉思汗三弟帖木哥翰赤斤的封地，明朝为泰宁卫辖地，清代是科尔沁蒙古部落。因此，这里是科尔沁文化的重要发祥地之一。乌兰毛都草原是兴安盟草原民族旅游的重点景区。

［研学内容及要求］

1. 简述你眼中的科尔沁草原文化。

2. 试试学唱，叙事民歌《嘎达梅林》。

3. 用诗、词、楹联、赋等形式，写一写爱国将领僧格林沁的英雄事迹。

4. 乾隆曾三次来到科尔沁草原，乾隆为何对巩固与科尔沁蒙古的姻亲和盟好关系如此重视，结合你对历史的了解，谈谈你的看法。

5. 默写出一篇你曾经学过有关草原的古诗文。

6. 除了以上提及的草原名人和英雄，你还知道哪些草原上的历史名人，至少列举出 10 位。

研学活动第三天：考察阿尔山

"阿尔山"系蒙古语译音，意为"圣水"或"神泉"。

内蒙古阿尔山市隶属于内蒙古自治区兴安盟，位于内蒙古自治区东部。阿尔山市地处兴安盟西北端大兴安岭脊中段，被呼伦贝尔、锡林郭勒、科尔沁、蒙古四大草原所环抱。东邻扎兰屯市，西与锡林郭勒盟及蒙古国接壤，北与呼伦贝尔新巴尔虎左旗、鄂温克旗毗邻，南与兴安盟科右前旗相接。

由于地质年代第四纪的多次火山喷发，形成了阿尔山以火山遗迹为主的奇异地形地貌，是天然的火山博物馆。中科院和中国地质大学专家在科考活动中认定，阿尔山有近十座高位火山口湖、百余火山堰塞湖、600 平方公里熔岩台地，是目前亚洲保持最完整、面积最大的火山地貌景观。其中最有价值的是四座活火山及其形成的熔岩台地，地貌清晰，基本上没有风化，具有极高的科普观赏价值。

1. 草原资源

阿尔山处于蒙古、锡林郭勒、科尔沁、呼伦贝尔四大草原交会处，森林与草原相拥，冰雪与温泉相伴。特别是冰雪与温泉的组合堪称绝配。阿尔山温泉构成疗养度假特色、冰雪构成运动休闲特色、火山构成科考观光特色、气候构成休闲避暑特色。这"四大特色"资源，加上阿尔山拥有中蒙国际性季节开放口岸，是四大草原托起的城市，如此草原美景决定了阿尔山旅游资源的组合度和吸引力均堪称世界罕见。

2. 冰雪资源

阿尔山市冰雪资源得天独厚，具有五大优势：雪质好，非常洁净，软硬适度，冬季降雪平均达 368 毫米；雪期长，积雪覆盖期 152 天左右，从 10 月至翌年 5 月都可以滑雪；地形优越，可以开展冬奥会规定的全部比赛项目；冰雪与温泉结合，这在我国是独一无二的，体现了休闲与运动的统一；滑雪场与城市一体化，相得益彰，相映成趣，这种完美的结合在国内、国际都是十分罕见，在我国各大雪场独树一帜，体现了以人为本的旅游新观念。目前，已修建了东山游乐滑雪场、西山自由式滑雪场和西山越野滑雪场。2003 年，阿尔山市被中国滑雪协会确定为冰雪运动冬训基地，并承办了多项国家级滑雪赛事。

3. 风景名胜

(1)阿尔山国家森林公园

阿尔山国家森林公园自然景观有天池、石塘林、杜鹃湖、玫瑰峰、樟松岭、哈拉哈河、冰雪及草原风光；人文景观有旧机场、火车站、日伪工事及战争遗址、边境口岸等。是集温泉、草原森林、湖泊、冰雪、奇山异石、野生动植物于一体的旅游景区。

(2)海神圣泉

海神圣泉是全国著名的旅游疗养基地。在原内蒙古工人阿尔山疗养院的基础上整合、组建的一个大型的、集矿泉疗养、旅游观光、洗浴康复、休闲、娱乐、餐饮于一体的旅游疗养胜地。这里，在长500米、宽70米的狭长地带上，分布着冷、温、热、高热48眼矿泉。2001年，该景区被确定为全国十大文明风景旅游示范区之一，2003年被评为国家地质公园。

(3)哈拉哈河

"哈拉哈"蒙语为"屏障"之意，由于西岸比东岸高，从河东岸看西岸如同一座长长的壁障在眼前，哈拉哈河由此地貌而得名。

(4)不冻河

不冻河位于哈拉哈河的三潭峡到金江沟林场段。"不冻河"之所以产生，是由于该河段附近有大量的地热存在的缘故，在-40℃以下的气温，该河段的河水不但不会结冰，水中还生长着水草，河面上冒着腾腾热气。

［研学内容及要求］

1. 实地考察阿尔山火山地貌景观，感受天然火山博物馆的独特性。
2. 感悟阿尔山旅游资源森林与草原相拥、冰雪与温泉相伴的独特性。
3. 为阿尔山冰雪运动写一段推荐词，介绍阿尔山冰雪与温泉结合，滑雪场与城市一体化的独一无二的旅游体验。
4. 向亲友介绍阿尔山国家森林公园、海神圣泉、哈拉哈河、不冻河等风景名胜的独特魅力。

研学第四天：考察呼伦贝尔大草原

在祖国雄鸡形版图上方，有一个酷似鸡冠的地方，那就是世界闻名的内蒙古自治区呼伦贝尔市，它被誉为"北国碧玉"。呼伦贝尔得名于呼伦和贝尔两大湖泊。"呼伦"的蒙语大意为"水獭"，"贝尔"的蒙语大意为"雄水獭"，因为过去这两个湖盛产水獭。呼伦贝尔草原，是我国保存最完好的草原，水草丰美，有"牧草王国"之称。呼伦贝尔草原位于呼伦贝尔市大兴安岭以西，地势东高西低，海拔在650～700米之间。

呼伦贝尔大草原是我国现存最丰美的优良牧场，因为几乎没有受到任何污染，所以又有"最纯净的草原"之说。

1. 名称的由来

富有独特想象力的北方游牧民族，编织了这一神话传说：从前草原上有一名叫呼伦的美丽姑娘游走在草原上，百种鲜花都羞涩地低下头；英俊的蒙古族小伙子贝尔骑上高头大马，所有的马匹都自愿伴着他一起飞奔。两个年轻人儿相爱了，百灵鸟高唱祝福的歌。恶魔莽古斯抢走了呼伦姑娘，为拯救草原和心爱的姑娘，贝尔抄起弓箭长刀追寻恶魔，呼伦夺下莽古斯头上的绿宝珠吞下，化作浩荡的大湖。贝尔杀死了恶魔，然而在湖边却再也看不到美丽的呼伦姑娘了。贝尔也化作一池清湖。就这样，一对情人把炽热的爱献给草原万物，化作呼伦、贝尔两个清澈汪洋的大湖。草原有情，暗暗地迸裂开出一道乌尔逊河，把两颗年轻的心连了起来。草原兴旺了，草原上的人们为了感谢和纪念呼伦和贝尔，就把这片草原命名为呼伦贝尔大草原。

2. 历史文化

草原文化是中华文化发展的重要动力源泉之一。中国历史上北方草原民族总有一种向南融合发展的倾向，中原王朝到末期广泛弥漫的腐败萎靡和不堪一击，也促使草原民族一次次戎装南下，为中华民族和中华文化的发展一次次注入新鲜血液。诚如陈寅恪所说，北方胡人文化"注入中原文化颓废之躯，旧染既除，新机重启，扩大恢张，遂能别创空前之局"。

从文化发展的角度看，伴随着北方草原民族对中原武力征服而来的是草原民族与中原民族的融合，也是草原文化同中原内地文化的汇聚与创新。

这里有水草丰美的草原，松涛激荡的大兴安岭林海，纵横交错的河流，星罗棋布的湖泊。这里的草原被誉为"世界上最美的草原"。这里是中国北方少数民族和游牧民族的发祥地之一。

3. 天然牧场

呼伦贝尔草原是世界著名的天然牧场，总面积约 10 万平方千米，天然草场面积占 80%，是世界著名的三大草原之一，这里地域辽阔，三千多条纵横交错的河流，五百多个星罗棋布的湖泊，一直延伸至松涛激荡的大兴安岭。

呼伦贝尔草原四季分明，被世人誉为世界美丽的花园。呼伦贝尔草原年平均温度 0℃ 左右，无霜期 85～155 天，温带大陆性气候，属于半干旱区，年降水量 250～350mm 左右，年气候总特征为：冬季寒冷干燥，夏季炎热多雨。年温度差、日期温差大。能种植春小麦、马铃薯及少量蔬菜。

4. 特色美食

当地草原民族特点的风味食品：全鱼宴、烤羊腿、整羊席、手扒肉等。

全鱼宴：呼伦湖产的鱼，肉质肥美，营养丰富，含有丰富的蛋白质、无机盐、碳水化合物、脂肪和各种维生素。用呼伦湖产的鲜鱼和湖虾，可烹制鱼菜一百二十多种。全鱼宴有 12、14、20、24 道菜一桌的，甚至有上百道菜一桌的。主要名贵鱼菜有二龙戏珠、鲤鱼三献、家常熬鲫鱼、梅花鲤鱼、油浸鲤鱼、鲤鱼甩籽、蝴蝶海参油占鱼、松鼠鲤鱼、芙蓉荷花鲤鱼、湖水煮鱼、清蒸银边鱼、葡萄鱼、葱花鲤鱼、金狮鲤鱼、普酥鱼、番茄鱼片、鸳鸯鱼卷、荷包鲤鱼、煎焖白鱼、拌生虾、拌生鱼片等。

[研学内容及要求]

1. 欣赏、学唱《草原牧歌》《美丽的草原我的家》《父亲的草原母亲的河》《草原之夜》《呼伦贝尔大草原》等草原民歌，感受蒙古族民歌声音宏大雄厉、曲调高亢悠扬的风格。

2. 熟读并背诵《敕勒歌》

3. 根据《敕勒歌》中"天苍苍，野茫茫，风吹草低见牛羊"的意境，结合本次研学旅行，写一篇《我的草原情》。

4. 为什么说草原文化是中华文化发展的重要动力源泉之一？

5. 结合自己的研学实践，谈谈呼伦贝尔大草原被誉为"世界上最美的草原"的理由。

6. 向亲友介绍自己品尝过的草原特色美食。

六、研学适用对象

此研学活动适应小学高年级至高中学生。在具体活动安排上可根据学龄层次调整研学活动内容和学习任务。

七、行程安排建议

此研学活动的地点多在草原、山区，便于组织集体生活和集体行动。行程安排更多注意安全。建议安排 4—5 天活动。

斛健庄园学艺

——植物种植研学旅行课程方案

植物是生命的主要形态之一，依据不同的分类方法可以分为孢子植物、种子植物；低等植物、高等植物；菌类植物、苔藓植物、蕨类植物；裸子植物、被子植物等不同类型，大约有35万多个物种。

绿色植物通常经由太阳获得光合作用，温度、湿度、光线、淡水是植物生存的基本需求。一般种子植物具有六大器官：根、茎、叶、花、果、种，繁殖方法主要有压条、分株、扦插、嫁接、种子等，孢子植物则通过孢子来繁殖。其中，根是种子植物的营养器官；茎也是植物的营养器官之一；叶是高等植物的营养器官，包括叶片、叶柄和托叶三部分；花生于花托上，最外面是花瓣，中间包裹着植物的生殖器官雄蕊及雌蕊；果通常由花的雌蕊发育而来；种是种子植物的胚珠经受粉后而长成，一般有种皮、胚和胚乳等组成。

植物的光合作用是生命，尤其是人类的主要能量来源，其生态价值、食用价值、原料价值、观赏价值等都是人类所离不开的。植物的光合作用是地球上最为普遍、规模最大的反应过程，在有机物合成、蓄积太阳能量和净化空气、保持大气中氧气含量和碳循环的稳定等方面起很大作用，是农业生产的基础。据计算，整个世界的绿色植物每天可以产生约4亿吨的蛋白质、碳水化合物和脂肪，与此同时，还能向空气中释放出近5亿多吨的氧，为人和动物提供了充足的食物和氧气。人类及其他绝大多数生物都依靠氧气生存，植物在大多数的陆地生态系中属于生产者，形成食物链的基本和基础环节，是人类及许多动物氧气和食物的提供者；植物不仅具有美化环境、提供绿荫、调整温度、降低风速、减少噪声、提供饮食和防止水土流失等作用，更为重要的是，所有人类的养分来源绝大部分都直接或间接地依靠着陆生植物。如玉米、小麦和稻米等谷物，马铃薯、木薯等主食，水果、蔬菜、香料和食用花卉等食物，咖啡、茶、葡萄酒、啤酒等饮料，甘蔗和甜菜制成的糖，玉米、大豆、芥花籽、红花、向日葵、橄榄等制成的食用油等，木材、布料、可再生燃料、众多的轻工产品等，也都来自植物。

我们离不开植物，更需要了解植物。本次研学旅行，将带领同学们来到云南腾冲，走进斛健庄园，了解两种特殊的植物石斛和重楼。

石斛

重楼

一、研学目的地概况

(一)地名由来

汉时，腾冲属于乘象国"滇越"，依据是《史记·大宛列传》《史记·西南夷列传》，"滇越"国中之"越"字乃腾越一名中"越"字之最早见于史书者。

三国时，腾冲属盘越国。国名来源于《三国志·魏书》，"盘越国亦名汉越，王在天竺之东南数千里，与益都（益州郡）相近。"隋唐时，腾冲属藤越国。"腾冲"一名始于《旧唐书》《新唐书》，亦作"藤冲""藤充"，腾冲属于腾越大地的核心地带。"腾越"，亦作"藤越"，亦首见于唐时。1913年设腾冲县，2015年，腾冲县撤县设市，更名腾冲市，由云南省直辖，保山市代管。

(二)地理位置

腾冲市隶属云南省保山市，位于云南省西南部，地处保山市西部，东与隆阳区相连，南与龙陵县、梁河县接壤，西与盈江县、缅甸联邦共和国毗连，北与泸水县相邻。市区距省会昆明606千米，距缅甸密支那200千米，距印度雷多602千米，是中国通向南亚、东南亚的重要门户和节点。

腾冲市地处亚欧板块与印度板块相撞交接的地方，地质史年代发生过激烈的火山运动。正是由于两个大陆的漂移碰撞，使腾冲成为世界罕见并且是最典型的火山地热并存区。方圆1000平方千米，有99座火山，88处温泉，是天然火山地质博物馆。

(三)文化特色

腾冲市是著名的侨乡、文献之邦和翡翠集散地,也是省级历史文化名城。腾冲在西汉时称滇越,大理国中期设腾冲府。由于地理位置重要,历代都派重兵驻守,明代还建造了石头城,称之为"极边第一城"。

腾冲辖18个乡镇、2799个自然村落,现有62个村落入选中国传统村落名录,数目居于全国前列。在腾冲,走进任何一个村庄,都可看到田园间村舍相连,阡陌纵横,小桥流水,炊烟袅袅。

截至2012年末,腾冲市境内少数民族达25个,包括彝族、白族、傣族、壮族、苗族、回族、傈僳族、拉祜族、佤族、纳西族、瑶族、藏族、景颇族、布朗族、布依族、阿昌族、哈尼族、锡伯族、普米族、蒙古族、怒族、基诺族、德昂族、水族、满族、独龙族等。其中,傣、回、傈僳、佤、白、阿昌六种为世居少数民族。

(四)人文景观

和顺古镇是国家4A级旅游景区,位于腾冲城西南4公里处的和顺,是云南著名的侨乡。该乡人口不到6000人,而侨居国外的和顺人却有万人之多,分布于13个国家和地区。虽然地处西南边陲,但和顺却拥有浓郁的江南水乡韵味。这里民风淳朴,生态良好,民居建筑古色古香,主要景点有艾思奇故居、和顺图书馆、弯子楼民居博物馆、刘家大院、刘氏宗祠、双虹桥、洗衣亭等。

热海温泉有"一泓热海"之盛誉,是腾越十二景之一,素有"天然地热博物馆"的美称。其显著特征为喷气孔、冒气孔、冒气地面、热沸泉、热喷泉、热水泉、热水喷爆等地热景观,水表面最高温度96.6℃,有极高的观赏价值和科考价值,同时还有疗养治病的神奇功效。

腾冲火山地质公园是我国四大火山群之一,共有97座新生代火山堆。整个火山群面积达221.36平方公里。特殊的地质结构,形成了"十山九无头"的奇异火山地貌,火山锥、火山溶洞、熔岩石地、火山湖、堰塞瀑布、柱状节理规模宏大,分布集中,类型多样,保存完整,其规模和完整性均居全国之首,有较高的科考和观赏价值,被誉为"火山地质博物馆"。

云峰山,国家风景名胜区,国家地质公园,在建4A级景区。地处腾北边关重镇滇滩，与缅甸隔山相望，主峰海拔 2445 米，相对高差 700 米。云峰山是昆仑仙境一样的风水宝地，皇帝心中的龙脉之地，徐霞客笔下的灵山福地，天人合一的道教圣地。

抗战文化——腾冲是世人瞩目的英雄之城。

1942 年 5 月，日军侵入缅甸，切断滇缅公路，占领了怒江以西包括腾冲在内的大片国土。此后，腾冲成为滇西抗战的主战场。1944 年 9 月 14 日，远征军经过 127 天的血战收复腾冲，腾冲成为抗战时期第一座光复的县城。到腾冲可以看到抗战后遗留下来的很多遗迹，有被列入国家级抗战纪念设施、遗址名录的腾冲国殇墓园和滇西抗战纪念馆，还有中印公路、驼峰航线、飞虎队等。

翡翠文化——中国翡翠第一城。腾冲是最靠近缅甸翡翠原产地克钦邦帕敢地区的地方，腾冲人最先发现了翡翠的商业价值，并首开翡翠加工贸易先河，已有六百多年的加工历史，历来是东南亚重要的翡翠加工贸易集散地，自古就有"玉出腾越"之说。"琥珀牌坊玉石桥""百宝街"见证了腾冲翡翠的商贸繁荣。腾冲在数百年绵延不断的翡翠加工贸易中，树立了"腾冲翡翠无假货"的口碑，2005 年被亚洲珠宝联合会授予"中国翡翠第一城"称号，2017 年被中国轻工业部联合会授予"中国琥珀之城"称号。

二、研学资源概览

（一）石斛

相传在两千多年前，秦始皇身边有一个叫徐福的术士，有一次徐福做了奇异的梦，梦见在浩瀚缥缈的大海中有一座仙山。徐福听到远处传来一缕缕的洲丝般若有若无的笑声，须臾间，自空中飘来两片洁白的羽毛，似清风般轻轻落下，幻化成两位身披白色霓裳的仙子，她们笑吟吟地对那颗奇葩说："恳请紫楹仙子赐予救命仙丹。"说完，从头发上取下一支银簪，从奇葩的花瓣上轻轻拔出一颗玉露放入一只拇指粗细的玉环中，然后一起道谢："多谢紫楹。"徐福梦中所见的"紫楹仙姝"就是后世具有较好滋阴功效——被历代帝皇争相企求，居"中华九大仙草"之首的"野生铁皮石斛"，其中的"紫楹"即"滋阴"之意。可能这只是人们赋予野生铁皮石斛的一种美好传说，但野生铁皮石斛具有良好的保健功效却是不争的事实。本次研学旅行，我们将去野生铁皮石斛的产地之一云南腾冲。

2. 石斛介绍

(1)植物名称

石斛又名仙斛兰韵、不死草、还魂草、紫萦仙株、吊兰、林兰、禁生、金钗花等。

(2)形态特征

茎直立，圆柱形，长9—35厘米，粗2—4毫米，不分枝，具多节；叶二列，纸质，长圆状披针形，边缘和中肋常带淡紫色。总状花序常从落了叶的老茎上部发出，具2—3朵花；花苞片干膜质，浅白色，卵形，长5—7毫米，萼片和花瓣黄绿色，近相似，长圆状披针形，唇瓣白色，基部具1个绿色或黄色的胼胝体，卵状披针形，比萼片稍短，中部反折。蕊柱黄绿色，长约3毫米，先端两侧各具1个紫点；药帽白色，长卵状三角形，长约2.3毫米，顶端锐尖并且2裂。花期3—6月。

(3)生长环境

生于海拔达1600米的山地半阴湿的岩石上。主要分布于中国云南、贵州、安徽、浙江、福建等地。其茎入药，属补益药中的补阴药：益胃生津，滋阴清热。

(4)石斛分类

石斛属			
剑叶组	剑叶石斛	刀叶石斛	昌江石斛	
瘦轴组	钩状石斛	重唇石斛		
顶叶组	鼓槌石斛	密花石斛	小黄花石斛	聚石斛
	具槽石斛	球花石斛		
基肿组	木石斛	燕石斛	景洪石斛	针叶石斛
石斛组	兜唇石斛	线叶石斛	长苏石斛	短棒石斛
	束花石斛	玫瑰石斛	晶帽石斛	齿瓣石斛
	黄花石斛	串珠石斛	流苏石斛	棒节石斛
	曲茎石斛	曲轴石斛	杯鞘石斛	滇桂石斛
	细叶石斛	苏瓣石斛	疏花石斛	尖刀唇石斛
	金耳石斛	霍山石斛	矩唇石斛	喇叭唇石斛
	美花石斛	罗河石斛	细茎石斛	杓唇石斛
	石斛	铁皮石斛	紫瓣石斛	肿节石斛
	报春石斛	黄石斛	大苞鞘石斛	广东石斛
心叶组	反瓣石斛			
黑毛组	矮石斛	翅萼石斛	高山石斛	长距石斛
	华石斛	翅梗石斛	黑毛石斛	
禾叶组	双花石斛	菱唇石斛	竹枝石斛	小双花石斛
距囊组	长爪石斛	红花石斛	西畴石斛	
草叶组	草石斛	勐海石斛	藏南石斛	单葶草石斛
	梳唇石斛			
圆柱叶组	海南石斛	少花石斛		
叉唇组	叉唇石斛			
其他	喉红石斛			

(5) 植物文化

石斛观赏价值极高，花姿优雅，玲珑可爱，花色鲜艳，气味芳香，被喻为"四大观赏洋花"之一，既可做切花，也可盆栽观赏，家有数盆热闹非凡。此外，花朵剪下2—3天也不凋萎，生命力旺盛令人赞叹。

该属植物被认为"秉性刚强，忠厚可亲"，西方社会人们常把它敬献给自己爱戴的尊长。并在每年 6 月 19 日时，将石斛送给父亲，被称之为"父亲节之花"。它有着"欢迎你，亲爱的"的花语，可将其与菲洲菊、圆叶桉树制成胸花，佩在胸前。在欧美常用石斛花朵制成胸花，配上丝石竹和天冬草，表示"欢迎光临"。至今，广泛用于大型宴会、开幕式剪彩典礼或招待贵宾。

［学以致用］

问题一：

1. 种植方法：石斛类栽培地宜选半阴半阳的环境，空气湿度在_____以上，冬季气温在_____以上地区。

　　A.70%，0℃　　B.80%，5℃　　C.70%，5℃　　D.80%，0℃

2. 生长环境：生于海拔达____米的山地半阴湿的岩石上。

　　A.1500 米　　　B.1600 米　　　C.1400 米　　　D.1700 米

3. 标注读音：石斛（　　　）

问题二：

关于秦始皇曾派徐福寻童年入海求仙这一荒诞行为，你如何看待？

问题三：

石斛被认为"秉性刚强，忠厚可亲"，西方社会人们常把她敬献给自己爱戴的尊长。并在每年 6 月 19 日时，将石斛送给父亲，被称之为"父亲节之花"。在这里给你的父亲，写一句感谢的话吧！

（二）重楼

1. 重楼介绍

《本草纲目》载"蛇虫之毒，得此治之即休，故有蚤休、螫休诸名。重台、三层，因其叶状也。金线重楼，因其花状也。一茎独上，茎当叶心，叶绿色，似芍药，凡二、三层，每一层七叶"，故称重楼。

重楼，中药名。为百合科植物云南重楼或七叶一枝花的干燥根茎。其味苦，性微寒；有小毒。有清热解毒，消肿止痛，凉肝定惊之功效，常用于疔疮痈肿，咽喉肿痛，蛇虫咬伤，跌扑伤痛，惊风抽搐。

2. 重楼育苗

选地：根据滇重楼的生长特性，宜选择土壤疏松，富含腐殖质、保湿、遮阴、有利于排水。

搭建遮阴篷：滇重楼属喜阴植物，忌强光直射，如果选地光线较强，应在播种或移栽前搭建好阴篷棚。

整地：选好种植地后要进行土地清理，我们选择的是林下套种地，认真

3. 选种处理

在立冬前后，当果实开裂后，植株开始萎缩时，采集果实，并及时进行处理，防止堆积后发生霉烂，将所采集的果实放置于纱布中，搓去果皮，洗净种子剔去透明发软的细小种子，种子呈光滑的乳白色，选择饱满、成熟、无病害、无病变、无霉变和无损伤的种子做种，种子不能晒干或风干，适当风干一定水分。

4. 种植管护

有种子和根茎切块两种直播方式。种子播种于11月左右，在整好的墒面上铺上一层发酵好的农家肥，摊平均匀播撒处理好的重楼种子，水一定要均匀浇透。

(1) 重楼种植

成品重楼苗的种植，和重楼育苗种植方式上大致相同，在播种过程中整地、土壤消毒、起垄都是一样的。唯一不同的是种植方法：起垄后墒面耙平，用特制的坑耙作洞，均匀播撒钙镁磷把发酵好的农家肥放入坑洞中，摆上处理好的成品重楼，再次覆土与墒面齐平，墒面平整不得有畦洼不平，铺上松毛，最后浇水。

(2) 重楼管护

排水：由于腾冲当地夏季雨水偏多，雨季要注意排水。

除草：发现杂草要及时拔除，除草要注意不要伤及幼芽和地下根茎，以免影响重楼生长。

追肥：重楼的施肥主要以有机肥为主，辅以复合肥和各种微量元素肥料。

病害防治：不同季节病害各不相同，以预防为主。

〔学以致用〕

问题一：

1. 请问下面哪个图片是重楼，请在该图下面 ☐ 打"√"。

2. 请说一说，重楼和石斛有什么区别？列举至少5种不同。

3. 除了重楼和铁皮石斛，你还知道哪些可以入药的植物名称，列举说出一二，分别说说它们都有哪些作用？

问题二：

随着市场需求量增大，野生资源的匮乏，林下仿野生种植成为保持资源可持续发展的重要途径，你认为如何维护野生资源，又如何保持现有资源？试谈你的感想与意见。

（三）仿野生石斛的种植

经过多年的研发，斛健庄园的科研团队通过不断实验研究，已找到最佳的立体式种植模式，即红花油茶树上种石斛，树下种名贵中药材，并建立了企业内部的种植标准、种植流程和管护流程。

1. 石斛扦插育苗

首先，准备苗床。苗床宜选择通风背阳、排水良好的地块。苗床基质选用疏松、透气、透水的新鲜杉木或其他杂木锯木渣，基质中不能含有病虫及没有腐熟的有机质等杂物，5%—10%的高锰酸钾溶液喷洒搅拌均匀进行消毒处理。

其次，扦插选择生长健壮、品质优良、节间粗短、芽尖饱满且无病虫害的1—2年生枝条。选择在立春后阴天或清晨剪取扦插。采集的扦插段放在高锰酸钾或多抗霉素中浸泡，浸泡后摊开放置阴凉通风，10—15天逐渐见光后备用。

最后，扦插后立即浇一次水，扦插生根温度以20—25℃最适合，若温度超过30℃，要遮阴通风并喷水降温。

2. 石斛移栽树上种植

基质的准备：石斛的根是气生根，由明显的好气性和浅根性，可以选青苔、碎火山石、刨花、边板等作为移栽基质。

栽培场地选择：石斛喜温暖、多雾、微风、清洁、散光环境，忌阳光直射和暴晒。

施肥：人工林下仿野生种植为石斛的生长提供了良好的生长环境，可以大幅度提高产量，因此适当施肥是必要的。

病害防治：做好通气、排水、遮光等各项工作。在石斛未发现病害之前，每月喷1—2次预防病害的药物。

种植环境：最适合海拔600米以下包括600米地区种植。

管护流程：

开春后，每星期浇水3次。

萌芽后，每星期喷施1次。

4月份中旬施有机缓释肥。

5月雨季到来前喷施杀菌剂和杀虫剂。

雨季中旬到来为病虫害高发时间段，用多抗霉素等稀释后喷施石斛叶片。如病虫害较为严重，可加大喷施剂量。

10月份下旬，注意把控水肥和病虫害。

11月份鲜条成熟叶片全部脱落时具备采摘，距离根部3厘米留3个节用锋利的剪刀剪下，绑成小捆就可以出售。

12月份下旬进入冬季，注意防霜冻，透光的地方用遮阳网覆盖。

3. 石斛种植的林下管理

水的管理是石斛栽培的核心技术，要严格掌控水分，控制好水分，石斛就会良好的生长。水用的过多也会导致石斛苗病害严重（根腐、尖腐）等一系列病虫害。自然雨水显然是对石斛生长最好的水分，但是由于腾冲降水量太大，连绵的阴雨天气会给石斛生长带来诸多不利因素，对于这些不利因素需要给已足够重视并改变这一不利局面。

(1)施肥：在自然环境中石斛依靠共生真菌菌丝吸收水分及矿物质营养，并依靠菌丝分解根部附着的枯枝落叶获取葡萄糖和氨基酸等有机养料。生长环境恶劣，石斛生长较慢。人工林下仿野生种植为石斛生长提供了良好的生长环境，可以大幅度提高产量，因此适当施肥是必要的。

(2)病害防治：首先，预防病害的发生，要按技术要求做好通气、排水、遮光等各项工作。其次，在石斛未发现病害之前，每月喷1—2次预防病害的药物。得病后根据不同病害要用不同药物来加以控制。

(3)越冬管理：铁皮石斛的自然栽培与半自然栽培模式，在低温阴雨天气，冰雪、霜冻天气，易遭冻害。冻害表现特征为，叶片像开水烫过一样，接着掉叶，严重时茎变软成真空状干死。根系及根茎未死的植株，第二年春天，能萌发出芽来，叶片不大，石斛植株也不会太大，长势很差，若再不采取措施，第二个冬天则整株死亡。

(4)管护流程：

开春后石斛萌芽需大量的水分，每星期浇水3次。

萌芽后大概5片叶子的时候补充养分，用速溶性叶面肥兑水800—1000倍液稀释喷洒叶面，每星期喷施1次。

4月份中旬施有机缓释肥，促进石斛枝条生长，并配合施一部分绿肥(蒿子枝干)。

5月雨季到来前喷施杀菌剂和杀虫剂，为病虫害高发期提前做准备，雨季天蜗牛较多，提前在种植区撒四聚乙醛防治蜗牛啃食石斛嫩芽。

雨季中旬到来为病虫害高发时间段，7—9月份锈病、疫病、斑点病、根腐较为严重，注意病害发生，用春雷霉素、粉锈清、福美丽、生根粉、福美双、苯醚甲环唑、多抗霉素800—1000倍液均匀的喷施石斛叶片，喷施的石斛注意叶片正反面都喷施均匀。如连绵的雨季天病虫害较为严重，加大喷施剂量。

10月份下旬雨季慢慢减少，石斛光合作用增强，枝条慢慢变粗，注意把控水肥和病虫害。

11月份鲜条成熟叶片全部脱落时具备采摘，距离根部3厘米留3个节用锋利的剪刀剪下，绑成小捆就可以出售。

12月份下旬进入冬季，注意防霜冻，水分不宜太多，透光的地方用遮阳网覆盖。

4. 仿野生石斛与大棚石斛的区别

序号	内容	仿野生石斛	大棚石斛
1	生长环境	仿野生种植，不施化肥、农药	塑料薄膜＋人工控温
2	石斛产量	产量有限	产量大
3	石斛多糖含量	含量高，平均在50%以上	含量低，平均在25%左右
4	种植模式	露天种植（贴树、贴石等方式栽培）	种植在松屑基质上
5	生长速度	缓慢生长，周期长，一般3年一采	速度快，1—2年即可开采
6	鲜品质量	条形老且偏瘦小，水分偏少，营养价值高	条形嫩且粗壮，水分足，营养价值低

[学以致用]

问题一：

1. 什么叫古茶石斛？下列哪些说法是对的（　　）。

A. 有茶叶的属性　　　　　　B. 根据《本草纲目》命名

C. 长在百年红花油茶树上　　D. 长在红花茶树上

2. 什么是红花油茶树？下列哪些说法是错的（　　）。

A. 分布在云南腾冲海拔2000米左右的高黎贡山

B. 富含维生素E

C. 一种不可食油料植物

D. 不饱和脂肪酸含量远低于普通油茶树

3. 古茶石斛的多糖含量是多少？

A. 66%　　　B. 60%　　　C. 68%　　　D. 62%

问题二：

根据你的理解，什么是仿野生种植？为什么需要仿野生种植？

问题三：

仿野生种植需要注意哪些问题？请详细说明，按照育苗、种植和管护三个步骤解释说明。

问题四：

简述石斛（铁皮）的林下管理主要注意事项。

（四）斛健庄园探宝

保护和发展植物，利用植物造福人类，是我们了解和掌握植物知识的根本目的。以上我们所了解的石斛和重楼，究竟能怎样为我们所用？走进斛健庄园，你将能从中找到答案。

斛健庄园位于云南腾冲沙坝林场陡山、鸡素洼林区，距县城约20千米，是仿野生铁皮石斛、紫皮石斛、鼓槌石斛和重楼等名贵植物的大型种植基地。

庄园种植的古茶石斛，系长在百年红花油茶树上的高多糖石斛。古茶石斛又名红花油茶树石斛，主要长于云南腾冲海拔3000米上，产自有"世界物种基因库"美誉的高黎贡山上。因其共生于百年老红花油茶树上，故名为古茶石斛。

1. 古茶石斛的种植分布

作为世界四大木本食用油料植物，红花油茶树属于山茶科山茶属植物，为油茶种群之一，主要分布在云南腾冲海拔3000米左右的高黎贡山，是珍稀的优良油茶种群。腾冲红花油茶树拥有丰富的营养价值和药用价值，富含维生素E，其不饱和脂肪酸含量远高于普通油茶树，对于降血脂、调节免疫具有极好的疗效。

2. 古茶石斛的种植特点

古茶石斛以有机土壤作为共生基质，采用天然泉水灌溉的立体式种植，保证3年自然生长，确保安全纯净无污染。

古茶石斛适宜温暖湿润的气候。庄园里的古茶石斛所生长的高黎贡山被称为"植物的基因库"，气候温暖湿润，阳光充足，特别适合石斛等珍稀药材的生长。

对比	古茶石斛	普通石斛
生长环境不同	生长在云南海拔3000米的高黎贡山，光照更充足	生长于低海拔丘陵地域
共生树种不同	种在百年红花油茶树上	附生普通树种
种植方法不同	采用仿野生种植，自然生长零化肥、零农药、零催发	人工大棚种植
营养价值不同	多糖高达66%以上，是普通石斛两倍	不到25%
处理工艺不同	采用精密去皮技术	无须去皮
吸收效率不同	可打浆食用	无法打浆

古茶石斛适宜半阴半阳的生长环境。庄园里的古茶石斛共生在百年红花油茶树上，在红花油茶树的遮挡下，既不会暴晒在阳光中，也能够很好的沐浴阳光。

3. 古茶石斛与普通石斛对比

4. 古茶石斛的食用方法

鲜食：每次取 1—3 根古茶石斛，用清水洗净后直接放入口中细嚼吞服即可。

榨汁：每次取 30—40g 古茶石斛，放入养生料理机中，加入约 500 毫升沸水，打浆 3 分钟后直接饮用；或将其汁与鸡、鸭等肉食拌和，煲汤食用亦可。

入膳：每次取 30—40g 古茶石斛，放入洗净后的煲汤材料中，开小火慢炖，完成后即可与汤一起直接食用。

此外，斛健庄园针对石斛的营养与功效价值，开发出了一系列石斛产品。

山养·石斛金条：独创制作工艺，最大程度保留营养成分，方便储藏。

古法传承 手工制艺

山韵·石斛精茶  　　　　　　　　石斛枫斗

石斛花 　　　　金汤·石斛冲剂 　　　仙斛·石斛酒

[研学任务]我的梦想庄园设计图

参观完石斛庄园，根据这几天的感想与感悟，设计一所属于你自己的石斛庄园，为你梦想中的庄园起个名字吧！

238　下篇　实践探索篇

石斛花　　　　　　　　　　　　　石斛酒的酿制

种植环境

三、研学适用对象

此研学活动适合小学高年级至高中学生。在具体活动安排上可根据学龄层次调整研学活动内容和学习任务。

四、行程安排建议

此研学活动的地点固定，便于分小组行动和学生个体学习和探究。建议安排2—3天活动。

现代科技一角

——威高集团有限公司医学科普研学旅行课程方案

一、研学活动目的

通过研学，使学生了解国家民族企业不断攀登行业高峰、争当国内同行业排头兵、促进国家繁荣发展的轨迹，在体验教育中开阔眼界，丰富知识，深入认识民族医疗高科技企业在振兴国家医疗健康事业中的地位和作用，科技对企业发展、国家富强的重要性，透彻理解唯有科技创新才能提高企业竞争力，提升国家核心竞争力，增强国家经济实力，提高民族品牌自信心。青少年学生要在研中学、研中思，树立人生目标，树立爱国情怀和民族自豪感，做一个对社会有用的人，对国家与民族有价值的人；要增强科技意识，提高科技兴趣，努力掌握更多科学文化知识，以优异的成绩踏入社会，为国家发展做出更多贡献，助力中华民族的伟大复兴。

二、研学活动设计

活动主题：医疗健康教育研学

活动宗旨：引导广大青少年学生走进民族企业，了解医疗行业，了解民族企业及其产品，提高广大青少年学生对国产医疗器械产品、行业高科技、未来目标方向的认识和理解，让青少年学生在参观中培养民族品牌自豪感，树立正确的医学健康价值观。

活动时间：1天

活动地点：威高集团

三、研学适用对象

此研学活动适应初中至高中学生。在具体活动安排上可根据学龄层次调整研学活动内容和学习任务。

四、研学活动亮点

本次研学以课题的形式,让学生带着问题去研学,且行且思。通过实地考察,听讲解、做记录等形式参与学习,感受威高的昨天、今天、明天;通过采访、讲解等形式,了解一流医疗器械产品,体验先进企业文化,明白"幸福都是奋斗出来的"深刻内涵,激发学习积极性和爱国情怀。引导学生树立自己的远大理想,真正做到"知而能行,知行合一"。

五、研学课程介绍

(一)常见医疗器械介绍

医疗器械是指直接或者间接用于人体的仪器、设备、器具、体外诊断试剂及校准物、材料以及其他类似或者相关的物品,包括所需要的计算机软件。医疗器械可以辅助治疗,主要用于疾病的诊断、预防、监护、治疗或者缓解,提高病人健康水平,减轻疾病痛苦,提升幸福生活水平。

医疗器械按照产品功能细分,包括检验诊断类(生化分析仪、时间分辨荧光检测仪等)、诊断监护类(心电图、彩超、B超等)、医用装备类(X光、CT、核磁共振等)、高值耗材类(血管介入类、消化道介入类、骨科植入、颅内植入)、低值耗材类(输注耗材、消毒液等),等等。

在我国,国家对医疗器械按照风险程度实行分类管理。第一类是风险程度低,实行常规管理可以保证其安全、有效的医疗器械。第二类是具有中度风险,需要严格控制管理以保证其安全、有效的医疗器械。第三类是具有较高风险,需要采取特别措施严格控制管理以保证其安全、有效的医疗器械。

我们日常生活中常见的医疗器械,家用器械有血压计、体温表、血糖仪、视力改善器材、按摩椅(床)、足浴盆、理疗仪器、睡眠仪、按摩仪、助听器等。

在医院常用的医疗器械耗材与设备有:输液器、注射器、手术床、监护仪、彩超、B超、CT、核磁共振等。

改革开放40年来,我国医疗健康事业飞速发展,医疗器械行业在国民经济发展、医疗健康事业中的地位日益凸现,尤其是医疗器械高科技产品的不断涌现,为疾病治疗提供了很大帮助。随着国家提出推进"健康中国"建设的重大战略，医疗器械行业上升为国家经济支柱产业。国家"十三五"规划提出，要在医药行业培育具有国际竞争力的大型企业，其中要大力发展智能健康医疗装备，支持提升医疗设备的产业化能力和质量水平，促进医疗器械行业加快发展。当前，为进一步解决"看病难、看病贵"的现象，中国民族医疗器械企业以产业报国、科技兴国为责任，加快向世界一流技术进军的步伐，努力推动着我国医疗健康事业的不断进步。

(二)高端医疗器械产品介绍

研学地介绍：威高集团始建于1988年，经过三十多年的创业创新，成为行业领先的医疗器械整体解决方案生产企业。公司坚持依靠科技创新推动高速发展，大力提升自主创新能力，由制造逐步走向创造，攻关国际前沿核心技术，实施国产替代进口战略，在众多领域打破了国外垄断，引领行业技术进步，成为中国医疗器械行业的龙头企业，成为民族医疗器械企业翘楚。不仅为患者提供了看病就医机会，更为国家降低了医疗开支。2017年4月19日，中共中央政治局常委、国务院总理李克强视察威高集团时，对此给予了高度评价。

创新的主体是人才，人才是科技进步的第一资源。威高通过各种方式引进培养创新人员，与中国科学院、中国工程院、军事医学科学院等单位合作并依靠其众多院士培养人才，建立了一支拥有硕士、博士、海归、国内外专家等为主的科研队伍，加快创新步伐，打造出国内一流的管理团队、一流的专家工程师团队、一流的销售服务团队、一流的企业文化。目前，威高正进一步努力朝着打造国际一流的管理团队、一流的专家工程师团队、一流的销售服务团队、一流的企业文化，开发更多的国际一流产品，保持技术领先、产品领先。

坚持完善自主创新体系。威高先后建立了国家认定技术中心、国家植入器械工程实验室、院士工作站、博士后工作站、泰山学者实验室、省级工程技术研究中心等省级以上研发平台15个，推动了自主创新的良性发展。建立产学研联盟。通过创新思路，探索出一条与科研院所合作的市场化运作机制，与中国科学院、中国工程院、军事医学科学院、中国工程物理研究院、浙江大学、航空航天大学、天津大学、华东理工大学、301医院等单位开展紧密型产学研合作，异地建立了三十多家研发机构。在北京、上海、天津、长春、深圳设立了研发中心，并在美国、德国、英国、法国和日本建立了研发机构。科研人员达到二千多人，其中硕士三百多人、博士二十多人、海归六十多人、专家十多人。共拥有专利一千多项,发明专利一百五十多项,获得3项国家科技奖。目前威高拥有医疗器械和药品七百多个品种、八万多个规格,高新技术产品达到80%以上。威高人深刻认识到,自己所生产的产品关系到患者生命健康,树立良心、诚心、忠心的核心价值观,抱着一万个产品哪怕有一个不合格,在患者看来都是不合格的理念,以工匠精神,加强工艺改进,深化细节管理,精益求精,打造精品工程,以一流的产品务使社会放心、顾客满意。

1. 心血管介入耗材——心脏支架

我国心脏病患者所使用的心脏支架,过去一直为国外少数医药企业所垄断,每支价格高达4万多元,成为多数患者不敢问津的天价产品。2005年,威高的心脏药物涂层支架投入国内市场,成为国际第一方阵的中国制造品牌,彻底改变了心脏涂层支架长期被欧美企业垄断的局面。该产品是治疗冠心病的高科技产品,采用世界上最先进的可降解药物涂层技术,通过介入手术把药物涂层支架传输到病变部位,支撑狭窄的血管。其突出优势是,在用以扩充患者血管的支架表面涂上一种药物,而药物释放的抗生素能抑制不正常细胞的生长,避免血管被细胞阻塞,防止血管变窄。国产支架的创新性在于,其用药由喷层变成了涂层,术后释放药物疗效显著,能有效防止心血管冠脉的再狭窄。产品价格目前降到七八千元。现在威高正在研发新一代可降解心脏支架,支架安放后会自动融入血液,如果病人同样位置再次出现血栓,还可进行再次搭桥,这样极大降低了患者的危险性。产品已临床一千二百多例,不久可上市,将成为全世界首家。

2. 血液净化耗材——聚砜膜透析器

透析器又称人工肾。血液透析简单地说就是使用机器将血液从患者体内引出,使其在透析器中的成千上万空心纤维管中流过,清除血液中过多的水分和代谢废物,再补充进人体所需的物质如碱性物质和钙离子,然后将净化好的血液重新输送回人体的血管中。由于人体的新陈代谢一刻不停地进行,代谢废物不断产生,因此尿毒症患者须定期进行血液透析,一般每周要透析2—3次,每次透析4—5小时。血液透析具有以下作用:①代谢作用。肾脏是生成尿液的场所,人体在新陈代谢的过程中,绝大部分废物会通过肾脏中的肾小球、肾小管的滤过作用之后,随尿液排出体外。②调节作用。除了具有代谢作用,肾脏对于机体内环境以及体内酸碱性有调节作用,当体内酸碱性失衡的时候,肾脏中的肾小管会通过重吸收作用,排出体内多余的水分,进而重新达到平衡状态。③内分泌作用。肾脏的内分泌作用主要体现在其是分泌肾素、前列腺素以及促红细胞生成素等激素的主要场所,而这些内分泌激素对于身体各个器官有着重要的生理作用，如前列腺素可以调节血压，促红细胞生成素可以刺激骨髓造血等。2009年威高自主研发的透析器（人工肾）上市销售，打破了国外垄断，将国外产品价格降低了三分之一，产品技术水平达到国际第一方阵。产品获评国家工业和信息化部、中国工业经济联合会《第三批全国制造业单项冠军企业和单项冠军产品名单公示》中的"单项冠军培育企业"，符合"主营产品市场占有率平均位居全球前5位且国内排名第1位"要求。

3. 骨科医疗器械

中国目前约有2.5亿60岁以上的老年人，约有30%的人有骨质疏松、骨关节炎、椎间盘突出等老年常见病。但是，在过去，中国骨科医疗器械市场份额小，几乎被国外骨科企业垄断，这也导致许多老年人看不起病，不敢看病。近年来，随着国家医改政策的放开，中国骨科医疗器械市场呈现良好的发展趋势，且为国家省下了大量医疗开支。

中国目前的骨科医疗器械主要是骨科植入物，已经发展成为全球的第二大骨科市场。国内骨科植入物一般是指创伤、脊柱和人工关节三大细分板块。在创伤植入物方面，为了更好提供更好的骨折愈合解决方案，新技术和新型植入物不断研发出来，例如多角度锁定板的推出，能让骨科医生更好地处理复杂粉碎性骨折。在脊柱植入物市场，随着椎间孔镜等技术在国内的兴起，植入物解决方案和3D打印技术的运用成为研发的热门。在人工关节植入物方面，随着医学界对快速康复外科理念的推崇，微创手术理念和技术也得到快速发展，髋关节、人工假体、专用器械等产品成为骨科发展的主要需求。

近年来，部分国内骨科植入物与进口同类产品相比，产品关键技术指标和性能趋于一致，质量稳定可靠，已经可以在临床替代大部分进口产品。例如，威高研发生产的骨水泥产品，在功能上引入微量元素锶来改善骨水泥的骨诱导性，大大缩短了骨愈合期，降低了治疗成本，为骨科患者带去了康复的福音。2005年，威高自主研发的骨科器械投入市场，技术水平达到其至领先国际同类产品，将国外产品价格降低了30%以上，打造了国内第一品牌。目前，骨科材料已形成了创伤、脊柱、关节、锁定板、专用工具等全系列产品，以较低的价格为患者节省了大笔费用。

（三）研学企业文化

威高集团视企业文化为企业发展的支撑力量，制定并实施企业文化建设战略，完善核心理念与各项管理制度，逐步形成了独具特色的企业文化。

企业使命：偕同白衣使者，开创健康未来

企业愿景：中国最强、国际一流，最受人尊敬的医疗器械和医药创新型企业

企业核心价值观：良心、诚心、忠心

建厂方针：开拓创新、求实巩固

企业精神：自强不息、创新发展、精益求精、追求卓越

发展战略：一个中心、三个调整

1. 弘扬传统文化——促进国学发展

建立威高民俗文化邨与重建威海孔庙。威高坚持以德教育员工，倡导优秀传统文化，建立民俗基地与传统文化教育基地。现在威高民俗文化邨与威海孔庙成为威海国学教育基地。威高民俗文化邨坐落于威海市中心环翠楼西侧，是威海振兴文化产业的集中体现。孔庙是威海传承、弘扬国学的最大教育基地。历史更迭中，威海孔庙几经战乱，惨遭拆毁。20世纪初，威海百姓曾自发筹款，于东门外再度建起孔庙。重视文化产业发展的威高集团，在原孔庙旧址范围重修孔庙。工程于2014年10月破土动工，专程从孔子故里曲阜取回圣水圣土，置于威海孔庙。为了追本溯源，纳圣人之精神，吸儒学之气韵，孔子像、祭器、乐器、牌匾等全部复原于孔子故里曲阜孔庙，并从曲阜孔林移植松柏、银杏、楷木于威海孔庙后。2015年10月29日，威海孔庙正式落成，呈现孔子教育思想的圣贤馆、圣迹馆、六艺馆和儒学馆也同期面向社会开放。

2. 民族企业使命

民族医疗企业产品——替代进口。多年来，由于国内高端医疗器械大多数被国外垄断，医院进口价格极其昂贵，导致不少患者无法治疗，加剧了"看病难、看病贵"，使人民缺医少药，遭受病痛折磨。威高以科技创新为罗盘，坚持研发先进科技产品，改善患者健康，降低国外垄断价格，让患者就得起医、看得起病。自主研发的聚砜膜透析器、骨科材料、心脏支架、留置针、DR爱克斯光机、彩超、可降解心脏药物涂层支架、牙种植体、全自动化学发光分析仪等一百多种高科技产品打破了国外垄断，三十多项列入国家火炬计划、"863计划"等国家项目，获国家科技进步和技术进步奖3项，微创手术机器人获中国优秀工业设计金奖，且为唯一概念奖。依靠高科技产品加快产品结构调整，提高高端产品比重，改变受制于国外的不利局面，提高市场竞争力。

科技理念——振兴医疗事业。医疗器械行业是一个多学科交叉、知识密集、资金密集型的高技术产业，进入门槛较高。一直以来，中国国内的中高

端医疗器械产品大部分被国外企业垄断，导致国人就医治病不得不付出高昂的治疗价格，严重地增加了国家医疗负担，降低了患者生活水平。降低进口产品价格、让大多数国人用得起国产医疗器械，是民族医疗器械企业义不容辞的责任。这是企业存在的价值，也是企业得以生存的社会土壤。作为民族医疗器械的代表性企业，威高坚持要为振兴中国医疗科技促进医疗事业进步而奋斗，要为更多的国人用上质优价廉的高科技产品而拼搏。建厂时，威高就定下自己的目标，确立发展方向，以开拓创新、求实巩固作为建厂方针，尤其是抓住创新这一要素，每年投入收入的5％以上，用于科技攻关，将国际最新、最高的技术应用到中国医疗事业，依靠科技造福人类，并为国内同行业指明国际先进技术发展方向。树立"偕同白衣使者，开创健康未来"的企业使命，与众多医院密切合作，为患者提供最佳治疗方案。

创新前沿，引领科技。瞄准当代国际最前沿技术，勇于攻克难关，以中国领先、世界一流技术成为国内医疗科技第一企业。聚砜膜透析器技术达到国际同行业先进水平，甚至超越国际产品。威高在血液净化领域无可争辩地走在了国内同行业的前列，可以生产透析器、透析机、透析液、透析粉等全系列产品。同时研发国际一流生产技术，降低设备采购费用。研发的透析器膜纺丝试验线，彻底打破了国外技术垄断，生产技术和产品质量达到欧美一流水平。骨科材料技术达到国际第一方阵，新一代Premier脊柱后路钉棒系统，大幅度提高了螺纹的强度，使螺钉的破坏扭矩远远超过了进口同类产品，完全避免了术中发生滑丝爆丝的风险。新型心脏支架在植入7—10天后开始被机体吸收，6—24个月内完全消失，消失后，将近80％的动脉仍然保持畅通。最重要的是，与经典支架相比，这种可溶性支架可能给患者留有多次导管治疗的余地。该产品上市后，威高将成为世界第一家新型支架生产企业。

留置针的留置时间为3—7天，输液时只需要从留置在体外的通道接入输液器即可，再次输液时注意消毒。留置针的材质特别柔软，对血管的损伤和刺激极小，不会出现普通输液针容易挑破血管的现象。尤其适合儿童和老年人使用，避免了多次穿刺的痛苦和心理恐惧。留置针非常有利于患者自我保护，又可以避免传统穿刺针由于护士使用不当、随便存放、丢弃而造成的针刺伤现象。国产留置针产品的大规模使用，使医院的护理人员树立了安全输注的理念，建立和加强了自我防护意识，能够防止针刺伤，避免感染血源性疾病，有效地减少了医疗事故和纠纷，促进了医患和谐。

预灌封注射器是疫苗包装产品，广泛应用于医药工程、生物工程、基因工程以及干扰素、疫苗、人生长激素、重组肿瘤坏死因子、促卵激素麻醉药品等领域。以前该产品全部是国外垄断，威高在国内首家研发生产了该产品，技术达到国际先进水平,为众多疫苗企业提供了国际一流高科技产品。

(四)高端医疗器械产品的科技价值

国产高科技产品以媲美跨国公司同类产品的显著优势,与其在国内市场上同台竞争。威高树立企业是国家的、社会的理念,坚持企业持续发展的源泉在于造福社会,履行企业责任才能赢得社会尊重,为社会造福才能基业长青,始终致力于科技报国、科技为民,以更大投入提高自主创新能力,抢占世界科技制高点,千方百计提高技术竞争力,以无可替代的技术引领行业发展,站在行业顶峰,先后有一百多种产品打破国外垄断,抢占了较大部分原先由国外企业占据的市场份额,使民族医疗器械企业的生存空间不断扩大,树立了国产医疗器械的著名品牌,提升了中国医疗器械在国内外的声誉,骨科材料、透析器、心脏支架、留置针、输血设备及耗材、预灌封注射器、冲管注射器等产品打造成为国内第一品牌。高端输注耗材、血袋、预充式注射器等产品市场占有率为70%左右,骨科系列、血液净化系列、心内耗材系列产品市场占有率为30%左右。目前产品畅销到国内三十多个省份,销往国外一百多个国家和地区,打造了民族医疗器械第一品牌,提升了国产医疗器械的国际声誉。国外市场发展迅速,在肯尼亚等国设立公司,建立生产基地,为当地人提供了就业机会;收购了4个美国公司,其中最大收购额56亿元人民币,既丰富了威高的产品线,又为美国企业增加了发展活力,使中国民族医疗器械企业在美国赢得了极大肯定。同时,威高还在美、德、英、法、日等国家设立研发机构,吸收了当地优秀科研人员,助力威高的高端产品研发。中国的威高,世界的威高,逐步在世界树立起来。

医疗器械高科技发展与国家发展、人民幸福息息相关。高科技产品利国利民,以较低的价格使患者得到了更大的实惠,用得起以前望而却步的产品,看病就医的门槛降低,提升了国人幸福指数。威高就是抱着让普通国人少花钱、能看病的想法,不断攻克国外垄断的核心技术,将不少以前只有高收入人群用得起的医疗器械产品,变成了平民产品。

留置针具有留置时间长、减少穿刺、减轻痛苦的好处,尤其适合幼儿、儿童、老年患者。但这项产品在十多年以前,全部为国外垄断,国人使用一支留置针需要付出四十多元,高昂的价格让普通患者难以接受。威高的留置针产品上市后,抢占了国外企业的较大市场份额,目前每支留置针只要几元钱,深受患者好评。

医院使用的输液器以前都是PVC材料制作,内含增塑剂,有一定的毒性，对临床疗效和患者的健康均可产生一定威胁。因此，发达国家已经明文禁止使用 PVC 输液器，如：德国、奥地利以法令的形式从 2007 年 1 月起禁止使用 PVC 输液器。我国国家环保总局颁布的行业标准（HJ/T209－2005）也已明令在食物包装行业不准使用 PVC 材料。为使国人使用上安全的输液产品，威高在国内首家研发了安全、有效、环保、不含氟元素的非 PVC 材料，取代了进口，并用这种材料研发了 TPE 输液器。这种输液器没有增塑工艺和添加助剂，是无毒、无污染、不影响药物疗效和患者健康的绿色环保新产品。经国家权威检测机构检测和质量认证，新型 TPE 一次性输液器的各项技术指标与现行的 PVC 制备的输液器相比，有显著的优越性，操作可靠、使用安全、不含有任何对患者的健康造成潜在危害或使患者在治疗过程中增添新的致病隐患的小分子化合物或添加剂。目前，TPE 输液器已经在众多医院得到大量推广。

2005 年威高开发自主产权治疗心血管疾病的心脏支架系统后，替代了进口产品，将价格降到了 1 万多元。十多年来，威高销售的心脏支架为国家节约了 360 多亿元。目前，威高正在研发新一代心脏支架。

中国是先天性脊柱侧弯疾病的重要发病区，发病人员众多。尤其是青海等省区，是青少年脊柱侧弯患病的高发地区，但是西部地区人民生活水平较低，住院看病非常困难。大多数家庭由于贫穷，无钱医治，不得不忍受疾病的困苦。威高发起了 1000 万元的中国无障碍脊柱侧弯基金，帮助脊柱侧弯患者。这笔基金的大部分优先给了青海患者，提供精准、上好的植入物器械以及最好的医疗技术和条件，并依靠全国知名专家团队实施，让更多患者"挺起脊梁"。开发出了 WE－Lock 骨水泥股骨柄系统、CEOXEN 骨水泥螺钉等系列产品，大大缩短了骨愈合期，降低了患者的治疗成本。通过产学研合作，研发出最新一代骨折牵引复位器产品，是国内首家掌握骨折复位核心知识产权的企业。进入骨科微创产品领域，为脊柱手术提供微创手术解决方案，提供的 Mispine（UPASSⅡ）脊柱微创系统能经皮入路，手术的切口大小仅供植入螺钉，连接棒达到了精确塑性，连接棒在穿入人体时不会受到限制，能被手术者自由控制，最大程度减轻患者痛苦。

目前，市场上普遍使用的透析器主要为聚砜膜材料，它具有较高的聚砜强度，膜孔径尺寸稳定，化学稳定性佳，不易老化，还具有优秀的生物相容性，能屏蔽透析液中的内毒素及致热原。先进的膜束捆绑技术保证透析液分布更均匀，增加弥散效果。微波浪结构的空心纤维支持更高效率的弥散转运，同时获得更大的有效透析面积。以往，尿毒症患者进行肾透析的透析器主要是传统低通量透析器，透析效率较低。威高的国产高通量聚砜膜透析器与其相比不仅价格上有优势，且具有更高的脱水效率，并且具有更高的毒素清除效率，特别是对以 β2 微球蛋白为代表的中大分子的清除方面具有显著疗效。此外，采用的聚碳酸酯外壳，保证运输、使用的安全性；端盖设计平滑，可以保证端面各个部位充分接触血液，同时平缓血流，减少了端盖血室容量，最大限度减少残血。在规格上，威高聚砜膜纤维透析器因人而异，能满足不同患者的透析需要。国内目前需要透析的患者约有 300 万人，常年遭受尿毒症困扰。以往，国内肾病患者使用的透析器依赖进口，透析费用一年高达十几万元。原国家卫生部批准威高在省内外建设肾透析中心，成为国内首家企业自建血液净化中心，以较低价格为患者服务。多年来，威高研发生产血液净化全系列产品透析器、透析机及其耗材、透析用药，使用威高产品治疗的肾病患者每次透析费用不到 300 元，每人每年可节省治疗费用 2 万多元。

[学以致用]

1. 医学的高科技给我们带来了什么？

2. 在威高参观研学学到了什么？

3. 研学思考：

(1)针对研学中发现的新问题，我打算采用哪些途径展开研究？（访谈、观察、调查、网查）：_____ 其他方法：_____。

(2)想邀请一起研究的人：

(3)你的研究结果：

附表：各科知识在研学活动中的体现

学科	学习任务	目的
语文	A. 以"威高之行"为题，把研学的所见所闻所感加以记录，用"美篇"图文编辑工具制作。	锻炼语言表达能力，通过描述亲身经历提高写作水平。
	B. 开展"我是威高解说员"活动，课前搜集威高资料，选择一处进行讲解。课后选择自己最感动或印象最深的一个故事进行讲述。	通过讲解威高历史，体验解说员的职业感受，提高思维能力和语言表达能力。
	C. 以"威高梦 我的梦"为题，进行演讲比赛。	锻炼学生的口语表达能力。
	D. 通过采访威高研发团队成员，了解科技创新如何推动企业竞争力的提高。	架起连接学习和生活的桥梁，为学生探索未知奠定基础。
数学	将威高高科技产品的相关数字选择合适的统计图整理、展示。	提高调查、收集、整理、分析数据的能力。
信息技术	前期通过互联网，了解威高相关资料。以"威高发展"为主题，制作PPT。	提高整理、筛选、修改素材能力，锻炼制作PPT的能力。
政治	通过对威高先进科技的了解，感受威高的产业报国精神、责任担当，增强爱党、爱国、爱人民的信念，增强科技意识，增强民族自豪感和自信心，树立为民族工业发展做贡献的理想，报效国家。以《我眼中的威高精神》为题，展示自己对威高精神的理解。	了解威高精神，体会威高企业的家国情怀。

体验"一带一路"

——"一带一路"沿线国家大学与博物馆研学课程方案

"一带一路"(The Belt and Road，缩写 B&R)是"丝绸之路经济带"和"21世纪海上丝绸之路"的简称，2013年9月和10月中国国家主席习近平分别提出建设新丝绸之路经济带和"21世纪海上丝绸之路"的合作倡议。"一带一路"旨在借用古代丝绸之路的历史符号，高举和平发展的旗帜，依靠中国与有关国家既有的双边或多边机制，借助既有而又行之有效的区域合作平台，积极发展与沿线国家的经济合作伙伴关系，共同打造政治互信、经济融合、文化包容的利益共同体、命运共同体和责任共同体。"一带一路"是活跃东亚经济圈和欧洲经济圈、挖掘沿线及腹地国家经济发展潜力的探寻经济增长之道，是实现全球化再平衡、开创地区新型合作的重大举措。

"丝绸之路经济带"国内沿线包括新疆、重庆、陕西、甘肃、宁夏、青海、内蒙古、黑龙江、吉林、辽宁、广西、云南、西藏等13省(直辖市)。国外沿线国家共65个，分别为蒙古、新加坡、马来西亚、印度尼西亚、缅甸、泰国、老挝、柬埔寨、越南、文莱和菲律宾、伊朗、伊拉克、土耳其、叙利亚、约旦、黎巴嫩、以色列、巴勒斯坦、沙特阿拉伯、也门、阿曼、阿联酋、卡塔尔、科威特、巴林、希腊、塞浦路斯和埃及的西奈半岛、印度、巴基斯坦、孟加拉、阿富汗、斯里兰卡、马尔代夫、尼泊尔和不丹、哈萨克斯坦、乌兹别克斯坦、土库曼斯坦、塔吉克斯坦和吉尔吉斯斯坦、俄罗斯、乌克兰、白俄罗斯、格鲁吉亚、阿塞拜疆、亚美尼亚和摩尔多瓦、波兰、立陶宛、爱沙尼亚、拉脱维亚、捷克、斯洛伐克、匈牙利、斯洛文尼亚、克罗地亚、波黑、黑山、塞尔维亚、阿尔巴尼亚、罗马尼亚、保加利亚和马其顿。

"21世纪海上丝绸之路"国内沿线包括上海、福建、广东、浙江、海南、香港6省(区、市)。国外沿线国家共11个，分别为越南、菲律宾、印度尼西亚、马来西亚、新加坡、斯里兰卡、印度、肯尼亚、埃塞俄比亚、埃及、希腊。尽管"一带一路"倡议与古代丝绸之路有着"血亲"关系，但却不会因此而受限于物理空间上的一条路线。只要是认同"一带一路"理念的国家都可以称为"一带一路"沿线国家。目前已有一百多个国家和国际组织参与"一带一路"

建设,"一带一路"倡议成了全球性的一件大事。

各沿线国家的大学是"一带一路"人才培养的孵化器,博物馆是古丝路经济带文明的载体和重要的历史见证。本次研学将选取"一带一路"沿线 7 个处在重要节点上的国家,带领学生系统参访与研究这里的大学和博物馆,深度了解"一带一路"沿线国家的历史与人文,采撷"一带一路"文明的历史痕迹,感知"一带一路"沿线国家的合作氛围与前景,探寻"一带一路"沿线国家的人才培养模式与经验,聆听"一带一路"沿线国家的经济政治社会发展的历史足音,推动和深化沿线国家人民的友谊合作与友好往来。

一、研学活动目的

通过亲赴"一带一路"沿线 7 国研学旅行,深入了解古丝路历史,探寻新"一带一路"人才培养模式与经验,增强互动交流学习,培养文明旅游习惯。

二、研学活动设计

活动主题:经济与历史研学
活动宗旨:回望历史,开创未来
活动时间:执行研学手册时间表
活动地点:"一带一路"沿线 7 国

三、研学活动目的地简介

(一)哈萨克斯坦共和国

哈萨克斯坦共和国,简称哈萨克斯坦。是一个位于中亚的内陆国家,也是世界上最大的内陆国。国名来自其主体民族哈萨克族。与俄罗斯、中华人民共和国、吉尔吉斯斯坦、乌兹别克斯坦、土库曼斯坦等国接壤,并与伊朗、阿塞拜疆隔里海相望,国土面积排名世界第九位。

北京时间 2013 年 9 月 7 日中午 12 时,中国国家主席习近平正是在哈萨克斯坦纳扎尔巴耶夫大学作的重要演讲上,首次提出了"共建丝绸之路经济带"的创意与倡议,并明确指出了"共建丝绸之路经济带"发展方向:即要做到"政策沟通、道路联通、贸易畅通、货币流通、民心相通"。

"共建丝绸之路经济带"倡议提出后,哈萨克斯坦很快体会到了其自身的巨大潜力与魅力。哈萨克斯坦地广人稀，农业资源丰富，69.5%的国土面积为自然牧场，但由于技术装备落后，集约化程度不高，畜牧业的发展缓慢，牧民收入较低。随着"一带一路"倡议的深入实施，中哈农业合作也明显加速，哈萨克斯坦等中亚国家农产品，到达中国市场的通关时间缩短了90%，据2017年统计数据显示，哈萨克斯坦与中国之间的农业进出口增长34%，冷冻鱼类出口增长了2.2倍。中哈两国双边贸易额达180亿美元，同比增长37.4%，在中国与主要贸易伙伴的贸易增幅中位列前茅；同时，中哈双方已制定包含51个项目在内的产能合作早期收获清单；此外，截至2017年，过境哈萨克斯坦的中欧班列超过1800列，同比增长50%。作为中国首个落地的"一带一路"建设实体项目，连云港中哈国际物流基地启用4年来已经累计进出货物1214万吨。由此，哈萨克斯坦这个世界上最大的内陆国有了通向太平洋的出海口。对于地处古丝绸之路起点这一重要位置的哈萨克斯坦来说，此类由政府牵头的合作，可谓有了完美的合作开端，扣上了第一颗"纽扣"。有哈方人士由衷感叹：中国，就是哈萨克斯坦的大海！

(二) 荷 兰

荷兰是一个高度发达的资本主义国家，以海堤、风车、郁金香和宽容的社会风气而闻名。荷兰也是世界有名的低地国家，本土设12个省，下设443个市镇，首都是阿姆斯特丹。

在全球贸易保护主义抬头的态势下，荷兰这个以商立国的国家，如今试图在欧盟内扛起自由贸易的大旗，发挥荷兰作为欧洲门户的作用，积极拥抱中国的"一带一路"倡议，愿意与中方探讨具体的合作项目。

2018年4月8日至12日，荷兰首相吕特率领庞大的商贸代表团对中国进行正式访问，此访的主题就是为"连接欧亚"。

荷兰以积极的态度看待中国提出的"一带一路"倡议，愿意发挥自身在港口设施、物流运输和农业领域的优势，与中方探讨具体的合作项目。在吕特访华期间，德布尔率领180家荷兰企业来华考察，涵盖农业和园艺、生命科学和健康、物流和电子商务、智能和绿色交通、垃圾处理和循环经济五大领域，包括食品加工企业VION、技术巨头飞利浦、半导体公司恩智浦(NXP)、荷兰合作银行(Rabobank)等知名企业。除访问我国首都北京外，这个庞大的商贸代表团还前往上海、广州、西安和成都等城市进行了实地参观考察。

当不少西方大国对"一带一路"倡议态度暧昧时，务实的荷兰人明确表示，愿意参与"一带一路"的建设。在《荷兰赴华经贸代表团手册》的前言中，吕特开宗明义地表示:"这次访问最重要的主题是'连接欧亚',发挥荷兰作为欧洲门户的作用,参与中国'一带一路'倡议。"

此前荷兰国王威廉-亚历山大在北京也曾明确表示,相信"一带一路"倡议将给荷兰带来更多机遇,荷方愿积极参与共建进程。

荷兰目前是中国在欧盟内的第三大贸易伙伴,也是欧盟内第三大对华投资来源国。荷兰是一个中等经济体,经济体量在全球排第 16 位。尽管国土面积只有四万多平方公里,但荷兰无论在化工、食品、机械、电子等传统产业,还是在环保、新能源、生命科学和新材料等新兴产业,均居世界领先水平。在《财富》杂志 2017 年公布的世界 500 强企业名录中,共有 14 家荷兰企业上榜,包括壳牌石油公司、飞利浦公司、联合利华、喜力控股等。

为了进一步提升荷兰的国际竞争力,荷兰政府正在联合企业和科研机构,大力扶持 9 大优先领域,包括园艺、农业食品、水处理、生命科学和健康、化工、高科技和新材料、能源、物流以及创意产业。荷兰国王威廉-亚历山大透露,具体到对华合作中,荷兰也明确了五大重点领域,包括农业和园艺、生命科学和健康、物流和电子商务、智能和绿色交通、垃圾处理和循环经济。

"一带一路"倡议正在给荷兰的物流业注入新的活力。2016 年 5 月,中远海运集团下属的中远太平洋有限公司与李嘉诚控制的和记港口集团下属企业 ECTParticipationsB.V. 公司签署股权转让协议。前者以 1.25 亿欧元收购后者拥有的 Euromax 集装箱码头 35% 的股权。收购完成后,加上此前拥有的股份,中远太平洋拥有 Euromax 集装箱码头 47.5% 的股份,成为其最大的股东。

海运之外,中欧班列也给昔日的"海上马车夫"带来了新的发展机遇。2016 年 11 月,成都—蒂尔堡—鹿特丹铁路班列正式启动。这是目前从中国到荷兰最快也是唯一直达的货运铁路。与 45 天的海运相比,这条专线仅需 15 天左右,且运费仅为空运的四分之一。目前,专线每周对开 3 趟班列,来程货物主要是电子设备和航空产品配件,返程货物以汽车配件、整车和食品为主。刚开始的时候,返程几乎都是空箱,但现在 70% 的集装箱都是满的,到今年年底将达到 100%。

(三)俄罗斯

俄罗斯联邦又称俄罗斯,简称俄联邦、俄国。是由 22 个自治共和国、46 个州、9 个边疆区、4 个自治区、1 个自治州、3 个联邦直辖市组成的联邦共和立宪制国家。国旗为白、蓝、红三色旗。国徽主体为双头鹰图案。俄罗斯位于欧亚大陆北部，地跨欧亚两大洲，国土面积为1709.82万平方千米，是世界上面积最大的国家，也是一个由194个民族构成的统一多民族国家，主体民族为俄罗斯民族，约占全国总人口的77.7%。

近年来，伴随着俄罗斯与中国友好关系的快速发展，"一带一路"倡议越来越受到俄罗斯社会各界的重视和青睐。俄社会舆论对欧亚经济联盟与"一带一路"的对接充满期待。从克里姆林宫到远离莫斯科的边陲小镇，从西伯利亚远东到俄西部名城加里宁格勒，只要一谈起中国，只要一提到俄中睦邻友好关系，俄罗斯朋友都会热情洋溢地说到俄中经贸合作的大项目，盛赞中国的"一带一路"倡议。

普京总统为"一带一路"合作提速，下令从国家福利基金中拨款1500亿卢布（约合169亿元人民币），用于改造东部的贝阿铁路及西伯利亚大铁路。普京的这一决定再度证明，在大力发展远东及东西伯利亚两地基础设施的时代大潮中，贝阿铁路及西伯利亚大铁路的改造工程被视为优先项目，它的总估值高达5620亿卢布。俄罗斯学者认为，中国经验让俄罗斯意识到，任何交通运输领域的投资，尤其是对铁路的投入都会带来GDP的可观增长和投资的巨大收益。

俄罗斯早就主张铺设中国提出的新运输通道，即"一带一路"的陆上部分，以推动俄境内现有铁路线路改造工程。普京总统曾明确指出，发展远东地区的铁路基础设施建议是俄罗斯国家发展的首要重点之一，希望大家都参与这一"大手笔"长期项目。贝阿铁路和西伯利亚两条铁路动脉有望成为"一带一路"的一部分，因此这一项目对俄罗斯而言十分重要，这也是普京总统本人赞同投资这两条铁路改造工程的原因。俄境内交通运输设施发展对中国具有重要意义，与此同时，中国也需要借助俄境内的铁路网络，扩展与中亚、外高加索和欧盟国家的贸易往来。

俄罗斯是"一带一路"倡议的积极支持者、重要参与者和关键合作伙伴。2015年5月，习近平主席同普京总统共同签署并发表了《关于丝绸之路经济带建设与欧亚经济联盟建设对接合作的联合声明》，为中俄关系继续向前推进注入新的动力。签约以来，在中俄双方共同努力下，对接合作取得积极成果。中俄双边贸易额明显回升；中俄东线天然气管道工程进展顺利；连接中国东北地区和俄远东地区的跨境铁路桥建设、"滨海1号"和"滨海2号"大型交通走廊建设稳步推进，中国联通（俄罗斯）运营有限公司在莫斯科开业；中俄远程宽体客机合资公司已正式注册成立；中国国家开发银行、进出口银行与俄多家金融机构确定了一批重大投资合作项目，俄央行在中国开设代表处，俄罗斯人民币清算中心在莫斯科启动；中俄联合举办了包括"国家年""语言年"

"旅游年""青年友好交流年""媒体交流年"在内的一系列大型国家级活动，巩固了两国关系发展的社会和民意基础。此外，双方在农产品贸易、跨境电商和高新技术研发等领域合作不断深入，打造了双边务实合作的新亮点，对拓展两国经贸合作空间、优化经贸合作结构、促进双边贸易协调可持续发展具有重要意义。

俄罗斯鼓励本国企业积极同中国企业开展密切合作。在"一带一路"与欧亚经济联盟对接的合作框架下，推进一系列重大投资合作项目，将建立新的区域发展投资基金和金融合作机构，更好地服务于共同投资。俄罗斯境外投资存量巨大，但目前对中国和"一带一路"与欧亚经济联盟对接项目的投资占比相对较小，两国投资合作具有巨大潜力。

"一带一路"和欧亚经济联盟的目标都是实现贸易双通、消除关税壁垒，同时在基础设施建设方面展开合作。中俄经贸关系建立在互利合作、优势互补基础上，这是俄罗斯商界广泛支持"一带一路"倡议与欧亚经济联盟对接的重要原因。

（四）意大利

意大利共和国，简称意大利，是一个欧洲国家，主要由南欧的亚平宁半岛及两个位于地中海中的岛屿西西里岛与萨丁岛所组成。国土面积为301333平方千米，人口6080万。北方的阿尔卑斯山地区与法国、瑞士、奥地利以及斯洛文尼亚接壤，其领土还包围着两个微型国家——圣马力诺与梵蒂冈。

意大利地处地中海腹地，亚平宁半岛绵长的海岸线孕育出众多地理位置优越的天然良港，自古就在世界海洋贸易格局中占据重要地位。时至今日，意大利依然是地中海区域海洋货物运输的领跑者。近年来，随着"一带一路"倡议在意大利不断深入人心，意大利各级政府充分挖掘自身港口优势，着力打造"特别经济区"和铁路、公路等配套基础设施，大力推动"蓝色经济"发展，渴望与"一带一路"倡议实现深度对接，从而带动本国经济乃至整个地中海海洋经济不断迈上新台阶。

2017年中意两国双边贸易额接近300亿欧元。"一带一路"倡议涵盖整个地中海地区，倡议有关方对地中海沿岸的众多港口进行了大量直接投资，有力推动了码头和多式联运基础设施的建设发展。继希腊、土耳其、以色列、意大利、埃及、比利时和荷兰港口之后，西班牙瓦伦西亚港也已对接"一带一路"倡议。

截至目前，中国已经启动总额约为410亿美元的各类建设项目，其中约有20%的资金用在港口建设。报告预测，中国还将在"一带一路"相关国家继续推进新的投资，至2020年，依托"一带一路"倡议，中国将同相关国家实现7800亿美元的出口额和5700亿美元的进口额。此外，中国对地中海港口和码头的投资已达40亿欧元。

意大利总理孔特近日明确表示，加入"一带一路"对意大利而言是机遇，是战略选择。孔特还表示，参与"一带一路"并不意味着将被迫做任何事情，而是得以参与此倡议并开展对话。

在合作领域方面，意大利公司将在咨询、可行性研究、设计、工程、物流、机械、建筑、监控和IT、安全、金融和保险服务等领域积极寻求"一带一路"基础；将加强其港口设施建设和运输效率，从而能够利用意大利在亚洲、欧洲和非洲之间的地理位置优势，更多地参与这些地区之间的贸易流动；在农业和食品、可持续技术、制药、旅游和设计领域，也将有能力为新兴"一带一路"市场不断增长的消费能力以及联合能力提供支持和服务。

（五）肯尼亚

肯尼亚共和国位于非洲东部，赤道横贯中部，东非大裂谷纵贯南北。东邻索马里，南接坦桑尼亚，西连乌干达，北与埃塞俄比亚、南苏丹交界，东南濒临印度洋，海岸线长536千米。国土面积的18%为可耕地，其余主要适于畜牧业。

肯尼亚是人类发源地之一，境内曾出土约250万年前的人类头骨化石。7世纪，非洲东南沿海地带形成一些商业城市，阿拉伯人开始到此经商和定居。

肯尼亚是一个有潜力的市场，肯尼亚政府在2030年远景规划中，将能源、基础设施和建筑业、农业、制造业、采矿业、旅游业、批发和零售业、金融服务业和信息产业等列为重点发展领域。

历史上，中国航海家郑和率船队7次下西洋，曾多次抵达现在的东非沿岸，播下了中非友谊与合作的种子。21世纪以来，肯尼亚更是提出以加强与中国合作为重点的"向东看"战略，中肯两国关系发展迅速。随着非洲积极对接中国"一带一路"倡议，中国路桥承建的肯尼亚蒙内铁路竣工通车、中国交建承建的内马铁路项目一期工程全面铺开……铁路，如同一把神奇的钥匙，在打开肯尼亚基础设施建设新局面的同时，还改变了无数肯尼亚人的生活。

肯尼亚地理位置优越，是非洲的门户和运输枢纽，其港口对邻国的贸易能力相当强。肯尼亚政府推动"2030远景规划"，期望在2030年前发展成为中等收入新型工业化国家。是"一带一路"倡议在非洲的唯一支点，是获得中国投资最多的国家之一。

(六)斯里兰卡

斯里兰卡,全称斯里兰卡民主社会主义共和国,旧称锡兰,是个热带岛国,位于印度洋海上,英联邦成员国之一。中国古代曾经称其为狮子国、师子国、僧伽罗。

斯里兰卡的经济以农业为主,而该国最重要的出口产品是锡兰红茶。该国亦为世界三大产茶国之一,因此国内经济深受产茶情况的影响。在自由化进程中,增长速度持续加快。斯里兰卡最大优势在于矿业和地理位置,它是一个宝石富集的岛屿,世界前五名的宝石生产大国,被誉为"宝石岛"。在经济初期阶段,矿业让斯里兰卡平添了许多初期发展优势,每年宝石出口可以达5亿美元的出口值,红宝石、蓝宝石及猫眼最出名。

作为印度洋上的岛国,斯里兰卡积极参与中国提出的"一带一路"倡议,希望借"一带一路"尤其是"21世纪海上丝绸之路"重树其印度洋贸易中心地位。中斯真诚互助、世代友好的战略合作伙伴关系的建立、发展与完善,为两国以"一带一路"为纽带的彼此发展战略对接提供了基础性支撑,而如何全面落实两国领导人的共识,加强两国在"一带一路"框架内的务实合作,则成为当下双边关系的重要内容。

中斯自1957年建交以来的60多年里,两国只有友谊与相互支持,没有分歧和不可调和的矛盾,这是两国关系最为坚实的政治基础,也是两国政治关系中最为突出的两个特征。对此,斯里兰卡前总理维克拉马纳亚克在访问中国时曾表示,回顾整个中斯关系,我们没有冲突,只有雪中送炭的互利互助。2014年9月,中国国家主席习近平访斯前夕在斯里兰卡《每日新闻报》发表题为《做同舟共济的逐梦伙伴》的署名文章中也表示,中斯关系始终健康稳定发展,成为大小国家友好相处、互利合作的典范。

2015年3月,刚刚赢得选举的西里塞纳总统访华并参加博鳌论坛年会。在双边会晤时,习近平主席表示,"中方始终将斯里兰卡置于周边外交重要位置,愿同斯方一道努力,深化各领域互利合作,推动两国真诚互助、世代友好的战略合作伙伴关系不断迈上新台阶。"斯里兰卡政府则认为,中国倡议的"一带一路"是契机,愿与中方加强各领域合作,共同建设命运共同体。西里塞纳总统说:"丝绸之路是斯中两国共同的历史遗产,斯方希望在21世纪海上丝绸之路框架内加强同中方合作。"

（七）印度尼西亚

印度尼西亚共和国，简称印度尼西亚。印度尼西亚陆地面积 190 万平方千米，由 1.7 万多个岛屿组成，海洋面积 317 万平方千米，是世界上最大的群岛国家，更是一个朝气蓬勃、充满希望的发展大国，首都为雅加达。印度尼西亚横跨赤道，是沟通亚洲和大洋洲、太平洋和印度洋的交通枢纽，控制着关键的国际海洋交通线。印度尼西亚有"热带宝岛"之称，盛产棕榈油、橡胶等农林产品，其中棕榈油产量居世界第一，天然橡胶产量居世界第二，石油、天然气以及煤、锡、铝矾土、镍、铜、金、银等矿产资源储量丰富。印尼不仅市场潜力巨大，而且矿产资源丰富，是"一带一路"东盟地区的关键一环。

2013 年 10 月 3 日，国家主席习近平在印度尼西亚国会发表题为《携手建设中国—东盟命运共同体》的重要演讲时提出，中国愿在平等互利基础上扩大对东盟国家开放，提高中国—东盟自由贸易区水平，使双方贸易额 2020 年达到 1 万亿美元。中国致力于加强同东盟国家互联互通建设，倡议筹建亚洲基础设施投资银行，愿同东盟国家发展好海洋合作伙伴关系，共同建设"21 世纪海上丝绸之路"。至此，"一带一路"倡议完整面世。

印度尼西亚作为海上丝绸之路的重要中转站。2013 年 10 月，国家主席习近平访问印度尼西亚并出席亚太经合组织第二十一次领导人非正式会议，中国和印度尼西亚建立起全面战略伙伴关系，并签署了多项政府间合作文件和约 100 亿美元的经贸协议。2015 年 3 月 27 日，中国—印度尼西亚在京举行了经济合作论坛，双方在资源、产业和进出口商品结构上具有较强的互补性。中国对印度尼西亚的主要出口产品包括机电、通信产品、矿产品、钢铁制品等；中国从印度尼西亚进口的主要产品有矿产品、棕榈油、橡胶及其制品等。中国已成为印度尼西亚的第二大贸易伙伴和第一大非油气产品进口来源地。

为了建设好"21 世纪海上丝绸之路"，印度尼西亚还专门成立了中国一带一路印尼共和国协会，该协会是中国对印度尼西亚投资的唯一通道，也是印尼官方唯一一家授权在中国从事"一带一路"相关经济商贸往来事宜的单位。

四、课程总体要求

1. 在研学导师的带领下，通过实地考察，聆听专业解说，参与对话交流，深度感知"一带一路"倡议沿线七国经贸往来的历史，研究这些国家对"一带一路"倡议的响应情况及已收到的成效，收集整理促进"一带一路"建设的典型案例和可持续发展建议。

2. 用图片、视频、文字等记录研学过程中所历、所见、所闻、所感，并以"美篇"、微博等形式，每天记录与分享自己的研学心得。

3. 坚持"问题导向"，及时记录和汇总研学过程中看到、想到的问题，在研学活动结束后，继续探究问题答案。

4. 以"探寻'一带一路'"为题，结合"一带一路"倡议首次提出的时间、地点及主要内容，以及沿线七国融入"一带一路"建设以来的发展情况，撰写一篇自己的研学体会文章。

五、课程目标

课程目标一：哈萨克斯坦大学与博物馆

1. 纳扎尔巴耶夫大学

纳扎尔巴耶夫大学位于哈萨克斯坦首都阿斯塔纳（现已更名为努尔苏丹）。它由哈总统纳扎尔巴耶夫倡议创立，目前在校师生4600余人。同时，该校也是哈国内第一所自治高校，于2010年9月正式开学。2010年纳扎尔巴耶夫总统任命胜茂夫为该校校长。它是多所世界一流大学的战略合作伙伴，教职员工来自50余个国家，是著名欧盟项目Erasmus的交换院校之一，隶属于：国际大学协会（IAU）、亚洲大学联盟（AUA）、丝绸之路大学联盟（UASR）。

2013年9月7日，中国国家主席习近平到访纳扎尔巴耶夫大学并发表了题为《弘扬人民友谊 共创美好未来》的著名演讲，指出"为了使我们欧亚各国经济联系更加紧密、相互合作更加深入、发展空间更加广阔，我们可以用创新的合作模式，共同建设'丝绸之路经济带'。这是一项造福沿途各国人民的大事业。我们可从以下几个方面先做起来，以点带面，从线到片，逐步形成区域大合作……"演讲还系统阐述了中国新一届政府对中亚国家的外交政策，并与师生面对面交流。

纳扎尔巴耶夫大学设有8个学院，提供预科项目，19类本科学位项目，25类硕士学位项目，3类普通博士学位项目以及医学博士学位项目。

2. 哈萨克斯坦国家博物馆

哈萨克斯坦国家博物馆是一座外形如巨型帐篷的大型博物馆，是中亚最大的博物馆之一。博物馆建成于1985年，以哈萨克斯坦境内数家博物馆、并搜集了超过3000件文物及展品为基础而建成，可谓集各家展馆之大成。展馆共分7大展区，从数百年前的考古发现，至哈萨克斯坦现今的发展一应俱全，从中能使参观者感受到哈萨克斯坦整个游牧民族的发展历程、民族风情和生活习俗。博物馆内还陈列了一批成吉思汗时期的历史文物、武器和服饰乐器。其中的博物馆第二部分，展示了极富游牧民族色彩的珠宝、衣衫、马鞍装饰、乐器等，所有与哈萨克民族传统生活有关的物件尽在其中，部分古董历史更可追溯至18、19世纪，弥足珍贵。馆内1∶1的帐篷模型，可进内参观，让你进一步了解马背民族的昔日生活。

［作业］

1. 了解纳扎尔巴耶夫大学的发展概览。

2. 参观习近平主席首提"共建丝绸之路经济带"倡议的礼堂，聆听研学导师介绍当时的场景。

3. 明确习近平主席提出"共建丝绸之路经济带"的时间、背景以及"五通"的具体内涵。

4. 了解纳扎尔巴耶夫大学师生心中的"一带一路"建设前景。

5. 概述哈萨克斯坦国家博物馆的历史。

6. 参观博物馆藏品，在研学导师的引导下，寻觅"古丝绸之路"踪迹，聆听博物馆专家讲述中哈两国的文化交流历史。

课程目标二：荷兰大学与博物馆

1. 莱顿大学

莱顿大学(Leiden University)，欧洲学术声誉最高的综合性大学之一，成立于公元1575年2月8日，她是荷兰王国历史最悠久的高等学府。在过去近五个世纪的漫长岁月中，莱顿大学培养了众多影响人类文明进程的杰出人才。笛卡尔、伦勃朗、斯宾诺莎等科学文艺巨匠都在莱顿留下了治学的足迹。近代科学始祖笛卡尔的《第一哲学沉思录》，是在莱顿大学访学期间完成的；欧洲最伟大艺术家之一伦勃朗在莱顿期间，形成了油画艺术史上里程碑式的光线技术(light and variety of paint application)；爱因斯坦在莱顿大学担任长达近二十年的客座教授期间，留下了《玻色-爱因斯坦凝聚态》等研究手稿。

此外，还有16位诺贝尔奖得主(洛伦兹、爱因斯坦、费米等)，9位国家元首(美国第六任总统约翰·昆西·亚当斯，丘吉尔，曼德拉，两任北约秘书长等)，10位荷兰领袖(包括现任荷兰首相马克·吕特)等，都在莱顿以求学、任教等方式留下了他们的足迹。

在莱顿大学的转接学者看来，"一带一路"不是零和博弈，它也能提供双赢局面。"一带一路"能够通过运用资金、技术和基础设施实现沿线国家与中国之间的有效经济联动。市场、制度、政府和企业是支撑"一带一路"发展的四大要素，但是在投入区域间交通、电力和基础设施的同时，政府和企业也会承担一定的风险，但承担这些风险与中国和沿线国家收获的利益与友谊相比，是值得的。

2. 阿姆斯特丹国立博物馆

阿姆斯特丹国立博物馆——荷兰最大的博物馆，宫殿式建筑气势恢宏，藏有大量世界知名的艺术珍品。该馆最引人注目的收藏莫过于17世纪"黄金时代"的荷兰绘画，其中包括伦勃朗、韦梅尔、弗朗斯·哈尔斯以及扬·斯滕等人的艺术杰作。伦勃朗的巨幅油画作品《夜巡》是这里的镇馆之宝。荷兰历史部门除介绍本国历史文物外，还介绍与荷兰东印度公司有关的地区，如非洲、马来西亚、印度尼西亚等地的家具和各种用具，从中可见荷兰发展海上贸易的情况。亚洲艺术部分有中国瓷器、日本屏风和刀剑、印度尼西亚的湿婆神青铜像等，都是极为名贵的藏品。版画部分有欧洲最精美的版画、素描、彩饰手稿本和宣传画等，其中有A. 丢勒的作品、伦勃朗的素描和1000多幅铜版画、日本浮世绘等。

[作业]

1. 了解莱顿大学的发展历史和在世界高等教育发展格局的地位。

2. 莱顿大学培养了众多影响人类文明进程的杰出人才，请列举出10位，并简要介绍他们的生平事迹。

3. 了解莱顿大学的汉学研究和与中国的合作情况。

4. 欣赏伦勃朗等艺术大师的珍品，感受荷兰丰厚的文化艺术底蕴。

5. 欣赏馆藏亚洲藏品，了解荷兰17世纪上半叶就有的"海上马车夫"称谓的含义。

6. 了解荷兰在对外贸易方面处于世界领先地位的概况并简要分析原因。

课程目标三：俄罗斯大学与博物馆

1. 莫斯科罗蒙诺索夫国立大学

莫斯科罗蒙诺索夫国立大学（московский государственный университет имени М. В. Ломоносова, МГУ），简称"莫斯科大学"，是俄罗斯联邦规模最大、历史最悠久的综合性高等学校，老校舍位于莫斯科市中心的红场近旁，新校舍坐落在列宁山上。1755年由教育家М. В. 罗蒙诺索夫倡议并创办，建校250多年来，已有13名诺贝尔奖获得者。莫斯科大学共有23个系，15个教学和学术中心，11个科学研究所，并开设有44个高等职业教育专业、180个研究生专业方向。在莫斯科大学工作着4300名教授和教师，4800名研究员，其中7800人拥有博士学位，有167人为俄罗斯科学院院士。

莫斯科大学教育设施完备，校内有超过100个实验室、电脑中心，拥有人类学博物馆、动物学博物馆、地球科学博物馆、稀有书籍博物馆4个博物馆，4座天文观象台，植物园，众多科研所，以及许多特别的教学研究中心（生物科技、激光、社会形态）等，还有文化宫、大学生剧院、电影院等供学生休息的一切生活设施。各系都拥有自己的图书馆，并实现了专线上网，学生可以免费使用它上网查询资料、学习娱乐等。在美国国家标准局对欧洲各大学及学院教育品质的评审中，莫斯科大学均名列前茅。

莫斯科大学图书馆是俄罗斯最古老的图书馆之一，也是高校中最大的图书馆，建于1756年，共有藏书850万册。该图书馆拥有6万多读者。每年约有180万人次光顾图书馆，借出图书400万册。该馆共有16个借书点，60个阅览室，3300个座位。馆藏书籍供莫斯科大学各教学、科研机构使用。莫斯科大学的每个系都有供学生读书的阅览室。

2014年5月20日，在习近平主席和普京总统的共同见证下，中国与俄罗斯共同签署了《中华人民共和国教育部与俄罗斯联邦教育科学部关于北京理工大学与莫斯科国立罗蒙诺索夫大学合作举办"中俄大学"的谅解备忘录》。该备忘录规定，双方将支持中国北京理工大学与俄罗斯莫斯科国立罗蒙诺索夫大学在中国深圳市合作举办"中俄大学"，并依据各自法律规定，为其提供政策指导。

2017年4月，我国第一所中俄合作大学——深圳北理莫斯科大学首次启动本科招生。作为俄罗斯首个在境外颁发毕业证书的高等教育项目，依托俄罗斯最高学府莫斯科国立罗蒙诺索夫大学和我国著名理工类高校北京理工大学，两校合作办学的主要目的在于，建设"一带一路"的人才库，培养科技精英的新高地，为中俄教育合作探路。

2. 俄罗斯国家博物馆

俄罗斯国家博物馆（Государственный Русский Музей），旧称"米哈伊洛夫宫"，是俄罗斯第一座国家级的造型艺术博物馆，也是世界上俄罗斯艺术作品收藏最丰富的博物馆。它坐落于圣彼得堡工程街4号。1895年亚历山大三世下令创建，建筑家罗西设计，建筑本身是19世纪早期俄罗斯新古典主义建筑的杰作。就馆藏而言，美术收藏品达40万件，对12~20世纪的整个俄罗斯美术史，可以说是收揽无余。实用艺术藏品中最丰富的是瓷器，约占馆藏品总数的2/3。

俄罗斯博物馆是俄罗斯实用艺术品收藏最多的博物馆，是世界上藏品最丰富的博物馆之一。那里收藏有瓷器、玻璃器皿、陶瓷品、贵金属和有色金属制品、纺织品、宗教服饰、家具、木刻和骨雕。细心的观众还能找到来自中国的外销瓷,见证着俄罗斯当年通过"一带一路"的频繁贸易往来。

[作业]

1. 了解莫斯科大学悠久的办学历史和学校影响力,感受俄罗斯辉煌而丰富的历史文化。

2. 了解"俄国科学之父"罗蒙诺索夫的生平、贡献和成就。

3. 莫斯科大学给你最深的印象是什么?凭自己的理解,试比较一下国内著名大学与莫斯科大学各自的优势与不足主要表现在哪些方面?

4. 简述参观俄罗斯国家博物馆的主要感受。

课程目标四:意大利大学与博物馆

1. 罗马大学

罗马大学(英语:Sapienza University of Rome)即罗马第一大学的简称,又称罗马一大,是意大利最大的国立大学,成立于1303年,拥有教职员工19631人,学生107327人。从2011年改革开始,大学共设有21个学院(19个学院和航空工程学院和档案和图书馆学院),如:建筑学院、文学院等,其中有超过130个以上的系。至2002年,大学有160个专业的一级学位课程,其中包括针对外国留学生发放的奖学金。英语授课课程有2年的政府管理和人文事务硕士专业。

罗马大学的课程设置法律、政治、商业和经济、统计、文学和哲学、工程、建筑、空间工程、自然科学和理学、师范以及医学院。工程技术、科学、现代语言、文学、经济和金融、农业科学、医药和临床医学。研究所生物、化学、物理、地理、大地科学、食品技术、数学和计算机技术、经济和商业、德语语言、罗马语言、语言学和古典语言学、东欧语言和文学、城市规划、意大利语言和文学历史、植物保护、动物保护。

罗马大学数学系图书馆有许多历史悠久的古籍,其最古老的天文书可以追溯到15世纪,书中记载了当时天文学家极其珍贵的天文记录。在这座图书馆,细心的读者将可以寻觅到古丝绸之路的足迹。

2. 国立罗马博物馆

古罗马的遗迹遍布全城各处,被喻为全球最大的"露天历史博物馆",有古罗马竞技场、威尼斯广场、西班牙广场、总统府广场、特莱维喷泉、万神殿、造型各异的教堂、形神兼备的人物雕塑和大街小巷无以计数的古城残垣断壁。而最能够展示古罗马文化成就的则当属国立罗马博物馆。

国立罗马博物馆位于意大利罗马,成立于1889年,是世界著名艺术博物馆。博物馆建在由米开朗琪罗在戴克里先皇帝浴场修复的一所遗迹内。因利用浴场部分遗迹，意大利语浴场的发音为特尔梅，故又名特尔梅博物馆。由于这个展览场地太小了，出土的文物又越来越多，于是博物馆把这些文物逐步迁移存放到罗马的多处地点展示，这些展览场所都被称为——罗马国立博物馆。国立罗马博物馆被分为四个博物馆：特尔梅博物馆、八角大楼、马西莫宫和阿特姆彼斯宫。

博物馆主要收藏1870年以后在罗马发现的古代雕像、浮雕、镶嵌画和1901年收购的珍宝，以及后来在罗马市区、近郊的出土物。其中许多文物是贵族府邸、神庙、公共设施和墓室的装饰品，极为珍贵。公元前5世纪到早期基督教时期的希腊、罗马纪念物最为丰富。博物馆有一部分主要展出公元2—3世纪的石棺和建筑的浮雕，有费德拉石棺、穆萨石棺（3世纪），描绘罗马人与蕃族战斗场面的石棺（3世纪）等。

随着"马可·波罗"们的东方归来的行囊里满载着东方物品，中国的瓷器艺术、莲花纹饰、凤凰图案和器物，犹如水花和涟漪，对意大利的艺术创作产生了润物无声的影响；古代丝绸之路时代，东方的丝绸是西方人孜孜以求的商品，更是文艺复兴艺术大师们的必备品，无论是丝绸纹饰，还是丝绸作为补子的用途，都引起了西方人纷纷效仿；中国丝绸和卷轴画上的奇异动物、流行图案和移动风景，对西方服饰纹样和绘画艺术产生了巨大影响……所有这些，都能在国立罗马博物馆寻觅到踪迹。

[作业]

1. 听取罗马大学教师介绍罗马大学校史、教学体制和课程设置。重点参观罗马大学数学系图书馆，寻觅中意古代文化交流的历史踪迹。

2. 听取罗马大学教授讲授《马可波罗与古丝绸之路》。

3. 研读《马可·波罗游记》，梳理中意经贸文化交流的历史脉络。

4. 透过国立罗马博物馆馆藏珍品，领会罗马作为古罗马和世界灿烂文化的发祥地的辉煌历史。

5. 通过国立罗马博物馆馆藏的瓷器、纹饰、凤凰图案和器物等，寻觅中意古代文化交流的历史痕迹。

课程目标五：肯尼亚大学与博物馆

1. 内罗毕大学

内罗毕大学（University of Nairobi）是肯尼亚国内最大的一所大学，位于首都内罗毕（Nairobi），前身是东非大学，始建于1956年。现有在校生22000名，其中，本科生18000名，研究生4800名。共有5大学院，分别是：农学院、工程学院、医学院、教育学院、生物学院及人文科学院；17个本科专业，分别为：农业系、艺术系、商务系、教育系、对外教育系、法律系、科学系、社会科学系、畜牧医学系、非洲学系、计算机数据系、工程系、护理系、牙科、医疗系、药剂系、环境系等。内罗毕大学与中国的许多大学都有较多的联系，2005年中国在该校设立孔子学院，是较早设立孔子学院的非洲高校之一，此外还长期与中国的大学展开培养合作，合作基础良好。

在内罗毕大学国际经济学教授加里雄·伊基拉看来，"要致富，先修路"是发展经济的朴素道理。加里雄表示，肯尼亚修的不是一般的"路"，而是当下最热门的"21世纪海上丝绸之路"。他谈到，"一带一路"倡议旨在打通全球贸易线路。通过修建和完善公路网、铁路网、港口等基础设施，将亚、非、欧和其他主要地区市场连接起来，构建一个完整、活跃的全球贸易网络。

2. 肯尼亚国家博物馆

肯尼亚国家博物馆（Kenya National of Museum）位于内罗毕市中心，系中东部非洲乃至全非最为著名的博物馆之一。1910年由东非自然历史协会发起修建。60年代扩建。除总部内罗毕展馆外，下设16个地区博物馆和几处历史遗迹陈列馆。馆内陈列有人类、鸟类、海洋生物起源和地质演变等方面的展品以及古代地图和绘画等。

肯尼亚国家博物馆以其丰富的收藏、科学的分类和多种学术活动而发展成为东非生物考古的科研机构和科普活动中心。为人类起源研究做出了巨大贡献的利基教授夫妇和动物行为学家珍妮·古道尔博士都曾经在该馆工作。

博物馆除展出有各个时期的古猿、能人、直立人和智人的头盖骨、200万年前的巨象化石、距今约2.9万年前的壁画、900多种鸟类标本等珍藏品外，还展出了数十件从肯尼亚海岸省出土的中国古代文物，包括青花瓷盘、瓷瓶和茶具，有的已经破碎，但是"大清嘉庆年制""大清"和"长命富贵"等字依然可见。

[作业]

1. 参观内罗毕大学校园，了解大学教学体制和课程设置。
2. 听取内罗毕大学教授讲述《古丝绸之路对肯尼亚经济社会发展的影响》。
3. 参观肯尼亚国家博物馆馆藏文物，寻觅古丝绸之路的历史痕迹。
4. 听取肯尼亚国家博物馆专家讲述《古丝绸之路对肯尼亚经济社会发展的重要贡献》。

课程目标六：斯里兰卡大学与博物馆

1. 科伦坡大学

科伦坡大学是斯里兰卡最古老的大学，位于首都科伦坡。学校座右铭

"Buddhi Sarvathra Bhrajate"梵文为"智慧启迪"科伦坡大学致力维持学术研究卓越性。

科伦坡大学设有 7 个系、43 个学术部门、7 个研究所和多个中心和单位。在艺术、科学、医学、管理、金融、法律、教育、科技、美学研究领域设有许多本科生和研究生的学习课程。该大学还为有不同需求的学生提供一些相关服务，如图书馆服务、职业指导和服务、学生生活服务等。该校校园课外活动丰富，美丽的操场和现代化的健身房可为男女运动员提供良好的健身机会；新艺术剧院为关注戏剧和音乐的师生提供了理想的舞台。这所历史超过 115 年的学校，经过不断努力、迎接挑战，保持着持续发展上升的势头，为多文化、多种族的师生提供了一座安宁祥和、文化多样、机会平等的学术殿堂。

"一带一路"倡议提出以来，科伦坡大学与中国多所大学，通过访学团、专题报告会等不同方式，就如何深度落实"一带一路"倡议展开了广泛深入的理论研讨与学术交流。

2. 斯里兰卡国家博物馆

斯里兰卡国家博物馆（National Museum）是斯里兰卡最古老的博物馆。国家博物馆建成于 1877 年 1 月 1 日，是一座双层的宏大白色建筑。馆内陈列着各个历史时期的珍贵文物。馆内珍藏有斯里兰卡各个历史时期的文物，其中有各种化石、古铜器、铜雕、石雕、宝石、古代武士面罩、古舆图、旗帜以及康提王朝时期的各种编织品、金属制品、漆器、瓷器、精湛的手工艺品、著名壁画、最后一代康提国王的铠甲，还有从康提运来的狮子王座。

2018 年 8 月至 9 月，中国和斯里兰卡联合对斯里兰卡北方重要港口城市贾夫纳进行了全面调查与重点发掘，出土了总计 650 多片瓷片，其中绝大多数来自中国广州窑口。在斯里兰卡发现北宋晚期的外销瓷，对研究当时海上丝绸之路的贸易航线、转运网络以及中斯文化交流都具有重要学术意义。而海上丝绸之路时代的中斯文化交流在如今的斯里兰卡国家博物馆也能看出端倪、找到痕迹。

［作业］

1. 听取科伦坡大学教授介绍大学校史、教学体制和课程设置，参观校园。

2. 听取科伦坡大学教授讲述《共建"一带一路"给斯里兰卡带来的发展机遇》。

3. 参观斯里兰卡国家博物馆馆藏文物，在研学导师的指点下，寻觅、勾勒海上丝绸之路由中国路经斯里兰卡的贸易航线、转运网络以及中斯文化交流线索。

4. 了解斯里兰卡的橡胶及其制品、红茶、宝石和椰油等物产，领会"一带一路"给中斯两国带来的机遇。

课程目标七：印度尼西亚大学与博物馆

1. 印度尼西亚大学

印度尼西亚大学是印尼历史最悠久的高等学府，设有12所学院和一间研究所。该校在雅加达拥有三个校区，萨联巴校区（医学院、牙科学院、经济学院、工学院、理工学院和研究所），拉瓦芒文校区（文学院、法学院、社会学院和心理学院），以及博刚萨安校区（社会保健学院和医学院）。该校毕业生，数十年来在印度尼西亚政界和社会，扮演着举足轻重的角色。自1849年建校以来，该校师生不断努力，力求更上一层楼。该校在教研方面，保持着世界一流的水准。就读于该校的学生大约3万名，包括来自世界各地的留学生。该校位居印度尼西亚高等学府的榜首，学生和师资素质，均属国内一流。

在"中国—印度尼西亚在京举行了经济合作论坛"上，印度尼西亚大学的专家教授表示，共建"一带一路"是中国的倡议，也是中国与沿线国家的共同愿望。论坛结束后发布了振奋人心的成果，涵盖政策沟通、实施联通、贸易畅通、资金融通、民心相通5大类，成为"一带一路"建设国际合作持续推进强有力的支撑。中国和印度尼西亚两国互补性强，特别是中国在"一带一路"的举措，包括提供贷款、减免关税、培养人才、增加援助、消除债务等，都是适合印度尼西亚发展的推动力。

2. 印度尼西亚国家博物馆

印度尼西亚国家博物馆坐落在雅加达独立广场西侧，是一个以考古学、历史学、瓷器、人种学和地质学为主题的博物馆。

博物馆始建于1868年，整座博物馆沉淀着浓郁的古老欧洲色彩。收藏的文物覆盖了本国考古、历史、宗教、民族及地理等各方面的珍贵文化遗产。

博物馆前的草坪中央，矗立着一座一尊名为加冬佳也的青铜大象雕塑，它是1871年暹罗王拉玛五世来访雅加达时馈赠的礼物。所以当地民众又习惯地称这座博物馆为"大象博物馆"。

博物馆内设有史前展览室、古物展览室、民俗展览室、金银饰物室、青铜器室、货币室、木器展览室、东印度公司陈列室等，展览品数量到达109342种。包括30万年前爪哇猿人头骨化石、三四千年前中国青铜时代的鼎和鬲、中国古代的陶瓷器和古钱币、爪哇岛上的象首人身佛像等。

印度尼西亚是海上丝绸之路的重要枢纽。早在西汉时期，中国的海上丝绸之路其中一条就是经过印度尼西亚，再通往印度、中东及欧洲各国。宋、元时期航海业的发展，加速了对外贸易、中国陶瓷的外销空前繁荣。明、清时期更达历史高峰。

荷兰东印度公司的资料显示,每年仅从巴达维亚(雅加达的古名称)转运欧洲的瓷器就达到300余万件。这也说明了中国与印度尼西亚自古以来就有着友好交往的历史传统。

印度尼西亚国家博物馆也陈列着大量中国古代瓷器,二楼陶瓷馆展示从印度尼西亚各地搜集到的中国古代陶瓷文物及碎片,年代跨越数千年,可以追溯到商、周至清朝时期。展示的瓷器不少都是从海底打捞上来的沉船物品,长满了珊瑚,成为海上丝绸之路的生动佐证。

〔作业〕

1. 听取印度尼西亚大学教授介绍校史、教学体制和课程设置,校园参观。

2. 听取印度尼西亚大学教授介绍《有关"一带一路"建设的人才培养问题》。

3. 参观印度尼西亚国家博物馆馆藏宝藏。在研学导师的指点下,实地感知印度尼西亚在海上丝绸之路上起到重要枢纽的作用。

4. 通过印度尼西亚国家博物馆馆藏中国商、周至清朝时期的陶瓷碎片,深度了解中国和印度尼西亚自古以来的经贸往来和文化交流。

六、研学任务

请写一篇《探寻"一带一路"》的研学体会文章,要求需有"一带一路"倡议首次提出时间地点及主要内容;研学7国在古丝绸之路经贸往来中的角色作用;研学7国对"一带一路"倡议的响应情况及已收到的成效,促进"一带一路"建设的建议和设想等要素。

走访孔子学院

——塔吉克斯坦民族大学孔子学院研学课程方案

孔子学院，是中国国家汉语国际推广领导小组办公室在世界各地设立的推广汉语和传播中国文化的机构，其最重要的一项工作就是给世界各地的汉语学习者提供规范、权威的现代汉语教材；提供最正规、最主要的汉语教学渠道，传播和交流以孔子为代表的中国传统文化。2004年，全球首家孔子学院在韩国首尔正式设立。截至2018年12月，中国已在154个国家和地区建立548所孔子学院和1193个中小学孔子课堂，现有注册学员210万人，中外专兼职教师4.6万人，累计培养学员900多万人，在国际上受到广泛的好评。塔吉克斯坦民族大学孔子学院就是其中的一所办学成效十分突出的孔子学院。随着学院的建立，这里的"中国热"也在逐年升温。学院成立之初，在塔吉克斯坦民族大学孔子学院学习汉语的学生只有200多人，目前已增至近4000人。2016年，塔吉克斯坦民族大学孔子学院获批"示范孔子学院"建设项目，成为目前全球548所孔子学院中的43所"示范孔子学院"之一。

塔吉克斯坦民族大学孔子学院位于塔吉克斯坦首都杜尚别。杜尚别是一座美丽而纯净的城市。虽然面积不大，但四周围裹着绵延的山脉、环绕着苍翠的绿洲。当你登上东边胜利博物馆坐落的小山，俯身鸟瞰，整个市貌将尽收眼底，展现在眼帘的是，杜尚别河犹如一条柔美的绸带绾起了扇面似的开阔平坦的市区，北面那座座终年不化的雪山似断非断地绵延叠靠，在蓝天下反射出明净温柔的光芒。雪山融化的雪水，点点滴滴，支支脉脉，自上而下，汇成了冰凉湍急的杜尚别河，滋润着沃土，灌溉着良田，养育着这个城市。绿化是杜尚别的最大特色。无论你驻足于哪片住宅区，都是绿树环抱，林木苍翠，啼鸟声声。高处，粗壮挺拔的白杨、槐树、红枫直举蓝天。低处，樱桃和各种带花的小树连绵相拥。遍地铺满了蔷薇、月季、玫瑰和其他林林总总的艳丽花卉。在杜尚别，当你漫步于小径，闲逛于街头时，玫瑰花香味会随处扑鼻而来。本次研学，将带领同学们来到杜尚别，游学塔吉克斯坦民族大学孔子学院，研习语言学习和传统文化，促进对外沟通与合作，增进国际交流与友谊。

一、研学活动目的

通过赴杜尚别和塔吉克斯坦民族大学孔子学院研学旅行,与塔吉克斯坦青少年开展汉语学习和中国传统文化交流,加深了解、建立友谊,学习境外旅游知识,培养文明旅游习惯,增进两国青少年友好往来。

二、研学活动设计

活动主题:语言学习和传统文化研学
活动宗旨:增强互动交流,提高交往能力
活动时间:执行研学手册时间表
活动地点:杜尚别

三、研学活动内容

研学活动内容一:塔吉克斯坦民族大学孔子学院研学

通过研学,了解塔吉克斯坦民族大学孔子学院的机构设置、办学宗旨、服务对象、办学经费、主要成果,以及对当地汉语学习的推动,对中塔友好往来的促进作用;了解外国人学习汉语的基本路径和有效方法;研讨如何进一步促进以孔子为代表的中国传统文化的对外交流。

研学活动内容二:塔吉克斯坦国家古史博物馆研学

塔吉克斯坦国家古史博物馆是该国历史的沉淀处。博物馆内陈列了很多文物,展现了民族的鲜明特色。塔吉克斯坦所在的中亚地区,曾经非常盛行佛教,留有很多遗迹。博物馆内有一尊二十多米长的卧佛,是镇馆之宝。塔吉克斯坦国家古史博物馆是了解塔吉克斯坦国家和民族的重要场所之一。

研学活动内容三:塔吉克地质博物馆研学

塔吉克地质博物馆成立于1959年,馆内有地质学的不同学科的展品:矿物学、岩石学、古生物学和古植物学,其中90%展品是塔吉克斯坦本国出产的矿石。博物馆全面展示塔吉克斯坦的地质分布情况、矿产的分布情况,以及不同起源演化阶段的矿产样品,为普及地质矿产知识和了解塔吉克斯坦地质资源提供了一手资料。

研学活动内容四:萨马尼纪念碑研学

萨马尼纪念碑位于杜尚别市中心。萨马尼(又称"萨曼")萨曼王朝(874—

999年),由波斯人纳斯尔阿赫马德创建,因其祖先为波斯贵族萨曼得名。最初建都撒马尔罕,后为布哈拉(撒、布两市现位于乌兹别克斯坦境内)。萨马尼王朝信奉伊斯兰教,10世纪上半叶国力昌盛,占据了包括今伊朗东部及阿姆河和锡尔河之间的地区,后被喀拉汗王朝所灭。萨马尼纪念碑是了解塔吉克斯坦历史的重要实物之一。

研学活动内容五:鲁达基纪念碑研学

鲁达纪念碑位于杜尚别市东北角。阿卜杜拉·鲁达基(860—941年),出生于塔吉克斯坦潘吉肯特区,担任萨马尼王朝首席宫廷诗人四十余年,一生写过13万首两行诗。其诗歌充满对劳动人民的爱,讴歌理性、善良,被认为是塔吉克-波斯文学的奠基人。

研学活动内容六:吉萨尔古城研学

吉萨尔古城位于塔吉克斯坦首都杜尚别以西约26公里,是一个古建筑群。这片土地山上有吉萨尔要塞、要塞拱门、砖砌驼队客栈、老宗教学校、新宗教学校、洗礼所、大广场、马赫杜米·阿扎姆陵墓等古代遗迹,这些古代建筑大多建造于8—19世纪,使用石头和黏土建造而成。古城在公元前3—4世纪就已经有人居住,中世纪开始繁盛。20世纪初,随着丝绸之路的没落,古城辉煌不在,如今只留下断壁残垣了。

研学活动内容七:艾尼纪念碑研学

艾尼纪念碑是为纪念塔吉克作家、诗人,塔吉克科学院第一任院长萨德理金·艾尼(1878—1954年)所建。中篇小说《奥金娜》,长篇小说《多洪达》(又译《贫农》)、《奴隶们》,被认为是萨德理金·艾尼史诗性的三部曲,反映了近百年来塔吉克人民的生活和斗争。他的长诗《自由进行曲》号召人民起来推翻沙米尔的残暴统治,被当作吹响了人民为苏维埃政权而战的号角。

四、研学目的地简介

塔吉克斯坦是古丝绸之路的必经之地。塔吉克斯坦于1992年1月4日与中国建交。2001年,塔吉克斯坦以创始国身份加入"上海合作组织"。

2013年5月,中塔战略伙伴关系建立。9月习近平主席提出"共建一带一路经济带"的倡议与塔吉克斯坦国家发展战略高度契合,塔吉克斯坦成为首个响应"一带一路"的国家。

2007年,塔吉克斯坦总统埃莫马利·拉赫蒙访问中国,其间中塔两国签订了在塔吉克斯坦筹办建立孔子学院的意向书,中方承办院校为新疆师范大学。2008年8月,上海合作组织峰会在塔吉克斯坦首都杜尚别召开,确定塔吉克斯坦民族大学为塔方承办院校，中国孔子学院总部与塔吉克斯坦民族大学正式签署《关于合作建设塔吉克斯坦民族大学孔子学院的协议》，并举行了孔子学院揭牌仪式。2009年1月13日，新疆师范大学与塔吉克斯坦民族大学签署《关于合作建设孔子学院的执行协议》。2009年2月，孔子学院正式运营，首任塔方院长由塔吉克斯坦民族大学哲学系主任穆罕穆德夫教授兼任，首任中方院长由新疆师范大学国际文化交流学院邓新老师担任。

塔吉克斯坦民族大学孔子学院于2009年10月10日正式成立。建院以来，这里的"中国热"也在逐年升温，据统计，在塔吉克斯坦民族大学控制学院学习汉语的学生数量由成立之初的400人增至目前的近4000人，其间共有约1700多名学生通过选拔考试获得"中国政府奖学金""孔子学院奖学金"等赴华留学深造。2016年11月，塔吉克斯坦民族大学孔子学院获批"示范孔子学院"建设项目，得到孔子学院总部80万美元的经费支持，用于建设、装修"示范孔子学院"专用办公、教学新楼体；塔吉克斯坦民族大学划拨了4000平方米的场地。根据规划，新楼体为两层联排回形建筑，占地1800多平方米。新的"示范孔子学院"将为教学提供良好、完善的基础设施，包括院长、教师办公室、多媒体教室、语音室、互动式中塔文化展厅、图书馆、餐厅、档案室、多功能礼堂、练功房、音乐教室等，为优化教学方法、提升教学效果、丰富学生学习生活发挥重要的作用，成为目前全球548所孔子学院中的43所"示范孔子学院"之一。

塔吉克斯坦民族大学孔子学院的建立成为塔吉克斯坦汉语教学发展史上的一个重大里程碑。2009年2月，塔吉克斯坦民族大学孔子学院培训中心面向塔吉克斯坦社会各界招生，由孔子学院总部选拔合格的中国对外汉语教师及志愿者担任教学工作并提供大量汉语教学资源，自此塔吉克斯坦的汉语教学进入迅猛发展的新阶段。

开设汉语课程的教育机构迅速增长。十年来，塔吉克斯坦民族大学孔子学院收到了来自塔吉克斯坦不同教育机构的多种需求，如派遣汉语教师，在教材、教具、技术支持和设备供应等方面提供援助，在举办中国文化活动方面提供支持等。为满足这些需求，塔吉克斯坦民族大学孔子学院全力开展工作，不仅给各高校提供帮助，还支持援助中小学、幼儿园、政府机构、中资企业，先后一共签署30份关于合作开展汉语教学的协议，派遣100多名中方教师，提供6万多本汉语教材、图书，累计支出50万美元用于支持各合作教学点开展教学、文化活动。在此期间，塔吉克斯坦民族大学孔子学院与卡夫拉特私立中学合作建立起孔子课堂。每年，孔子课堂获得10000美元的经费支持用于购买教学设备、开展活动等。

塔吉克斯坦民族大学孔子学院合作教学点

序号	合作教学点名称	汉语课程开设时间	所在城市	课程类型	合作时间	派遣中方教师总数
1	俄塔斯拉夫大学	1997	杜尚别	专业	2008年至今	12
2	塔吉克斯坦国立语言学院	2000	杜尚别	专业	2009年至今	17
3	卡夫拉特私立学校孔子课堂	2009	杜尚别	必修选修	2009年至今	10
4	彭吉肯特师范学院	2010	彭吉肯特	专业	2010年至今	6
5	塔吉克斯坦国立民族大学（亚欧语言系、国际关系系、法律系）	2010	杜尚别	专业选修	2010年至今	23
6	莫斯科国立大学杜尚别分校	2010	杜尚别	选修	2010—2012	3
7	杜尚别国际中学	2010	杜尚别	选修	2010年至今	3
8	塔吉克斯坦国家图书馆中国厅	2011	杜尚别	培训	2011年至今	5
9	塔吉克斯坦阿维森纳国立医科大学	2011	杜尚别	选修	2011年至今	5
10	语言一中	2011	杜尚别	选修	2011—2016	4
11	语言二中	2011	杜尚别	选修	2011年至今	3
12	杜尚别第50幼儿园	2011	杜尚别	选修	2011年至今	7
13	第十五中学	2012	杜尚别	选修	2012—2013	2
14	阿肯语言培训中心	2012	苦盏	培训	2012—2016	1
15	苦盏国立大学	2013	苦盏	专业选修	2013—2016	2
16	泽拉夫尚有限责任公司	2013	苦盏	培训		
17	塔吉克斯坦国立政法商业大学	2013	苦盏	选修	2013—2016	1
18	塔吉克斯坦国立师范大学	2013	杜尚别	专业选修	2013年至今	5
19	总统中学	2013	杜尚别	选修	2013年	1
20	杜尚别94中	2013	杜尚别	选修	2013—2015	1
21	杜尚别少年宫	2013	杜尚别	培训	2013	1
22	丹加拉大学	2014	丹加拉	选修	2014年至今	2
23	塔吉克斯坦商贸学院	2014	苦盏	选修	2014—2015	1
24	塔吉克斯坦理工大学	2014	杜尚别	选修	2014—2016	3

续表

序号	合作教学点名称	汉语课程开设时间	所在城市	课程类型	合作时间	派遣中方教师总数
25	塔吉克斯坦外交部	2015	杜尚别	培训	2015年至今	2
26	中塔天然气管道有限公司塔吉克斯坦分公司	2015	杜尚别	培训	2015年至今	2
27	总统国际学校	2015	杜尚别	选修	2015年	1
28	塔吉克斯坦共和国科学院	2016	杜尚别	选修	2016年至今	2
29	中塔友谊学校（101中学）	2016	杜尚别	选修	2016年至今	1
30	库里雅布国立大学	2015	库里雅布	专业	2017年至今	1
31	塔吉克斯坦财经大学	2017	杜尚别	选修	2017年至今	1

十年间，受塔吉克斯坦民族大学孔子学院支持的高等教育机构已覆盖塔吉克斯坦高校总数的36.8%。

学生规模不断扩大。2009年，塔吉克斯坦民族大学孔子学院培训中心开始招生，全年开设5期培训班，培训学员166人次；建设有3个合作教学点，分别是俄塔斯拉夫大学、语言学院与卡夫拉私立中学，学生有400多人。

2010年开始，学生人数呈跨越式增长，截至2017年底，塔吉克斯坦民族大学孔子学院及各合作教学点注册学生达到3810人次。快速增长的原因，一方面是学习汉语本科专业的学生逐年增多且其中不乏优秀学子，另一方面得益于中国政府及孔子学院的奖励政策。自2009年以来，约有1700名孔子学院优秀学子通过选拔考试获得"中国政府奖学金""孔子学院奖学金"前往中国深造汉语和专业知识，他们回到塔吉克斯坦后，为推动中塔两国的经贸合作、国家建设、中塔人文交流发挥了积极作用。

教学体系日渐完善。随着开展汉语教学的教育机构和学生规模的不断扩大，在塔吉克斯坦逐渐形成了汉语教学工作以孔子学院为核心，辐射塔吉克斯坦各主要城市的基本格局，同时，汉语课程多样化，教学形式涵盖大学汉语专业教学与汉语选修教学、中小学必修课与选修课、业余培训和幼儿汉语教学。

本土化教材日益丰富。十年来，塔吉克斯坦民族大学孔子学院坚持精益求精，每一个进步都归功于中塔双方老师们的团结协作，所取得的丰硕成果是集体智慧的结晶。他们共同编译完成了塔吉克文版的汉语系列教材，如《大学汉语》（1—3册）、《大众汉语》、《汉语》、《汉语百花园》、《商务汉语》、《旅游汉语》等，共计24册。这些教材被成功运用到汉语教学中。

五、研学活动安排

(一)总体要求

1. 在研学导师的带领下,通过实地考察,聆听专业解说,参与对话交流,深度感知世界各国孔子学院的历史,研究这些国家对中国传统文化的研究及传播情况,收集整理促进孔子学院建设的典型案例和可持续发展建议。
2. 用图片、视频、文字等记录研学过程中所历、所见、所闻、所感,并以"美篇"、微博等形式,每天记录与分享自己的研学心得。
3. 坚持"问题导向",及时记录与汇总研学过程中所见和想到的问题,在研学活动结束后,继续探究问题答案。

(二)研学任务

1. 了解塔吉克斯坦的历史、民族构成、宗教信仰和民风民俗,并进行简要概括。
2. 了解孔子学院在塔吉克斯坦兴起、发展的历史。
3. 实地考察塔吉克斯坦民族大学孔子学院的汉语教学,与孔子学院学生交流对话,了解塔吉克斯坦民族大学孔子学院学生对中国传统文化(主要是儒家文化)的理解。
4. 任选一题,撰写研学心得,并与师长和同学分享。
(1)题目一:以"塔吉克斯坦人眼中的'一带一路'"为题,写一篇研学心得。注意结合"一带一路"倡议首次提出时间地点及主要内容,以及沿线国家融入"一带一路"朋友圈以来的发展情况。
(2)题目二:以"塔吉克斯坦人眼中的中国传统文化"为题,写一篇研学心得。注意结合实地考察孔子学院或孔子学堂的所历、所见、所闻、所感来写。
(3)题目三:以"在塔吉克斯坦感受中国文化"为题,写一篇研学心得。

六、研学适用对象

此研学活动适应高中学生。
在具体活动安排上可根据考察时间调整研学活动内容和学习任务。

附录一
规范性文件

关于推进中小学生研学旅行的意见

(2016 年 11 月 30 日)

各省、自治区、直辖市教育厅(教委)、发展改革委、公安厅(局)、财政厅(局)、交通运输厅(局、委)、文化厅(局)、食品药品监督管理局、旅游委(局)、保监局、团委，新疆生产建设兵团教育局、发展改革委、公安局、财务局、交通局、文化广播电视局、食品药品监督管理局、旅游局、团委，各铁路局：

为贯彻落实党的十八大和十八届三中、四中、五中、六中全会精神，深入学习贯彻习近平总书记系列重要讲话精神，秉承"创新、协调、绿色、开放、共享"的发展理念，落实立德树人根本任务，帮助中小学生了解国情、热爱祖国、开阔眼界、增长知识，着力提高他们的社会责任感、创新精神和实践能力，现就推进中小学生研学旅行提出如下意见。

一、重要意义

中小学生研学旅行是由教育部门和学校有计划地组织安排，通过集体旅行、集中食宿方式开展的研究性学习和旅行体验相结合的校外教育活动，是学校教育和校外教育衔接的创新形式，是教育教学的重要内容，是综合实践育人的有效途径。开展研学旅行，有利于促进学生培育和践行社会主义核心价值观，激发学生对党、对国家、对人民的热爱之情；有利于推动全面实施素质教育，创新人才培养模式，引导学生主动适应社会，促进书本知识和生活经验的深度融合；有利于加快提高人民生活质量，满足学生日益增长的旅游需求，从小培养学生文明旅游意识，养成文明旅游行为习惯。

近年来，各地积极探索开展研学旅行，部分试点地区取得显著成效，在促进学生健康成长和全面发展等方面发挥了重要作用，积累了有益经验。但一些地区在推进研学旅行工作过程中，存在思想认识不到位、协调机制不完善、责任机制不健全、安全保障不规范等问题，制约了研学旅行有效开展。当前，我国已进入全面建成小康社会的决胜阶段，研学旅行正处在大有可为的发展机遇期，各地要把研学旅行摆在更加重要的位置，推动研学旅行健康快速发展。

二、工作目标

以立德树人、培养人才为根本目的，以预防为重、确保安全为基本前提，以深化改革、完善政策为着力点，以统筹协调、整合资源为突破口，因地制宜开展研学旅行。让广大中小学生在研学旅行中感受祖国大好河山，感受中华传统美德，感受革命光荣历史，感受改革开放伟大成就，增强对坚定"四个自信"的理解与认同；同时学会动手动脑，学会生存生活，学会做人做事，促进身心健康、体魄强健、意志坚强，促进形成正确的世界观、人生观、价值观，培养他们成为德智体美全面发展的社会主义建设者和接班人。

开发一批育人效果突出的研学旅行活动课程，建设一批具有良好示范带动作用的研学旅行基地，打造一批具有影响力的研学旅行精品线路，建立一套规范管理、责任清晰、多元筹资、保障安全的研学旅行工作机制，探索形成中小学生广泛参与、活动品质持续提升、组织管理规范有序、基础条件保障有力、安全责任落实到位、文化氛围健康向上的研学旅行发展体系。

三、基本原则

1. 教育性原则。研学旅行要结合学生身心特点、接受能力和实际需要，注重系统性、知识性、科学性和趣味性，为学生全面发展提供良好成长空间。
2. 实践性原则。研学旅行要因地制宜，呈现地域特色，引导学生走出校园，在与日常生活不同的环境中拓展视野、丰富知识、了解社会、亲近自然、参与体验。
3. 安全性原则。研学旅行要坚持安全第一，建立安全保障机制，明确安全保障责任，落实安全保障措施，确保学生安全。
4. 公益性原则。研学旅行不得开展以营利为目的的经营性创收，对贫困家庭学生要减免费用。

四、主要任务

1. 纳入中小学教育教学计划。各地教育行政部门要加强对中小学开展研学旅行的指导和帮助。各中小学要结合当地实际，把研学旅行纳入学校教育教学计划，与综合实践活动课程统筹考虑，促进研学旅行和学校课程有机融合，要精心设计研学旅行活动课程，做到立意高远、目的明确、活动生动、学习有效，避免"只旅不学"或"只学不旅"现象。学校根据教育教学计划灵活安排研学旅行时间，一般安排在小学四到六年级、初中一到二年级、高中一到二年级，尽量错开旅游高峰期。学校根据学段特点和地域特色，逐步建立小学阶段以乡土乡情为主、初中阶段以县情市情为主、高中阶段以省情国情为主的研学旅行活动课程体系。

2. 加强研学旅行基地建设。各地教育、文化、旅游、共青团等部门、组织密切合作，根据研学旅行育人目标，结合域情、校情、生情，依托自然和文化遗产资源、红色教育资源和综合实践基地、大型公共设施、知名院校、工矿企业、科研机构等，遴选建设一批安全适宜的中小学生研学旅行基地，探索建立基地的准入标准、退出机制和评价体系；要以基地为重要依托，积极推动资源共享和区域合作，打造一批示范性研学旅行精品线路，逐步形成布局合理、互联互通的研学旅行网络。各基地要将研学旅行作为理想信念教育、爱国主义教育、革命传统教育、国情教育的重要载体，突出祖国大好风光、民族悠久历史、优良革命传统和现代化建设成就，根据小学、初中、高中不同学段的研学旅行目标，有针对性地开发自然类、历史类、地理类、科技类、人文类、体验类等多种类型的活动课程。教育部将建设研学旅行网站，促进基地课程和学校师生间有效对接。

3. 规范研学旅行组织管理。各地教育行政部门和中小学要探索制定中小学生研学旅行工作规程，做到"活动有方案，行前有备案，应急有预案"。学校组织开展研学旅行可采取自行开展或委托开展的形式，提前拟定活动计划并按管理权限报教育行政部门备案，通过家长委员会、致家长的一封信或召开家长会等形式告知家长活动意义、时间安排、出行线路、费用收支、注意事项等信息，加强学生和教师的研学旅行事前培训和事后考核。学校自行开展研学旅行，要根据需要配备一定比例的学校领导、教师和安全员，也可吸收少数家长作为志愿者，负责学生活动管理和安全保障，与家长签订协议书，明确学校、家长、学生的责任权利。学校委托开展研学旅行，要与有资质、信誉好的委托企业或机构签订协议书，明确委托企业或机构承担学生研学旅行安全责任。

4. 健全经费筹措机制。各地可采取多种形式、多种渠道筹措中小学生研学旅行经费，探索建立政府、学校、社会、家庭共同承担的多元化经费筹措机制。交通部门对中小学生研学旅行公路和水路出行严格执行儿童票价优惠政策，铁路部门可根据研学旅行需求，在能力许可范围内积极安排好运力。

文化、旅游等部门要对中小学生研学旅行实施减免场馆、景区、景点门票政策，提供优质旅游服务。保险监督管理机构会同教育行政部门推动将研学旅行纳入校方责任险范围，鼓励保险企业开发有针对性的产品，对投保费用实施优惠措施。鼓励通过社会捐赠、公益性活动等形式支持开展研学旅行。

5. 建立安全责任体系。各地要制订科学有效的中小学生研学旅行安全保障方案，探索建立行之有效的安全责任落实、事故处理、责任界定及纠纷处理机制，实施分级备案制度，做到层层落实，责任到人。教育行政部门负责督促学校落实安全责任，审核学校报送的活动方案（含保单信息）和应急预案。学校要做好行前安全教育工作，负责确认出行师生购买意外险，必须投保校方责任险，与家长签订安全责任书，与委托开展研学旅行的企业或机构签订安全责任书，明确各方安全责任。旅游部门负责审核开展研学旅行的企业或机构的准入条件和服务标准。交通部门负责督促有关运输企业检查学生出行的车、船等交通工具。公安、食品药品监管等部门加强对研学旅行涉及的住宿、餐饮等公共经营场所的安全监督，依法查处运送学生车辆的交通违法行为。保险监督管理机构负责指导保险行业提供并优化校方责任险、旅行社责任险等相关产品。

五、组织保障

1. 加强统筹协调。各地要成立由教育部门牵头，发改、公安、财政、交通、文化、食品药品监管、旅游、保监和共青团等相关部门、组织共同参加的中小学生研学旅行工作协调小组，办事机构可设在地方校外教育联席会议办公室，加大对研学旅行工作的统筹规划和管理指导，结合本地实际情况制订相应工作方案，将职责层层分解落实到相关部门和单位，定期检查工作推进情况，加强督查督办，切实将好事办好。

2. 强化督查评价。各地要建立健全中小学生参加研学旅行的评价机制，把中小学组织学生参加研学旅行的情况和成效作为学校综合考评体系的重要内容。学校要在充分尊重个性差异、鼓励多元发展的前提下，对学生参加研学旅行的情况和成效进行科学评价，并将评价结果逐步纳入学生学分管理体系和学生综合素质评价体系。

3. 加强宣传引导。各地要在中小学广泛开展研学旅行实验区和示范校创建工作，充分培育、挖掘和提炼先进典型经验，以点带面，整体推进。教育部将遴选确定部分地区为全国研学旅行实验区，积极宣传研学旅行的典型经验。各地要积极创新宣传内容和形式，向家长宣传研学旅行的重要意义，向学生宣传"读万卷书、行万里路"的重大作用,为研学旅行工作营造良好的社会环境和舆论氛围。

教育部　国家发展改革委 公安部 财政部 交通运输部 文化部
食品药品监管总局 国家旅游局 保监会 共青团中央 中国铁路总公司
2016年11月30日

中小学综合实践活动课程指导纲要

(教材〔2017〕4 号)

2017 年 9 月 25 日

为全面贯彻党的教育方针,坚持教育与生产劳动、社会实践相结合,引导学生深入理解和践行社会主义核心价值观,充分发挥中小学综合实践活动课程在立德树人中的重要作用,特制定本纲要。

一、课程性质与基本理念

(一)课程性质

综合实践活动是从学生的真实生活和发展需要出发,从生活情境中发现问题,转化为活动主题,通过探究、服务、制作、体验等方式,培养学生综合素质的跨学科实践性课程。

综合实践活动是国家义务教育和普通高中课程方案规定的必修课程,与学科课程并列设置,是基础教育课程体系的重要组成部分。该课程由地方统筹管理和指导,具体内容以学校开发为主,自小学一年级至高中三年级全面实施。

(二)基本理念

1. 课程目标以培养学生综合素质为导向

本课程强调学生综合运用各学科知识,认识、分析和解决现实问题,提升综合素质,着力发展核心素养,特别是社会责任感、创新精神和实践能力,以适应快速变化的社会生活、职业世界和个人自主发展的需要,迎接信息时代和知识社会的挑战。

2. 课程开发面向学生的个体生活和社会生活

本课程面向学生完整的生活世界,引导学生从日常学习生活、社会生活或与大自然的接触中提出具有教育意义的活动主题，使学生获得关于自我、社会、自然的真实体验，建立学习与生活的有机联系。要避免仅从学科知识体系出发进行活动设计。

3. 课程实施注重学生主动实践和开放生成

本课程鼓励学生从自身成长需要出发，选择活动主题，主动参与并亲身经历实践过程，体验并践行价值信念。在实施过程中，随着活动的不断展开，在教师指导下，学生可根据实际需要，对活动的目标与内容、组织与方法、过程与步骤等做出动态调整，使活动不断深化。

4. 课程评价主张多元评价和综合考察

本课程要求突出评价对学生的发展价值，充分肯定学生活动方式和问题解决策略的多样性，鼓励学生自我评价与同伴间的合作交流和经验分享。提倡多采用质性评价方式，避免将评价简化为分数或等级。要将学生在综合实践活动中的各种表现和活动成果作为分析考察课程实施状况与学生发展状况的重要依据，对学生的活动过程和结果进行综合评价。

二、课程目标

（一）总目标

学生能从个体生活、社会生活及与大自然的接触中获得丰富的实践经验，形成并逐步提升对自然、社会和自我之内在联系的整体认识，具有价值体认、责任担当、问题解决、创意物化等方面的意识和能力。

（二）学段目标

1. 小学阶段具体目标

（1）价值体认：通过亲历、参与少先队活动、场馆活动和主题教育活动，参观爱国主义教育基地等，获得有积极意义的价值体验。理解并遵守公共空间的基本行为规范，初步形成集体思想、组织观念，培养对中国共产党的朴素感情，为自己是中国人感到自豪。

（2）责任担当：围绕日常生活开展服务活动，能处理生活中的基本事务，初步养成自理能力、自立精神、热爱生活的态度，具有积极参与学校和社区生活的意愿。

（3）问题解决：能在教师的引导下，结合学校、家庭生活中的现象，发现并提出自己感兴趣的问题。能将问题转化为研究小课题,体验课题研究的过程与方法,提出自己的想法,形成对问题的初步解释。

(4)创意物化:通过动手操作实践,初步掌握手工设计与制作的基本技能;学会运用信息技术,设计并制作有一定创意的数字作品。运用常见、简单的信息技术解决实际问题,服务于学习和生活。

2. 初中阶段具体目标

(1)价值体认:积极参加班团队活动、场馆体验、红色之旅等,亲历社会实践,加深有积极意义的价值体验。能主动分享体验和感受,与老师、同伴交流思想认识,形成国家认同,热爱中国共产党。通过职业体验活动,发展兴趣专长,形成积极的劳动观念和态度,具有初步的生涯规划意识和能力。

(2)责任担当:观察周围的生活环境,围绕家庭、学校、社区的需要开展服务活动,增强服务意识,养成独立的生活习惯;愿意参与学校服务活动,增强服务学校的行动能力;初步形成探究社区问题的意识,愿意参与社区服务,初步形成对自我、学校、社区负责任的态度和社会公德意识,初步具备法治观念。

(3)问题解决:能关注自然、社会、生活中的现象,深入思考并提出有价值的问题,将问题转化为有价值的研究课题,学会运用科学方法开展研究。能主动运用所学知识理解与解决问题,并做出基于证据的解释,形成基本符合规范的研究报告或其他形式的研究成果。

(4)创意物化:运用一定的操作技能解决生活中的问题,将一定的想法或创意付诸实践,通过设计、制作或装配等,制作和不断改进较为复杂的制品或用品,发展实践创新意识和审美意识,提高创意实现能力。通过信息技术的学习实践,提高利用信息技术进行分析和解决问题的能力以及数字化产品的设计与制作能力。

3. 高中阶段具体目标

(1)价值体认:通过自觉参加班团活动、走访模范人物、研学旅行、职业体验活动,组织社团活动,深化社会规则体验、国家认同、文化自信,初步体悟个人成长与职业世界、社会进步、国家发展和人类命运共同体的关系,增强根据自身兴趣专长进行生涯规划和职业选择的能力,强化对中国共产党的认识和感情,具有中国特色社会主义共同理想和国际视野。

(2)责任担当:关心他人、社区和社会发展,能持续地参与社区服务与社会实践活动,关注社区及社会存在的主要问题,热心参与志愿者活动和公益活动,增强社会责任意识和法治观念,形成主动服务他人、服务社会的情怀,理解并践行社会公德,提高社会服务能力。

(3）问题解决：能对个人感兴趣的领域开展广泛的实践探索，提出具有一定新意和深度的问题，综合运用知识分析问题，用科学方法开展研究，增强解决实际问题的能力。能及时对研究过程及研究结果进行审视、反思并优化调整，建构基于证据的、具有说服力的解释，形成比较规范的研究报告或其他形式的研究成果。

（4）创意物化：积极参与动手操作实践，熟练掌握多种操作技能，综合运用技能解决生活中的复杂问题。增强创意设计、动手操作、技术应用和物化能力。形成在实践操作中学习的意识，提高综合解决问题的能力。

三、课程内容与活动方式

学校和教师要根据综合实践活动课程的目标，并基于学生发展的实际需求，设计活动主题和具体内容，并选择相应的活动方式。

（一）内容选择与组织原则

综合实践活动课程的内容选择与组织应遵循如下原则：

1. 自主性

在主题开发与活动内容选择时，要重视学生自身发展需求，尊重学生的自主选择。教师要善于引导学生围绕活动主题，从特定的角度切入，选择具体的活动内容，并自定活动目标任务，提升自主规划和管理能力。同时，要善于捕捉和利用课程实施过程中生成的有价值的问题，指导学生深化活动主题，不断完善活动内容。

2. 实践性

综合实践活动课程强调学生亲身经历各项活动，在"动手做""实验""探究""设计""创作""反思"的过程中进行"体验""体悟""体认"，在全身心参与的活动中，发现、分析和解决问题，体验和感受生活，发展实践创新能力。

3. 开放性

综合实践活动课程面向学生的整个生活世界，具体活动内容具有开放性。教师要基于学生已有经验和兴趣专长，打破学科界限，选择综合性活动内容，鼓励学生跨领域、跨学科学习，为学生自主活动留出余地。要引导学生把自己成长的环境作为学习场所，在与家庭、学校、社区的持续互动中，不断拓展活动时空和活动内容，使自己的个性特长、实践能力、服务精神和社会责任感不断获得发展。

4. 整合性

综合实践活动课程的内容组织，要结合学生发展的年龄特点和个性特征，以促进学生的综合素质发展为核心，均衡考虑学生与自然的关系、学生与他人和社会的关系、学生与自我的关系这三个方面的内容。对活动主题的探究和体验，要体现个人、社会、自然的内在联系，强化科技、艺术、道德等方面的内在整合。

5. 连续性

综合实践活动课程的内容设计应基于学生可持续发展的要求，设计长短期相结合的主题活动，使活动内容具有递进性。要促使活动内容由简单走向复杂，使活动主题向纵深发展，不断丰富活动内容、拓展活动范围，促进学生综合素质的持续发展。要处理好学期之间、学年之间、学段之间活动内容的有机衔接与联系，构建科学合理的活动主题序列。

（二）活动方式

综合实践活动的主要方式及其关键要素为：

1. 考察探究

考察探究是学生基于自身兴趣，在教师的指导下，从自然、社会和学生自身生活中选择和确定研究主题，开展研究性学习，在观察、记录和思考中，主动获取知识，分析并解决问题的过程，如野外考察、社会调查、研学旅行等。它注重运用实地观察、访谈、实验等方法，获取材料，形成理性思维、批判质疑和勇于探究的精神。考察探究的关键要素包括：发现并提出问题；提出假设，选择方法，研制工具；获取证据；提出解释或观念；交流、评价探究成果；反思和改进。

2. 社会服务

社会服务指学生在教师的指导下，走出教室，参与社会活动，以自己的劳动满足社会组织或他人的需要，如公益活动、志愿服务、勤工俭学等，它强调学生在满足被服务者需要的过程中，获得自身发展，促进相关知识技能的学习，提升实践能力，成为履职尽责、敢于担当的人。社会服务的关键要素包括：明确服务对象与需要；制订服务活动计划；开展服务行动；反思服务经历，分享活动经验。

3. 设计制作

设计制作指学生运用各种工具、工艺（包括信息技术）进行设计，并动手操作，将自己的创意、方案付诸现实，转化为物品或作品的过程，如动漫制作、编程、陶艺创作等，它注重提高学生的技术意识、工程思维、动手操作能力等。在活动过程中，鼓励学生手脑并用，灵活掌握、融会贯通各类知识和技巧，提高学生的技术操作水平、知识迁移水平，体验工匠精神等。设计制作的关键要素包括：创意设计；选择活动材料或工具；动手制作；交流展示物品或作品，反思与改进。

4. 职业体验

职业体验指学生在实际工作岗位上或模拟情境中见习、实习，体认职业角色的过程，如军训、学工、学农等，它注重让学生获得对职业生活的真切理解，发现自己的专长，培养职业兴趣，形成正确的劳动观念和人生志向，提升生涯规划能力。职业体验的关键要素包括：选择或设计职业情境；实际岗位演练；总结、反思和交流经历过程；概括提炼经验，行动应用。

综合实践活动除了以上活动方式外，还有党团队教育活动、博物馆参观等。综合实践活动方式的划分是相对的。在活动设计时可以有所侧重，以某种方式为主，兼顾其他方式；也可以整合方式实施，使不同活动要素彼此渗透、融合贯通。要充分发挥信息技术对于各类活动的支持作用，有效促进问题解决、交流协作、成果展示与分享等。

四、学校对综合实践活动课程的规划与实施

(一)课程规划

中小学校是综合实践活动课程规划的主体，应在地方指导下，对综合实践活动课程进行整体设计，将办学理念、办学特色、培养目标、教育内容等融入其中。要依据学生发展状况、学校特色、可利用的社区资源(如各级各类青少年校外活动场所、综合实践基地和研学旅行基地等)对综合实践活动课程进行统筹考虑，形成综合实践活动课程总体实施方案；还要基于学生的年段特征、阶段性发展要求，制定具体的"学校学年(或学期)活动计划与实施方案"，对学年、学期活动做出规划。要使总体实施方案和学年(或学期)活动计划相互配套、衔接，形成促进学生持续发展的课程实施方案。

学校在课程规划时要注意处理好以下关系：

1. 综合实践活动课程的预设与生成

学校要统筹安排各年级、各班级学生的综合实践活动课时、主题、指导教师、场地设施等，加强与校外活动场所的沟通协调，为每一个学生参与活动创造必要条件，提供发展机遇，但不得以单一、僵化、固定的模式去约束

所有班级、社团的具体活动过程，剥夺学生自主选择的空间。要允许和鼓励师生从生活中选择有价值的活动主题，选择适当的活动方式创造性地开展活动。要关注学生活动的生成性目标与生成性主题并引导其发展，为学生创造性的发展开辟广阔空间。

2. 综合实践活动课程与学科课程

在设计与实施综合实践活动课程中，要引导学生主动运用各门学科知识分析解决实际问题，使学科知识在综合实践活动中得到延伸、综合、重组与提升。学生在综合实践活动中所发现的问题要在相关学科教学中分析解决，所获得的知识要在相关学科教学中拓展加深。防止用学科实践活动取代综合实践活动。

3. 综合实践活动课程与专题教育

可将有关专题教育，如优秀传统文化教育、革命传统教育、国家安全教育、心理健康教育、环境教育、法治教育、知识产权教育等，转化为学生感兴趣的综合实践活动主题，让学生通过亲历感悟、实践体验、行动反思等方式实现专题教育的目标，防止将专题教育简单等同于综合实践活动课程。要在国家宪法日、国家安全教育日、全民国防教育日等重要时间节点，组织学生开展相关主题教育活动。

(二)课程实施

作为综合实践活动课程实施的主体，学校要明确实施机构及人员、组织方式等，加强过程指导和管理，确保课程实施到位。

1. 课时安排

小学1—2年级，平均每周不少于1课时；小学3—6年级和初中，平均每周不少于2课时；高中执行课程方案相关要求，完成规定学分。各学校要切实保证综合实践活动时间，在开足规定课时总数的前提下，根据具体活动需要，把课时的集中使用与分散使用有机结合起来。要根据学生活动主题的特点和需要，灵活安排、有效使用综合实践活动时间。学校要给予学生广阔的探究时空环境，保证学生活动的连续性和长期性。要处理好课内与课外的关系，合理安排时间并拓展学生的活动空间与学习场域。

2. 实施机构与人员

学校要成立综合实践活动课程领导小组，结合实际情况设置专门的综合实践活动课程中心或教研组，或由教科室、教务处、学生处等职能部门，承担起学校课程实施规划、组织、协调与管理等方面的责任，负责制定并落实学校综合实践活动课程实施方案，整合校内外教育资源，统筹协调校内外相关部门的关系，联合各方面的力量，特别是加强与校外活动场所的沟通协调，保证综合实践活动课程的有效实施。要充分发挥少先队、共青团以及学生社团组织的作用。

要建立专兼职相结合、相对稳定的指导教师队伍。学校教职工要全员参与，分工合作。原则上每所学校至少配备1名专任教师，主要负责指导学生开展综合实践活动，组织其他学科教师开展校本教研活动。各学科教师要发挥专业优势，主动承担指导任务。积极争取家长、校外活动场所指导教师、社区人才资源等有关社会力量成为综合实践活动课程的兼职指导教师，协同指导学生综合实践活动的开展。

3. 组织方式

综合实践活动以小组合作方式为主，也可以个人单独进行。小组合作范围可以从班级内部，逐步走向跨班级、跨年级、跨学校和跨区域等。要根据实际情况灵活运用各种组织方式。要引导学生根据兴趣、能力、特长、活动需要，明确分工，做到人尽其责，合理高效。既要让学生有独立思考的时间和空间，又要充分发挥合作学习的优势，重视培养学生的自主参与意识与合作沟通能力。鼓励学生利用信息技术手段突破时空界限，进行广泛的交流与密切合作。

4. 教师指导

在综合实践活动实施过程中，要处理好学生自主实践与教师有效指导的关系。教师既不能"教"综合实践活动，也不能推卸指导的责任，而应当成为学生活动的组织者、参与者和促进者。教师的指导应贯穿于综合实践活动实施的全过程。

在活动准备阶段，教师要充分结合学生经验，为学生提供活动主题选择以及提出问题的机会，引导学生构思选题，鼓励学生提出感兴趣的问题，并及时捕捉活动中学生动态生成的问题，组织学生就问题展开讨论，确立活动目标内容。要让学生积极参与活动方案的制定过程，通过合理的时间安排、责任分工、实施方法和路径选择，对活动可利用的资源及活动的可行性进行评估等，增强活动的计划性，提高学生的活动规划能力。同时，引导学生对活动方案进行组内及组间讨论，吸纳合理化建议，不断优化完善方案。

在活动实施阶段，教师要创设真实的情境，为学生提供亲身经历与现场体验的机会，让学生经历多样化的活动方式，促进学生积极参与活动过程，在现场考察、设计制作、实验探究、社会服务等活动中发现和解决问题，体验和感受学习与生活之间的联系。要加强对学生活动方式与方法的指导，帮助学生找到适合自己的学习方式和实践方式。教师指导重在激励、启迪、点拨、引导，不能对学生的活动过程包办代替。还要指导学生做好活动过程的记录和活动资料的整理。

在活动总结阶段，教师要指导学生选择合适的结果呈现方式，鼓励多种形式的结果呈现与交流，如绘画、摄影、戏剧与表演等，对活动过程和活动结果进行系统梳理和总结，促进学生自我反思与表达、同伴交流与对话。要指导学生学会通过撰写活动报告、反思日志、心得笔记等方式，反思成败得失，提升个体经验，促进知识建构，并根据同伴及教师提出的反馈意见和建议查漏补缺，明确进一步的探究方向，深化主题探究和体验。

5. 活动评价

综合实践活动情况是学生综合素质评价的重要内容。各学校和教师要以促进学生综合素质持续发展为目的设计与实施综合实践活动评价。要坚持评价的方向性、指导性、客观性、公正性等原则。

突出发展导向。坚持学生成长导向，通过对学生成长过程的观察、记录、分析，促进学校及教师把握学生的成长规律，了解学生的个性与特长，不断激发学生的潜能，为更好地促进学生成长提供依据。评价的首要功能是让学生及时获得关于学习过程的反馈，改进后续活动。要避免评价过程中只重结果、不重过程的现象。要对学生作品进行深入分析和研究，挖掘其背后蕴藏的学生的思想、创意和体验，杜绝对学生的作品随意打分和简单排名等功利主义做法。

做好写实记录。教师要指导学生客观记录参与活动的具体情况，包括活动主题、持续时间、所承担的角色、任务分工及完成情况等，及时填写活动记录单，并收集相关事实材料，如活动现场照片、作品、研究报告、实践单位证明等。活动记录、事实材料要真实、有据可查，为综合实践活动评价提供必要基础。

建立档案袋。在活动过程中，教师要指导学生分类整理、遴选具有代表性的重要活动记录、典型事实材料以及其他有关资料，编排、汇总、归档，形成每一个学生的综合实践活动档案袋，并纳入学生综合素质档案。档案袋是学生自我评价、同伴互评、教师评价学生的重要依据，也是招生录取中综合评价的重要参考。

开展科学评价。原则上每学期末，教师要依据课程目标和档案袋，结合平时对学生活动情况的观察，对学生综合素质发展水平进行科学分析，写出有关综合实践活动情况的评语，引导学生扬长避短，明确努力方向。高中学校要结合实际情况，研究制定学生综合实践活动评价标准和学分认定办法，对学生综合实践活动课程学分进行认定。

五、课程管理与保障

(一)教师培训与教研指导

地方教育行政部门和学校要加强调研，了解综合实践活动指导教师专业发展的需求，搭建多样化的交流平台，强化培训和教研，推动教师的持续发展。

1. 建立指导教师培训制度

要开展对综合实践活动课程专兼职教师的全员培训，明确培训目标，努力提升教师的跨学科知识整合能力，观察、研究学生的能力，指导学生规划、设计与实施活动的能力，课程资源的开发和利用能力等。要根据教师的实际需求，开发相应的培训课程，组织教师按照课程要求进行系统学习。要不断探索和改进培训方式方法，倡导参与式培训、案例培训和项目研究等，不断激发教师内在的学习动力。

2. 建立健全日常教研制度

各学校要通过专业引领、同伴互助、合作研究，积极开展以校为本的教研活动，及时分析、解决课程实施中遇到的问题，提高课程实施的有效性。各级教研机构要配备综合实践活动专职教研员，加强对校本教研的指导，并组织开展专题教研、区域教研、网络教研等，通过协同创新、校际联动、区域推进，提高中小学综合实践活动整体实施水平。

(二)支持体系建设与保障

1. 网络资源开发

地方教育行政部门、教研机构和学校要开发优质网络资源，遴选相关影视作品等充实资源内容，为课程实施提供资源保障。要充分发挥师生在课程资源开发中的主体性与创造性，及时总结、梳理来自教学一线的典型案例和鲜活经验，动态生成分年级、分专题的综合实践活动课程资源包。各地要探索和建立优质资源的共享与利用机制，打造省、市、县、校多级联动的共建共享平台，为课程实施提供高质量、常态化的资源支撑。

2. 硬件配套与利用

学校要为综合实践活动的实施提供配套硬件资源与耗材，并积极争取校外活动场所支持，建立课程资源的协调与共享机制，充分发挥实验室、专用教室及各类教学设施在综合实践活动课程实施过程中的作用，提高使用效益，避免资源闲置与浪费。有条件的学校可以建设专用活动室或实践基地，如创客空间等。

地方教育行政部门要加强实践基地建设，强化资源统筹管理，建立健全校内外综合实践活动课程资源的利用与相互转换机制，强化公共资源间的相互联系和硬件资源的共享，为学校利用校外图书馆、博物馆、展览馆、科技馆、实践基地等各种社会资源及丰富的自然资源提供政策支持。

3. 经费保障

地方和学校要确保开展综合实践活动所需经费，支持综合实践活动课程资源和实践基地建设、专题研究等。

4. 安全保障

地方教育行政部门要与有关部门统筹协调，建立安全管控机制，分级落实安全责任。学校要设立安全风险预警机制，建立规范化的安全管理制度及管理措施。教师要增强安全意识，加强对学生的安全教育，提升学生安全防范能力，制定安全守则，落实安全措施。

（三）考核与激励机制

1. 建立健全指导教师考核激励机制

各地和学校明确综合实践活动课程教师考核要求和办法，科学合理地计算教师工作量，将指导学生综合实践活动的工作业绩作为教师职称晋升和岗位聘任的重要依据，对取得显著成效的指导教师给予表彰奖励。

2. 加强对课程实施情况的督查

将综合实践活动课程实施情况，包括课程开设情况及实施效果，纳入中小学课程实施监测，建立关于中小学综合实践活动课程的反馈改进机制。地方教育行政部门和教育督导部门要将综合实践活动实施情况作为检查督导的重要内容。

3. 开展优秀成果交流评选

依托有关专业组织、教科研机构、基础教育课程中心等，开展中小学生综合实践活动课程展示交流活动，激发广大中小学生实践创新的潜能和动力。将中小学综合实践活动课程探索成果纳入基础教育教学成果评选范围，对优秀成果予以奖励，发挥优秀成果的示范引领作用，激励广大中小学教师和专职研究人员持续性从事中小学综合实践活动课程研究和实践探索。

中小学学生赴境外研学旅行活动指南(试行)

(2014年7月14日)

第一条　为促进中小学学生赴境外研学旅行活动健康发展，规范和引导中小学学生赴境外研学旅行活动的组织与实施，制定本指南。

第二条　本指南所称中小学学生赴境外研学旅行活动(以下简称：境外研学旅行)是指根据中小学学生的特点和教育教学需要，在学期中或者假期以集体旅行和集中住宿方式，组织中小学学生到境外学习语言和其他短期课程、开展文艺演出和交流比赛、访问友好学校、参加夏(冬)令营等开拓学生视野、有益学生成长的活动。

第三条　境外研学旅行应当以加强国际理解教育，推动跨文化交流，增进学生对不同国家、不同文化的认识和理解为目的，有利于促进中小学的对外交流与合作，丰富中小学的课程内容和社会实践，增进与国外中小学学生的交流和友谊。

第四条　举办和实施境外研学旅行要遵循安全、文明、实效的原则，符合中小学学生的特点与需求，保障学生的身心健康。

第五条　举办境外研学旅行要与中小学的教育教学计划统筹安排，具有明确、有益的教育目的和适当、周密的教学内容，把素质教育和体验学习贯穿始终。

境外研学旅行的教育教学内容和学习时长所占比例一般不少于在境外全部行程计划的1/2。

第六条　境外研学旅行要注重活动特色，丰富教育内容，可以选择或者包含环保、科技、人文、自然、历史、文学、艺术、体育等主题活动。

第七条　境外研学旅行的举办者选择与境外学校、夏冬令营营地等机构合作的，要通过相关渠道核查境外机构的合法性和民事行为能力以及承接条件，并应在活动宣传阶段即向拟参加活动的学生及其家长做出说明。

境外研学旅行需委托旅行社办理出境手续、安排境外食宿等事项的，应选择国家旅游局许可经营出境旅游业务的旅行社。

第八条　境外研学旅行的举办者同拟合作的旅行社、境外机构应当签订具有法律效力的合同或者协议,其内容应当至少包括:合作事项和标准、各自权利和义务、合作期限、争议解决办法等。

对于需要乘坐汽车长途旅行的,应在合同或者协议中就车辆性能、安全车速、司机规范等予以明确约定,避免出现车辆老旧、超速行驶、疲劳驾驶等情形。

第九条 举办者不得因与境外机构合作而自行声明免除自身对境外研学旅行的责任义务。

第十条 境外研学旅行一般应以小学四年级以上年级的学生为主体,组织三年级以下完全无民事行为能力的学生参加活动的,举办者应当依法特别明确相应的权利义务及责任。

第十一条 境外研学旅行的活动时间和地点应事先进行合理规划,充分考虑中小学学生的身心特点和承受能力,一般小学生不宜超过3周,中学生不宜超过6周。每次活动安排不宜超过2个国家,每个国家的参访城市不宜超过4个。除非特别需要,不宜组织跨国多地的境外研学旅行活动。

第十二条 选择境外研学旅行目的地,应在兼顾气候、交通、卫生、语言、食宿等的基础上,优先考虑环境安全、友好、文化内涵丰富、教育教学水平较高的国家和地区,注重体验多样性文化,不宜偏重单一国家或者地区。

境外研学旅行的举办者要关注政府部门发布的预警信息,规避战争、疾病、灾害等存在安全隐患的国家和地区。

第十三条 境外研学旅行的举办者事先要以书面形式将活动内容、境外食宿安排、所需费用(含保险费用)、文明安全等事项告知学生和家长。

学生家长要审慎选择境外研学旅行活动,并向举办者提供书面的署名同意书和学生健康证明。

第十四条 境外研学旅行活动的举办者要与学生家长就监护权委托等事宜依法签订协议,并可就学生违反团队规则或者因离团发生意外的责任归属和处置办法等依法做出书面约定。

举办者要为学生全员和带队教师购买涵盖活动全程的医疗保险及意外伤害保险。

第十五条 举办者要做好学生、家长的行前培训和说明工作。

举办者要加强学生的安全教育。可以手册、讲座等多种形式指导学生熟悉必备的安全知识,注意保管好个人证件和随身物品,牢记带队教师和我国驻外使领馆以及当地报警电话,掌握当地交通、公共安全、饮食等基本常识,留意交通工具和住所的紧急逃生路径或出口,规避和远离危险区域和场所,知晓应对突发情况的自我保护措施和求助方式等。

举办者要加强学生的文明出游教育。要以中国公民出国（境）旅游文明行为指南和"文明旅游十大提醒语"为重点，指导学生学习文明出游知识，掌握基本文明礼仪和目的地风俗禁忌等常识。强化团队精神和纪律意识，提升展示中国青少年良好风貌的自觉性和主动性。

举办者要在行前向家长介绍活动行程和注意事项，提醒家长保持活动期间联络方式畅通，做好学生行前准备工作。

第十六条　举办者要建立安全责任机制，制定突发事件应急预案；要做好相关信息的备份工作，以备遇到突发情况能够及时提供。在境外期间，举办者要通过适当方式向学生家长及时沟通活动进展情况。条件允许的，可以每天向学生家长通报情况。

第十七条　举办者要为赴境外研学旅行团组配备随团带队教师，并指定1名带队教师为领队。团组的带队教师与学生的比例一般不低于1∶10。学生年龄结构偏小的团组，需酌情增派带队教师。举办者应在出行前培训带队教师掌握紧急救险和医学急救的知识。

带队教师要熟悉目的地国家和地区的情况（含相关法律规定情况），具备强烈的责任感和较强的执行力，拥有良好的语言沟通和组织协调能力。

第十八条　在境外期间，领队和带队教师要协调落实教育教学活动，临机处置和排除交通和其他安全隐患，配备应急药物，关注学生的饮食卫生，并常备护照复印件等学生信息。

遇有危及学生人身安全或其他紧急、突发情形的，领队和带队教师要采取必要的处置措施，并在第一时间向我驻外使领馆和举办者报告。

第十九条　举办者要根据成本核算，事先向学生和家长详细说明其负担费用的构成，依法订立合同。

学校及其工作人员不得从组织本校学生参加境外研学旅行活动中牟取经济利益。

第二十条　中小学学生参加非本校组织的境外研学旅行的，家长应当告知学校。一个学校有超过5名学生参加同一个境外研学旅行的，学校应当告知主管教育行政部门。

中小学德育工作指南

(教基〔2017〕8 号)

为深入贯彻落实立德树人根本任务,加强对中小学德育工作的指导,切实将党和国家关于中小学德育工作的要求落细落小落实,着力构建方向正确、内容完善、学段衔接、载体丰富、常态开展的德育工作体系,大力促进德育工作专业化、规范化、实效化,努力形成全员育人、全程育人、全方位育人的德育工作格局,特制定本指南。

一、指导思想

全面贯彻党的十八大和十八届三中、四中、五中、六中全会精神,深入贯彻习近平总书记系列重要讲话精神和治国理政新理念新思想新战略,始终坚持育人为本、德育为先,大力培育和践行社会主义核心价值观,以培养学生良好思想品德和健全人格为根本,以促进学生形成良好行为习惯为重点,以落实《中小学生守则(2015 年修订)》为抓手,坚持教育与生产劳动、社会实践相结合,坚持学校教育与家庭教育、社会教育相结合,不断完善中小学德育工作长效机制,全面提高中小学德育工作水平,为中国特色社会主义事业培养合格建设者和可靠接班人。

二、基本原则

(一)坚持正确方向。加强党对中小学校的领导,全面贯彻党的教育方针,坚持社会主义办学方向,牢牢把握中小学思想政治和德育工作主导权,保证中小学校成为坚持党的领导的坚强阵地。

(二)坚持遵循规律。符合中小学生年龄特点、认知规律和教育规律,注重学段衔接和知行统一,强化道德实践、情感培育和行为习惯养成,努力增强德育工作的吸引力、感染力和针对性、实效性。

(三)坚持协同配合。发挥学校主导作用,引导家庭、社会增强育人责任意识，提高对学生道德发展、成长成人的重视程度和参与度，形成学校、家庭、社会协调一致的育人合力。

（四）坚持常态开展。推进德育工作制度化常态化，创新途径和载体，将中小学德育工作要求贯穿融入到学校各项日常工作中，努力形成一以贯之、久久为功的德育工作长效机制。

三、德育目标

（一）总体目标

培养学生爱党爱国爱人民，增强国家意识和社会责任意识，教育学生理解、认同和拥护国家政治制度，了解中华优秀传统文化和革命文化、社会主义先进文化，增强中国特色社会主义道路自信、理论自信、制度自信、文化自信，引导学生准确理解和把握社会主义核心价值观的深刻内涵和实践要求，养成良好政治素质、道德品质、法治意识和行为习惯，形成积极健康的人格和良好心理品质，促进学生核心素养提升和全面发展，为学生一生成长奠定坚实的思想基础。

（二）学段目标

小学低年级

教育和引导学生热爱中国共产党、热爱祖国、热爱人民，爱亲敬长、爱集体、爱家乡，初步了解生活中的自然、社会常识和有关祖国的知识，保护环境，爱惜资源，养成基本的文明行为习惯，形成自信向上、诚实勇敢、有责任心等良好品质。

小学中高年级

教育和引导学生热爱中国共产党、热爱祖国、热爱人民，了解家乡发展变化和国家历史常识，了解中华优秀传统文化和党的光荣革命传统，理解日常生活的道德规范和文明礼貌，初步形成规则意识和民主法治观念，养成良好生活和行为习惯，具备保护生态环境的意识，形成诚实守信、友爱宽容、自尊自律、乐观向上等良好品质。

初中学段

教育和引导学生热爱中国共产党、热爱祖国、热爱人民，认同中华文化，继承革命传统，弘扬民族精神，理解基本的社会规范和道德规范，树立规则意识、法治观念，培养公民意识，掌握促进身心健康发展的途径和方法，养成热爱劳动、自主自立、意志坚强的生活态度，形成尊重他人、乐于助人、善于合作、勇于创新等良好品质。

高中学段

教育和引导学生热爱中国共产党、热爱祖国、热爱人民，拥护中国特色社会主义道路，弘扬民族精神，增强民族自尊心、自信心和自豪感，增强公民意识、社会责任感和民主法治观念，学习运用马克思主义基本观点和方法观察问题、分析问题和解决问题，学会正确选择人生发展道路的相关知识，具备自主、自立、自强的态度和能力，初步形成正确的世界观、人生观和价值观。

四、德育内容

（一）理想信念教育。开展马列主义、毛泽东思想学习教育，加强中国特色社会主义理论体系学习教育，引导学生深入学习习近平总书记系列重要讲话精神，领会党中央治国理政新理念新思想新战略。加强中国历史特别是近现代史教育、革命文化教育、中国特色社会主义宣传教育、中国梦主题宣传教育、时事政策教育，引导学生深入了解中国革命史、中国共产党史、改革开放史和社会主义发展史，继承革命传统，传承红色基因，深刻领会实现中华民族伟大复兴是中华民族近代以来最伟大的梦想，培养学生对党的政治认同、情感认同、价值认同，不断树立为共产主义远大理想和中国特色社会主义共同理想而奋斗的信念和信心。

（二）社会主义核心价值观教育。把社会主义核心价值观融入国民教育全过程，落实到中小学教育教学和管理服务各环节，深入开展爱国主义教育、国情教育、国家安全教育、民族团结教育、法治教育、诚信教育、文明礼仪教育等，引导学生牢牢把握富强、民主、文明、和谐作为国家层面的价值目标，深刻理解自由、平等、公正、法治作为社会层面的价值取向，自觉遵守爱国、敬业、诚信、友善作为公民层面的价值准则，将社会主义核心价值观内化于心、外化于行。

（三）中华优秀传统文化教育。开展家国情怀教育、社会关爱教育和人格修养教育，传承发展中华优秀传统文化，大力弘扬核心思想理念、中华传统美德、中华人文精神，引导学生了解中华优秀传统文化的历史渊源、发展脉络、精神内涵，增强文化自觉和文化自信。

（四）生态文明教育。加强节约教育和环境保护教育，开展大气、土地、水、粮食等资源的基本国情教育，帮助学生了解祖国的大好河山和地理地貌，开展节粮节水节电教育活动，推动实行垃圾分类，倡导绿色消费，引导学生树立尊重自然、顺应自然、保护自然的发展理念，养成勤俭节约、低碳环保、自觉劳动的生活习惯，形成健康文明的生活方式。

（五）心理健康教育。开展认识自我、尊重生命、学会学习、人际交往、情绪调适、升学择业、人生规划以及适应社会生活等方面教育，引导学生增强调控心理、自主自助、应对挫折、适应环境的能力，培养学生健全的人格、积极的心态和良好的个性心理品质。

五、实施途径和要求

（一）课程育人

充分发挥课堂教学的主渠道作用，将中小学德育内容细化落实到各学科课程的教学目标之中，融入渗透到教育教学全过程。

严格落实德育课程。按照义务教育、普通高中课程方案和标准，上好道德与法治、思想政治课，落实课时，不得减少课时或挪作它用。

要围绕课程目标联系学生生活实际，挖掘课程思想内涵，充分利用时政媒体资源，精心设计教学内容，优化教学方法，发展学生道德认知，注重学生的情感体验和道德实践。

发挥其他课程德育功能。要根据不同年级和不同课程特点，充分挖掘各门课程蕴含的德育资源，将德育内容有机融入到各门课程教学中。

语文、历史、地理等课要利用课程中语言文字、传统文化、历史地理常识等丰富的思想道德教育因素，潜移默化地对学生进行世界观、人生观和价值观的引导。

数学、科学、物理、化学、生物等课要加强对学生科学精神、科学方法、科学态度、科学探究能力和逻辑思维能力的培养，促进学生树立勇于创新、求真求实的思想品质。

音乐、体育、美术、艺术等课要加强对学生审美情趣、健康体魄、意志品质、人文素养和生活方式的培养。

外语课要加强对学生国际视野、国际理解和综合人文素养的培养。

综合实践活动课要加强对学生生活技能、劳动习惯、动手实践和合作交流能力的培养。

用好地方和学校课程。要结合地方自然地理特点、民族特色、传统文化以及重大历史事件、历史名人等,因地制宜开发地方和学校德育课程,引导学生了解家乡的历史文化、自然环境、人口状况和发展成就,培养学生爱家乡、爱祖国的感情,树立维护祖国统一、加强民族团结的意识。

统筹安排地方和学校课程,开展法治教育、廉洁教育、反邪教教育、文明礼仪教育、环境教育、心理健康教育、劳动教育、毒品预防教育、影视教育等专题教育。

(二)文化育人

要依据学校办学理念,结合文明校园创建活动,因地制宜开展校园文化建设,使校园秩序良好、环境优美,校园文化积极向上、格调高雅,提高校园文明水平,让校园处处成为育人场所。

优化校园环境。学校校园建筑、设施、布置、景色要安全健康、温馨舒适,使校园内一草一木、一砖一石都体现教育的引导和熏陶。

学校要有升国旗的旗台和旗杆。建好共青团、少先队活动室。积极建设校史陈列室、图书馆(室)、广播室、学校标志性景观。

学校、教室要在明显位置张贴社会主义核心价值观24字、《中小学生守则(2015年修订)》。教室正前上方有国旗标识。

要充分利用板报、橱窗、走廊、墙壁、地面等进行文化建设,可悬挂革命领袖、科学家、英雄模范等杰出人物的画像和格言,展示学生自己创作的作品或进行主题创作。

营造文化氛围。凝练学校办学理念,加强校风教风学风建设,形成引导全校师生共同进步的精神力量。

鼓励设计符合教育规律、体现学校特点和办学理念的校徽、校训、校规、校歌、校旗等并进行教育展示。

创建校报、校刊进行宣传教育。可设计体现学校文化特色的校服。

建设班级文化,鼓励学生自主设计班名、班训、班歌、班徽、班级口号等,增强班级凝聚力。

推进书香班级、书香校园建设,向学生推荐阅读书目,调动学生阅读积极性。提倡小学生每天课外阅读至少半小时、中学生每天课外阅读至少1小时。

建设网络文化。积极建设校园绿色网络,开发网络德育资源,搭建校园网站、论坛、信箱、博客、微信群、QQ群等网上宣传交流平台,通过网络开展主题班(队)会、冬(夏)令营、家校互动等活动,引导学生合理使用网络,避免沉溺网络游戏，远离有害信息，防止网络沉迷和伤害，提升网络素养，打造清朗的校园网络文化。

（三）活动育人

要精心设计、组织开展主题明确、内容丰富、形式多样、吸引力强的教育活动，以鲜明正确的价值导向引导学生，以积极向上的力量激励学生，促进学生形成良好的思想品德和行为习惯。

开展节日纪念日活动。利用春节、元宵、清明、端午、中秋、重阳等中华传统节日以及二十四节气，开展介绍节日历史渊源、精神内涵、文化习俗等校园文化活动，增强传统节日的体验感和文化感。

利用植树节、劳动节、青年节、儿童节、教师节、国庆节等重大节庆日集中开展爱党爱国、民族团结、热爱劳动、尊师重教、爱护环境等主题教育活动。

利用学雷锋纪念日、中国共产党建党纪念日、中国人民解放军建军纪念日、七七抗战纪念日、九三抗战胜利纪念日、九一八纪念日、烈士纪念日、国家公祭日等重要纪念日，以及地球日、环境日、健康日、国家安全教育日、禁毒日、航天日、航海日等主题日，设计开展相关主题教育活动。

开展仪式教育活动。仪式教育活动要体现庄严神圣，发挥思想政治引领和道德价值引领作用，创新方式方法，与学校特色和学生个性展示相结合。

严格中小学升挂国旗制度。除寒暑假和双休日外，应当每日升挂国旗。除假期外，每周一及重大节会活动要举行升旗仪式，奏唱国歌，开展向国旗敬礼、国旗下宣誓、国旗下讲话等活动。

入团、入队要举行仪式活动。

举办入学仪式、毕业仪式、成人仪式等有特殊意义的仪式活动。

开展校园节（会）活动。举办丰富多彩、寓教于乐的校园节（会）活动，培养学生兴趣爱好，充实学生校园生活，磨炼学生意志品质，促进学生身心健康发展。

学校每学年至少举办一次科技节、艺术节、运动会、读书会。可结合学校办学特色和学生实际，自主开发校园节（会）活动，做好活动方案和应急预案。

开展团、队活动。加强学校团委对学生会组织、学生社团的指导管理。明确中学团委对初中少先队工作的领导职责，健全初中团队衔接机制。确保少先队活动时间，小学1年级至初中2年级每周安排1课时。

发挥学生会作用，完善学生社团工作管理制度，建立体育、艺术、科普、环保、志愿服务等各类学生社团。学校要创造条件为学生社团提供经费、场地、活动时间等方面保障。

要结合各学科课程教学内容及办学特色，充分利用课后时间组织学生开展丰富多彩的科技、文娱、体育等社团活动，创新学生课后服务途径。

（四）实践育人

要与综合实践活动课紧密结合，广泛开展社会实践，每学年至少安排一周时间，开展有益于学生身心发展的实践活动，不断增强学生的社会责任感、创新精神和实践能力。

开展各类主题实践。利用爱国主义教育基地、公益性文化设施、公共机构、企事业单位、各类校外活动场所、专题教育社会实践基地等资源，开展不同主题的实践活动。

利用历史博物馆、文物展览馆、物质和非物质文化遗产地等开展中华优秀传统文化教育。

利用革命纪念地、烈士陵园（墓）等开展革命传统教育。

利用法院、检察院、公安机关等开展法治教育。

利用展览馆、美术馆、音乐厅等开展文化艺术教育。

利用科技类馆室、科研机构、高新技术企业设施等开展科普教育。

利用军事博物馆、国防设施等开展国防教育。

利用环境保护和节约能源展览馆、污水处理企业等开展环境保护教育。

利用交通队、消防队、地震台等开展安全教育。

利用养老院、儿童福利机构、残疾人康复机构等社区机构等开展关爱老人、孤儿、残疾人教育。

利用体育科研院所、心理服务机构、儿童保健机构等开展健康教育。

加强劳动实践。在学校日常运行中渗透劳动教育，积极组织学生参与校园卫生保洁、绿化美化、普及校园种植。

将校外劳动纳入学校的教育教学计划，小学、初中、高中每个学段都要安排一定时间的农业生产、工业体验、商业和服务业实习等劳动实践。

教育引导学生参与洗衣服、倒垃圾、做饭、洗碗、拖地、整理房间等力所能及的家务劳动。

组织研学旅行。把研学旅行纳入学校教育教学计划，促进研学旅行与学校课程、德育体验、实践锻炼有机融合，利用好研学实践基地，有针对性地开展自然类、历史类、地理类、科技类、人文类、体验类等多种类型的研学旅行活动。

要考虑小学、初中、高中不同学段学生的身心发展特点和能力，安排适合学生年龄特征的研学旅行。

要规范研学旅行组织管理，制定研学旅行工作规程，做到"活动有方案，行前有备案，应急有预案"，明确学校、家长、学生的责任和权利。

开展学雷锋志愿服务。要广泛开展与学生年龄、智力相适应的志愿服务活动。

发挥本校团组织、少先队组织的作用，抓好学生志愿服务的具体组织、实施、考核评估等工作。

做好学生志愿服务认定记录，建立学生志愿服务记录档案，加强学生志愿服务先进典型宣传。

（五）管理育人

要积极推进学校治理现代化，提高学校管理水平，将中小学德育工作的要求贯穿于学校管理制度的每一个细节之中。

完善管理制度。制定校规校纪，健全学校管理制度，规范学校治理行为，形成全体师生广泛认同和自觉遵守的制度规范。

制定班级民主管理制度，形成学生自我教育、民主管理的班级管理模式。

制定防治学生欺凌和暴力工作制度，健全应急处置预案，建立早期预警、事中处理及事后干预等机制。

会同相关部门建立学校周边综合治理机制，对社会上损害学生身心健康的不法行为依法严肃惩处。

明确岗位责任。建立实现全员育人的具体制度，明确学校各个岗位教职员工的育人责任，规范教职工言行，提高全员育人的自觉性。

班主任要全面了解学生，加强班集体管理，强化集体教育，建设良好班风，通过多种形式加强与学生家长的沟通联系。各学科教师要主动配合班主任，共同做好班级德育工作。

加强师德师风建设。培育、宣传师德标兵、教学骨干和优秀班主任、德育工作者等先进典型，引导教师争做"四有"好教师。

实行师德"一票否决制"，把师德表现作为教师资格注册、年度考核、职务（职称）评审、岗位聘用、评优奖励的首要标准。

细化学生行为规范。落实《中小学生守则（2015年修订）》，鼓励结合实际制订小学生日常行为规范、中学生日常行为规范，教育引导学生熟知学习生活中的基本行为规范，践行每一项要求。

关爱特殊群体。要加强对经济困难家庭子女、单亲家庭子女、学习困难学生、进城务工人员随迁子女、农村留守儿童等群体的教育关爱，完善学校联系关爱机制，及时关注其心理健康状况，积极开展心理辅导，提供情感关怀，引导学生心理、人格积极健康发展。

（六）协同育人

要积极争取家庭、社会共同参与和支持学校德育工作，引导家长注重家庭、注重家教、注重家风，营造积极向上的良好社会氛围。

加强家庭教育指导。要建立健全家庭教育工作机制，统筹家长委员会、家长学校、家长会、家访、家长开放日、家长接待日等各种家校沟通渠道，丰富学校指导服务内容，及时了解、沟通和反馈学生思想状况和行为表现，认真听取家长对学校的意见和建议，促进家长了解学校办学理念、教育教学改进措施，帮助家长提高家教水平。

构建社会共育机制。要主动联系本地宣传、综治、公安、司法、民政、文化、共青团、妇联、关工委、卫计委等部门、组织，注重发挥党政机关和企事业单位领导干部、专家学者以及老干部、老战士、老专家、老教师、老模范的作用，建立多方联动机制，搭建社会育人平台，实现社会资源共享共建，净化学生成长环境，助力广大中小学生健康成长。

六、组织实施

加强组织领导。各级教育行政部门要把中小学德育工作作为教育系统党的建设的重要内容，摆上重要议事日程，加强指导和管理。学校要建立党组织主导、校长负责、群团组织参与、家庭社会联动的德育工作机制。学校党组织要充分发挥政治核心作用，切实加强对学校德育工作的领导，把握正确方向，推动解决重要问题。校长要亲自抓德育工作，规划、部署、推动学校德育工作落到实处。学校要完善党建带团建机制，加强共青团、少先队建设，在学校德育工作中发挥共青团、少先队的思想性、先进性、自主性、实践性优势。

加强条件保障。各级教育行政部门和学校要进一步改善学校办学条件，将德育工作经费纳入经费年度预算，完善优化教育手段，提供德育工作必需的场所、设施，订阅必备的参考书、报刊杂志，配齐相应的教学仪器设备等。

加强队伍建设。各级教育行政部门和学校要重视德育队伍人员培养选拔，优化德育队伍结构，建立激励和保障机制，调动工作积极性和创造性。要有计划地培训学校党组织书记、校长、德育干部、班主任、各科教师和少先队辅导员、中学团干部，组织他们学习党的教育方针、德育理论，提高德育工作专业化水平。

加强督导评价。各级教育行政部门要将学校德育工作开展情况纳入对学校督导的重要内容，建立区域、学校德育工作评价体系，适时开展专项督导评估工作。学校要认真开展学生的品德评价，纳入综合素质评价体系，建立学生综合素质档案，做好学生成长记录，反映学生成长实际状况。

加强科学研究。各级教育行政部门、教育科研机构和学校要组织力量开展中小学德育工作研究，探索新时期德育工作特点和规律，创新德育工作的途径和方法，定期总结交流研究成果，学习借鉴先进经验和做法，增强德育工作的科学性、系统性和实效性。

附录二
研学手册范例

首都师范大学《语文导报》小记者团
助力冬奥 圆梦冰雪——2018北京秋冬研学行

研学小记者学校：_____

研学小记者姓名：_____

我的档案

基本信息

姓名：　　　　　　　　性别：

生日：　　　　　　　　血型：

学校：　　　　　　　　班级：

我的爱好特长：

家庭住址：

研学愿景

我眼中的北京：

我最期待的研学课程：

联系方式及身体情况

联系电话：

老师电话：

家长电话：

身体健康特殊情况说明：

我的旅行包

你的独立生活开始啦！快来自己动手准备你的随行物品吧！

建议： 独立完成后家长进行检查补充。自己完成的内容画"√"，经家长提醒完成的画"○"，家长帮助完成的画"/"

· 必备物品清单				
· 类别	自备物品名称	清点		以后出行需要增加或减少的物品
		出发时	回程时	
证件类	□身份证、□学生证			
箱包类	□旅行箱、□双肩背包			
洗漱用品类	□牙刷、□牙膏、□漱口杯、□毛巾、□洗发水、□沐浴液、□护肤用品			
日常用品类	□水杯、□卫生纸、□湿纸巾、□塑料袋、□零钱			
换洗衣物类	□换洗内衣、□外套、□防滑拖鞋、□校服、□防寒服			
学习用品类	□研学活动手册、□钢笔、中楷毛笔或大中小套装、□铅笔、□中性笔、□水彩笔、笔袋、□双面胶			
电子设备类	□手机、□相机、□充电器、□移动电源			
日常医药类	□晕车药、□感冒药、□止泻药、□创可贴			
如有其他必备物品请写出名字：				

温馨提示：出行不要携带大量现金，乘坐公共交通工具时请不要携带危险物品！

篇首语

亲爱的小记者团员们：

大家好！

北京携手张家口成功取得2022年冬奥会举办权，是中华民族圆梦冬奥的一件盛事，意义重大而深远。通过承办冬奥会，有助于进一步振奋民族精神，宣传中华灿烂文明和优秀文化，展示大国实力和精神风貌，增强民族凝聚力和自豪感。

一直以来，冰雪运动被称为"高岭之花"，参与这项运动的为少数人群。我国取得2022年北京—张家口冬季奥运会举办权，对冬季运动的发展，激发3亿多国人参与其中，使更多的人认识和体会冬季户外运动的益处与乐趣，这对提高全民身体素质以及弘扬奥林匹克精神具有重要意义。

首都师范大学《语文导报》组织此次"迎冬奥"小记者团研学采访活动，目的是让同学们更加深刻地理解奥运精神，更加全面地了解奥运文化，亲身体验冰雪运动的快乐。同时，在学当小记者的过程中，学以致用，提高大家的语文综合素养和社会交往能力及与人沟通能力。

相信通过本次研学之行，同学们一定会眼界大开、收获满满！

采风研学旅行寄语

"采风"原本主要是指采集民歌，后来泛指采集一切民间的创作和风俗的传统。在中国，采风研学活动可谓源远流长。

今天，采风研学活动具有教与学，体验与实践，审美与鉴赏，探索与发现等多重意义，此活动不仅仅是把学生从都市带到山野乡村，把课堂从校内搬到校外那么简单，更不是把采风当作旅游散心，那样就曲解了它本来的意义。从教学角度来讲，学生的创作离不开生活，离不开观察，离不开体验。因此，学生应该贴近生活，走进社会，感受自然，学习优秀传统文化，借鉴丰富的民间艺术，增长见识，拓宽视野，积累素材，为创作做好第一手准备。

同学们，我们希望每一次研学采风旅行对你们而言，是一种更有趣的体验。读万卷书，行万里路，万卷书是万里路的支撑，而万里路是万卷书的营养。知行合一，让我们一起去发现学习的乐趣，发现自己和朋友，老师们身上不同的一面。每个人从自然中求知，从自己和他人中求知。

研学，我们一直在路上……

冬奥记忆

2022年北京—张家口冬季奥运会第24届冬季奥林匹克运动会，简称"北京—张家口冬奥会"，将在2022年2月4日—2022年2月20日在北京和张家口联合举行。这是中国历史上第一次举办冬季奥运会，北京、张家口同为主办城市，这也是中国继北京奥运会、南京青奥会后，中国第三次举办的奥运赛事。北京—张家口奥运会设7个大项，102个小项。北京将承办所有冰上项目，延庆和张家口将承办所有的雪上项目。北京成为奥运史上第一个举办过夏季奥林匹克运动会和冬季奥林匹克运动会的城市，也是继1952年挪威的奥斯陆之后时隔整整70年后第二个举办冬奥会的首都城市。同时中国也成为第一个实现奥运"全满贯"（先后举办奥运会、残奥会、青奥会、冬奥会、冬残奥会）国家。

2017年12月15日，北京2022年冬奥会会徽"冬梦"和冬残奥会会徽"飞跃"，正式亮相。2018年8月8日，北京冬奥组委启动北京冬奥会吉祥物全球征集。

1. 申奥标识

2014年8月1日上午，北京申办冬奥标识亮相，标识以中国书法——"冬"字为主体，将抽象的滑道、冰雪运动形态与书法巧妙结合，人书一体，天人合一；"冬"字下方两点顺势融为2022。标识既展现了冬季运动的活力与激情，更传递出中国文化的独特魅力。

2. 项目介绍

冰壶

自由式滑雪

(1)北京场馆群

开幕和闭幕仪式场地——北京国家体育场

花样滑冰、短道速滑比赛场地——首都体育馆

冰球比赛场地——五棵松体育中心

第二冰球场地——国家体育馆

冰壶比赛赛场——国家游泳中心

速度滑冰比赛赛场——国家速滑馆

(2)延庆场馆群

高山滑雪赛场——小海陀高山滑雪场

小海陀有舵雪橇和无舵雪橇赛道(有舵雪橇、无舵雪橇和俯式冰橇赛场)

(3)张家口场馆群

枯杨树冬季两项运动场：越野滑雪、北欧两项赛场

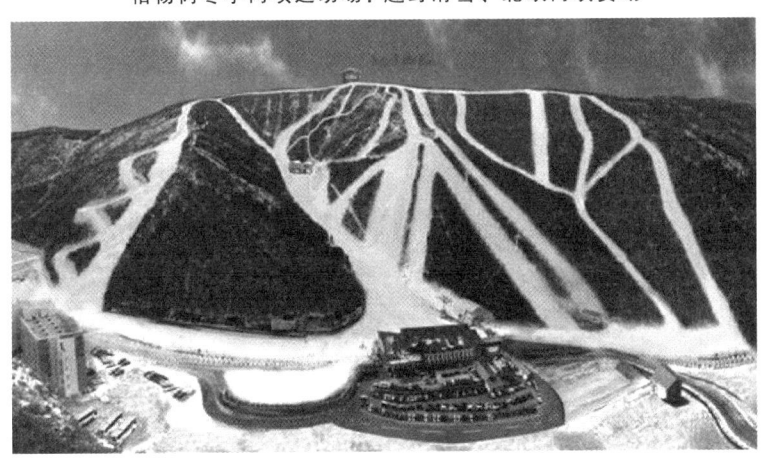

桦林东滑雪场

云顶滑雪场（单板滑雪、自由式滑雪赛场）

太舞滑雪场—单板滑雪(越野赛)、自由式滑雪赛场

万龙滑雪场—单板滑雪(平行大曲道)赛场

3. 往届举办冬奥会城市

届数	地点	时间	金牌榜三甲	奖牌榜三甲
1	法国夏蒙尼	1924.1.25—2.4	挪威(4)芬兰(4)奥地利(2)	挪威(17)芬兰(11)美国(4)
2	瑞士圣莫里茨	1928.2.11—3.18	挪威(6)美国(2)瑞典(2)	挪威(15)美国(6)瑞典(5)
3	美国普莱西德湖	1932.2.4—15	美国(6)挪威(3)瑞典(1)	美国(12)挪威(10)加拿大(7)
4	德国加米施-帕滕基兴	1936.2.6—16	挪威(7)德国(3)瑞典(2)	挪威(15)瑞典(7)德国(6)

续表

届数	地点	时间	金牌榜三甲	奖牌榜三甲
5	瑞士圣莫里茨	1948.1.30—2.8	挪威(4)瑞典(4)瑞士(3)	挪威(10)瑞典(10)瑞士(10)
6	挪威奥斯陆	1952.2.14—25	挪威(7)美国(4)芬兰(3)	挪威(16)美国(11)芬兰(9)
7	意大利科蒂纳丹佩佐	1956.1.26—2.5	苏联(7)奥地利(4)芬兰(3)	苏联(16)奥地利(11)瑞典(10)
8	美国斯阔谷	1960.2.18—28	苏联(7)德国(4)美国(3)	苏联(21)美国(10)德国(8)
9	奥地利因斯布鲁克	1964.1.29—2.9	苏联(11)奥地利(4)挪威(3)	苏联(25)挪威(15)奥地利(12)
10	法国格勒诺布尔	1968.2.6—18	挪威(6)苏联(5)法国(3)	挪威(14)苏联(13)奥地利(11)
11	日本札幌	1972.2.3—13	苏联(8)东德(4)瑞士(4)	瑞士(16)东德(14)挪威(12)
12	奥地利因斯布鲁克	1976.2.4—15	苏联(13)东德(7)美国(3)	苏联(27)东德(19)美国(10)
13	美国普莱西德湖	1980.2.13—24	苏联(10)东德(9)美国(6)	东德(23)苏联(22)美国(12)
14	南斯拉夫萨拉热窝	1984.2.8—19	东德(9)苏联(6)美国(4)	苏联(25)东德(24)芬兰(13)
15	加拿大卡尔加里	1988.2.13—28	苏联(11)东德(9)瑞士(5)	苏联(29)东德(25)瑞士(15)
16	法国阿尔贝维尔	1992.2.8—23	德国(10)独联体(9)挪威(9)	挪威(26)德国(24)独联体(23)
17	挪威利勒哈默尔	1994.2.12—27	俄罗斯(11)挪威(10)德国(9)	挪威(26)德国(24)俄罗斯(23)
18	日本长野	1998.2.7—22	德国(12)挪威(10)俄罗斯(9)	德国(29)挪威(25)俄罗斯(18)
19	美国盐湖城	2002.2.8—24	挪威(13)德国(12)美国(10)	德国(36)美国(34)挪威(25)
20	意大利都灵	2006.2.10—26	德国(11)美国(9)奥地利(9)	德国(29)美国(25)加拿大(24)

续表

届数	地点	时间	金牌榜三甲	奖牌榜三甲
21	加拿大温哥华	2010.2.12—28	加拿大(14)德国(10)美国(9)	美国(37)德国(30)加拿大(26)
22	俄罗斯索契	2014.2.7—23	俄罗斯(13)挪威(11)加拿大(10)	俄罗斯(33)美国(28)挪威(26)
23	韩国平昌	2018.2.9—2.24	德国(9)挪威(6)荷兰(6)	挪威(19)德国(15)荷兰(13)
24	中国北京、张家口	2022	—	—

研学采访行程安排

日期	行程
1月26日（外地小记者团）	天安门地区活动 1. 了解天安门广场的布局、历史沿革、作用及地位； 2. 参观人民英雄纪念碑，聆听中华民族振兴的历史故事，增强民族荣誉感； 3. 观看国旗护卫队表演，增强爱国之情（和国旗护卫队战士合影留念）。 博物馆活动 1. 前往国家博物馆参观改革开放40周年展览，感受祖国之强大，增强民族自豪感； 2. 参观奥林匹克博物馆，讲解奥运百科； 3. 邀请奥运官员讲解"北京申奥之路"； 4. 参与设计"2022北京冬奥吉祥物"。
1月27日	参观运动员集训基地 1. 走进训练场，参观"2022冬奥会"运动员集训基地； 2. 与运动员们面对面交流，聆听那些奥运冠军背后的故事及成长历程； 3. 在专业教练的带领下，参与训练，体验冬奥会冰上项目 首师大内进行开营仪式 1. 请中央电视台或新华社记者培训：如何设计问题进行人物专访；怎样撰写新闻稿件； 2. 请国际知名摄影记者培训：怎样进行手机摄影。
1月28日	乘大巴前往张家口崇礼、冰雪博物馆 1. 通过文字、图片、音像、互动多媒体及现代化的艺术装饰效果等新颖的形式，了解冰雪运动的起源、发展全过程及所取得的成果； 2. 上一堂滑雪基础训练课，学习滑雪知识和技巧； 3. 与运动员进行互动交流，了解他们的训练情况。 冬奥滑雪赛场 1. 了解雪场知识，揭秘如何造雪； 2. 冬奥赛场初体验：参观冬奥滑雪赛场，了解冬奥规则，进行雪上教学； 3. 参观"金花阁"申奥纪念地，了解申奥成功背后的故事； 乘大巴车返回北京延庆。
1月29日	研学采访结业总结 1. 结合小学语文课本中的不同文章体裁描写的长城，开展登八达岭长城活动，解读明长城在中国历史地位及作用；感受长城悠久的历史文化，观赏长城雄伟壮丽的风光，增强民族自豪感； 2. 结业仪式上发放优秀小记者学员证书。 返回市内驻地(市内学生返回温馨的家；外地学员自由活动或返家)。
1月30日	外地小记者成员返家。

小记者团成员名录

组建自己的小组,在研学过程中互帮互助,小组合作共同完成主题研究。

研学导师:		电话: 邮箱:	
	姓名	联系方式	分工
小记者团 第　团团长			
小记者团成员			

我的研学感悟(第一天)

天安门升旗仪式

1949年10月1日,毛泽东主席亲自按下了电钮升起了第一面五星红旗。1949年10月1日至1950年底,天安门广场升旗仪式由北京公安纠察总队负责。由于电力技术保障是升旗关键,而旗杆下的电机归北京市供电局负责,于是"十一"后,升旗任务交给了供电局。那时候并不是每天都升旗,只是在元旦、春节、"五一"、"十一"等重大节日时,才会在早晨把国旗升起,晚上降下。

国旗护卫队由36名武警官兵组成,负责每天升降国旗。逢"1"(即每月1日、11日、21日)和重大节日,武警军乐团在现场演奏国歌。为了更好地维护天安门广场秩序,从2004年6月1日起,天安门国旗护卫队每月逢"1"的3次大升旗的勤务改成每月1日进行大升旗,36名国旗护卫队员和60名武警军乐团队员和以往大升旗一样,现场演奏3遍国歌。按照要求,五星红旗冉冉升起时,在四周观看的各族同胞,凡是军人要行军礼,少先队员要行队礼,其他人也应立正行注目礼,表示对国旗的崇敬。

★基本数据

138步,是36名国旗护卫队战士动作整齐如一,从金水桥走到国旗杆下的步数。

96步,是升降旗方队正步穿过长安街的步数。

2分07秒,是国旗升起的时间,和太阳滑出地平线的时间不差分秒。

一年365天,天安门广场上每天一定有一面五星红旗和太阳一同升起。

★训练要求

国旗护卫队新兵尺量臂展、身高1.8—1.9米、齐步看协调,看脸型、脖子长度、肩膀高度、大小腿的长度、腿型。

从一名普通军人成长为一名合格升旗手、护旗兵,需要从生理到心理上经受紧张艰苦的磨炼过程。天安门国旗护卫队的战士是每年从总队上万名新兵中，经过3个月军事训练后严格挑选出来的。来到中队后，还需要强化训练4个月，考核过关后才能成为一名真正的国旗护卫队队员。在此期间，要过好几道关，每过一道关都要流几个月的汗，3个月，脱几层皮掉几斤肉练就"五功"。

天安门国旗护卫队是天安门广场上每天从事升降国旗工作和升旗台警卫工作的武装警察，隶属于中国人民武装警察部队北京市总队。

1982年12月28日，武警天安门国旗班正式担负天安门广场升降国旗和国旗哨位守卫任务。

2018年1月1日起，由人民解放军担负国旗护卫和礼炮鸣放任务。

新华门

新华门坐落在北京市西长安街西段，是中共中央和国务院所在地中南海的正门，也是最高行政权力的象征。

新华门是由当年的宝月楼改建而成，门口是一座古典风格琉璃瓦顶雕梁画栋的二层明楼。楼的上层，四周隔扇，朱栏护廊，给人以开朗典雅的感觉。石青地金字楷书"新华门"三字棋匾，悬挂在楼前檐下。金红交辉的大型国徽高悬在二楼檐际。

进门迎面是一堵青砖到顶的大影壁，门前一对巨型石狮分列左右。矗立在门外场地正中，是高悬五星红旗的大旗杆，门外两旁八字墙上镶着两条红底金边白字的大标语："伟大的中国共产党万岁""战无不胜的毛泽东思想万岁"。门前是整洁宽敞横贯东西城的交通干线长安街。

国家博物馆

中国国家博物馆，位于北京市东城区中心天安门广场东侧，东长安街南侧，与人民大会堂相对称布局，是在原中国历史博物馆和原中国革命博物馆的基础上组建而成。

国家博物馆是一座以历史与艺术为主、系统展示中华民族悠久文化历史的综合性博物馆。集文物征集、考古、收藏、研究、展示于一身,将系统收藏反映中国古代、近现代、当代历史的珍贵文物。展出中国顶级的文物,经常能在历史教科书中见到。

中国国家博物馆基本陈列以中国通史为主,通过举办有关历史、考古、文物等方面的多种专题陈列,以及临时展览、常设国际交流展览和捐赠品展览等不同形式的展览,向公众系统展示了中国悠久的历史文化、优秀的民族传统和当代主流文化精神,并全面地展示与宣传中华民族的伟大历史进程与辉煌文化,介绍世界文明与优秀文化。通过高水平的历史学、考古学、文物学、博物馆学研究,不断丰富和深化公众对历史文化的理解和认识,推动博物馆事业发展。国家博物馆还将成为首都中心区供公众进行高品位的文化享受的重要场所。

美国主题景点协会和国际专业技术与管理咨询服务提供商 AECOM 的经济部门合作撰写的《2016 TEA/AECOM 主题公园指数和博物馆指数报告》。根据该报告历年统计数据显示,中国国家博物馆的文化影响力和观众吸引力连续三年持续快速增长。2014 年被评为"世界最受欢迎的博物馆"第三名,2015 年上升为第二名,仅排在法国卢浮宫博物馆之后,2016 年以 755 万参观人数位居第一,成为全世界人气最旺、最受欢迎的博物馆。2018 年 3 月,国家博物馆正式取消纸质门票,今后观众持身份证即可直接进入国博参观。

任务一:我心中的天安门

把自己了解到的天安门或人民英雄纪念碑,或升旗护卫队的故事以及自己的感受写下来。

任务二:我自豪,我的国!

参观祖国改革开放 40 年展览后,你印象最深的,感触最深的祖国变化是什么?用你喜欢的方式记录下来。(数字、表格、图画等)

我的研学感悟(第二天)

国家体育场(鸟巢)

★ 场馆概况

国家体育场(鸟巢)位于北京奥林匹克公园中心区南部,为2008年北京奥运会的主体育场。工程总占地面积21公顷,场内观众座席约为91000个。举行了奥运会、残奥会开闭幕式、田径比赛及足球比赛决赛。奥运会后成为北京市民参与体育活动及享受体育娱乐的大型专业场所,并成为地标性的体育建筑和奥运遗产。

★ 场馆结构

国家体育场坐落于奥林匹克公园建筑群的中央位置,地势略微隆起。它如同巨大的容器。高低起伏的波动的基座缓和了容器的体量,赋予了它戏剧化的弧形外观。汇聚成网格状就如同一个由树枝编织成的鸟巢。在满足奥运会体育场所有的功能和技术要求的同时,设计上并没有被那些类同的过于强调建筑技术化的大跨度结构和数码屏幕所主宰。体育场的空间效果既新颖激进,又简洁古朴,为2008年北京奥运会创造了独一无二而又史无前例的地标性建筑。

★ 基本材料

"鸟巢"外形结构主要由巨大的门式钢架组成,共有24根桁架柱,现已完成20根桁架柱整柱及2根下柱吊装。国家体育场建筑顶面呈鞍形,长轴为332.3米,短轴为296.4米,最高点高度为68.5米,最低点高度为42.8米。

★ 设计理念

国家体育场由雅克·赫尔佐格、德梅隆、艾未未以及李兴刚等设计,由北京城建集团负责施工。体育场的形态如同孕育生命的"巢"和摇篮，寄托着人类对未来的希望。设计者们对这个场馆没有做任何多余的处理，把结构暴露在外，因而自然形成了建筑的外观。

任务一：我理解的奥运精神

通过这两天参观奥林匹克博物馆以及运动员集训基地，通过与奥运健儿面对面听他们讲述奥运故事，你一定对奥运精神有了自己的深刻的理解。请写在下面。

任务二：我设计的冬奥吉祥物

发挥你的想象力和高超的绘画能力，为2022北京—张家口冬奥会设计一个吉祥物。

任务三：我学习到的奥运知识

通过这几天的参观学习，你一定学到了不少奥运知识，把你印象深的记录下来。

我的研学感悟(第三天)

八达岭长城

★地理位置

八达岭长城位于军都山关沟古道北口,号称天下九塞之一,是居庸关长城的前哨,更是都城北京的重要屏障,历来是兵家必争之地。八达岭长城是明长城中最精华的部分,集巍峨险峻、秀丽苍翠于一体,以苍茫的风光和"不到长城非好汉"的口号而冠绝天下。

★长城的结构

八达岭长城典型地表现了万里长城雄伟险峻的风貌。作为北京的屏障,这里山峦重叠,形势险要。气势极其磅礴的城墙南北盘旋延伸于群峦峻岭之中,视野所及,不见尽头。依山势向两侧展开的长城雄峙危崖,陡壁悬崖上古人所书的"天险"二字,确切地概括了八达岭位置的军事重要性。嘉靖、万历年间曾修葺。关城有东西二门东门额题"居庸外镇",刻于嘉靖十八年(1539年);西门额题"北门锁钥",刻于万历十年(1582年)。两门均为砖石结构,券洞上为平台,台之南北各有通道,连接关城城墙,台上四周砌垛口。前后共建墩台1316座。

★延庆冰雪节

延庆作为2022北京—张家口冬奥会赛区之一,拥有着丰富优质的冰雪旅游资源,既有山地滑雪运动激情,又有冰灯璀璨靓丽。据了解延庆冰雪节自12月开始一直持续到次年2月,推出了包括山地滑雪、冰灯花灯、冰雪庙会等近50项冰雪活动及重大体育赛事。除外,还将推出新春民俗过大年系列活动,逛庙会、赏花灯、新春祈福等将让游客感受到热闹红火的一年。

★重点赛事

赛事包括京津冀大学生高山滑雪比赛、2018年京张高山滑雪交流赛、全国速度滑冰马拉松赛等大型体育赛事,让全民参与冬奥激情的同时,也为延庆积累冬季赛事办赛经验、提升服务保障能力。

★冰雪项目

冰雪旅游项目全面涵盖延庆冬季旅游资源,丰富冬季旅游市场,给市民出游提供优质选择:万科石京龙滑雪场、八达岭滑雪场山地滑雪嗨翻运动激情;世葡园冰雪嘉年华等主题冰雪乐园充满欢声笑语;龙庆峡冰灯艺术节延续经典同时不断创新，成为市民出游的首选之一；长城打铁花表演精彩绝伦，铁花艺人技术高超；玉渡山冬季森林体验上演冰瀑奇观，展现不一样的雪景风范。

任务一：我是摄影师

运用学到的手机摄影知识，拍摄一幅队友雪上活动的照片，并送给他。

任务二：我是小记者

采访一名滑雪场的教练员或运动员，并把采访记录整理。

任务三：盘点收获

研学活动结束啦，你一定有不少收获吧，赶快记录下来！

任务四：友谊长存

这几天你一定认识了一些新朋友吧！赶快找他们给你留个签名吧，愿你们永远记住这段美好的时光！

评价篇

小记者团研学评价表

学校名称	西北工业大学启迪中学		
学生姓名	陈子怡	所在班级	才俊1班
研学地	北京	研学时间	2019.1.25—29
研学感悟自我评定	瑟瑟寒风中，我们怀着激动的心情等待着升旗仪式；黄顶红屋的故宫，令人叹为观止；国家博物馆里的见闻让我为自己是中国人而骄傲……这次的研学活动让我体会到学习并不一定在教室，离开课堂，走出学校，拥抱生活，参加社会实践，寻访名胜古迹，我们能聆听更美的声音，捕捉最美的画面，感受祖国翻天覆地的变化，学习中华灿烂的文化，让学习变得更有趣，更愉快、更丰富。		
导师评定	庄严肃穆的天安门升旗仪式，让你热血沸腾；气势磅礴的故宫博物院，使你体悟到历史底蕴；令人向往的北京大学、清华大学、中国科学技术馆、国家体育场，让你体会到以人为本，科技创新的重要性，体验到了奥林匹克精神；冰雪世界的相遇，使你衍生出快乐的火花；具有北京特色的南锣古巷、什刹海冰场，使你品味了地道的"京味儿"，还有那首师大附中的老师带来的关于研学游记的讲座、央视记者《如何成为一名优秀的记者》的讲座，给你带来了别有风味的饕餮盛宴。你用主动与激情为小记者团研学旅行添加了靓丽的色彩，你用深刻与丰硕为自己参加本次研学旅行画上了圆润的句号。眼界大开、收获满满，是我给你的评定！		
家长评价	2019年新春伊始，西工大启迪中学与首都师范大学举行了文化交流活动。得知这个消息，孩子对此表现出了极大的热情，能够聆听顶级教师的讲座，并且可以去清华、北大这样的学府参观，该是多么有意义的一次体验啊！这次研学采访，孩子满载而归，不仅看见了许多新奇有趣的事情，更重要的是拓宽眼界，思考人生的意义与价值。		

小记者团研学评价表

学校名称	西北工业大学启迪中学		
学生姓名	苏文晴	所在班级	夺标1班
研学地	北京	研学时间	2019.1.25—29
研学感悟自我评定	我特别喜欢这次研学活动，能够和老师、同学们一起出去是最开心的事了。我们不仅观看了庄严肃穆的升旗仪式，参观了宏伟壮观的故宫博物院，亲自聆听北大、清华学长学姐的故事。而且我们在科技馆里感受着高科技给生活带来的巨大变化；在鸟巢偌大的冰雪场地里尽情地播撒我们的欢乐，那时的我们像冲破了笼子的小鸟，撒欢了，沸腾了。人，成了茫茫一片之声，也成了茫茫一片。在长城脚下，我们感叹她的壮观，欣赏她的伟岸，更是由衷地为她感到自豪和骄傲。我们一路高歌，歌唱着我们的祖国；我们一路欢乐，尽展中学生靓丽的风采。		
导师评定	在本次研学旅行中，庄严肃穆的天安门升旗仪式，向我们讲述了祖国的繁荣，那铿锵有力的步伐、那不管风吹雨打的坚持让我们动容；气势磅礴的故宫博物院承载了太多的历史底蕴，我们为之自豪；北京大学、清华大学、中国科学技术馆、国家体育场让我们切身体会到了以人为本，科技创新的重要性，体验到了奥林匹克精神；世界八大奇迹之一的万里长城，斑驳的历史记忆矗立在那里，神圣而厚重；冰雪世界的相遇衍生出了快乐的火花，空气中弥漫的都是清新的气息；在具有北京特色的南锣古巷、什刹海冰场品味了地道的"京味儿"；首师大附中老师的关于研学游记讲座、央视记者《如何成为一名优秀的记者》讲座等给我们带来了别有风味的饕餮盛宴。在这次研学旅行中，我们看到了你真诚而欢快的笑容，察觉到了你从容而执着求知欲，感知到了你厚重而巨大的发展潜质。希望能把研学旅行取得的成果巩固下来，弘扬到课堂学习中！		
家长评价	北京的这次研学活动对孩子的影响很大，其自立自主的能力有了很大的提升，集体意识也有所加强，最重要的是设身处地地感受了祖国的变化，这日新月异的变化对孩子的人生观、价值观的塑造起到了至关重要的作用。		

小记者团研学评价表

学校名称	西北工业大学启迪中学		
学生姓名	张沨菲	所在班级	才俊6班
研学地	北京	研学时间	2019.1.25—29
研学感悟自我评定	累但充实,这是来北京研学最大的收获。每天的行程安排得很满。清晨,站在离升国旗不到五米的距离观看天安门广场隆重庄严的升旗仪式,自豪、崇敬之情油然而生;在鸟巢、科技馆徜徉,领略着祖国和科技的飞速发展;在故宫里听老师讲故事,探寻历史的发展脉络;攀登八达岭长城,感叹古代劳动人民的聪明智慧……到了晚上,中央电视台的记者徐绍妮结合着自己的经历为我们讲述"如何成为一名优秀的记者",她幽默风趣,现身说法,教我们记者,更教我们如何做人;首都师范大学附中的郝琳老师为我们上了一节、别开生面、与众不同的语文课,至今余音绕梁。北京之行,留在了我记忆深处。		
导师评定	一颗颗热血沸腾的心镶嵌在这次的研学旅行中,一次次震撼人心的体验激荡在这场欢乐和真实中,一滴滴滚烫的泪水泅软了每个人内心的爱国情怀。庄严肃穆的天安门升旗仪式,向我们讲述了祖国的繁荣,那铿锵有力的步伐、那不管风吹雨打的坚持让我们动容;气势磅礴的故宫博物院承载了太多的历史底蕴,我们为之自豪;北京大学、清华大学、中国科学技术馆、国家体育场让我们切身体会到了以人为本,科技创新的重要性,体验到了奥林匹克精神;世界八大奇迹之一的万里长城,斑驳的历史记忆矗立在那里,神圣而厚重;冰雪世界的相遇衍生出了快乐的火花,空气中弥漫的都是青春的气息。最后在具有北京特色的南锣古巷、什刹海冰场品味了地道的"京味儿"。此外,首师大附中的老师带来的关于研学游记的讲座、央视记者《如何成为一名优秀的记者》的讲座等给我们带来了别有风味的饕餮盛宴,这次的研学真实而欢乐,眼界大开,收获满满。		
家长评价	这次去北京的研学活动积极而有意义,老师很负责,活动的安排让孩子看到了首都北京的变化发展,领略了升旗仪式的庄严,也感悟到了最高学府浓重的学习氛围,孩子从北京回来之后变化很大,最明显的是从待人接物上有了很大的进步,在写作上也有了很大的提升。		

小记者团研学评价表

学校名称	西北工业大学启迪中学		
学生姓名	赵思妍	所在班级	高2021届卓越3班
研学地	北京	研学时间	2019.1.25—29
研学感悟自我评定	此次北京研学之旅，让我终生难忘。首先感谢举办方为我们提供的VIP待遇，能在距离国旗最近的地方观看升旗仪式，当朝阳冲出地平线的时候，当五星红旗冉冉升起的时候，我的泪水默默地流了下来，我知道了爱国的真实感受；在清华、北大校园里，伴着学长学姐的讲解，我感受了全国最高学府的无限魅力。我在清华门前、未名湖畔，把三年后的目标悄悄种在心中；穿过红墙金顶的故宫，就推开了历史的重重大门，抚摸珍贵的一砖一瓦，一栏一牖，聆听穿越而来的故事；还有那充满奇妙乐趣的科技馆、象征青春激情的鸟巢和水立方、释放热情的滑雪场……这样的北京研学之旅我还想再来。		
导师评定	北京研学之旅的成功举行，让启迪师生受益匪浅，终生难忘。首先，举办方的精心安排，让我们全方位地感受到了北京的独特魅力。从激动人心的天安门升旗仪式，到碧空下的蜿蜒长城；从清北校园的倾心交谈，到趣味横生的科技馆；从专家的专题讲座，到导游的用心讲解；从京味十足的南锣鼓巷，到激情四射的延庆雪场……无不深深地触动着启迪学子的心。其次，"游"与"学"相结合的学习方式，让知识更受欢迎。在长城上，在天安门前，在大巴车上，在饭桌前……同学们不断交流着，观察着，询问着，思考着，在研学之旅中，积沙成塔，集腋成裘，默默地进步着。白天参观，大开眼界；晚上主题讲座，与名家近距离接触，收获颇丰；心灵的震撼，成为最原始的动力，激励着同学们求知欲的生长。同时，这样的研学之旅是课内学习的完美拓展。课堂上我们总是用没有生命的书本去看世界，虽然它包罗万象，无所不知，但时间长了，学生总会有疲倦感；研学用行走的方式，构架起生动的课堂，成功激起了学习的兴趣，在学中玩，在玩中学，成为课堂的有力补充和拓展。		
家长评价	首先，这样的研学旅行意义非凡，它寓游于学，增强了与名校零距离互动交流的实质性，让每个学生都亲直接体验了名校的价值观念和学习理念。例如，孩子回来后提起清华和北大的学长给他们做导游，谈起社会担当、民族振兴等话题时，心灵的触动非常大。其次，这样的研学让孩子在"行万里路"的时候，验证拓展了"万卷书"中的知识，让没有温度的文字变得生动，让已知的知识更加全面；最后，希望这种研学旅行能长期地、规范地、亲民地、使用学习型、社会广泛型地搞下去，对孩子们和学校都有提升！		

小记者团研学评价表

学校名称	西北工业大学启迪中学		
学生姓名	李思语	所在班级	高2021届博越1班
研学地	北京	研学时间	2019.1.25—29
研学感悟自我评定	北京,这个让我向往已久的中国首都,曾经离我很遥远、很陌生的城市,却让我在短短的几天里深深地爱上了它;北京,这个从来没有在我的梦想簿里留下痕迹的城市,却在我的记忆里留下了深深的烙印。这一切都源自于它是文化底蕴浓厚的城市,它的文化传统,特殊的政治地位,地理环境……在此衷心地感谢此次研学之旅的举办方。在北京的这几天,我们观看了庄严肃穆的升国旗仪式,在国家博物馆、科技馆见证了国家科技的发展和历史的沉淀、在鸟巢水立方领略竞技的魅力,在南锣鼓巷感受老北京的风土人情……在北京研学的这几天,既有老师的悉心教导,也有同学相处的深厚感情,更多的是学习新知识的机会,感受祖国的伟大变革,更加坚定了我的爱国信念短短的几天北京研学,让我欣喜不已,收获颇丰。		
导师评定	从激动人心的天安门升旗仪式,到碧空下的蜿蜒长城;从清北校园的倾心交谈,到趣味横生的科技馆;从专家的专题讲座,到导游的用心讲解;从京味十足的南锣鼓巷,到激情四射的延庆雪场……研学途中无不深深地触动着我们的心。在长城上,在天安门前,在大巴车上,在饭桌前……我们不断观察着、交流着、询问着、思考着,在研学之旅中,积沙成塔、集腋成裘,默默地进步着。白天参观,大开眼界;晚上主题讲座,与名家近距离接触,收获颇丰。心灵震撼,是最原始的动力,兴趣养成是最好的老师,研学用行走的方式,构架起生动的课堂,成功激起了学习的兴趣,在学中玩、在玩中学,成为课堂的有力补充和拓展。你用积极的投入、专心的研学,已经为自己书写了客观的评语;你用现身说法,坚定了老师继续组织好研学的信念!		
家长评价	首先,感谢学校和举办方的精心组织,给了孩子们一次难忘的研学经历。相信,这样的活动会让他们印象深刻,终生难忘;其次,我认为良好的研学活动,弥补了家长因工作而不能陪孩子走出去的遗憾。现在的社会,对人才的定义已经不拘一格了,走出去学习是必要的,启迪中学这样的研学教育理念,得到了我们家长的支持,希望今后能越办越好;同时,我惊喜地发现,孩子回来后,和家人的交流更积极主动了。研学结束后好几天,孩子都兴致勃勃地讲着她的所见所闻所感,无论是知识上的增长,还是表达方面的提升,都让我很欣慰。最后,再次感谢这次成功的研学之旅。		

小记者团研学评价表

学校名称	西北工业大学启迪中学		
学生姓名	刘思尧	所在班级	博识1班
研学地	北京	研学时间	2019.1.25—29
研学感悟自我评定	在这次活动中，我不仅感受到了明清时期我国的优秀传统文化，还领悟了老北京的风土人情，在故宫中，在清华北大校园里，在国旗下，在长城之巅，我无不为之震撼。通过这次活动，我充分体悟了伟大的爱国精神，那是每一个中国人都为之骄傲的。 此外，我还去了奥林匹克公园，见到了宏伟的鸟巢，象征着中华民族的崛起，在新的时代，我们应该更爱国，更努力奋斗，才能不落伍于世界，才能使我们的祖国更加繁荣。		
导师评定	观礼升国旗学爱国忠党，研学博物馆看伟大变革。城脚下，《沁园春·雪》余音绕梁；博雅塔前，静心聆听、收获满满；鸟巢内外，冰雪激情、舞动生命；科技馆处，博闻强记、探索发现。老北京、走胡同；什刹海、学溜冰；全聚德、品美味；去研学、迎冬奥。此次活动，学生在学习中获得快乐，在快乐中获得知识，意义重大。 参加活动的学生们共同回忆活动中的美好旅程，分享自己对这次旅程的收获。同学们热情高涨，和老师积极互动。实现活动育人的目的，让学生能在研学旅行的过程中通过研中学、学中研、研中思、思中行，研学并举，知行合一，陶冶情操、增长见识、体悟爱国热情和学习奥运精神，养成热爱运动的习惯，对祖国文化有了更深层次的了解，增强了社会责任感。此次活动，把一个主题在研旅过程中由始至终地体现出来，通过多种多样的游玩、娱乐的形式达到提高学生的认识、增强社会责任感和意志个性心理等方面能力，实在让学生收获良多。		
家长评价	研学旅行让孩子放松紧张的身心，是一种最好的、最直观的方式，让他们看到真实的世界，体验真实的生活，锻炼孩子的独立性、自主性，在研学中的社会实践活动，提升孩子独立生活的能力。每晚，专家的报告和指导让孩子受益良多，提升写作能力，改善摄影技能，培养文学爱好，激发爱国热情。孩子回来明显懂事了、沉稳了、长大了。感谢学校为孩子提供这次研学机会，感谢老师们用心指导。		

学校评价

西北工业大学启迪中学王万斌校长评价：

替家长分解忧愁，为社会承担责任，给国家培育英才，是启迪中学秉承的教育初心。我们把"启智育人，修德立身"作为校训，坚持"精致化管理、多元化培育、国际化视野"的特色教育，一直把培养具有民族精神和国际化视野的社会主义接班人作为我校的育人目标。

此次首都师范大学《语文导报》"迎冬奥"小记者研学采访活动，是启迪学子的爱国主义教育之旅，活动很好地落实了我校德育为先的教育理念。学生们在故宫中感受民族历史，培养民族自信心；参观改革开放四十年成就展，让学生立足现实，充满民族自豪感；履迹祖国山河中感受伟大变革，研学交流时落实知行合一。

本次研学之旅，无论是从学生、家长的反馈信息还是社会宣传效应上来讲，都达到了预期目标，对落实立德树人，培养学生爱国主义情感，无疑起到了极其重要的作用。

西北工业大学启迪中学晁晓锋副校长评价：

"没有观世界，哪来世界观？"

的确，我们需要培养学会学习并具有科学探索精神的优异的学生、上进的学生。但这并不是育人的全部。在同学们世界观快速成型的青春期，学校要组织他们走出校园，研学旅行使他们成为有人文底蕴和开阔视野的"高大"的学生、"宽厚"的学生；也促使他们成为有健康体魄、审美情趣的"鲜活"的学生、"灵动"的学生，而这些，都是学生发展"核心素养"的应有之义。

"迎冬奥"研学小记者团很好地提供了这一机会。启迪学子，奔赴首都。天安门前，激起爱国情怀；故宫深处，触摸历史脉搏；未名湖畔，感受北大精神；科技馆里，探索知识奥秘；"鸟巢"之中，了解奥运文化；八达岭上，舒放英雄豪情……

孕育中华五千年文明的，绝不是狭仄的三尺书桌，而是广阔的壮丽山河。启迪学子研学北京，饱览祖国壮丽山河，感受中华文明之魅和改革开放以来的伟大变化，爱国信念愈加坚定，理想之苗蓬勃生长，奋斗之火熊熊燃烧。

西北工业大学启迪中学教研室主任雒贤萍老师评价：

新一轮基础教育改革如火如荼，发展学生核心素养，落实立德树人的根本任务成为课改的核心。走出学校，走进自然，走入社会。开展研学活动，是实施新课改的方式之一，丰富了学生学习生活，拓宽了学生的学习路径，为学生发展核心素养提供了广阔的平台。

北京，祖国的心脏，全国政治、经济、科技、文化的中心，各族儿女向往的地方。首都师范大学《语文导报》社，把握时代脉搏，紧跟课改步伐，抓住"迎冬奥"契机，精心设计和组织《语文导报》小记者"迎冬奥"研学采访活动，适合中学生，贴近中学生。小记者的活动使学生视野更宽广、境界更高远、思维更活跃。学生在观察中思考，在经历中积累，在体验中感悟，在参与中学习，动脑、动手、动心、动情，提升了学生的综合素养。

本次研学围绕爱国主义教育安排了丰富的内容。学生们寒风中伫立在天安门广场，几乎零距离地观看庄严肃穆的升旗仪式，爱国之情油然而生；徜徉故宫博物院，感受历史的变迁，感叹人民的智慧；走进国家博物馆，观看中国改革开放四十年的伟大成果，为祖国的繁荣昌盛而骄傲；拾级登上八达岭长城，吟诵毛泽东豪气冲天的诗词，倍感中华民族的伟大坚强；参观首都青少年科技馆，领略科技的飞速发展，激发了同学们学习科学的兴趣；穿过中关村，进入北大、清华最高学府，规划未来职业生涯，树立为祖国强盛而读书的学习目标；亲近"鸟巢"和"水立方"，感受北京"迎冬奥"的骄傲与自豪，为北京点赞，为中国点赞……

四天的行程丰富多彩，充实圆满。白天采访，晚上培训，大记者现身说法，小记者虚心好学，大手拉小手，学生们活学活用，受益匪浅。短暂的"迎冬奥"小记者研学采访活动注定铭刻在学生的心田。

西北工业大学启迪中学德育处主任倪永斌老师评价：

铸魂育人是教育的根本目标，读万卷书，可以让学生掌握更多的知识，行万里路，则能让学生验证所学，最终内化为品格，形成为性格。首都师范大学大学《语文导报》"迎冬奥"小记者研学采访活动，对于学生的最大意义在于，用爱国主义引领，以民族文化触动，用改革成就激励，将"爱国""民族"等基本的概念深植学生的心田。在落实铸魂育人、培养人才的教育目标上，尤其对于我校学生德育工作，效果明显："心中有方向，脚步有力量"，研学学生回来后对于爱国的理解，明显地更接地气，也能够真正将爱国落实到自己的学习中去。

感悟篇

壮游长城

西北工业大学启迪中学　高2021届卓越3班　袁嘉怡
指导老师　郑楠

卢照邻说，"塞门风稍急，长城水正寒。雪暗鸣珂重，山长喷玉难"；王昌龄说，"昔日长城战，咸言意气高"；陆游说，"长城高际天，三十万人守"；毛主席说，"不到长城非好汉，屈指行程二万"……

长城，一个自古就烙有军事标记和众多文学情结的地方。今天我将去一览它的风采！

清晨的北京，天高云淡。早晨8点整，同学们兴高采烈地乘车前往慕名已久的八达岭长城，迫不及待地想要登上这座中国古代第一军事工程，领略祖先非凡的智慧。

来到长城脚下，抬头仰望高大的山脉，远远望见长城在山头间游走，绵延向天边。同学们立刻被它雄伟的气势吸引，争相踏上这穿越历史而来的"汉土明砖"。

长城依地势起伏而变换平坦、陡峭，最陡处和地面几乎成90度，让攀登者心生畏惧。但同学们个个是好汉，把凛冽的寒风当亲密的战友，把凹凸的地砖当快乐的玩伴，把垂直的台阶当勇敢的证明，不多时就勇登高耸的烽火台。抚摸这一砖一瓦，刺骨的寒意阵阵袭来，遥想当年的金戈铁马，战马悲鸣，士卒长嘶，高山深涧中生命起起伏伏。历史的车轮轻辗而过，从来不曾仁慈，所有的幸福来之不易，凭吊过往，珍惜拥有。

爬到高处的烽火台，俯身望去，不禁感慨古人的睿智，城墙迎敌的一面，设计有垛口，方便放置武器，且较高；而另一面，是较矮的墙面，没有垛口。此外，敌楼、关城、烽火台等结构的设计，独具匠心，根据不同的用途增设有储藏室、休息室等空间。我想，长城不仅是一道军事防御工程，更是体现古人智慧的艺术品。

瞭望长城内外，碧天如洗，远处的几抹淡云仿佛给天空绣了一道花边；

环视一周，山脉似游走的群龙，时而远走天边"欲与天公试比高"，时而潜入山谷"冬岭秀寒"洒人间，尽显祖国的壮美。

此情此景，我们启迪学子怎能不心情澎湃？站在长城脚下，高诵一首《清平乐·六盘山》，来到长城是好汉，把知识化作"长缨"在时代的大江中，缚龙斩蛟；壮吟一首《沁园春·雪》，赞祖国如此多娇，未来的少年，与天比高，独领风骚。

五星红旗迎风飘

西北工业大学启迪中学　高2021届卓越3班　赵思妍
指导老师　郑楠

清晨的北京，路灯还未褪去，寒风依旧瑟瑟；楼宇中的灯火不知一夜未睡，还是早早起来迎接新的一天；北京的黎明似乎比别处更通明。此时，我怀揣着激动的心，前往本次研学之旅的第一站——天安门广场。

到达天安门广场，经过几道严格的安检，来到了举办方为我们安排的"VIP"观看点，那是距离国旗台最近的地方，只有四五米的距离。夜色还没有完全褪去，天际边泛着淡紫色，一抹一抹晕染开来，越往上，颜色越淡，是紫红色，是粉色，是灰白色，是淡蓝色……这个早晨，美丽迷人。人群越聚越多，人们都翘首以盼，扛着"长枪短炮"想要捕捉最精彩的瞬间。哪管烈风吹红了鼻子，冻僵了手，一切都变得庄严而神圣；哪管是天南海北的相聚，不远千里，我们都是中华儿女。此刻，只盼着仪仗队护送五星红旗同朝阳一同升起。

终于，随着一声响亮的口号，广场上密密麻麻的人群瞬间安静，金水桥上，国旗护卫队出现了，长安街暂时封闭，车辆停止，人群肃静，空气似乎瞬间凝固，耳畔只有整齐的脚步声，清脆而厚重，每一步都扣动心弦，震撼心魄。护卫队的战士们各个英俊威武，每一个动作都如同出自一人，整齐划一地跨过金水桥，走过长安街，来到我们面前。同学和老师们都默默地流泪了，是激动，是感动，是欣慰，更是自豪。

从天安门到国旗台，仿佛是民族自强之路的缩影，如今国旗护卫队走出了自信与强大，那是国人用百年的奋斗换来的，无数的先烈在炮火翻飞中，用热血和生命浇筑了今天的蓝天白云。齐步走换正步走，步步铿锵有力，掷地有声，战士们用正步把长安街的石板都刻上军人的年轮。和平年代，我们无忧无虑，茁壮成长，岁月静好下很容易忘了有人为我们负重前行。此刻五星红旗不仅仅升起在天安门广场，还升起在西边沙漠中的边防站，北方雪山上的哨岗，南海里孤独的灯塔上……默默无闻的战士们告别亲人，把青春献给祖国，把忠诚付给人民。作为中华儿女，作为祖国的未来，今天我站在国旗下，那是何等的荣幸。我骄傲我是中国人，我自豪我是龙的传人。

从前，说起升旗总觉得平凡；从前，说起担当总想着遥远；从前，说起爱国总认为空大。今天，我终于真切地感受到了祖国的号召，红旗永远飘在我心中，从此定做一个有责任有担当的人，努力学习，让五星红旗更鲜艳。

庄严的升旗，令人动容

西北工业大学启迪中学　初 2020 届才俊 6 班　刘文鸿

指导老师：牛苗苗

研学已经过了一段时间了，最令我难忘的当属观看升国旗。那面振奋人心的红旗，仿佛还在我眼前，缓缓升起。

凌晨，幽暗的天空好似一幅笼罩了整个大地的西式油画，朦胧的夜色是这油画的背景色，半轮明月在空中悬着，几处繁星散在画中各处，构成了一幅美轮美奂的夜景。我们的大巴便在这油画下缓缓驶向天安门，一路上，车辆稀疏，只有寥寥几辆公交车驶在路上，一辆公交从我们大巴旁快速驶过。偶然，几辆小轿车从我们身边疾驰而过。

天将拂晓，东方开始泛起几缕红光。我们一行人已到广场，静静地立在旗杆下，远处，天安门广场上站满了黑压压的一片人。他们亦肃静地立着，等候着那庄严的一幕。

突然间，大地隐约开始震动。金水桥上，一队军人，踏着整齐划一的步伐，向着旗杆走去。他们矫健的身姿，整齐有力的身影，坚定不移的目光下，埋藏的是一颗真挚的爱国心。日光，开始浮现在大地上，照耀在他们的脸庞上。

很快，他们便走到旗杆下，当中三人大步向台上走去。红旗开始缓缓地上升，庄严的国歌，开始奏起，鲜艳的红旗迎风招展。广场上的所有人，肃穆地立着，用最崇敬、最敬爱的眼神注视着那面红旗，好似在注视着自己最敬爱的人一般。对啊，那不仅仅是一面普通的红旗啊！

那不仅仅是一面红旗啊，那可是象征着中华大地的那面红旗啊！忆往昔，那是多少英雄烈士，抛头颅，洒热血，满腔热血，立志报国！那鲜红的红旗，正是由他们的鲜血染成的啊！

阳光肆意地洒在大地上，那红旗，在金色阳光下，傲然地屹立在旗杆的顶端。瑟瑟寒风挡不住我们的热情，看到国旗升起的那一刻，我感动了，内心在歇斯底里地呐喊，"我是中国人，我为我是中国人而骄傲而自豪"。唯有这样一个彻骨铭心的感动才能激发我的斗志，立志要做一个对社会有用的人！"革命尚未成功，同志仍须努力"！

北　游

西北工业大学启迪中学　初 2020 届夺标 1 班　张袁铭

指导教师　牛苗苗

　　永乐七年，明成祖朱棣下旨迁都北京，从此，北京两个字在历史的舞台上留下了辉煌的篇章！高铁进站，望着外面湛蓝的天，深吸一口气，北京，I am coming！

万众瞩目——升国旗，奏唱国歌！

一二月份，北京的早晨，成片的四季树还没有从昨夜的美梦中醒来，空气中的氧离子还不是那么充足，而北风却早已肆虐开来。北京城就犹如一位厚重的老者，安默不语，沉稳无声。与这寂静的早晨格格不入的是，人们早早地就起了床，不约而同地赶向了同一个地方：升旗台！

我们一行人早早地就到了旗台旁，静穆地等待着升旗的开始，虽说北风凛冽，似刀子般刮在脸上生疼，却也吹不灭我们心中高涨的热情，倒似风助火势，越吹越旺！终于，路上的行车都被阻挡了，为护旗方队留出了一条通道，天安门缓缓而开，随着一声嘹亮的口号，那只万众瞩目的队伍终于出现在人们的眼前，迈着整齐的步伐，铮铮钢刀映射出一片刺眼的光，跨过金水桥，正步步步掷地有声！领头一人手持国旗，在另外两人的陪同下，踏上旗台，其余队员旗台下军姿而立。人群不在吵闹，每个人都情不自禁地挺胸抬头，静穆着，等待着升旗的开始。人们并没有等太久，很快，熟悉的国歌嘹亮响起，此时此景，那国歌别有一番味道，似千军万马气势蓬勃，又像千年中华沉稳厚重。刹那间，一股自豪中华之心油然而生！呜呼！壮哉我大中华！

心之所向——万里长城今犹在！

常言道，不到长城非好汉！现在，北京长城就在我们面前，准备，登城！

开始，城墙上的路还算平坦，可随着长城的深入，路也是愈加地崎岖，从开始的一马平川到现在的跌宕起伏，不愧为"天下第一城"！不知过了多久，当我往回看时，身后的路如巨龙一般，我突然发觉，原来"盘虬卧龙"这个词不是形容古树的，而应该是形容这万里长城的！再往前看，长城如一条万年古藤，顺着山头扶摇直上，一眼望不到头，算算走过的路，再加上还未曾涉足的路，言其万里，不足为过！望望城墙外，古树枝条相互交错，顺着一个枝条可以找到无数个树桩；沿着一个树桩可以发现千万个枝条。也许若将这样的景观放在别处，人们会一竖大拇指，称一声："妙！"但放在此处，人们只会认为它们就像绿叶——只会让长城这朵"鲜花"更加耀眼夺目！秀哉！我万里长城！

北京，吾之国都！梦之所向的地方，中华民族的信仰！我想，我还会再来的！

北京游记

西北工业大学启迪中学　初 2021 届博识 1 班　　刘思尧

天安门广场看升旗

为我的祖国而骄傲，清晨北京的庄严升旗是我中华与太阳并辉的象征，为我的祖国而自豪，雄伟的故宫，宽广的国家博物馆，无不昭示着我中华民族之崛起！

月色如水之时，我们穿过重重安检来到国旗下，"嗒、嗒、嗒"清脆的脚步声打破了天安门广场的静谧，国旗护卫队的队员们大喊"向国旗致敬"。顿时，整个广场响起了激动人心的《义勇军进行曲》，国旗冉冉升起，我的心中只感到无比的骄傲，那是一个民族的信仰。

清华北大展未来

北京大学原校长许智宏说："学术之大，责任之大，精神之大，尽在其中。"清华和北大便肩负了这两点，是我国最高等的两所学府，漫步这两所校园，我有了许多收获以及对未来美好的憧憬。

漫步北京大学，我们仰望博雅塔，历史悠久的博雅塔是由北大的一名姓博的老师的叔叔捐赠的，他见证了北京大学自成立之初到如今 120 年沧桑巨变，因此取名博雅，整座塔共 13 层，高 37 米，原是北京大学的水塔，现在却已和未名湖成为北大精神的象征，博雅塔脚下便是未名湖，也同样有着悠久的历史，"一塔湖图"便也由此而来了。

漫步清华大学，我们怀古清华门，往昔岁月里，清华大学是由美国抱着控制中国人民精神的非正义因素修建的，面对这样的现实，更让我们深刻地记住"落后就要挨打"这一至理名言。

假如说我是一位有幸考上北大清华的学子，我会努力提高自己，学习新的知识，探索新的领域，正如蔡元培校长所说："抱定宗旨""砥砺德行""敬爱师长"，做一个优秀的学生，或许每个人都有不同的梦想，但有一点却是一样的，梦想是使人进步的后驱，而实现梦想的最佳途径就是学习，努力学习，你就可以做到最好的你自己,而不是待到老后再感叹"书到用时方恨少,白首方悔读书迟。"

清华北大,等着我!

科学技术圆梦中华

可以自由穿梭在不同的时间段,随手一抓就可以拿到想要的任何东西,还可以见到未来的自己,甚至可以改正之前犯下的错误,总有一天,还会代替人体的器官,使每个人都长存于世,我们还探索到了宇宙的尽头,并发现它还在不断增大。畅想未来,新时代是留给青少年的,加油努力!

中国科学技术馆分为 A 馆、B 馆、C 馆三个部分,A 馆是主展厅,它展示了从古至今的人类的科学技术发展;B 馆是一个球形影院;C 馆则主要是针对 10 岁以下的儿童设置的一些增长科学知识的游戏和活动项目。

A 馆一共分为 4 层,从下至上分别为:"华夏之光""探索与发现""科技与生活""挑战与未来"。

在"探索与发现"展区,设置有微观粒子结构探索、感受黑暗、小球旅行记、声聚焦等不同项目。而我最喜爱的是小球旅行记。首先,小球从两米多高的地方直线坠落下来,继而撞击一块块铁饼,发出动听的音乐声,继而又被一把锤子准确无误地敲进一个小洞,接着,小球又被气体喷射到旋转机里,快速转动的旋转机以 45°的抛物线将小球抛到另一个物体上,发出动听的乐曲声,最后小球又步入上升轨道,开始新一轮的旅行。

在"科技与生活"展区,通过液压增压控制机械臂,可以成功地将一个篮球放进篮筐里,赢得了众多的喝彩声。

在"挑战与未来"展区,用实验生动地告诉参观者,如果再继续破坏环境,最终人类将会毁灭自己。

通过这次参观,我不但学习了很多的知识,同时也深深体会到了知识海洋的辽阔,对"知识就是力量"的理解也更加深刻了,暗暗下定决心,一定要好好学习,长大了也要当科学家!

雄伟长城中华儿女

长城是我国的骄傲。

"不到长城非好汉"。随着研学活动的统一安排,我们来到了八达岭长城,我终于登上了心仪已久的伟大长城!踏上已长有青苔的长城城砖,隐约中似乎感受到了长城的脉搏跳动,总觉得自己已经开始了和古老长城的对话。当我驻足眺望远处时,我看到了那巍峨的长城,沿着那太行山脉蜿蜒盘旋,极其雄伟壮观,一眼望不到头。再回首看去,那长城依然在山脉间逶迤前行,依然是绵延不绝。为了看得更远,我们沿着长城往上攀行,来到一烽火台高处，放眼望去，看到的依然是绵延不绝的长城，只是越来越远，越来越小……

在长城边，我们朗诵《沁园春·雪》只觉心中无比激动，长城，果真是祖国的骄傲。

文化 北京

西北工业大学启迪中学　初2021届峨冠1班　郑霖聪

走进那扇门，就正式走进了北京大学。虽是那小小的东门，也让我感到无比振奋。一个北京大学的姐姐，身上散发出强大的气场与异于常人的信心，令人起敬。走入校园深处，那未名湖已经结满了冰，装扮着古色古香的办公楼。再配上高大的博雅塔，真是无比迷人。

参观完北大，遇见了一位清华大学的学生，他愿意给我们讲一下他的学习故事。在他演讲之时，我感受到他身上有着强大的气场和自信。他的自信哪里来的？根据内容，我得到了答案。那种自信心和他那高大的形象，完全是由他的自律和格局造就的。

清华大学的标志上有些写着"清华园"的白色大门。走在远处隐隐约约呈现出白色的门沿，有些奇妙的色彩，仿佛云儿降入凡间。站了起来，再走近些，看到了门的全身。那白色无比纯洁，表明了这高等学府的正大光明。那门洞排列有序，与四个纯白的门柱相照应，使这扇门变得高大宏伟。又往前走了，到了门前，用手抚摸那门栏，感觉自己好像成为清华大学的学生，无比骄傲自豪。往上看，中西结合的门是多么浪漫。你知道大三巴牌坊吗？这扇门，好像大三巴牌坊的一部分。清华的学生，大格局，强自律，好方法三点一定具备。也许，这就是中国的顶尖学生吧。

国家科技馆与鸟巢冰雪季也让人身心愉悦。远看鸟巢，就是为国家科技而自豪。近看鸟巢，就感受到2008年奥运会时的热闹场景，更为国家的荣誉而自豪。

北京的文化，就是中国的文化！

登长城

西北工业大学启迪中学　初2021届博识3班　张诗霄

随着车轮的快速滚动，我们乘坐的客车在前行的公路上拐过一道弯来，我们向窗外望去，近处的黄土、杂草，远处的蓝天白云，阳光洒在对面的山冈上，一派天苍苍、野茫茫的北国风光顿时尽收眼底。突然间，不知哪位同学指着窗外大声尖叫："快看，快看！长城、长城！"真的，一条横亘在远处的长龙立马映入眼帘。啊，这就是我们期盼已久的长城！这就是中华民族的脊梁！今天，我们终于看到了你！

下车后，当我们开始踏上长城的台阶时，顿时想起了那句"不到长城非好汉"的名言，心中按捺不住的一阵激动，长城啊长城，我们向您报到来了！

登上长城的一处烽火台，我们放眼望去，长城好似一条匍匐的巨龙，横亘在山岭上，似乎在择机腾飞！脚下，那长有青苔的地砖，那历经风雨侵蚀的墙砖，那饱经沧桑的断垣残壁，仿佛在向人们诉说着自己的艰辛。随着研学导师的介绍，我们对长城的昨天、今天和明天，有了更为生动直观的认识。

随着大队人马的移动，我们又继续向更高处的烽火台前行。说真心的，如果要是在平时，可能我会有一种有点累了，不想走了的念头了。但此时不知怎么，耳畔总响起"不到长城非好汉"的声音，总有一种半途而废非好汉之感，于是暗暗鼓劲下决心，一定要坚持攀登到顶。边想边走，不知不觉间爬上了对面的山冈。队伍停了下来，我们一起在长城之上朗诵了《沁园春·雪》，这北国的寒风吹出了我们的豪迈，燃起了我们的激情……

朗诵后稍息片刻，我们的队伍又在山风中继续前行了。此时，长城的顶点离我们越来越近，而脚下的台阶似乎也越来越陡峭，腿上的酸痛越来越明显，是坚持前进还是放弃努力原地休息？转眼一看，万里长城此刻显得那么的无比威严。不是总想着登长城吗？看来真的是眼高手低啊，就这么一点锻炼和考验都坚持不住？想到此，顿觉自己在雄伟壮观的古老长城面前，显得是那么的渺小！理理思绪，整整衣冠，我又义无反顾地坚持着前行。

说来也怪，人懒先从思想起！当我下决心坚持跟随大部队攀行到底后，不知不觉间两腿也慢慢更有力了，步伐也越来越铿锵了。此时，山风还是那个山风，陡坡还是那个陡坡，但似乎都没什么了不起了。这次难忘的登长城经历，给我上了生动的一课：努力就有希望，坚持就有力量！登长城如此，平时我们在学习中不也是这样吗？！

首都师范大学《语文导报》小记者团"迎冬奥"曲阜研学采访活动手册

研学小记者学校：_____

研学小记者姓名：_____

我的档案

基本信息
姓名：　　　　　　　　　性别：
生日：　　　　　　　　　血型：
学校：　　　　　　　　　班级：
我的爱好特长：
家庭住址：

研学愿景
我眼中的曲阜：
我最期待的研学课程：

联系方式及身体情况
联系电话：
老师电话：
家长电话：
身体健康特殊情况说明：

我的旅行包

你的独立生活开始啦！快来自己动手准备你的随行物品吧！

建议：独立完成后家长进行检查补充。自己完成的内容画"√"，经家长提醒完成的画"○"，家长帮助完成的画"/"

• 必备物品清单				
• 类别	自备物品名称	清点		以后出行需要增加或减少的物品
^^	^^	出发时	回程时	^^
证件类	□身份证、□学生证			
箱包类	□旅行箱、□双肩背包			
洗漱用品类	□牙刷、□牙膏、□漱口杯、□毛巾、□洗发水、□沐浴液、□护肤用品			
日常用品类	□水杯、□卫生纸、□湿纸巾、□塑料袋、□零钱			
换洗衣物类	□换洗内衣、□外套、□防滑拖鞋、□校服、□防寒服			
学习用品类	□研学活动手册、□钢笔、□中楷毛笔或大中小套装、□铅笔、□中性笔、□水彩笔、□笔袋、双面胶			
电子设备类	□手机、□相机、□充电器、□移动电源			
日常医药类	□晕车药、□感冒药、□止泻药、□创可贴			
如有其他必备物品请写出名字：				
温馨提示：出行不要携带大量现金，乘坐公共交通工具时请不要携带危险物品！				

篇首语

亲爱的小记者团员们：

大家好！

北京携手张家口成功取得2022年冬奥会举办权，是中华民族圆梦冬奥的一件盛事，意义重大而深远。通过承办冬奥会，必将进一步振奋民族精神，宣传中华灿烂文明和优秀文化，展示大国实力、魅力和精神风貌，增强民族自信心、自豪感和凝聚力。

一直以来，冰雪运动被称为"高岭之花"，参与这项运动的历来都是少数人群。我国取得2022年冬奥会举办权，极大地激发了人们参与冰雪运动的热情和激情，目前已有3亿多国人喜爱上了"高岭之花"。这对推动我国冬季运动发展和冰雪运动的大众化，对提高全民身体素质和弘扬奥林匹克精神具有无可替代的价值与作用。

首都师范大学《语文导报》社组织此次"迎冬奥"小记者研学系列采访活动，目的是让同学们更加深刻地理解奥运精神、更加全面地领悟中华传统文化、更加真切地体验小记者实地采访。

我们寄望同学们能在这一真实而快乐的体验中，在履行"小记者"职责的过程中，充分展露自己的智慧与才华，在提高自身人际沟通与社会交往能力的同时，从一个"人民小记者"的视角去审视社会、去发现美好，为新时代增添一抹亮丽的色彩。

相信通过本次研学之行，同学们一定会眼界大开、收获满满！

研学背景

2016年11月30日,教育部等11部门印发的《关于推进中小学研学旅行的意见》(教基一〔2016〕8号),提出要将研学旅行纳入中小学教育教学计划,要求学校根据学段特点和地域特色,逐步建立小学阶段以乡土乡情为主、初中阶段以县情市情为主、高中阶段以省情国情为主的研学旅行活动课程体系,强调要将研学旅行作为理想信念教育、爱国主义教育、革命传统教育、国情教育的重要载体,突出祖国大好风光、民族悠久历史、优良革命传统和现代化建设成就,根据小学、初中、高中不同学段的研学旅行目标,有针对性地开发自然类、历史类、地理类、科技类、人文类、体验类等多种类型的活动课程。

2013—2014年,国务院办公厅、教育部等就印发《国民旅游休闲纲要(2013—2020年)》《关于促进旅游业改革发展的若干意见》《中小学学生赴境外研学旅行活动指南》等文件,其中都提出要积极开展研学旅行、逐步推行中小学生研学旅行等要求。

北京市教委京教工〔2011〕68号文件《关于进一步加强中小学生社会大课堂工作的意见》也做出要求:"学校要把社会大课堂资源的组织利用、学生社会实践活动的组织开展纳入学校教育教学计划,统筹考虑地方、校本和综合实践活动课时,实现学生参加社会大课堂活动制度化。每位学生原则上一年内至少参加4次社会大课堂活动,开展实践学习。"

这些明确要求都成为首师大研学旅行课程建设研究的重要依据和研究背景。

齐鲁文化

★**由来**

山东，因居太行山以东而得名，简称"鲁"，省会济南。先秦时期隶属齐国、鲁国，故而别名齐鲁。齐鲁文化对中华文化的形成和发展有大量贡献及深远影响。生于鲁都曲阜的孔夫子在这里开创了儒家思想，成为后来中国社会框架与价值观的基石。蚩尤（中华先祖之一）、孔子、孟子等都是齐鲁两国对中华文明多方面贡献的杰出代表。

山东是儒家文化发源地，儒家思想的创立人孔子、孟子，以及墨家思想的创始人墨子、和文化的创始人柳下惠、军事家吴起等，均出生于鲁国。姜太公在临淄（今淄博市临淄区）建立齐国，成就了齐桓公、管仲、晏婴、鲍叔牙、孙武、孙膑等一大批志士名人；齐国还创建了世界上第一所官方举办、私家主持的高等学府——稷下学宫。

山东素有"膏壤千里"的美誉，早期就有发达的农业与手工业，秦汉为中国的经济中心。山东的粮食不断沿黄河西溯，供应关中。是汉代"丝绸之路"的重要源头，临淄、定陶、亢父是全国的三大纺织中心，大量精致的纺织品自此源源不断地输往西域。

★**历史文化**

齐鲁文化是先秦时期齐鲁国地盘对照至今山东形成和发展的一种地域文化，包括道家文化、兵家文化、法家文化、墨家文化以及阴阳、纵横、方术、刑、名、农、医等。其中最核心是儒家文化。齐鲁文化的渊源，应追溯到距今5000年以前聚居在齐鲁之地的古老民族——东夷族的发展。这个在传说中曾以后羿和大舜为荣的民族。自20世纪以来，大量史前考古挖掘出的文物和数千遗址证明这是一个文化发达早、文明程度高的民族。在齐鲁之地上，不仅存在着从8000年前的后李文化到北辛、大汶口文化，再到龙山文化直至距今4000年左右的岳石文化这样一个在文化传统演变上一脉相承又相对独立的文化谱系，而且发现了距今5000年左右众多的城堡遗址和标志着文明发展程度很高的图像文字、陶文以及生产的大量精妙绝伦的蛋壳黑陶及各种手工饰品。在战国时期，儒学实际上已经占据了鲁国、齐国两个国家，实现了儒学齐鲁化。秦汉时期，董仲舒吸收了齐国和鲁国的新思想，形成了新儒学体系，得到统治阶级认可，儒学从此由"齐鲁之学"发展到"独尊儒术"。

★**教育文化**

2016年，山东研究生培养机构33所，招生数2.9万人，在校生数8.2万人。普通高等教育机构144所，招生数62.4万人，在校生数199.6万人。

2016年，成功举办第六届山东文化产业博览会和第四届中国非物质文化遗产博览会。出版各类图书16193种，报纸87种，杂志262种。艺术表演团体103个，艺术表演场馆93个，博物馆451个，公共图书馆154个，群众艺术馆和文化馆157个，文化站1817个。乡镇（街道）综合性文化服务中心覆盖率为99.3%，行政村（社区）文化大院（文化活动室）覆盖率为95.6%。国家级、省级文化产业示范基地分别达到17个和163个。

★方言文化

根据《中国语言地图集》的汉语方言分区资料，山东100多个县市的方言均属于官话大区（也叫北方方言）。参考古代清声母入声字和次浊声母入声字在今天各地的分化规律，山东各地方言又分别划归3个不同的官话小区：冀鲁官话、中原官话、胶辽官话。

冀鲁官话：指通行于河北省、天津市以及山东省济南、聊城、德州、滨州、淄博、泰安等40余县市在内的方言。

中原官话：指分布在河南省、陕西省、安徽北部、江苏北部及山东鲁南、鲁西南30个县市在内的方言。

胶辽官话：分布在山东半岛和辽东半岛。其中山东青岛、烟台、威海，大致相当于人们常说的"胶东方言"的范围。

★戏曲文化

山东是中国较早有戏剧活动的地区之一。隋代齐倡名动全国，到了唐代参军戏在山东流行。宋杂剧形成后亦波及山东，金末元初产生用北曲演唱的戏曲形式即元杂剧，山东是主要流行地区之一，元人钟嗣成的《录鬼簿》和明初贾仲明的《录鬼簿续篇》中记载的山东籍戏曲作家共28人，能歌擅唱者4人。戏曲最盛之地是东平，戏曲到明清时进入蓬勃发展时期。山东流行的梆子腔剧种，有豫剧、山东梆子、莱芜梆子、枣梆、两夹弦、东路梆子、河北梆子等多种。

★饮食文化

鲁菜是中国饮食文化的重要组成部分，中国八大菜系之一，以其味鲜咸脆嫩，风味独特，制作精细享誉海内外。省内地理差异大，因而形成了沿海的胶东菜和内陆的济南菜以及自成体系的孔府菜三大体系。宋代后，成为"北食"的代表之一。从齐鲁而京畿，从关内到关外，影响已达黄河流域、东北，有着广阔的饮食群众基础。鲁菜是中国覆盖面最广的地方风味菜系之一，遍及京津冀及东北三省。

★风景名胜

截至2013年，共有6处国家重点风景名胜区、10座国家历史文化名城

（济南、曲阜、青岛、聊城、邹城、临淄、泰安、蓬莱、青州、烟台）、2座中国历史文化名村（章丘市官庄乡朱家峪村、荣成市宁津街道办事处东楮岛村）、97处全国重点文物保护单位（包括齐长城和京杭大运河的山东段）、397处省级文物保护单位（含撤销1处）。

曲阜印象

孔子(公元前551年9月28日—公元前479年4月11日),子姓,孔氏,名丘,字仲尼,春秋末期鲁国陬邑(今山东曲阜)人,祖籍宋国栗邑(今河南夏邑),中国古代思想家、教育家,儒家学派创始人。孔子开创了私人讲学的风气,倡导仁、义、礼、智、信。他曾带领部分弟子周游列国前后达十三年,晚年修订《诗》《书》《礼》《乐》《易》《春秋》六经。相传孔子曾问礼于老子,有弟子三千,其中贤人七十二。孔子去世后,其弟子及其再传弟子把孔子及其弟子的言行语录和思想记录下来,整理编成儒家经典《论语》。孔子是当时社会上最博学者之一,被后世统治者尊为孔圣人、至圣、至圣先师、大成至圣文宣王先师、万世师表。其思想对中国和世界都有深远的影响,被列为"世界十大文化名人"之首。

★ 由来

曲阜,古为鲁国国都,后曾更名为鲁县,如今是山东省的一个县级市。东连泗水,西抵兖州,南临邹城,北望泰山。

"曲阜"之名最早见于《礼记》,东汉应劭解释道:"鲁城中有阜,委曲长七、八里,故名曲阜"。曲阜有著名的"三孔":孔府、孔庙、孔林,是中国古代伟大的思想家、教育家、儒家学派创始人孔子的故乡。

早在上古时代,人类祖先就在曲阜一带生息劳作,开拓了早期的物质文明,文物发掘中发现大量公元前4300—前2400年间的大汶口文化和龙山文化遗迹。据古籍记载,在四五千年前,这里即是炎帝神农氏营都聚居的"大庭氏之墟"。

★ 历史沿革

大约公元前27世纪末叶,中华民族的人文初祖轩辕黄帝诞生于曲阜寿丘。继黄帝之后,少昊曾在曲阜营建都城。相传少昊在位84岁,寿百岁,崩葬曲阜城东北寿丘云阳山,与二帝三王(尧、舜、禹、汤、文武)、周公、孔子并称万世享祀。

中国古史相传的"三皇五帝"中,有四人曾在曲阜留下了活动的踪迹,开创了发达的古代文明。公元前21世纪前后,曲阜属上古尧舜时代九州之一的徐州。公元前16世纪后的商代，曲阜为奄国国都，并一度成为商王朝的都城。公元前1066年，西周武王伐纣灭商，武王将其胞弟、王国宰辅周公旦封于故奄地曲阜，立国为"鲁"。

公元前249年楚国灭鲁，始设鲁县，596年初定县名为曲阜。

★水文地形

曲阜北、东、南三面环山，有凤凰山、九仙山、石门山、防山、尼山等百余座山头分布，中西部是泗河、沂河冲积平原，位于鲁中南山地丘陵区向华北平原的过渡地带，构成了东北高、西南低的基本地势。境内最高点是北部的凤凰山，海拔548.1米，最低点在西南部的程庄，海拔47米，城区中心海拔60.5米。

曲阜境内属淮河流域南四湖水系，共有大小河流14条，主要有泗河、沂河、蓼河、崄河4条河流。泗、沂两条主干河流自东向西横贯全境，河流总长度245.9公里。截至2012年，有水库塘坝270座，总库容15516万立方米。其中：水库62座，主要有尼山水库、河夹店水库、梨园水库、胡二东水库、白塔水库、吴村水库、韦家庄水库等。

★教育文化

截至2012年，曲阜市有普通高等院校3所，在校生4.64万人。中等职业、技工学校6所，在校生1.61万人。普通高中2所，在校生1.06万人。初中23所，在校生2.04万人。小学91所，在校生3.63万人。特殊教育学校1所，在校生55人。

2012年，曲阜市有博物馆1个，档案馆2个，公共图书馆1所，文化馆（站）13个，农村文化大院405个。广播、电视人口综合覆盖率均为99.9%。有国家级文化产业示范园1个。列入非物质文化遗产名录的国家级4个、省级11个。

★著名人物

黄帝、少昊、柳下惠、孔子、颜子、鲁班、谷梁赤、申培、孔安国、孔融、孔伋、左丘明、孔孚、孔继涑、孔尚任、贾应宠、桂馥。

★第三产业

2012年，文化部与山东省将联合设立曲阜"文化经济特区"，国家级海峡两岸交流基地成功获批；国家级文化产业示范园核心区启动建设，初步构建起"一区多园"发展格局。尼山圣境、鲁故城遗址公园、孔子国际文化交流中心、蓼河文化商业街等项目开工建设，儒源儒家文化体验基地、万豪儒家动漫基地、新世纪影城等建成使用，香格里拉全面运营。孔子文化节、世界儒学大会、尼山论坛、海峡两岸颜子文化经贸联谊会等成功举办。尼山圣境开工入选山东旅游十大新闻,三孔景区游客满意度居全省第二,曲阜市荣获山东县域旅游十强、京沪高铁沿线最受欢迎旅游目的地称号,荣膺2012中国文化竞争力十强县第一名。

研学行程安排

日期	行程
研学采访 第一天	集合出发——到达营地
研学采访 第二天	8:00—8:30　集合，齐声朗读《大学》 首都师范大学《语文导报》小记者团 曲阜研学采访开营仪式 8:30—9:00　培训：《小记者研学采访安全知识》 9:00—9:30　培训：《如何成为一名优秀小记者》 9:30—11:40　参观尼山书院，拜谒圣地尼山 12:00—13:40　基地午餐 14:00—14:30　培训：《小记者必须具备的采访礼仪》 14:40—16:40　培训：《孔子与曲阜的地域文化》 17:30—18:20　基地享用晚餐 18:30—20:30　小记者诵读经典、才艺展示（给展示的小记者颁发才艺小明星证书）其间安排小记者采访活动
研学采访 第三天	7:30集合 7:40—8:30　在万仞宫墙前观看开城门仪式 8:40—11:30　拜谒圣地孔庙 12:00—13:30　午餐 13:40—17:00　孔府朝圣、参观孔林 17:30—18:20　基地享用晚餐 19:00—20:00　培训：书法家对小记者进行毛笔字钢笔字现场培训 指导，自带钢笔、毛笔（报社提供宣纸、方格纸、钢笔水、墨）
研学采访 第四天	7:50集合 8:00—12:30　走进邹城拜访孟子故里（小记者采访实践） 12:30—14:00　回基地午餐 14:30—15:30　完成研学笔记 15:30—17:00　3分钟演讲，对自己研学采访的总结 17:00—17:30　团队总结，对培训合格的同学颁发小记者 17:30—18:00　研学团队休整，整理内务 18:00—18:30　享用晚餐，闭营
研学采访 第五天	返程

注：如遇天气变化、场馆维护等特殊情况，行程可随时调整，内容不变。

小记者团成员名录

组建自己的小组，在研学过程中互帮互助，小组合作共同完成主题研究！

研学导师：		电话： 邮箱：	
	姓名	联系方式	分工
小记者团 第　团团长			
小记者团成员			

尼山书院

★尼山历史

尼山书院原址坐落在孔子诞生地曲阜尼山之上，始建于宋庆历三年，元时重修，是中华优秀传统文化的重要符号。古代书院与现代图书馆两者具有天然的联系，共同具有刊藏典籍、传承教化的文化功能。山东是著名的孔孟之乡、礼仪之邦，优秀传统文化底蕴深厚、影响深远，随着弘扬中华优秀传统文化的推进，省文化厅决定在全省创新推进"图书馆＋书院"的公共文化服务模式，并以"尼山书院"命名我省各级图书馆的书院，以深入开发公共图书馆自身承载的历史与文化资源，增强国学氛围，强化以文化人、以人育人的功能，使图书馆在提供传统公共文化产品的基础上，成为新的文化重镇和精神殿堂，创造中华文化的新辉煌。

★尼山建筑

今庙围垣缭绕，环植松柏，共有院落五进，殿堂五十多间，正门名棂星门，二门名大成门。庙主体建筑为中间的大成殿，殿前有两庑各五间，殿之东、西各有掖门。过掖门，殿后有寝殿三间，祀至圣夫人木主，两庑各三间，祀孔子之子伯鱼及孙子思，但塑像及木主今皆不存。东、西两侧门连接两旁跨院。东院前为讲堂，后为土地祠，西院东侧连接毓圣侯祠，且单成一院。西侧为启圣王殿和寝殿，系供奉孔子父母处。庙内外有元、明、清以及民国时期的石碑十余幢，是了解孔子出生地尼山及其建筑群历史沿革的重要资料。

尼山鸟瞰

尼山书院，即尼山孔庙，位于曲阜东南 30 公里处的尼山上，是祭祀孔子的庙宇。

尼山棂星门

954—959 年（五代后周显德年间），因孔子诞生于尼山而始建庙祀。1043 年（宋仁宗庆历三年）重修，建夫子殿，寝殿，讲堂，学舍。清康熙十四年（1675年）重修，易土墙为石墙。清道

光二十九年(1849年)重修，形成现存规模。

尼山大成殿

尼山孔庙现占地约16000平方米。有殿、堂、祠等81间，分为中、东、西三区。中区有两院，前为棂星门、观川亭、大成门、两庑、大成殿；后为两庑、寝殿；东区有讲堂、土地祠；西区有启圣王殿、寝殿、毓圣侯祠。

夫子洞

夫子洞，又名坤灵洞，天然石室，位于尼山孔庙东南崖下。传为孔子诞生处。洞中有天然石床，洞前立"夫子洞"石碑。

★国学经典

论语

《论语》是我国先秦时期一部语录体散文集，主要记载孔子及其弟子的言行，是由孔子弟子及再传弟子记录编撰而成。全书20篇。

孟子

《孟子》共有7篇，每篇分为上下，约3.5万千字，一共260章。主要记载孟子及其弟子的各项活动和思想。

周易本义

《周易本义》12卷，附重刻《周易本义》4卷。朱熹提。是对孔子哲学思想的诠释。

三字经

《三字经》为古代启蒙教育的著名教材。其内容涵盖了历史、天文、地理、道德以及一些民间传说。

中庸

《中庸》是儒家经典的"四书"之一。原是《礼记》第三十一篇，内文的写成约在战国末期至西汉之间，作者是谁尚无定论。

诗经

《诗经》是中国最早的诗歌总集。它收集了从西周初期至春秋中叶大约600年间的诗歌311篇。

★ 儒学史要

儒学亦称儒家学说，起源于东周春秋时期，自汉朝汉武帝时期起，成为中国社会的正统思想。从孔子算起，绵延至今已有两千五百余年的历史。如果对儒家学说的内容、形式和社会功能等进行综合的宏观考察，一般认为中国儒学有四个比较明显不同的历史发展阶段。

儒学起源

儒学乃中国文化之主脉，是为国人，不可不察。儒学之起源，史无定论。或为术士说，或为殷遗民说，或为保师说，不一而足。唯汉班固《汉书·艺文志》记述较为确切。儒家者流，盖出于司徒之官，助人君顺阴阳明教化者也，游文于六经之中，留意于仁义之际，祖述尧舜，宪章文武，宗师仲尼，以重其言，于道最为高。

儒学思想

由人民出版社出版的《童子问易》提出的最新研究成果认为：儒家思想核心，就个体而言，是仁义礼智圣德性论"五行"思想；就社会而言，是德道思想，即博爱、厚生，公平（涵盖"中"）、正义（涵盖"正"），诚实、守信，革故、鼎新，文明、和谐，民主、法治等，它是我们社会核心价值观的基石。

《易经》为"群经之首"，"大道之源"。

孔子老而好《易》，发现了人道可以学习天道、地道，会通天人，可以改变命运的规律，作《易传》，号召人们法天正己，尊时守位，知常明变，开物成务，建功立业。由此看来，我国圣贤的哲思自古以来就是成体系的，这个体系正体现在《易经》之中。

大易医国，大易医人。

在医人方面，孔子建构了仁、义，礼、智对举的哲学范畴（"立人之道曰仁曰义""智崇礼卑"）。孟子高举的义旗，就是对孔子仁学的节度。孟子大骂墨家"兼爱思想"，就是依据易经原理对兼爱（泛仁、泛爱）思想的节制。孔子讲"圣"，所谓"圣"其实就是指人们会通天人的本事。因此儒家讲人人可以成圣，人人皆尧舜。

在医国方面，《易经》强调"王用三驱"的厚生、博爱思想；强调"方其正也，直其义也"的公平、正义思想；强调一言九鼎的诚实、守信思想；强调"天道下济而光明""天下文明""万国咸宁"等文明、和谐思想，强调"革取故也"，"鼎取新也"的革故、鼎新思想；强调人道、人文的民主和"革命"思想（《象·革》天地革而四时成）。

★ 诸子百家

诸子指的是中国先秦时期管子、老子、孔子、庄子、墨子、孟子、荀子等学术思想的代表人物；百家指的是儒家、道家、墨家、名家、法家等学术流派的代表家。诸子百家是后世对先秦学术思想人物和派别的总称。春秋后期已出现颇有社会影响的法家、道家、儒家、墨家、阴阳家等不同学派，而至战国中期，许多学派纷呈，众多学说丰富多彩，为中国文化发展奠定了宽广的基础，中国术语上把这一时期称为诸子百家或百家争鸣时期。

儒家

代表人物：孔子、孟子、荀子。作品：《论语》《孟子》《荀子》。

儒家强调教育的功能，认为重教化、轻刑罚是国家安定、人民富裕幸福的必由之路。主张"有教无类"，对统治者和被统治者都应该进行教育，使全国上下都成为道德高尚的人。

道家

代表人物：老子、庄子、慎到、杨朱。作品：《道德经》《庄子》《黄帝四经》等。

道家以"道"为核心理念而得名，最早见于西汉历史学家司马谈的《论六家要旨》，当初也叫道德家。

墨家

代表人物：墨子。作品：《墨子》。墨家是战国时期重要学派之一，创始人为墨翟。

这一学派以"兼相爱，交相利"作为学说的基础：兼，视人如己；兼爱，即爱人如己。"天下兼相爱"，就可达到"交相利"的目的。政治上主张尚贤、尚同和非攻；经济上主张强本节用；思想上提出尊天事鬼。同时，又提出"非命"的主张，强调靠自身的强力从事。

法家

代表人物：韩非、李斯、商鞅。作品：《韩非子》。

法家是战国时期的重要学派之一，因主张以法治国，"不别亲疏，不殊贵贱 韩非子，一断于法"，故称之为法家。春秋时期，管仲、子产即是法家的先驱。战国初期，李悝、商鞅、申不害、慎到等开创了法家学派。至战国末期，韩非综合商鞅的"法"、慎到的"势"和申不害的"术"，以及法家思想学说之大成。

名家

代表人物：邓析、惠施、公孙龙和桓团。作品：《公孙龙子》。

名家是战国时期的重要学派之一，因从事论辩名（名称、概念）实（事实、实在）为主要学术活动而被后人称为名家。当时人则称为"辩者""察士"或"刑（形）名家"。代表人物为惠施和公孙龙。

阴阳家

代表人物：邹衍。

阴阳家是战国时期重要学派之一，因提倡阴阳五行学说，并用它解释社会人事而得名。这一学派，当源于上古执掌天文历数的统治阶层，代表人物为战国时齐人邹衍。

纵横家

代表人物：苏秦、张仪。创始人：鬼谷子。主要言论传于《战国策》。

纵横家是中国战国时以纵横捭阖之策游说诸侯，从事政治、外交活动的谋士。列为诸子百家之一。主要代表人物是苏秦、张仪等。

杂家

代表人物：吕不韦。

杂家是战国末期的综合学派。因"兼儒墨、合名法"，"于百家之道无，吕不韦不贯综"（《汉书·艺文志》及颜师古注）而得名。秦相吕不韦聚集门客编著的《吕氏春秋》，是一部典型的杂家著作集。

农家

代表人物：许行。

农家是战国时期重要学派之一。因注重农业生产而得名。《孟子·滕文公上》记有许行其人，"为神农之言"，提出贤者应"与民并耕而食，饔飧而治"，表现了农家的社会政治理想。

小说家

小说家者之起源，当盖出于稗官，即出于以说故事为生者。

小说家，先秦九流十家之一，乃采集民间传说议论，借以考察民情风俗。《汉书·艺文志》云："小说家者流，盖出于稗官。街谈巷语，道听途说者之所造也。"

兵家

代表人物，春秋末有孙武、司马穰苴；战国有孙膑、吴起、尉缭、魏无忌、白起等。

兵家是中国古代对战略家与军事家的通称，又特指先秦对战略与战争研究的派别。兵家的重要著作有《孙子兵法》《吴子》《孙膑兵法》《司马法》《六韬》《三略》和《尉缭子》等。

医家

代表人物：扁鹊。

中国医学理论的形成，是在公元前5世纪下半叶到公元3世纪中叶，共经历了七百多年。公元前5世纪下半叶，中国开始进入封建社会。从奴隶社会向封建社会过渡，到封建制度确立，在中国历史上是一个大动荡的时期。社会制度的变革，促进了经济的发展，意识形态、科学文化领域出现了新的形势，其中包括医学的发展。医家泛指所有从医的人。

《汉书·艺文志》中的刘歆《七略》的诸子略分为十家：儒、道、阴阳、法、名、墨、纵横、杂、农、小说。除去小说家不谈，所以称"九流十家"。

老子　　孔子　　墨子　　庄子

孙子　　韩非子　　鬼谷子　　孟子　　荀子

主题一　谈儒家、儒学、儒家思想
地点：尼山书院

问题：
二帝三王分别是指：（　　）
A. 尧、舜、禹、汤、文武　　　B. 尧、舜、禹、文武、周公
C. 炎黄、帝喾、蚩尤、汤、文武　　D. 炎黄、蚩尤、尧、舜、禹
2. 儒家经典主要有儒学十三经。儒家本有六经：_____、_____、_____、_____、_____、_____。秦始皇"焚书坑儒"，据说经秦火一炬，从此失传。
3. 儒家的核心思想：仁、义、_____、_____、_____、_____、_____、_____、_____等思想。

阐述一：孔子与孟子同为儒家文化的大师，结合课本和日常对孔孟的所知你认为他们思想主张的相同处和最大的区别是什么？

阐述二："今人之性，生而有好利焉，顺是，故争夺生而辞让亡焉；生而有疾恶焉，顺是，故残贼生而忠信亡焉；生而有耳目之欲，有好声色焉，顺是，故淫乱生而礼义文理亡焉。然则，从人之性，顺人之情，必出于争夺，合于犯分乱理，而归于暴。故必将有师法之化，礼义之道，然后出于辞让，合于文理，而归于治。"——《荀子·性恶》。翻译此段，并根据这段文字谈谈你眼中的荀子。

阐述三：默写孟子的《生于忧患，死于安乐》一文。结合你的学习生活经验，对于孟子所说的"生于忧患，死于安乐"是否过于言过其词，说出你的理由。

孔 庙

曲阜孔庙，位于曲阜市中心鼓楼西侧 300 米处，是祭祀中国古代著名思想家和教育家孔子的祠庙。始建于鲁哀公十七年（公元前 478 年），历代增修扩建，与相邻的孔府、城北的孔林合称"三孔"。它是一组具有东方建筑特色、规模宏大、气势雄伟的古代建筑群。

曲阜孔庙又称"阙里至圣庙"，与南京夫子庙、北京孔庙和吉林文庙并称为中国四大文庙。孔庙始建于公元前 478 年，以孔子故居为庙，岁时奉祀。西汉以来历代帝王不断给孔子加封谥号，孔庙的规模也越来越大，成为全国最大的孔庙。现存的建筑群绝大部分是明、清两代完成的，占地 327 亩，前后九进院落。庙内有殿堂、坛阁和门坊等 464 间。四周围以红墙，四角配以角楼，是仿北京故宫样式修建的。1961 年国务院把"三孔"列为全国重点文物保护单位。1994 年被联合国教科文组织列为"世界文化遗产"。

曲阜孔庙被建筑学家梁思成称为世界建筑史上的"孤例"，现为世界文化遗产、全国重点文物保护单位，国家 5A 级景区，与北京故宫、承德避暑山庄并列为中国三大古建筑群。

★整体建筑

孔庙平面呈长方形，占地 14 万平方米，南北长 0.7 公里。孔庙沿一条南北中轴线展开布置，左右对称，布局严谨，共有九进院落，前有棂星门、圣时门、弘道门、大中门、同文门、奎文阁、十三御碑亭，从大中门起，建筑分成三路：中路为大成门、杏坛、大成殿、寝殿、圣迹殿及两庑，分别是祭祀孔子以及先儒、先贤的场所；东路为崇圣门、诗礼堂、故井、鲁壁、崇圣祠、家庙等，多是祭祀孔子上五代祖先的地方；西路为启圣门、金丝堂、启圣王殿、寝殿等建筑，是祭祀孔子父母的地方。

全庙共有五殿、一祠、一阁、一坛、两堂、十七碑亭、五十三门坊，共计有殿庑 466 间，分别建于金、元、明、清及民国时期。孔庙内最为著名的建筑有：棂星门、二门、奎文阁、杏坛、大成殿、寝殿、圣迹堂、诗礼堂等。

★空间布局

孔庙建筑空间还存在着一整套礼的制约，建筑空间渗透着浓厚的伦理特性。唐宋时期，孔庙建筑单体已经高度程式化，组群规划布局基本也已成定制。孔庙建筑空间布局也自然遵循这些建筑思想，不仅要满足祭祀孔子的使用要求，而且严守繁缛的礼制规范和等级制度。使孔庙不再是简单平常的学习空间，更具有了特殊的场所精神的"复合"的空间。

曲阜孔庙平面基本形制为其功能的发挥打下了基础，建筑空间布局以"大成殿"院落即"庙"的祭祀空间为整体建筑群落的核心，与内庭空间为次中心所产生的位置关系，构成两组不同功能的院落空间形式。曲阜孔庙整个建筑群自南至北由九进院落串联组成，它以最南端的权星门为起点，到北端的圣迹殿结束。曲阜孔庙的院落空间划分自古城学巷东西簧门外"德作天地""道冠古今"两座木牌坊开始。两座木牌坊一方面标示了孔庙建筑群的重要性质和至高等级；另一方面作为进入孔庙的引导，有效地渲染了孔庙建筑群入口的壮观气氛，突出强化了孔庙建筑群的庄严肃穆。孔庙建筑群整体及门面空间意蕴也由点题为"德俘天地""道冠古今"的两座木牌坊加强、展开。

★建筑景观

棂星门

棂星门是孔庙的大门。古代传说棂星是天上的文星，以此命名寓有国家人才辈出之意，因此古代帝王祭天时首先祭棂星，祭祀孔子规格也如同祭天。棂星门建于清乾隆十九年（1754年），六楹四柱，铁梁石柱，柱的顶端屹立着四尊天将石像，威风凛凛，不可一世。柱下石鼓抱夹，使建筑风格稳重端庄。

大成殿

大成殿是孔庙的主体建筑，面阔九间，进深五间，高32米，长54米，深34米，重檐九脊，黄瓦飞彩，斗拱交错，雕梁画栋，周环回廊，巍峨壮丽。擎檐有石柱二十八根，高5.98米，直径达0.81米。两山及后檐的十八根柱子浅雕云龙纹，每柱有七十二团龙。前檐十柱深浮雕云龙纹，每柱二龙对翔，盘绕升腾，似脱壁欲出，精美绝伦。殿内高悬"万世师表"等十方巨匾，三副楹联，都是清乾隆帝手书。殿正中供奉着孔子的塑像，七十二弟子及儒家的历代先贤塑像分侍左右。历朝历代皇帝的重大祭孔活动就在大殿里举行。殿下是巨型的须弥座石台基，高2米，占地1836平方米。殿前露台轩敞，旧时祭孔的"八佾舞"也在这里举行。

★杏坛

孔庙的杏坛相传是孔子讲学之所，在大成殿前的院落正中。北宋天圣二年(1024年)在此建坛,在坛周围环植以杏,命名为杏坛,以纪念孔子杏坛讲学的历史故事。金代又在坛上建亭,大学士党怀英篆书的"杏坛"二字石碑立在亭上。明隆庆三年(1569年)重修,即今日之杏坛。杏坛是一座方亭,重檐,四面歇山顶,十字结脊,黄瓦飞檐二层,双重斗拱。亭内藻井雕刻精细,彩绘金龙,色彩绚丽。曾有诗人以妙句描绘杏坛的景色,"独有杏坛春意早,年年花发旧时红",亭的四周杏树繁茂,生机盎然。

庙内还存有两汉以来历代碑碣二千多方,真草隶篆,诸体具备,其中尤以汉魏六朝的碑刻称誉海内外。

★历史意义

孔庙是儒学崇拜的圣地,是古代祭孔活动的祭祀场所,从最初庙堂三间的孔庙家庙、京城的国庙到全国各地方孔庙。孔庙最初是由孔子的弟子为表其对恩师的敬仰而改旧居为庙。随着孔子与儒家思想在封建社会中逐渐被重视,成为传统,而祭祀孔子也成了中国历来一个非常重要的世代相袭的典礼,是国家政治活动中相当重要的一部分,而孔庙则是祭孔活动的场所。孔庙在古代礼制祭祀建筑中属于一种典型建筑,其中规划有大面积空间用于举行祭祀仪式,如大成殿之前的月台。

★文化传承

孔庙的发展史为我们勾画了一幅中华文化的演变宏图。公元前134年(元光元年),出于政治因素考虑,董仲舒提出"罢黜百家、独尊儒术"的思想,隋唐时期国家统一,全国各地的孔庙一也大规模的兴建起来。宋元以来,各朝仍沿袭"独尊儒术"的文化政策,儒家思想的文化价值被一再肯定,隋唐以来,儒学得到大力弘扬,逐渐发展成了中华民族文化的主干。孔子的"君君、臣臣、父父、子子",追求理想化的礼制秩序成为国家厉行教化的根本内涵。

孔庙发展的两千个春秋见证了中国封建社会的发展。孔庙的发展史所留下的丰富遗存与完整的资料对我们研究孔庙的历史、建筑与儒家文化,提供了重要的理论来源。通过对孔庙建筑与祭孔活动的研究与探讨,可以透视到中国古代封建体制政治、经济发展的状况,并能够对儒家乃至中国古代思想文化的演变进行更加深入的了解与研究。

★精神遗产

儒学的文化财富,是属于整个中华民族的。南北朝时期孝文帝推行汉化政策，是史载最早在曲阜以外的城镇修建"先圣庙"祭祀孔子的皇帝；金朝的女真族，也世世代代以祭祀孔子为礼制，建立孔庙；蒙古族的元代，在大都（北京）建立孔庙，以空前至高的谥号"大成至圣文宣王"追封孔子。清朝则在东北地区兴建孔庙，并在入主中原之前就已经实行祭孔大典。由此可见，孔子是中华各民族所供奉的先圣。儒家文化在两千多年的漫漫历史长河里，规范了中华民族的道德观，缓和民族矛盾，促进了各民族的团结与融合。祭孔活动还形成了一种乐舞艺术。祭孔乐舞的主要内容是以赞颂孔子生前功绩为题材，结合音乐舞蹈等艺术形式进行创作。其乐曲来源于孔子所推崇的"韶"；舞蹈则来源于"夏"；诗来自于隋代牛弘、蔡徽的创作，集中展示了孔子及其儒家倡导的"仁""和""礼"的人文价值。祭孔乐舞的乐曲五音齐全，古朴典雅、歌声悠扬、金声玉振。舞蹈以禽为舞具，舞姿刚劲有力、动作舒展，具有雕塑之美。器乐演奏的部分由古筝、笙、笛、箫、编钟、编磬等乐器组成。祭孔仪式场面宏大，庄严肃穆的氛围，以金碧辉煌的大成殿为背景，形成了以金碧辉煌的大成殿为背景，艺术形式完美统一。

孔　府

孔府，又称衍圣公府，位于中国山东省曲阜市，是孔子的世袭衍圣公的后代居住的府第。位于曲阜城内、孔庙东侧。1377年始建，1503年重修拓广，1838年扩修。1885年重建遭火焚的内宅七座楼房。中华人民共和国成立后，人民政府多次拨款重修，现保存良好。

孔府占地240亩，共有厅、堂、楼、房463间。九进庭院，三路布局：东路即东学，建一贯堂、慕恩堂、孔氏家庙及作坊等；西路即西学，有红萼轩、忠恕堂、安怀堂及花厅等；孔府的主体部分在中路，前为官衙，有三堂六厅，后为内宅，有前上房、前后堂楼、配楼、后六间等，最后为花园。

孔府仿照封建王朝的六部而设六厅，在二门以内两侧，分别为管勾厅、百户厅、典籍厅、司乐厅、知印厅、掌书厅、公共管理孔府事务。明代建筑，共五间深三间，宽敞大方，为当年宣读圣旨、接见官员、审理重大案件之处。

孔府与曲阜孔庙、孔林合称"三孔"，是中国重点文物保护单位，1994年12月被列为世界文化遗产。

★历史沿革

早期发展

孔府是孔子后代长子长孙居住的地方，也是历代衍圣公的衙署和私邸。初期的孔庙仅有孔子故宅三间，其后裔在简陋的故宅中奉祀孔子，依庙建宅。而当今的孔府，则是在以后的漫长岁月里，随着孔子地位的不断提高，才逐渐发展扩大形成的。

孔子的嫡系长支为奉祀孔子，原住在阙里故宅，称"袭封宅"。随着孔子地位及其子孙官位的升高，孔氏住宅日益扩展。曹魏时期，又于庙外"广为屋宇，以居学者"，设教讲学。到北宋末期，孔氏后裔住宅已扩大到数十间。到金代，孔子后裔住宅在庙东已有"客馆""客位""斋堂""宅厅""恩庆堂""双桂堂"等建筑。

奠定规模

宋仁宗宝元年间（1038—1040年），开始扩建孔府，封衍圣公后，另建新第，称衍圣公府。明洪武十年（1377年），太祖朱元璋敕建新宅，并诏令有权设置官署。明弘治年间孔庙遭火灾，弘治十六年（1503年）皇帝敕旨大修阙里孔庙和衍圣公府。孔府遂又改建。明嘉靖年间，为保卫孔府孔庙，皇帝下令迁移曲阜县城，移城卫庙。经十年时间建成曲阜新城，城墙高耸，外有深深的护城河，孔府、孔庙居于城中，奠定了孔府今天的规模。

道光二十三年（1843年），孔府因建筑年久失修，多有倒塌，又做了一次"因旧为新，不废基制，不浮于费"的小型修建。光绪九年（1883年），一次大火，烧毁了孔府内宅七座楼房。光绪十一年（1885年），在原有基础上进行了一次较大规模的重建，耗银八万余两。这是孔府最后一次大规模工程。

后期发展

随着清王朝的衰败，衍圣公府建筑也逐渐残破。康熙年间所建的"兰堂""九如堂""御碑楼"等先后倒塌无存。辛亥革命推翻帝制后，民国期间，孔子嫡裔仍受前代荣典。孔子的七十七代孙孔德成改为"大成至圣先师奉祀官"，给予特任待遇。1936年孔德成结婚时，对孔府作了一次较全面的整修。

孔府保存下来的建筑主要是明清时代所建。孔府占地面积达约180亩，各类建筑463间。府内楼堂厅轩鳞次栉比，长廊曲径，扑朔迷离，雕梁画栋，富丽堂皇，是一座典型的中国封建贵族庄园。它是我国现存规模最大、建筑最豪华的封建官僚贵族府第，号称"天下第一家"。

★建筑格局

孔府有前厅、中居和后园之分。前厅为官衙,分大堂、二堂和三堂,是衍圣公处理公务的场所。衍圣公为正一品官阶,列为文臣之首,享有较大的特权。前厅另设知印、掌书、典籍、司乐、管勾和百户厅六厅办事机构,为孔府服务。

中居即内宅和后花园,是衍圣公及其眷属活动的地方。内宅的前后楼是府上老爷、太太、少爷和小姐的住房,现陈列着当年的生活用品,如古老的红木家具和新式的沙发。孔子第七十七代孙、末代衍圣公孔德成的房间内就摆设着当时结婚时用的中西结合的家具。

最后一进是花园,又名铁山园。园内假山、鱼池、花坞、竹林以及各种花卉盆景等一应俱全。尤为难得的是一"五柏抱槐"奇树,一棵古老的柏树派生出五个分枝,内中包含一株槐树,为世所罕见。

★文物藏品

孔府收藏了大批历史文物,最著名的是"商周十器",亦称"十供",形制古雅,纹饰精美,原为宫廷所藏青铜礼器,清于乾隆三十六年(1771年)赏赐孔府。孔府还收藏金石、陶瓷、竹木、牙雕、玉雕、珍珠、玛瑙、珊瑚以及元、明、清各代各式衣冠剑履、袍笏器皿,另有历代名人字画,其中元代七梁冠为国内仅有。

现在孔府仍保持着清末、民国初年的陈设。大堂是衍圣公的公堂,内有八宝暖阁、虎皮大圈椅、红漆公案。公案上有公府大印、令箭令旗、惊堂木、文房四宝等。两侧是仪仗,气象森严可畏。七十六代衍圣公孔令贻的住宅和房内陈设保存完整。

孔府内还藏有自明嘉靖十三年(1534年)至1948年的文书档案,是世界上持续年代最久、范围最广、保存最完整的私家档案。府内还保存了大批历史文物及明清的衣冠等。孔府不仅是我国的首批重点文物保护单位,还于1994年被世界教科文组织列入《世界文化遗产》。

孔 林

★由来

孔林,本称至圣林,位于山东省曲阜市城北1.5公里处,是孔子及其后裔的家族墓地,是世界上延续时间最长的家族墓地。

孔子死后,其弟子们把他葬于鲁城北泗水之上,那时还是"墓而不坟"(无高土隆起)。到了秦汉时期,虽将坟高筑,但仍只有少量的墓地和几家守林人，后来随着孔子地位的日益提高，孔林的规模越来越大。

★建设沿革

元文宗至顺二年(1331年)，孔思凯主修了林墙，构筑了林门。明洪武十年(1684年)将孔林扩为3000亩的规模。雍正八年(1730年)，大修孔林耗帑银25300两重修了各种门坊，并派专官守卫。据统计，自汉以来，历代对孔林重修、增修过13次，增植树株5次，扩充林地3次。整个孔林周围垣墙长达7.25公里，墙高3米多，厚约5米，总面积为2平方公里，比曲阜城要大得多，在这里既可考春秋之葬、证秦汉之墓，又可研究我国历代政治、经济、文化的发展和丧葬风俗的演变。1961年国务院公布为第一批全国重点文物保护单位。"墓古千年在，林深五月寒"，孔林内现已有树10万多株。孔林作为一处氏族墓地，其中柏、桧、柞、榆、槐、楷、朴、枫、杨、柳、檀雏离、女贞、五味、樱花等各类大树。

★孔林环境

自泰山发脉，石骨走二百里，至曲阜结穴，洙泗二水会于其前，孔林数百亩，筑城围之。城以外皆孔氏子孙，围绕列葬，三千年来，未尝易处。南门正对峄山，石羊石虎皆低小，埋土中。伯鱼墓，孔子所葬，南面居中，前有享堂，堂右横去数十武，为宣圣墓。墓坐一小阜，右有小屋三楹，上书"子贡庐墓处"。墓前近案，堆一小山，其前即葬子思父子孙三墓，所隔不远，马鬣之封不用石砌，土堆而已。林中树以千数，惟一楷木老本，有石碑刻"子贡手植楷"，其下小楷生植甚繁。此外合抱之树皆异种，鲁人世世无能辨其名者，盖孔子弟子异国人，皆持其国中树来种者。林以内不生荆棘，并无刺人之草（摘自明张岱所著《夜航船》）。

★文物遗存

孔林是世界上延时最久的家族墓地，墓葬数量之多，规模之大，保存之完好，在世界上绝无仅有。孔林占地3000多亩，林墙周长5591米，坟冢10万余座，墓碑4003座，古建筑116间，历代石像、石仪85对。

曲阜历史悠久，碑刻文物资源丰富，保存有历代碑刻多达6000余块，是中国三大碑林之一。本次碑刻普查数量大，分布广，涉及孔庙、孔府、孔林、汉魏碑刻陈列展览馆、九仙山汉墓群、梁公林、孟母林、尼山建筑群、东颜林、寿丘、颜母祠、颜庙、四基山、周公庙、洙泗书院等诸多景点景区。

★世界遗产

孔庙、孔林、孔府的历史、科学、艺术价值集中体现在它所保存的文物上。300多座、1300多间金、元、明、清古建筑反映了各个时期的建筑规制和特点；1000多件汉画像石、孔子圣迹图、石仪、龙柱等反映了石刻艺术的变化和发展；5000多块西汉以来的历代碑刻既是中国书法艺术的瑰宝，也是研究中国古代政治、思想、经济、文化、艺术的宝贵资料；10余万座历代墓葬是研究墓葬制度的重要实物，17000余株古树名木是研究古代物候学、气象学、生态学的活文物。10余万件馆藏文物中，以元明衣冠、孔子画像、衍圣公及夫人肖像，祭祀礼器最为著名；其中元明衣冠是中国罕有的传世同类文物，对于研究古代服饰、纺织艺术具有重要价值。30万件孔府明清文书档案是中国为丰富的私家档案，是研究明清历史尤其是经济史的重要资料。

山东曲阜孔庙、孔府、孔林于1994年12月被列入《世界遗产名录》。

★孔林景色

享殿

位于墓门后，孔子墓前。五间九檩歇山黄瓦顶，前出廊，长24.18米，宽13.18米。明弘治十年(1494年)始建，明万历二十二年(1594年)，清雍正九年(1731年)、1977年重建。殿内现存清帝弘历（乾隆）手书"谒孔林酹酒碑"。

享殿的甬道旁，有四对石雕，名曰华表、文豹、甪端、翁仲。华表系墓前的石柱，又称望柱；文豹，形象似豹，腋下喷火，温顺善良，用以守墓；甪端，也是一种想象的怪兽，传说日行一万八千里，通四方语言，明外方幽远之事；翁仲，石人像，传为秦代骁将，威震边塞，后为对称，雕文、武两像，均称翁仲，用以守墓。两对石兽为宋宣和年间所刻，翁仲是清雍正年间刻制的，文者执笏，武者按剑。甬道正面是享殿，殿广5间，黄瓦歇山顶，前后廊式木架，檐下用重昂五踩斗栱。殿内现存清帝弘历手书"谒孔林酹酒碑"，中有"教泽垂千古，泰山终未颓"等诗句。解放战争时，朱德总司令曾在此殿内召开过军事会议。

扁鹊行医图

扁鹊行医图，采自曲阜汉画像石，其中的扁鹊是人首鸟身，这说明，人们在追怀一代神医时，都不约而同地根据"扁鹊"二字，将他神话成了一只不辞辛苦、走遍天下、处处为人留下福音的"鹊"。

扁鹊足迹遍及大半个中国，其精湛的医术不仅惠及当时，他所总结出的科学的中医理论，更是泽被后世。见过他的人，当然不会把他当作鸟；只闻其名而未见其容的人，特别是他身后的历代人民，在追念神医时，根据传统的文化积淀，将其神化为"鸟"，就完全可以理解了。

孔林坟坛刻石册

孔林坟坛刻石册纵19.5厘米，横25.5厘米，为清拓本。墨页，三开跋二开半，黄易鉴藏，题跋并钤"小松所得金石""汉画室"印。此册包括况其卿坟坛字与上谷府卿坟坛字。石刻年代为新莽居摄二年(7年)。石上铭文记汉上谷郡丞和况其县丞造坛祭祀之事。篆书古雅，康有为《广艺舟双楫》云："体皆方扁，笔益茂密。"石现存山东曲阜汉魏碑刻陈列馆。此石系我国发现的最早刻石之一。宋时虽有著录，但未有宋拓本流传。字文刻在石中深坎下，小不易拓，拓本多不精，明拓与清拓无大差别。书体汉篆少又漫漶。其官职年月也可作资料，颇具历史研究价值。

★当地特产

楷雕

楷雕历史悠久，技艺精湛。楷雕始于西汉初年，清代，楷雕工艺渐臻完美，形成特有的艺术风格。清咸丰元年(1851年)，曲阜有徐、颜、李、孔四家从事楷雕业。1911年曲阜的楷雕作品群仙祝寿、百子如意，在巴黎博览会得金牌。1922年，文楷手杖、百寿如意，在山东省博物展览会上分别获得甲乙奖牌。新中国成立后，楷雕艺人逐步组织起来，实现集体化生产，创造了一批优秀作品。1954年，雕刻品群仙降龙、五谊、八仙祝寿、鹿鹤、手杖等，在上海、北京及国外展出，受到中国美术家协会的奖励。1958年，楷雕品"西厢记""惊艳"参加世界青年联欢节青年作品展。1979年，楷雕工艺品"仕女""罗汉""如意"等，参加广交会，进入国际市场。产品远销欧、美、东南亚及日本等20多个国家和地区。

尼山砚

尼山砚因取材于孔子诞生地尼山而得名。乾隆时的县志中，就有生产尼山砚的记载。尼山砚石，色呈柑黄，有疏密不匀的黑色杜花纹，石面精腻，抚之生润。制作砚台，下墨利，发墨好，久用不乏。尼山砚质朴大方，一方砚石，巧用自然，略加点缀，情趣盎然。杜花砚，石色褐黄，遍布青黑色的杜花纹，利用料石的自然形状，开墨堂墨池，砚额得杜花纹剔成浮雕，形成独特的艺术造型。1976年，曲阜工艺美术厂在尼山五志峰下又找到了这种砚石，于是采用新工艺继续生产。1978年，尼山砚作为直砚的一个品种，在北京直砚汇报展览会展出。1980年，尼山砚到日本的东京、大阪进行展销。

碑帖

碑帖，是从碑石上用纸和墨捶拓而成的。曲阜是我国碑帖的主要产地之一。这里碑帖资源丰富，存有西汉以来历代碑刻5000余块，是我国石碑最为集中的地方之一。

曲阜拓碑的技法很多，但不外乎擦拓和扑拓两种，而且是以扑拓为主，其拓本清细精美，深受人们喜爱。

学以致用 "仁义""礼乐""德治教化""君以民为体"
地点：孔庙、孔府、孔林

提问：

1. "三人行，必有我师焉"出自哪里？下面选项正确的是(　　)。
A.《论语·学而》　　　　　　B.《论语·述而》
C.《论语·子路》　　　　　　D.《论语·子张》

2. 下面哪篇是孔子编定的(　　)。
A.《寡人之于国也》　　　　　B.《仁学》
C.《天人三策》　　　　　　　D.《尚书》

3. 请把下面句式补充完整：
①唯女子与小人难养也，_____，_____。
②君子坦荡荡，_____。
③学而时习之，不亦说乎？_____，_____？_____，_____？
④学而不思则罔，_____。

阐述："罢黜百家，独尊儒术"是谁提出来的？结合当时的历史情况，请谈一谈历史上有名的"罢黜百家，独尊儒术"的利与弊。

提问：

1. 给下列字注音：

数（　　）　罟（　　）不入洿（　　）池　　饿莩（　　）

鸡豚（　　）　狗彘（　　）之畜（　　）　　庠（　　）序

2. "民为贵，社稷次之，君为轻"是谁在哪篇文章内提出的，请选出正确的选项（　　）

　　A. 荀子《左传》　　　　　　　B. 孟子《尽心章句下》

　　C. 董仲舒《举贤良对策》　　　D. 朱熹《戊申封事》

3. 下面哪句不是出自《论语》，请选出错误的选项（　　）

　　A. 己所不欲，勿施于人　　　　B. 工欲善其事，必先利其器

　　C. 己欲立而立人，己欲达而达人　D. 水浆不入口，三日不举火

阐述：孔子的《论语·卫灵公》里子曰："志士仁人，无求生以害仁，有杀身以成仁。"而孟子《孟子·告子》里亦提到："生，亦我所欲也；义，亦我所欲也；二者不可得兼，舍生而取义者也。"两段文字里均有提到杀身成仁和舍生取义，你是如何看待二者的区别，孔孟的思想理论差异又在哪里？

孟子故里

★**孟子生平**

孟轲(约前 372—前 289 年),战国时思想家。字子舆,邹人。先世是鲁国公族。晚年与门人万章、公孙丑等著书立说。孟轲是鲁国贵族孟孙氏的后裔,父亲孟孙激。孟子三岁丧父,家境贫困,全靠母亲仉氏教养,其"三迁择邻""断机教子"典故家喻户晓。孟子幼年就"设俎豆,揖让进退",童年时期进入学宫,"受业于子思之门人"。学成后,开始收徒讲学,至 36 岁时门生已达数百人。44 岁起,带领弟子们先后游历了梁、齐、宋、鲁、滕、任等国,宣传自己的思想主张。曾在齐国任过客卿,并在稷下学宫讲学多年。他劝说国君们讲仁义,重德治,施行仁政、王道,反对不义战争。晚年回乡,授徒讲学,著书立说。

★**孟子思想**

孟子受业于子思之门人,在儒学分化中,被称为思孟学派,代表孔门嫡系正传。孟子着重发挥了孔子的"仁学",提出"仁政"的主张,描绘出一套以"井田"为模式的理想蓝图。强烈抨击开疆辟土,反对兼并战争,严正谴责一切残民以逞的暴君污吏,力图把现实政治引到"保民而王"的轨道上来。公开标出"民贵君轻"口号,号召在一定限度内"改善"君民关系。从"性善论"出发,认为实行"仁政"的原动力全靠君子大发"仁心"。这种"良知"和"良能""操之则存,舍之则亡",所以贵在一个"养"字,依据子思"思诚之道",从心性哲理修养上,构造出"尽心""知性""知天"的主观唯心论体系,最终得出"万物皆备于我"的结论。

★**早年受教**

孟子的出生之时距孔子之死(前 479 年)大约百年左右,活动年代约在公元前 372 年至前 289 年。他是鲁国贵族孟孙氏的后裔。孟孙氏衰微后,有一支从鲁迁居到邹,就是孟子的祖先。《史记·孟子荀卿列传》说,孟子"受业子思之门人";孟子没有讲他的老师的姓名,却是说:"予未得为孔子徒也,子私淑诸人也。"其受业于何人,自汉代以来颇有争议,一是认为师从子思,一是师从子上,一是师从子思之门人。朱熹云:"私,犹窃也。淑,善也。李氏以为方言是也。人,谓子思之徒也。"司马迁在《史记·孟子荀卿列传》中记载,孟子"受业子思之门人"。而且根据《史记·孔子世家》，子思的父亲孔鲤（孔子的儿子）生卒年，鲁缪公（鲁穆公）的在位时间进行推算，孟子受业于子思是难以成立的。由此看来，孟子师从子思之门人较为妥帖。

★孟子著作

《孟子》一书是孟子的言论汇编，由孟子及其弟子共同编写而成，记录了孟子的语言、政治观点（仁政、王霸之辨、民本、格君心之非，民贵君轻）和政治行动，属儒家经典著作。其学说出发点为性善论，提出"仁政""王道"，主张德治。南宋时朱熹将《孟子》与《论语》《大学》《中庸》合在一起称"四书"。自从宋、元、明、清以来，都把它当作家传户诵的书。《孟子》是四书中篇幅最大的部头最重的一本，有三万五千多字，一直到清末，"四书"一直是科举必考内容。

《孟子》有七篇十四卷传世：《梁惠王》上、下；《公孙丑》上、下；《滕文公》上、下；《离娄》上、下；《万章》上、下；《告子》上、下；《尽心》上、下。

★后世纪念

山东邹城孟府大堂檐下正中悬挂着"七篇贻矩"金匾，"七篇"指的是《孟子》七篇，即《梁惠王》《公孙丑》《滕文公》《离娄》《万章》《告子》《尽心》；"贻"是赠给的意思；"贻矩"指《孟子》七篇给天下人为人处世的规矩。

孟庙

孟庙，又称亚圣庙，为历代祭祀战国思想家孟子之所。

据《三迁志》记载：孟庙始建于北宋景祐四年（1037年），坐落在城区东北四基山西麓的孟子墓旁。后因濒受水损，北宋宣和三年（1121年）又迁徙于现址。历经金、元、明、清各朝多次重修，累计重修达38次。现存建筑为清康熙年间地震倾圮后重建。院内有亚圣殿、启圣殿、孟母殿、致严堂等殿宇64间。殿7间，高17米，横宽27米，进深20米，双层飞檐，歇山式，绿琉璃瓦覆顶。檐下八角石柱26根，中轴线两侧对称排列寝殿等，庙内共有碑碣石刻350余块，庙内古树苍郁，葱茏茂密，堪称奇观。

孟庙是山东省内现存历史最久远、保存最完整的古建筑群之一，是国内稀存的宋元至明清时期的古建筑代表作品。1988年，孟庙被国务院公布为全国重点文物保护单位。

★建筑特点

孟庙是一处长方形、具有五进院落的古建筑群，以主体建筑亚圣殿为中心，南北为一中轴线，左右作对称式排列，有些地方又因地制宜地进行了适当安置。逐院前进，起伏参差，布局严谨，错落有致，建筑雄伟，院院不同，格局迥异，充分体现了我国劳动人民的创造才能和古建筑的特点，是国内宋元至明清时期的古建筑代表作品。

★ 建筑布局

孟庙正南门为"棂星门"。门内左右各一坊，左名"继往圣"，右名"开来学"。第一进院落的北壁正中为"亚圣庙石坊"。第二进院落的砖铺甬道两侧尽是古老的苍松翠柏，往北为"泰山气象门"。进入此门后，即为第三进院落。此院左右各有门通往庙外，左名"知言门"，右名"养气门"，是过去出于孟庙的主要通道。"养气门"外南侧建有"亚圣木坊"；门内南侧建有"祭器库"三楹。"知言门"内南侧建有"省牲所"三楹。此院北壁，三门并列。正中之门为"承圣门"，门之左侧建有"康熙御碑亭"；左为"启贤门"；右为"致敬门"。孟庙总计建有各型殿宇64楹，碑亭2座，木门坊4座，石坊1座。

★ 主要景点

棂星门

孟庙之正南门，亦系孟庙第一座木架结构门坊。为清康熙年间（1662—1722年）重修孟庙时所建。坊额上楷书"棂星门"三个光彩夺目的贴金大字，为清同治十二年（1873年）山东巡抚丁宝桢手书。《后汉书》载："棂星，天田星也。欲祭天先祭棂星。"古人认为"棂星"是天上的文星，"主得士之庆"，天子祭天必先祭棂星。孟庙第一道大门以"棂星"命名，即意味着孟子是天上的文星下凡，亦含有尊圣如天之意。棂星门4柱3洞，雕梁画栋，色彩绚丽，重檐斗拱，凌空欲飞，高大威严。在封建社会，棂星门只有每年农历二、八月举行祭祀孟子大典之日，或者皇帝和钦差大臣前来拜谒孟庙之时才打开，平时闭门不启，以示严肃庄重。门内，东西两边各建有一座互相对称的歇山转角、斗拱承托的木坊，东名"继往圣"，西名"开来学"，以此表彰孟子对儒家学说有"承先启后，继往开来"的功绩。

康熙御碑亭

承至门左侧，建有一座高大的碑亭，重檐翘角，斗拱承托，绿色琉璃瓦覆顶，贴金彩绘，富丽堂皇。亭内放置清康熙《御制孟子庙碑》一幢，故称此亭为康熙御碑亭。碑额浮雕泰山祥云、二龙戏珠等图案，雕刻技艺精湛，形象逼真。碑座为一巨大石雕，狮头、龟背、鹰爪、蛇尾——似龟非龟的怪兽。其实它并非乌龟。据徐应秋《玉芝堂·龙生九子》中说，此兽叫"霸下"，又叫"赑屃"，传说是龙的第6个儿子，喜文好负重，力大无穷。这块石碑是孟庙中现存最大的一块石碑。碑文字体工整秀丽，为康熙二十六年（1687年）四月，清圣祖玄烨御笔亲书。每年农历正月十六日，是孟庙一年一度的庙会，这天，当地群众络绎不绝来孟庙赶会，百姓称之为"走百病"。人们不仅争相往碑座下的缝隙里投掷硬币，而且都要用手摸摸这座石雕怪兽的脑袋和屁股。说是

"十六摸摸乌龟头,全年高兴不发愁;十六摸摸乌龟腚,全年消灾不生病。"以至这碑座赑屃的头和屁股被人们摸得越来越光滑了。碑亭东侧,竖有《孟母断机处》《子思子作中庸处》《孟母三迁祠》和乾隆皇帝的《述圣子思子赞》《述圣子思石刻像》等石碑数幢。这些石碑原来立在古城南门外左侧的"孟母断机堂"和"子思书院"处,因这两处古建筑于新中国成立前毁于战火,遂移至孟庙内保存。

亚圣殿

亚圣殿是孟庙主体建筑。殿为七楹,高17米,进深20.48米,横宽27.7米,是一座绿色琉璃瓦覆顶、重檐歇山式宫殿型建筑。大殿始建于宋宣和三年(1121年),清康熙七年(1668年)因地震而倒塌。现存之大殿系康熙十一年(1672年)所重建,后又经过十数次重修,始成为一座金碧辉煌、画栋雕梁、重檐飞翘、歇山转角、丹甍碧瓦的宏伟建筑。大殿四周,列有擎檐的巨型石柱26根,每柱都呈八角形。柱下以石鼓为础,彭下又以石刻覆莲作承托。据考证,石刻覆莲是宋代建造此殿时所刻制,而巨型石柱则为明代维修此殿时所制。殿前廊檐下的8根石柱,都饰以浅浮雕,殿门两侧4柱正南面镂刻翼龙在云中翱翔,栩栩如生,世所罕见。其余各面刻有宝相牡丹或缠枝西番莲花。殿檐下的梁坊斗拱皆饰以云龙和彩绘贴金工艺,可谓精美绝伦!大殿正面重檐之间,高悬一匾,上书"亚圣殿"楷书贴金大字,四周环绕以精雕的5条金龙。殿之正面朱槅并列,正中门额上悬挂"道阐尼山"横匾一块。殿内承以8根巨型朱漆木柱,迎门两柱正面凸镂一副巨型抱柱对联:尊王言必称尧舜,忧世心同切禹颜。

孟母殿

位于启圣殿之后,有高筑甬道相通,是供奉孟子母亲的殿堂。该殿原名为"宣献夫人殿",后改为孟母殿。殿高7.80米,东西横宽10.98米,南北纵深9.53米。殿内无塑像,正中神龛内安放一木主牌位,其上楷书"邹国端范宣献夫人之位"。东壁有一神龛,内放孟子立体石刻像一尊。据旧县志载,此为宋景佑年间孔道辅修孟母墓时所得,定名为"孟子自刻为母殉葬石像"。殿内西侧竖有清乾隆十四年(1749年)致祭碑。后人称誉孟母"三迁之教,炳彪天壤。子之圣即母之圣"。《韩诗外传》载:"对孟子之语实天下为人姑者之模范,矧独母教而已哉。"孟母早在唐代即辟有专祠岁祭,宋代被封为"邾国宣献夫人",清乾隆三年(1738年),加封为"邹国端范宣献夫人"。

孟庙古树

孟庙古树是孟庙一大奇观。庙内共有各种树木多达430多株,多为古老的松桧和侧柏,又有银杏、古槐、紫藤等点缀其间。这些树木,冬夏常青,形状特殊别致,如虬如龙,如兽如凤,千奇百怪,姿态各异。其中有宋宣和年间建庙时所栽植的桧树,已有近 900 年的历史了,虽然历经风雨雷电和兵火战乱的侵袭摧残,现在依然是枝干挺拔,苍郁茂盛。而翱翔栖息于古木中的各类飞鸟,亦是孟庙一景。每逢夏季,游览于孟庙之内,观古树云鹤,听松涛轰鸣,闻扑面清香,真让人心旷神怡。尤其古柏抱槐、藤系银杏、桧寓枸杞、洞槐望月,被誉为孟庙"古树四奇"。

孟府

孟府,也称"亚圣府",重要的儒家府第之一,坐落于邹城市。总面积 2.24 万平方米,位于孟庙西侧,与孟庙一路相隔。孟府是古代文化巨人——思想家、哲学家、教育家孟子的故居,是文化荟萃之乡,传统文化发祥之地。是孟氏嫡系后裔居住的宅第,始建于北宋晚期。位于邹城南关,孟庙西侧,庙、府仅一街之隔,是孟子嫡系后裔居住的宅第。孟府是一座典型的中国封建贵族府第,平面成长方形,占地面积约 2.24 万平方米。前后有七进院落,楼、堂、阁、室 148 间,以主体建筑大堂为界,前为官衙,后为内宅,整体布局大方气派,典雅中透着几分威严。

★孟府介绍

孟府始建年代不详。据孟庙内现存明洪武六年(1373 年)立《孟氏宗传祖图碑》记载:"宋仁宗景佑四年,孔道辅守兖州,访亚圣坟于四基山之阳,得其四十五代孙孟宁,用荐于朝,授迪功郎,主邹县簿,奉祀祖庙。迪功新故宅,坏屋壁乃得所藏家谱。"这说明北宋景佑年间就已经修建了孟府,但不详地址所在。根据孟府大堂前现存几棵相当古老的桧树,紧同孟庙毗邻的建筑布局来考证,在宋宣和三年(1121 年)第三次迁建孟庙于城南的同时,迁建孟府于孟庙之西侧。

★孟府建筑

孟府平面呈长方形,南北纵长 226 米,东西横宽 99 米,共占地 2.24 万平方米,约合 60 余亩。前后共有 7 进院落,拥有楼、堂、阁、室共计 148 间。是目前国内规模宏大、保存完整、较为典型的官衙与内宅合一的古建筑群和封建地主庄园之一。以主体建筑孟府大堂为界,前为官衙,后为内宅。1988 年元月,孟府与孟庙被国务院公布为第三批全国重点文物保护单位。大堂在仪门内,共五楹。前有宽敞的露台,两侧有精雕夔龙石栏,东南角置"日晷",西南角置"嘉量"。堂正中楣门上悬有清世宗雍正三年御书"七篇贻矩"匾额,檐下明柱门上悬有"继往开来私淑千年承燕翼,居仁由义渊源百代仰先烈"巨幅对联。大堂内设有木制暖阁,案上放置文房四宝、签筒、印盒。大堂左右两侧陈列各种"肃静""回避""世袭翰林院五经博士""亚圣奉祀官"等牌匾,并有旗、锣、伞、扇等各种仪仗。在封建社会里，孟府大堂是孟氏家族申饬家法、宣读圣旨、颁布孟氏家谱、族规的场所，是封建宗法制度的缩影。孟府大堂后是内宅院，由正房和东西配房组成一座典型的四合院，院内东南有一株古老的荼蘼花，每年春夏之交，满树遍开白色小花，如雪似玉，散发出阵阵幽香，沁人心脾。另有古老苍劲的石榴、核桃，年年硕果累累。几株芭蕉、紫荆将庭院点缀的典雅幽静。正房"世恩堂"是孟氏嫡裔居住之处，堂内明间悬有清代书法家铁保手书巨匾。五间厅堂内陈列着古木家具、古玩字画、钟表照片等文物，供人们参观。

孟府大门

为三楹单启硬山式建筑。新中国成立前当地百姓也称为"衙门"。门楣正中悬有匾额，上书"亚圣府"三个贴金大字。黑漆大门上绘有约 2 米高的彩绘门神。大门前东西两侧原各建有一座 4 柱 3 门式木坊，名为"旌忠坊"和"旌表节孝坊"（均于"文革"期间拆除，目前尚未修复）。两坊上额正中皆悬挂"圣旨"二字的竖匾一块，系明熹宗朱由校为表彰孟子第 60 代孙世袭翰林院五经博士孟承光及其母孔氏、长子孟宏略（明天启二年被徐鸿儒领导的"闻香教"农民起义军所杀）忠于朝廷所建。大门正南建有高大的影壁，一对精雕石狮子雄踞于大门左右，门阶两侧有上马乘车用的方形石台一对。大门内东西两侧有一排砖瓦小房，是当年差役和守卫人员居住之处。

孟府大堂

穿过仪门，院中有一片高出院落的方形露台，两侧竖立有精雕的夔龙石栏和青砖花墙围护的丹墀，两株有着数百年树龄的参天古桧，在台前甬道两侧遮天蔽日。几丛翠竹亭亭玉立，给人以官府衙门幽深雅静之感。丹墀的东南角，设置有"日晷"；西南角，设置有"嘉量"，完全仿效皇宫的格式。其后，便是五楹出厦的正厅，即孟府的主体建筑"大堂"。孟府大堂是孟子嫡裔世袭翰林院五经博士开读诏旨、接待官员、申饬族规家法、处理公务之所。大堂高大宽敞，堂前檐下正中悬挂着清雍正皇帝手书钦赐孟子第六十五代孙孟衍泰"七篇贻矩"堂匾，龙边金字，熠熠生辉。门两侧檐下廊柱上，悬挂着隶书金字抱柱楹联：

继往开来私淑千年承燕翼，
居仁由义渊源百代仰先烈。

五代祠

在大堂东侧一处独立小院中，有一三楹硬山式建筑，是孟氏宗族家祠，称"五代祠"。祠内悬挂楹联两副。其一书："溯懿训於三迁二千载踵出哲嗣，荐蒸尝於五世亿万祀礼重宗孙"；其二书："德借七篇极之昂元云仍元承世泽，祠分五代序仇高曾祖称近荚馨香"。为古舒、姚元之书。祠内安放孟氏世袭翰林院五经博士五代之木主牌位，再上，则迁放到孟庙"祧主祠"内。

赐书楼

赐书楼是存放皇帝钦赐墨宝、圣旨、诰封、古籍文献和家族档案的地方。系两层楼房，每层3间，前后出厦，硬山式典型明代建筑。上层前后对开3对较小楼窗，木制楼梯设于西山墙处，扶手栏杆古朴典雅。为了防火，木质楼板之上又加铺一层方砖。上层正中曾悬挂清代吴企宽所书篆体"赐书楼"横匾一块。

前学、后学

"前学"位于孟府第一进院落西侧，为一组四合院。"后学"位于孟府第6进院落"缘绿楼"西侧，亦是一组古老四合院。清道光年间，孟子第70代裔孙世袭翰林院五经博士孟广均曾在"前学""后学"办学招收孟氏后裔子弟学习，称"三迁书院"。后"两学"逐渐荒废。清末民初，曾在孟府"世恩堂"西侧建一两层楼房，每层各5间，开办"孟氏子弟学校"，招收孟氏后裔入学，至新中国成立前夕停办。孟府最后是孟府花园。

孟府内现还保存着封建帝王所赐的朝服、龙袍、圣旨、诰封、家族档案、印书木版、古书字画等大量珍贵文物，是研究封建社会政治、经济和地方历史的宝贵资料。

留住瞬间，记忆永恒

我的发现与感悟

学以致用：民本思想、仁政学说、易子而教

地点：孟子故里、孟庙、孟府

提问：
1. 下面哪部作品是西汉时期所著（　　）
A.《左传》　　　　　B.《春秋》
C.《史记》　　　　　D.《诗经》
2. 选出下面对儒家思想表述不正确的一项（　　）
A. 儒家的"德治"主义就是主张以道德去感化教育人
B. 儒学、儒家、儒教这概念是一样
C. 儒家思想的精华包括先秦儒家思想
D. 孔子把"仁"作为最高的道德原则、道德标准和道德境界
3. 选出下面说法正确的一项（　　）
A.《四书五经》是指一本书
B.《大学》是《礼记》中一篇
C.《周易》不是《易经》
D.《礼记》在唐代时地位递增，并取代了"经"
4. 在下面一段文字横线处补写出完整的语句
① 或曰："以德报怨，何如？"子曰："何以报德？_____、_____。"
② 好学近乎知，力行近乎仁，_____。
③ 良禽择木而栖，_____。

阐述：《史记·秦始皇本纪》：臣请史官非秦记皆烧之。非博士官所职，天下敢有藏诗、书、百家语者，悉诣守、尉杂烧之。有敢偶语诗书者弃市。以古非今者族。吏见知不举者与同罪。令下三十日不烧，黥为城旦。所不去者，医药卜筮种树之书。若欲有学法令，以吏为师。谈谈你如何看待"焚书坑儒"事件，说一说你的对此的理解。

阐述：结合你所学到的关于儒家的相关知识，说一说你理解的儒学具有哪些特征。请列举至少五项，并说明理由。

简述：儒家告诉人们要担得起，道家告诉人们要放得下，佛家告诉人们要想得开。你最喜欢哪家的观点？并试试总结你眼中的儒家、道家和佛家都有哪些值得我们学习的地方，又有哪些需要我们去其糟粕的地方。请举例说明。

难忘的研学之旅

满满回忆

坐在返程的车上，回味一下几天的曲阜之旅吧！想想给你印象最深的地方是哪里？为你心目中的北京制作有一张明信片吧，凸显你眼中的曲阜的魅力！

在下方相框内粘上这次小记者团队的合影，纪念这美好丰富的研学之旅。

附：山东非物质文化遗产

文化空间

序号	项目名称	申报地区或单位
1	祭孔大典	曲阜市
2	曲阜楷木雕刻	曲阜市
3	孔府菜烹饪技艺	曲阜市
4	韶乐（箫韶乐舞、齐韶）	曲阜市、淄博市临淄区
5	曲阜大庄绢花制作技艺	曲阜市
6	曲阜尼山砚制作技艺	曲阜市
7	桑皮纸制作技艺	曲阜市、临朐县
8	曲阜琉璃瓦制作技艺	曲阜市
9	颜子传说	曲阜市
10	孟母教子传说	曲阜市、邹城市
11	鲁班传说	曲阜市、滕州市
12	孔子诞生传说	曲阜市
13	拓片制作技艺	曲阜市
14	毛笔制作技艺（广饶齐笔制作技艺、莱州毛笔制作技艺、曲阜扶兴和毛笔制作技艺、东昌毛笔制作技艺）	曲阜市

小记者研学旅行安全注意事项

为落实立德树人根本任务，促进学生核心素养发展，以教育性、实践性、安全性为基本原则，开展研学旅行活动，为了此次研学旅行顺利开展，需要同学们认真遵守以下事项。

出发前

1. 根据研学目的地天气情况与自身情况准备相应生活用品、药品等。
2. 了解相关学习资源，明确研学活动任务和要求，制定活动规划。
3. 牢记出发时间，集合地点，出发返程车次、座位号，小组成员，乘坐车辆序号等。
4. 牢记带队老师联系电话，如遇突发状况，第一时间联系带队老师。
5. 了解相关学习资源，明确研学活动任务和要求，制定活动规划。

火车上

1. 上车时和开车前，站台上及车厢内人多拥挤，要特别注意保护自己的人身财产安全，不要丢失身份证、钱包等贵重物品。
2. 上车后按分车表座位就座，将行李按要求放置在行李架上。
3. 中途不要私自下车购买物品、透气。
4. 火车上使用开水泡面要特别注意，避免烫伤自己或别人。
5. 不要将自己的行李物品交给陌生人看管，不要吃喝陌生人赠送的饮料或食品。
6. 手机千万不要借人，或给人翻看，防止被骗。
7. 距离到站 20 分钟时，老师会安排上洗手间，出站后不再安排去洗手间。
8. 距离到站 10 分钟时，把行李全部从行李架拿下，收拾好自己的东西，做好下车准备。
9. 下车时拿好自己的行李物品，下车后不要乱走，在站台找到各自的班级集合。

大巴车

1. 按分车表，有序上下车，不在车上随意走动。
2. 如有晕车情况坐在靠窗的位置，联系领队老师。
3. 安全扶手落下，全程系好安全带。
4. 在车上听从老师安排，并积极参加研学分享活动。
5. 清点并整理好个人物品，确保不遗落在车上。

6. 将垃圾及废弃物品带下车，扔到垃圾桶里。

7. 下车时，主动跟司机师傅说再见，到达指定地点集合。

住宿

1. 按分房表入住，不得私自调换房间，不得私自离开酒店。

2. 熟记酒店消防通道方向，会使用消防器材，知道消防物品摆放位置、楼层格局，方便应急逃生。

3. 保护墙壁整洁，严禁在墙上乱写乱画，爱护楼内及房间内的设施设备。

4. 不要在房间里乱接电源、插座盒。

5. 不要携带易燃、易爆物品。

6. 按时起床，按时用早餐；在酒店用早餐，住宿都不要拥挤、追跑打闹，有序进行。

7. 入住先检查房间内毛巾、拖鞋、水壶等用品是否齐全，如有缺失及时告知领队。

8. 使用开水壶时要注意安全，避免烫伤。

9. 洗澡时，铺好防滑垫，以免滑倒。

10. 爱护酒店设备，酒店的床单、被褥、毛巾不要给染上颜色。

11. 牢记住宿楼层分配情况，明确知道指导老师、领队分别住哪个房间。

12. 认真遵守作息时间，不熬夜。

13. 出入房间要随手锁好门窗，保管好自己的贵重物品。

14. 如果丢失房卡或房卡忘在房间里，及时跟带队老师沟通。

15. 退房时要带好随身物品、研学用品等行李物品，先把房卡退到前台，行李物品放到指定区域，再用早餐。

餐饮

1. 遵守秩序，有序进入餐厅，等桌上学生全部坐定后，开始用餐。

2. 按分桌表有序就座用餐。

3. 注意饮食卫生，就餐前应洗手。

4. 相互礼让，摆放餐具要礼让，不争抢不拥挤。

5. 参加餐前训并且谨记餐前礼仪。

6. 不在酒店大声喧哗、打闹，不随便动酒店摆放的物品。

7. 保持餐厅的干净、整洁，不随地吐痰、泼洒剩饭菜汤等。

8. 注意用餐时间，按时用餐。

9. 餐后带好随身物品，到达指定地点集合。

10. 吃相文雅，不大声喧哗，坐姿端正，细嚼慢咽。

11. 帮别人倒茶倒水后，壶嘴不直对别人。

12. 转盘转动，不截取菜品，等对方夹完，可以再次转动转盘。

研学基地

1. 研学中，随身携带研学手册，认真完成学习任务。

2. 下车后，使用卫生间（视基地情况而定）。

3. 研学过程中，领队老师不解散的情况下，所有学生不得私自离队自由活动。

研学后

1. 主动和同学、老师、家长分享研学成果及感受。

2. 将研学活动中养成的好习惯用在实际的生活、学习中。

评价篇

高新一中初中校区小记者研学之旅评价表

评价项目	评价要点	评价标准 四星（★★★★）	评价标准 三星（★★★）	评价标准 二星（★★）	评价标准 一星（★）	小组互评	指导老师评价	最终等级
准备阶段	资料的准备	运用多种渠道收集与研究主题相关的资料，资料丰富且利用率高，对资料进行了科学的整合与加工，得出了有价值结论	能够运用多种渠道收集与研究主题相关的资料，资料丰富，能够对资料进行整合和加工，有相关结论	收集资料一般且利用率一般，根据内容的需要较恰当、较合理地使用资料进行分析	收集资料与研究主题无关且利用率较差，基本没有对资料的分析	★★★	★★★★	★★★★
准备阶段	小组分配	小组成员分工明确	小组成员有较明确的任务	小组成员基本有分工	小组成员不明确任务	★★★★	★★★★	★★★★
实施阶段	活动步骤与环节	有组织，有合作，非常注意突出实践和活动的特点，步骤合理	有组织，有合作，注意了实践和活动的特点，步骤与环节合理	在合作性、实践性、活动性等方面，有明显不足	与活动的预期过程有较大差距	★★★★	★★★★	★★★★
实施阶段	学生活动能力	小组成员自主地投入到研究活动中，积极合作与分享，有深刻的活动反思	小组成员能够投入到研究活动中，能够合作与分享，有活动反思	小组成员的实践活动缺乏一定自主性，有活动反思	学生缺乏兴趣，被动地参与实践活动，没有活动的反思	★★★	★★★★	★★★★
实施阶段	学生活动能力	小组同学分工特别明确，活动中配合非常默契	小组同学分工比较明确，配合默契	小组成员有分工，有相互配合的意识	没有明显的分工合作，有混乱的环节	★★★★	★★★★	★★★★

续表

评价项目	评价要点	评价标准				小组互评	指导老师评价	最终等级
		四星（★★★★）	三星（★★★）	二星（★★）	一星（★）			
展示阶段	任务单完成程度	完成所有任务，字迹清晰，内容完整详细，基本没有错别字	基本完成所有任务，字迹清晰，内容完整	完成80%以上，字迹清晰	空白较多，字迹凌乱	★★ ★★	★★ ★★	★★ ★★
	研学质量	活动过程中小组团队能互帮互助，积极参与，有观察有收获	活动过程中小组成员个别积极，注意观察学习	小组活动基本能完成任务	活动过程中纪律较差，走马观花	★★ ★★	★★ ★★	★★ ★★
	团队贡献	能用PPT展示自己小组的风貌，内容丰富，并且能结合展示说出自己的此行收获	能用图片将自己所见展示出来，加一些自己的感想	PPT展示只有部分图片，文字少。感想较少	PPT展示只有图片，没有文字，无感想	★★ ★	★★ ★★	★★ ★★

小记者团研学评价表

学校名称	西安市高新一中初中校区		
学生姓名	尹滢瑞	所在班级	八年级 A1
研学地	山东曲阜	研学时间	2019.4.30—5.4
研学感悟自我评定	这次的研学，让我了解到了更深层次的儒家文化。孔庙、孔府、孔林，这"三孔"是曲阜最出名的地方。严肃而又庄重的孔庙处处渗透着圣贤的气息，这让我想到了每日诵读的《论语》，那一条条人生的至理名言。在老先生的墓碑前，我静静冥思，虽然孔子的时代已成为历史，但他却创造了中华文化不朽的辉煌。今天，站在这里，我依然能够感受到这位万世师表的魅力，能够感受到中华儒家文化的深奥、博大、宽广。难怪几千年来它一直被封建社会尊为正统，难怪每一个华夏儿女都彬彬有礼。我也明白了在前进的道路上自己还有许多需要努力的地方，走着孔子为世人铺就的路，更加勇敢地去实践儒家优秀文化精神！		
导师评定	尹滢瑞同学在这次研学中表现出色，能遵守各项规章制度，并能积极帮助同学，为同学排忧解难，她每天还写日记，记录每一天的收获，为此次研学的总结工作提供了第一手资料。孩子的研学收获颇丰，除了知识更多的是坚持的品质。 　　　　　　　　　　　　　　　　　　　　　研学导师：孙玉蓉		
家长评价	4月30日出发5月4日回归，短短的几天时间，必将成为这群孩子终生难忘的回忆！儒家文化在中华民族源远流长，这次的研学有目的去追根溯源，孩子们探寻中华民族文化的魅力，离开了每日压力山大的学习生活，在老师们的精心安排下，有目的，身体力行的去增长见识同时又 get 了离开家人独自去面对生活和新认识的朋友的能力，收获青春回忆，意义非凡。感谢感恩。		
学校评定	研学活动意义非凡，学生参与收获满满。让心灵去旅行，感受灿烂文化；用文字去记录，抒写收获感悟。研学活动让孩子幸福成长。 　　　　　　　　　　西安高新第一中学初中校区副校长：贺三宁		

小记者团研学评价表

学校名称	西安高新第一中学初中校区		
学生姓名	王煦璋	所在班级	2020届B1班
研学地	山东曲阜	研学时间	5月1日—5月3日
研学感悟自我评定	西安高新一中曲阜研学旅行体验基地，参加游览中国三大古建筑群之一的"三孔"，走近至圣先师孔子的精神殿堂，触摸圣贤的智慧之光。感受到了儒家文化的源远流长以及智慧先师孔子的思想伟大。活动内容丰富充实，让我重学古礼，感受儒家文化精髓，接受"仁爱处事""十有五而至于学"的智慧启迪。走进"孔孟之乡"，拜访"人文圣地"，感受到中华文化的博大精深。		
导师评定	这是一次有意义的研学活动，也是一次锻炼孩子自理能力、表达能力、人际交往的人生课堂。孩子在这次研学中成长了很多，并且每天能写日记，能与伙伴们分享收获，是老师的小助手。 研学导师：孙玉蓉		
家长评价	以文化活动引领人，以文化自信提升人。一个国家、一个民族的强盛，总是以文化兴盛为引领和支撑。曲阜是孔子的故乡，被誉为"东方圣城"。通过游览孔府、孔庙、孔林，追寻着大教育家孔子的足迹，感受孔子的儒家文化，领略圣人的哲思。孩子们身临其间，感触到了许多在课本上无法学到的知识。老师的耐心讲解，教习书法，以及小记者采访培训与活动，给孩子们留下了深刻的印象，践行知行合一，感知儒家思想的魅力，感受中华文化的博大与精深！回到家后在滔滔不绝的讲述中不时地流露出开心与快乐，不禁感喟组织本次活动成功，真的希望多一些这样的活动。这是一次有意义的研学活动，也是一次锻炼孩子自理能力、表达能力、人际交往的人生课堂。孩子长大以后，总会离开父母远游，组织集体外出活动，从老师发回的照片中看到了孩子们在一起的开心与快乐！也体会到了举办活动的意义！作为家长，我们也收获良多，深刻感受到了让孩子参加这些活动的必要性。最后，感谢老师们的辛苦付出，感谢你们为孩子做出的努力和奉献！		
学校评定	本次研学之旅可以说是丰富多彩的。当我们身临其境地走入山东曲阜的孔府孔庙孔林以及邹城的孟府孟庙，那种气势和氛围是在读书的时候所体会不到的，读万卷书固然重要，行万里路也同样重要。我们应该在阅读中实践，在实践中学习。只有亲身的经历，感受与体会，才是最真切的。也只有这样我们才能学到更多，在书中所学不到的，充实我们自己的学识。		

小记者团研学评价表

学校名称	西安高新第一中学初中校区		
学生姓名	高甄颖	所在班级	2020届E5班
研学地	山东曲阜	研学时间	2019.4.30—5.3
研学感悟自我评定	这一次研学我们所学所感颇多，首先我们了解了齐鲁文化，感受到了传统文化的无限魅力。其次，我们体会到了孔孟之道，大学之道，对我们往后的生活有着深远的影响。我们在孔子的故乡学习到了许多超脱了课本之外的东西，这增添了我们对传统文化的喜爱。在大学堂的隐隐木香，在精美的刺绣工艺里学习，在夫子洞前仰慕先人的风貌。在与伙伴的笑声中满载而归，在学习中玩耍。最后感谢老师们的悉心照料使得这一次活动圆满结束。		
导师评定	高甄颖同学在这次研学中表现出色，担任小组长能团结同学，有合作意识，并且能照顾好组里的每一位同学；在研学过程中，乐于动手，勇于实践，受到老师同学的好评。 研学导师：孙玉蓉		
家长评价	在首都师范大学《语文导报》报社及高新一中组织下，顺利完成了本次研学活动。主题鲜明、内容丰富、形式多样，以游相伴、以学为主的体验，是集知识性、参与性、体验性和教育性为一体。这既是一次有意义的研学活动，也是一次锻炼孩子自理能力、表达能力、人际交往的人生课堂。通过这次研学活动，培育和践行社会主义核心价值观，坚定文化自信，增强民族认同感和爱国主义情操，深刻诠释孔子故里的文化担当和社会责任，为传承和弘扬中华优秀传统文化贡献力量。最后，感谢老师们的辛苦付出，感谢你们为孩子做出的努力和奉献！		
学校评定	研学活动意义非凡，学生参与收获满满。让心灵去旅行，感受灿烂文化；用文字去记录，抒写收获感悟。研学活动让孩子幸福成长。 西安高新第一中学初中校区副校长：贺三宁		

小记者团研学评价表

学校名称	西安市高新一中初中校区		
学生姓名	王昱涵	所在班级	B1
研学地	山东曲阜	研学时间	2019.4.30—5.4
研学感悟自我评定	这次去山东曲阜我收获满满。每一天，都有着不同凡响的意义；每一天，都有不同于课堂的知识等待着我去收获。"读万卷书，行万里路。"在学校，"读万卷书"。来到山东曲阜，就是来"行万里路"。"纸上得来终觉浅，绝知此事要躬行。"课本上学到的并不一定能实践得到。 这次我来到了孔子的故乡——曲阜，在这里我体验到了浓厚的儒家思想。结合历史及语文所学过的知识，望着先辈高大的身影，深刻领悟到了儒家思想中的仁、义、礼、智、信、恕、忠、孝、悌，等等。 来到孔府，看着那一座座宏伟的建筑，听着孔子的第76代子孙耐心地讲解着她的前辈所经历过的事迹；又至孔庙，那一块块巨大的石碑让我再次看到了先辈曾经的辉煌；后至孔林，看到那座高达5米的巨型坟墓，想到孔圣人就在我的面前，情不自禁地双手抱拳，深深鞠躬行礼。 这次研学带给我的不仅仅是友谊、欢乐和知识，更多的则是那种庄重的氛围，使我陶醉，久久无法自拔，深陷在这浓郁的书香氛围中，为我以后的学习做了必不可少的铺垫。		
导师评定	王昱涵同学在集体研学中，收获了珍贵的友谊，展露了才华，锻炼了独立生活能力，提高了团队协作能力。是一次成长之旅。 <div align="right">研学导师：李春岭</div>		
家长评价	感谢老师们的用心陪伴，让孩子在研学过程中时刻感受到家的温暖。 这次小记者曲阜研学活动是一场文化寻根之旅：读万卷书，也要行万里路。子曰："智者不惑，仁者不忧，勇者不惧。"在游学中让孩子自主探究国学经典，自我成长，追求本真，切身感受孔子思想的核心——礼与仁。 礼是仁的形式，仁是礼的内容；有了仁的精神，礼的内涵方才充实。孔子提出立志、克己复礼、践履躬行、内省、勇于改过等修身主张。修身、齐家、治国、平天下，这些朴素的儒家思想，无不体现中华民族一脉相传的家国情怀，也是自古以来读书人奋发向上的追求目标。 曲阜是孔子的故乡，是儒家文化的发源地。这三天里，孩子对儒家思想和文化耳濡目染，提高了自身的道德修养和情操，培养了对中国传统文化的浓厚兴趣。也帮助孩子拓宽眼界，开阔胸怀，提升了精神境界和追求。 在集体研学中，孩子收获了珍贵友谊，展露了才华，锻炼了独立生活能力，提高了团队协作能力。 可谓不虚此行！		
学校评定	研学活动意义非凡，学生参与收获满满。让心灵去旅行，感受灿烂文化；用文字去记录，抒写收获感悟。研学活动让孩子幸福成长。 <div align="right">西安高新第一中学初中校区副校长：贺三宁</div>		

小记者团研学评价表

学校名称	西安高新一中初中校区		
学生姓名	王津豪	所在班级	2021届B1班
研学地	山东曲阜	研学时间	2019.4.30—5.4
研学感悟自我评定	这次研学，是我们穿越了两千五百多年的时光，来到一位伟大的历史人物面前，深鞠一躬，表达我们对他深深的敬意，他就是伟大的孔子。 　　孔府孔庙可是我们这次研学的重头戏。孔府是孔子后代子孙居住的地方，孔庙则是以孔子故居为庙供岁时奉祀的地方，两地东西为邻。走进孔府，古色古香的建筑透出一种浑厚庄严的气息，九进院落井然有序，彰显出孔氏家族长幼有序、彬彬有礼的优良家风。 　　走进了孔庙，入眼都是葱郁参天的柏树，一种古朴典雅的气息扑面而来。孔庙里到处是散发着墨香的诗书气息，无一不在诉说着学习和教育在这个家族传承中至高无上的位置。腹有诗书气自华，恰同学少年，让我们从好好读一本《论语》开始吧。 　　"学而时习之，不亦说乎？有朋自远方来，不亦乐乎""三人行，必有我师焉""学而不思则罔，思而不学则殆"……这些耳熟能详的教育思想都源出于孔子。早在春秋时期，孔子播撒下教育的火种，孔门三千弟子，该是春秋时期一道多么亮丽而充满希望的风景线啊！教育者们薪火相传。你看，我们身边那些认真而忙碌的老师们，不正是在给这数千年不息的教育之火添柴的人吗？我们感恩孔子，更感恩敬爱的老师们！ 　　曲阜研学已经告一段落。此次研学收获满满，来去之间，穿越两千多年。曲阜的传统文化如此厚重，孔子的道德品行如此崇高。那些古圣先贤的言行故事启发我们深深地思考，仁爱、孝悌、谨言、慎行、诚信、宽容等美德将会照进我的心灵，并潜移默化地影响我的行动！行动才是最重要的事情呢！		
导师评定	孩子在研学过程中能严格要求自己，并能每天记日记，能和同学和睦相处，在四天时间里一直是老师的小助手，管理学校的研学横幅，外出时一直管理旗子。这次研学结束，孩子收获了自立、合作，还收获了厚重的孔孟文化。 <div style="text-align:right">研学导师：李春岭</div>		
家长评价	余秋雨先生曾说过"路就是书"。研学旅行，就是路和书的融合。此次孩子参加《语文导报》社组织的小记者曲阜研学活动，不仅让孩子在真实快乐的体验中，领悟中国传统文化的魅力，同时也学习了小记者采访的相关知识和技能，培养了孩子团队协作能力、处理问题能力，以及对"美"的欣赏能力。在研学旅行中，孩子们充分展露了自己的才华，锻炼了自身人际沟通与社会交往能力，学会从"记者"的视角去审视社会、去发现美好。让孩子走出课本的狭小视界，去理解更多的文化与生活。总之，此次研学让孩子眼界大开、收获满满！		
学校评定	研学活动意义非凡，学生参与收获满满。让心灵去旅行，感受灿烂文化；用文字去记录，抒写收获感悟。研学活动让孩子幸福成长。 西安高新第一中学初中校区副校长：贺三宁		

小记者团研学评价表

学校名称	西安高新第一中学初中校区		
学生姓名	邓茗恩	所在班级	2021届B2班
研学地	山东曲阜	研学时间	2019.4.30—5.1
研学感悟自我评定	本次研学中，我们学到了许多有关于中华传统文化的知识，同时这次活动中我们也身临其境地走进了孔子故里，在这里亲身领略中华文化之美。看到的大学堂与夫子洞里，其中大学堂里清幽的木香，盈盈的烛光，与四周精美的画作精巧的木刻交相辉映，那种恬雅而复古的气氛也使人赞叹不已。看夫子洞的时候，使我想起《陋室铭》中的一句，"斯是陋室，惟吾德馨"，其实这句话用在此处也是恰如其分的。在这次旅行中我收获了很多，人们总说读万卷书，行万里路，学习之余，与传统文化为伴，来一场游学之旅，在那种。古典的氛围中，领略儒学之美。		
导师评定	这是一次有意义的研学活动，也是一次锻炼孩子自理能力、表达能力、人际交往的人生课堂。孩子在这次研学中成长了很多，并且每天能写日记，能与伙伴们分享收获，是老师的小助手。 研学导师：李春岭		
家长评价	读万卷书不如行万里路！通过这次研学活动，从各个不同的角度充分的印证了这句话。这既是一次有意义的研学活动，也是一次锻炼孩子自理能力、表达能力、人际交往的人生课堂。孩子长这么大以来，还是第一次离开父母参加集体外出活动，我们亲眼见证了孩子的成长与变化，也体会到了举办活动的意义。曲阜是孔子的故乡，被誉为"东方圣城"。通过畅游孔府、孔庙、孔林，细细品味大教育家孔子的足迹，感受孔子的儒家文化，领略圣人的哲思。使得孩子们亲身临其境，感悟到了许多在课本上无法学到的知识。老师的耐心讲解，教习书法，以及小记者采访培训与活动，给孩子们留下了深刻的印象，回到家后在滔滔不绝的讲述中时不时地透露出新奇与兴奋。不禁感叹时间还是太短了，真的希望多一些这样的活动。作为家长，我们也收获良多，深刻感受到了让孩子参加这些活动的必要性。最后，感谢老师们的辛苦付出，感谢你们为孩子做出的努力和奉献！		
学校评定	本次研学之旅可以说是丰富多彩的。当我们身临其境地走在山东曲阜的，孔府孔庙孔林，以及邹城的孟府孟庙里的时候。那种气势和氛围是在读书的时候所体会不到的，读万卷书固然重要，行万里路也同样重要。我们应该在阅读中实践，在实践中学习。只有亲身的经历，感受与体会，才是最真切的。也只有这样我们才能学到更多，在书中所学不到的，充实我们自己的学识。		

小记者团研学评价表

学校名称	西安高新一中 初中校区		
学生姓名	李欣蕊	所在班级	2021届T3班
研学地	山东曲阜	研学时间	2019.4.30—5.4
研学感悟自我评定	这次研学旅行让我知道儒学的美丽所在，深刻了解孔孟之乡，感受孔府、孔庙、孔林的神圣，一进去，扑面而来的便是浓浓的书香之气，《大学》让我了解到止于至善，在孔夫子的墓前，我深深地思考着孔老夫子所带来的成就，到底是什么才能让他延续至今呢？ 虽然研学结束了，但我们收获许多。孔子的故事让我们知道仁爱礼智信，我们要学习并弘扬他们，用行动来改变我们！		
导师评定	读万卷书，行万里路。 美好的曲阜研学之旅是孩子们文化心灵之旅。孩子拜见文化先祖，接受礼仪熏陶，聆听圣贤教诲，感受中国文化五千年文明。孩子收获了独立、协作，更是收获了心灵的成长，有意义非凡。 研学导师：孙玉蓉		
家长评价	非常感谢学校组织了这场意义非凡的研学活动，感恩老师们的精心筹备和辛苦付出，感谢你们为孩子做出的努力和奉献！让孩子感受孔子的儒家文化，领略圣人的哲思。让孩子们涨了见识，在见识中成长，深入孔子故里感受儒家文化，孩子的所见、所闻，所感一定会成为她成长历程中为人处事，礼仪道德方面指引的灯塔，再次感谢老师的辛勤教导！		
学校评定	研学活动意义非凡，学生参与收获满满。让心灵去旅行，感受灿烂文化；用文字去记录，抒写收获感悟。研学活动让孩子幸福成长。 西安高新第一中学初中校区副校长：贺三宁		

小记者团研学评价表

学校名称	西安高新一中初中校区		
学生姓名	李一童	所在班级	七年级 A3 班
研学地	山东曲阜	研学时间	2019.4.30—5.4
研学感悟自我评定	曲阜，一座溢满着古韵的历史文化名城。 　　短短的四天时间，我们走过那充满着儒家文化的各个角落，留下了我们求知的足迹。我们曾一起在尼山圣地，面朝孔子铜像，行古代人生四礼之一的"入泮礼"；我们曾一起在"三孔二孟"，学习儒家文化的思想，感受儒家文化的魅力所在；我们曾一起在会议室里，虚心请教于书法名师，接受书法的熏陶，感受汉字的底蕴……颁发小记者证的那一刻，脸上洋溢着久久不褪的笑容；旅程里的艰辛与苦累早已消失不见，涌上心头的只有幸福。坐落在尼山脚下的那座小书院，成为我们成长的见证，将会将我们留下的书香墨韵继续氤氲下去。 　　相信本次研学活动，不仅仅给我留下了美好的回忆，增进了我与同学们之间的友谊，更让我对于中华传统文化有了更加深刻的认识。孔孟所提出的儒家思想，是我们后代的精神支柱，为我们如今的强国发展奠定了坚实的基础。"三人行，必有我师焉；择其善者而从之，其不善者而改之。" 　　悠悠古韵浸润人心，中华文化源远流长。我们应当在学习西方先进发展思想的同时，不忘自己的家国根本，时刻牢记这份传承了近三千年的文化。 　　研学旅行结束了，相信在不久的未来，我们将会以永不停歇的脚步，继续品味这份中华文化的自然美。我们应当将这份思想学习继承并发扬光大，做一名守住这片传统的华夏儿女！		
导师评定	李一童同学在本次研学活动中表现特别出色，她在通过每天记录"时光手帐"的同时，还将行程中的每日活动图文并茂地进行梳理，且能够和同学和谐相处，在合作中努力提升自己的能力，并及时咨询不懂的问题，在思考中解决问题。 　　　　　　　　　　　　　　　　　　　　　　研学导师：赵娟平		
家长评价	读万卷书，行万里路。 　　这个五一，我们携一段上天注定的缘相伴在了一起。美好的曲阜研学之旅是孩子们文化心灵之旅。拜见文化先祖，接受礼仪熏陶，聆听圣贤教诲，感受中国文化五千年文明。家长和孩子们一样激动，兴奋，欢快！每天同步欣赏老师们从前方发回的精彩照片，阅读精心制作的手帐。一起领略中国文化的魅力，老师们辛勤教诲，孩子们认真研学。参观活动紧张有序，业余活动丰富多彩！这一次研学之旅打开了孩子们的眼界，体验了集体生活的快乐，培养了自主独立的意识与能力，学会了新闻采访的基本礼仪和要求，相信这一次研学活动，将会成为孩子心中永不磨灭的记忆，会带给他们全新的感悟。 　　感谢一路陪伴的老师们，你们辛苦了！		
学校评定	研学活动意义非凡，学生参与收获满满。让心灵去旅行，感受灿烂文化；用文字去记录，抒写收获感悟。研学活动让孩子幸福成长。 　　　　　　　西安高新第一中学初中校区副校长：贺三宁		

小记者团研学评价表

学校名称	西安高新一中初中校区		
学生姓名	任庭仪	所在班级	2021届 A3 班
研学地	山东曲阜	研学时间	2019.4.30—5.4
研学感悟自我评定	在本次研学中我收获到了很多。本次的研学地是"孔孟之乡"——山东曲阜。我们参观了"三孔",也参观了孟府等地,这不仅丰富了我的知识,也让我更加体会到了中华文化的博大精深。除此之外,我们还利用课余时间了解了"如何当一名优秀的小记者"等专题课程,也跟着书法大师学习了毛笔字,还有在台上才艺展示锻炼我们的胆量。总的来说,这次研学旅游很有意义,在今后,我也要把这次研学体会到的精神——坚持不懈运用到生活中,成就更优秀的自我!		
导师评定	任庭仪同学在本次研学活动中表现非常出色,她能够通过每天记录"时光手帐"的方式,将行程中的每日活动图文并茂地进行梳理,形式新颖,记录及时,并且感悟深刻。 研学导师:赵娟平		
家长评价	说实话,这样的集体生活孩子还是第一次体验,当看到孩子的背影渐渐远去时还有一丝不舍与顾虑。儿行千里母担忧,当老师在前方精心发回来的图片与视频展现在眼前,此时我的心放下了。 这次的研学让孩子不仅了解了儒家文化和孔子思想同时也增强了他们责任感和使命感,拓展视野丰富知识,对集体生活也有了新的体验。感谢学校的精心组织,感谢老师一路悉心的陪护。		
学校评定	研学活动意义非凡,学生参与收获满满。让心灵去旅行,感受灿烂文化;用文字去记录,抒写收获感悟。研学活动让孩子幸福成长。 西安高新第一中学初中校区副校长:贺三宁		

小记者团研学评价表

学校名称	西安市高新一中初中校区		
学生姓名	董艺菲	所在班级	初2021届B2班
研学地	山东曲阜	研学时间	2019.4.30—5.4
研学感悟自我评定	这是一次很美好的研学之旅。研学的亲临其境，让我感受着儒家文化的深奥、博大、宽广；真切领略到了儒家文化的魅力，感受到古人赋予我们一脉传承的神韵；深刻认识到：想要成才、成功，读书学习是必不可少的，同时也要努力实践，读万卷书，行万里路，把所学的知识运用到实践中，这样才能真正地掌握知识，成为国家有用之人，有志之人。		
导师评定	读万卷书，行万里路。美好的曲阜研学之旅是孩子们文化心灵之旅。孩子拜见文化先祖，接受礼仪熏陶，聆听圣贤教诲，感受中国文化五千年文明。孩子收获了独立、协作，更是收获了心灵的成长，有意义非凡。 研学导师：李春岭		
家长评价	最好的学习在路上……走进五千年传统文化的发源地，踏着孔夫子的足迹，目睹先师之容颜，聆听圣贤之声音，耳濡目染，亲身体验，孩子不仅开阔了眼界，锻炼了能力，加深了同学间的友谊，结识了新的朋友，更加强了孩子的责任担当意识和家国情怀，立志要成为为社会、为国家有志有用之人。一次活动带给孩子的触动，已在心里埋下了一颗良善的种子，这样的力量足以让家长深感欣慰！		
学校评定	研学活动意义非凡，学生参与收获满满。让心灵去旅行，感受灿烂文化；用文字去记录，抒写收获感悟。研学活动让孩子幸福成长。 西安高新第一中学初中校区副校长：贺三宁		

后 记

近年来,研学旅行在我国中小学校开放多元的教育教学实践中,正呈现出日渐活跃的发展势头。

"读万卷书,行万里路"。中小学学生通过集体旅行、集中食宿方式开展研究性学习和旅行体验相结合的校外教育活动,是学校教育和校外教育相衔接的创新形式,是综合实践育人的有效途径,也是进一步深化和发展素质教育、全方位落实立德树人根本任务的必然选择。

正如教育部等11部门在《关于推进中小学开展研学旅行的意见》中所明确指出的,有序组织和开展研学旅行,"有利于促进学生培育和践行社会主义核心价值观,激发学生对党、对国家、对人民的热爱之情;有利于推动全面实施素质教育,创新人才培养模式,引导学生主动适应社会,促进书本知识和生活经验的深度融合;有利于加快提高人民生活质量,满足学生日益增长的旅游需求,从小培养学生文明旅游意识,养成文明旅游行为习惯"。目前,全国各地中小学校逐渐兴盛与广泛开展的研学旅行实践和理论探索也充分证明,切实开展好研学旅行,是确保学生身心健康成长、培养与提升学生关键能力和必备品格、促进学生德智体美劳全面发展的好渠道、好方式。

但从不少学校反映的情况来看,有的因为认识不足而忽视开展研学旅行;有的则因经验不足,不知道如何开展研学旅行;有的又由于准备不足总担忧开展研学旅行会出现安全问题,等等。当然,这些漠视、犹豫和担忧,有其客观因素在,但更多还是主观的。一方面,是因为一些学校对于为什么从国家层面来强调和推进研学旅行实践的认识不足、甚至存在误区;另一方面,我国研学旅行的理论研究与实践探索都还是刚刚开始,参照样本不多、理论指导不够,而不少学校则习惯于借鉴现成理论与实践,不愿独自去开辟探索新路径。也正是基于这一现实,作者才萌生了编这本书的想法,初衷意在弥补各地苦于缺乏研学旅行方面的理论引领与实践参照的不足,寄望作者的这个劳动成果或许能在一定程度上承担这一时代使命。

在《中小学生研学旅行活动指引》的构思、组稿和编审过程中,作者深感要构建一个"中小学生广泛参与、活动品质持续提升、组织管理规范有序、基础条件保障有力、安全责任落实到位、文化氛围健康向上的研学旅行课程体系"，是一项"既有重要时代价值、又有诸多现实困难"的文化工程和时代使命，但能为此贡献些许智慧与辛劳也是一名后学的荣幸。书稿是在高立平社长的具体策划和指导下才得以完成的；感谢艾其来先生对本书给予的法律法规方面的关照和指导，感谢赵明先生、田万隆先生、张立军先生、胡勤先生、张伟忠先生、景民先生、王连生老师所给予的理论以及教育教学教研诸方面的支持与引领；非常感谢郭海燕教授的学术指引、感谢同事周媛媛老师、武站世老师的无私帮助。由于他们及时和慷慨的援助，才使得本书能在和出版社约定的时间内付梓。

遗憾的是，由于时间紧迫，部分引用资料无法或没来得及与原作者沟通，如果存在文字和图片的版权问题，请及时与作者联系。

作 者

2019 年 4 月 18 日